SMART 재무관리

PART . II

김용석 지

經文社

머리말

다수의 노벨경제학상 논문으로 구성된 재무관리는 고도의 수학 및 금융지식을 필요로 하기 때문에 재무관리 수업을 수강하는 학생과 금융업에 관계하고 있는 실무자들 모두 어려워하는 과목입니다. 최근에는 자산관리시장이 크게 성장하고 미래에 대한 불확실성이 증가하면서 이에 대처할 수 있는 금융기법이 전문화되면서 이와 관련된 재무관리 이론도 복잡해지고 공부해야 할 내용도 더 어려워지고 있습니다.

어려울수록 기본으로 돌아가야 합니다. 편법으로 잠시 반짝할 수 있어도 지속될 수는 없습니다. 기본을 튼튼히 다져야 결국에는 목표를 달성할 수 있을 것입니다. 재무관리가 항상 어려운 과목이기는 하지만 기본개념에 충실하면서 다양한 주제를 소화해나가면 충분히 해볼 만한 과목이기도 합니다. 더 나아가 나름대로 하나씩 극복해가는 매력에 빠져 성취감도 크게 느낄 수 있습니다.

SMART 재무관리는 공인회계사 시험 준비를 하는 수험생이 재무관리의 두 가지 분야인 기업재무와 투자론의 기본개념을 정확히 이해하는데 목적을 두고 있습니다. 독자들이 잘 이해할 수 있도록 저자는 많은 주제를 가능한 쉽게 설명하고 상호 관련되어있는 각 주제들을 체계적으로 구성하기 위하여 노력하였습니다.

2025년부터 공인회계사 1차 시험에서 재무관리의 출제 비중이 상향 조정됨에 따라 시험합격을 위한 재무관리의 중요성이 더 커졌습니다. SMART 재무관리는 이러한 출제경향 변화에 맞추어 좀 더 다양한 이론과 다양한 유형의 연습문제들을 수록하였습니다.

SMART 재무관리는 두 권으로 구성되어 있으며 각 권의 내용은 다음과 같습니다.

SMART 재무관리 1	SMART 재무관리 2
제1부 : 재무관리와 가치평가의 기초	제3부 : 자본구조와 합병
제2부 : 위험과 재무관리	제4부 : 파생상품

이 책을 집필하는 과정에서 많은 분들의 도움을 받았다. 이 책이 나오기까지 격려와 성원을 아끼지 않은 사랑하는 가족과, 인내와 성의를 가지고 고생한 경문사 임직원 여러분께 깊은 감사를 드린다.

2024년

공인회계사 김 용 석

A house of cards

“기초가 약하면 오래가지 못한다.”

차례

제 3 편 자본구조와 합병

제 4 편 파생상품

제 3 편

자본구조와 합병

> > > Financial Management

자본구조이론 제11장

제 1 절 자본구조이론의 개요

1. 개요

기업가치(V)는 기업의 미래 현금흐름(기업잉여현금흐름: FCFF)을 기업의 자본비용(가중평균자본비용: k_0)으로 할인한 값으로 다음과 같다.

$$V = \sum_{t=1}^{n} \frac{CF_t}{(1+R)^t} = \sum_{t=1}^{n} \frac{FCFF_t}{(1+k_0)^t}$$

제5장의 식 (5.17)에서 살펴본 것처럼 기업의 현금흐름을 영구연금으로 가정하면 기업가치는 식 (11.1)로 산출된다.

$$V = \frac{EBIT(1-t)}{k_0} \tag{11.1}$$

단, $EBIT(1-t)$: 기대영업이익(=기대영업현금흐름)
k_0: 가중평균자본비용

기업재무의 목표는 기업가치의 극대화이다. 기업가치를 극대화하기 위해서는 미래현금유입액이 증가하거나 할인율인 가중평균자본비용이 감소하여야 한다. 이때 기업가치를 극대화하는 자본구조를 최적자본구조(optimal capital structure)라고 한다. 타인자본과 자기자본의 구성인 자본구조의 변경이 기대영업이익에는 영향을 주지 않기 때문에 최적자본구조는 가중평균자본비용을 최소화하는 자본구조인 것이다.

가중평균자본비용은 이미 살펴본 것과 같이 다음 식으로 산출된다.

$$k_0 = k_i \times \frac{B}{V} + k_e \times \frac{S}{V}$$

가중평균자본비용 k_0의 결정요인은 세후타인자본비용 k_i, 자기자본비용 k_e, 자본구조비율이다. 자본구조이론이란 타인자본을 사용에 따른 세후타인자본비용, 자기자본비용 및 자본구조비율의 변화 및 가중평균자본비용 및 기업가치에 미치는 영향을 분석하는 것이다. 부채사용에 따른 효과는 다음과 같이 분석된다.

(1) 부채사용의 유리한 점(저렴효과)

제1장의 위험-수익의 상충관계에서 설명한 것처럼 타인자본비용은 자기자본비용보다 위험이 작기 때문에 그 크기가 작다. 따라서 기업이 부채를 더 많이 사용하게 되면 낮은 타인자본비용이 차지하는 비율이 커지기 때문에 가중평균자본비용은 감소하게 되어 기업가치는 증가한다.

(2) 부채사용의 불리한 점(재무위험효과)

기업이 부채를 더 많이 사용하게 되면 주주가 부담하는 재무위험이 증가하기 때문에 자기자본비용이 상승하게 되며, 이로 인하여 가중평균자본비용은 증가하게 되어 기업가치는 감소한다.

(3) 불완전시장의 효과

다음과 같은 시장의 불완전요인으로 인하여 부채사용효과는 저렴효과 및 재무위험효과 이외에 추가적으로 영향을 받는다.

① 세금효과 : 법인세, 개인소득세
② 파산비용효과
③ 대리비용효과
④ 신호효과(정보의 비대칭성)

따라서 자본구조이론은 부채사용에 따른 위의 효과를 분석하여 기업가치와 자본구조와의 관계를 설명하는 것이다.

2. 자본구조이론

(1) 완전자본시장의 자본구조이론

Modigliani & Miller (1958년)의 논문에서는 완전자본시장 하에서 자본구조와 기업가치는 아무런 관계가 없다는 것을 보였으며 이를 무관련이론(irrelevance theory of capital structure)이라고 한다.

(2) 불완전자본시장의 자본구조이론

① Modigliani & Miller (1963년)의 논문에서는 법인세라는 불완전요인을 고려할 경우 부채를 많이 사용할수록 기업가치는 증가한다는 것을 보였다.

② Kraus & Litzenberger(1973)의 논문에서는 법인세이외에 추가로 파산비용을 고려하여 최적자본구조가 존재하는 것을 보였다.

③ Jensen & Meckling(1976)의 논문에서는 대리비용을 고려하여 최적자본구조가 존재하는 것을 보였다.

④ Miller(1977)의 논문에서는 법인세이외에 추가로 개인소득세를 반영하여 자본구조와 기업가치는 아무런 관계가 없다는 것을 보였다.

⑤ Myers & Majluf(1983)의 논문에서는 정보의 비대칭성을 고려하여 자본조달의 신호효과에 대해서 설명하였다.

3. 기본용어

영업이익이 동일한 두 기업이 있다고 가정하자. 그 중 한 기업은 자기자본으로만 구성된 무부채기업(U)이고, 다른 한 기업은 부채를 사용하는 부채기업(L)이라고 하자. 자본구조이론에서는 무부채기업과 부채기업의 가치 및 자본비용을 다음과 같이 구분하여 표시한다.

(1) 무부채기업

무부채기업의 가치금액과 자본비용은 다음과 같이 표시한다.

- 기업가치 : V_U
- 자기자본가치 : S_U
- 가중평균자본비용 : k_0^U
- 자기자본비용 : k_e^U

무부채기업은 $k_0^U = k_e^U$가 성립하며 이를 ρ(rho)로 표현한다.

따라서 $k_0^U = k_e^U = \rho$로 표시한다.

영구연금모형을 가정한 무부채기업의 가치평가는 다음과 같이 계산한다.

$$V_U = S_U = \frac{EBIT(1-t)}{\rho} \tag{11.2}$$

(2) 부채기업

부채기업의 가치금액과 자본비용은 다음과 같이 표시한다.

- 기업가치 : V_L
- 부채가치 : B
- 자기자본가치 : S_L
- 가중평균자본비용 : k_0^L
- 타인자본비용(세전) : k_d
- 타인자본비용(세후) : $k_i = k_d(1-t)$
- 자기자본비용 : k_e^L

영구연금모형을 가정한 부채기업의 가치평가는 다음과 같이 계산한다.

$$V_L = \frac{EBIT(1-t)}{k_o^L} = B + S_L \tag{11.3}$$

$$B = \frac{I}{k_d} \tag{11.4}$$

$$S_L = \frac{(EBIT - I)(1-t)}{k_e^L} \tag{11.5}$$

(3) 법인세가 없는 경우

법인세가 없는 경우에는 $t=0$을 대입하여 다음과 같이 계산한다.

$$V_U = S_U = \frac{EBIT}{\rho}$$

$$V_L = \frac{EBIT}{k_o^L}$$

$$S_L = \frac{EBIT - I}{k_e^L}$$

제 2 절 MM(1958)의 자본구조이론

1. 기본가정

Modigliani & Miller(1958년)의 자본구조이론은 완전자본시장 하에서 자본구조와 기업가치는 아무런 관계가 없다는 것을 보였다. 이러한 무관련이론은 다음과 같은 가정들을 전제로 한다.

① 완전자본시장(perfect capital market)

세금이나 거래비용과 같은 거래마찰요인이 없으며, 모든 정보가 투자자에게 아무런 제한 없이 제공된다.

② 동질적 위험집단(homogeneous risk class)

모든 기업은 영업위험이 동일한 동질적 위험집단으로 구분이 가능하다.

③ 무위험부채(risk-free debt)

기업이 사용하는 부채는 무위험 영구부채이다.

④ 자가레버리지(home-made leverage)

개인투자자는 기업과 동일한 이자율로 차입이나 대출이 가능하다.

2. MM(1958)이론

MM의 자본구조이론은 다음과 같은 세 가지 명제(proposition)로 구성된다.

(1) 제1명제

"The market value of any firm is independent of its capital structure and is given by capitalizing its expected return at the rate ρ appropriate to its risk class"

기업가치(V)는 자본구조와 무관하다. $V_L = V_U$ $k_0^L = \rho$

어떤 투자자가 L기업의 주식 100%를 매입한다고 하면 법인세가 없는 경우 이 투자자에게 매년 발생하는 현금흐름과 투자비용은 다음과 같다. (투자전략 1)

	투자비용($t=0$)	연간미래현금흐름
L기업주식 매입	S_L	$EBIT-I$

어떤 투자자가 U기업의 주식 100%를 매입하고 L기업이 조달한 부채만큼 같은 조건으로 차입할 때 법인세가 없는 경우 이 투자자에게 매년 발생하는 현금흐름과 투자비용은 다음과 같다. (투자전략 2)

	투자비용($t=0$)	연간미래현금흐름
U기업주식 매입	S_U	$EBIT$
차 입	$-B$	$-I$
합 계	S_U-B	$EBIT-I$

두 기업은 영업위험이 동일한 기업이기 때문에 영업이익(EBIT)이 같으며, 부채규모와 조건이 같기 때문에 이자비용(I)이 같다. 즉, 투자전략 1과 투자전략 2의 연간 미래현금흐름이 같다. 그러므로 일물일가의 법칙에 의하여 투자전략 1의 투자비용과 투자전략 2의 투자비용이 같아야 한다.

$$S_L = S_U - B$$

이때 $S_U = V_U$이며, $V_L = B + S_L$이므로 다음의 식이 성립한다.

$$V_L = V_U \tag{11.6}$$

두 기업은 영업위험이 동일한 기업이기 때문에 기업가치가 동일하다는 것은 그 할인율인 가중평균자본비용이 동일하다는 것을 의미한다. 따라서 완전자본시장에서는 가중평균자본비용과 기업의 가치는 자본구조에 의해 영향을 받지 않는다.

(2) 제2명제

"The expected yield of a share of stock is equal to the appropriate capitalization rate for a pure equity stream in that [risk] class, plus a premium related to financial risk equal to the debt-to-equity ratio times the spread between [the capitalization rate for the pure equity stream] and [the interest rate on the firm's debt]."

> 자기자본비용(k_e)은 부채(레버리지)의 사용이 증가할수록 상승한다.
>
> $$k_e^L = \rho + (\rho - k_d)\frac{B}{S}$$

MM의 제2명제는 제1명제를 이용하여 다음과 같이 도출된다.

무부채기업의 가중평균자본비용 = 부채기업의 가중평균자본비용

➡ $k_o^U = k_0^L$

➡ $\rho = k_d \times \frac{B}{V} + k_e^L \times \frac{S}{V}$

위 식을 부채기업의 자기자본비용(k_e^L)에 대해서 정리하면 다음과 같다.

$$k_e^L = \rho + (\rho - k_d)\frac{B}{S} \tag{11.7}$$

무부채기업의 자기자본비용(ρ)에는 영업위험에 대한 영업위험프리미엄($\rho - R_f$)이 요구되며, 부채기업의 자기자본비용(k_e^L)에는 추가로 재무위험프리미엄($(\rho - k_d)\frac{B}{S}$)을 반영한다. 위의 식에서 재무위험프리미엄은 부채비율(B/S)이 비례하는 것을 알 수 있다. 이는 부채사용의 불리한 효과가 부채사용의 유리한 효과를 완전히 상쇄시킴을 의미한다. (부채사용의 불리한 효과 = 부채사용의 유리한 효과)

제1명제와 제2명제의 내용을 그림으로 나타낸 것이 [그림 11-1]이다.

[그림 11-1] MM(1958)의 자본구조이론

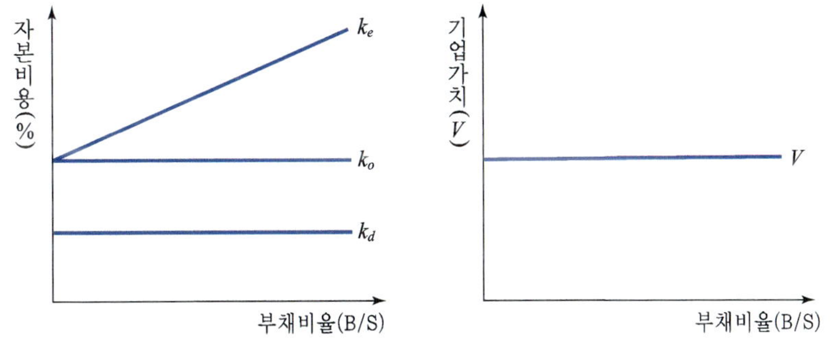

(3) 제3명제

"The cut-off point for investment will be completely unaffected by the type of security used to finance the investment"

> 투자안 의사결정의 할인율은 자본조달방법과 무관하다.
> $$k_0^L = \rho$$

제1명제의 결론을 신규 투자안의 의사결정에 사용하게 되면 투자의사결정의 기준이 되는 할인율은 영업위험에 의해 결정되며 자본구조와 무관하다.

$$k_U^L = \rho \tag{11.8}$$

예제 11-1

무부채기업인 K사의 영업이익(EBIT)은 매년 1.5억원으로 기대된다. 현재 K사의 자기자본비용은 20%이며, K사는 이자율 10%로 2억원의 부채를 조달하여 자사주 일부를 매입소각할 예정이다. 법인세가 없는 MM이론이 성립된다고 가정한다.

(1) 자본구조 변경 전 기업가치는 얼마인가?
(2) 자본구조 변경 후 기업가치는 얼마인가?

(3) 자본구조 변경 후 자기자본비용은 얼마인가?
(4) 자본구조 변경 후 가중평균자본비용은 얼마인가?

풀이

(1) 무부채기업의 가치평가

$$V_u = \frac{EBIT}{\rho} = \frac{1.5}{0.2} = 7.5\text{억원}(75{,}000\text{만원})$$

(2) MM 1명제를 이용한 부채기업의 기업가치 결정

$V_L = V_u = 7.5$억원(75,000만원)

(3) MM 2명제를 이용한 부채기업의 자기자본비용 결정

부채기업의 자기자본 $S = 7.5$억 $- 2$억 $= 5.5$억원(55,000만원)

$$k_e^L = \rho + (\rho - k_d) \times \frac{B}{S} = 20 + (20 - 10) \times \frac{2}{5.5} = 23.64\%$$

(4) MM 3명제를 이용한 부채기업의 가중평균자본비용 결정

$k_0^L = \rho = 20\%$

또는 가중평균자본비용의 공식으로 결정

$$k_0^L = k_d \times \frac{B}{V} + k_e \times \frac{S}{V} = 10 \times \frac{2}{7.5} + 23.64 \times \frac{5.5}{7.5} = 20\%$$

(4) MM(1958)의 자본구조이론에 대한 비판

① 완전자본시장(perfect capital market)

세금, 파산비용, 대리비용, 정보의 비대칭성의 시장의 불완전요인을 고려하지 못했다.

② 동질적 위험집단(homogeneous risk class)

모든 기업을 영업위험이 동일한 동질적 위험집단으로 구분하는 것은 현실적으로 어려운 일이다.

③ 자가레버리지(home-made leverage)

개인투자자의 차입능력과 기업의 차입능력은 현실적으로 다르다.

3. 제1명제와 차익거래

제1명제의 따르면 동질적 위험집단에 있는 무부채기업의 기업가치와 부채기업의 기업가치는 같아야 하며($V_L = V_U$), 이러한 상태가 균형상태이다. 하지만 일시적인 시장의 불균형으로 $V_L \neq V_U$인 경우 투자자들은 차익거래(arbitrage transaction)을 할 것이며, 이러한 차익거래로 인하여 $V_L = V_U$가 되어 균형이 달성된다.

(1) $V_L > V_U$

부채기업의 가치가 과대평가되어 있기 때문에 투자전략 I을 매도하고 투자전략 II를 매입하는 차익거래를 하며 투자자는 차익거래로 다음과 같이 차익을 얻을 수 있다.

	현재시점의 현금흐름	연간미래현금흐름
L기업주식 매도	$+S_L$	$-(EBIT-I)$
U기업주식 매입	$-S_U$	$+EBIT$
차 입	$+B$	$-I$
합 계	$V_L - V_U$	0

차익거래로 인하여 향후 U기업의 주가는 상승하고, L기업의 주가는 하락하게 되며, 두 기업의 기업가치가 동일해지면 균형상태가 되어 차익거래는 멈춘다.

(2) $V_L < V_U$

부채기업의 가치가 과소평가되어 있기 때문에 투자전략 I을 매입하고 투자전략 II를 매도하는 차익거래를 하며 투자자는 차익거래로 다음과 같이 차익을 얻을 수 있다.

	현재시점의 현금흐름	연간미래현금흐름
L기업주식 매입	$-S_L$	$+(EBIT-I)$
U기업주식 매도	$+S_U$	$-EBIT$
대 출	$-B$	$+I$
합 계	$V_U - V_L$	0

차익거래로 인하여 향후 U기업의 주가는 하락하고, L기업의 주가는 상승하게 되며, 기업의 기업가치가 동일해지면 균형상태가 되어 차익거래는 멈춘다.

예제 11-2

무부채기업인 A의 자기자본비용은 20%이고 부채기업인 B는 10% 이자율로 6,000만원의 부채를 사용하고 있다. 두 기업은 모두 매년 3,000만원의 일정한 영업이익을 영구적으로 기대하고 있다. 법인세가 없는 MM이론이 성립한다는 가정 하에서 다음의 물음에 답하시오.

(1) 무부채기업 A의 기업가치를 각각 구하시오.

(2) 현재 B의 기업가치가 15,600만원일 때 다음 물음에 답하시오.

① B의 주식 10%를 보유한 투자자의 차익거래 전략과 과정을 설명하고, 차익거래이익을 구하시오.

② 위 ①에서의 차익거래 행위는 언제까지 지속되겠는가?

풀이

(1) 무부채기업의 가치평가

$$V_u = \frac{EBIT}{\rho} = \frac{3,000}{0.2} = 15,000\text{만원}(1.5\text{억원})$$

(2) ① 차익거래

법인세가 없는 경우 무부채기업의 기업가치와 부채기업의 기업가치는 같아야 한다. 하지만 현재 부채기업의 기업가치가 600만원 더 크기 때문에 부채기업의 주식은 과대평가 되어있다. 따라서 투자자는 투자전략 1을 매각하고 투자전략 2를 매입하며 투자비용과 연간미래현금흐름은 다음과 같다.

B기업주식의 10%를 보유하고 있는 투자자의 연간미래현금흐름은 다음과 같다.

$(EBIT - I) \times 0.1 = (3,000 - 6,000 \times 10\%) \times 0.1 = 240$만원

	현재시점의 현금흐름($t=0$)	연간미래현금흐름
B기업주식 매도	+9,600×0.1	−240
A기업주식 매입	−15,000×0.1	+3,000×0.1
차 입	+6,000×0.1	−6,000×10%×0.1
합 계	+60	0

따라서 차익거래이익은 60만원이다.

② 무부채기업의 기업가치와 부채기업의 기업가치가 같아질 때 까지 차익거래가 발생한다.

제3절 MM(1963)의 자본구조이론

완전자본시장하의 MM(1958)의 무관련이론은 법인세가 없는 시장을 가정하고 있다. 그러나 현실에서는 법인세가 존재한다는 비판에 대응하여 MM은 법인세를 고려하여 1963년에 수정명제를 발표하였다.

1. 기본가정

① 불완전자본시장(imperfect capital market)

법인세가 존재하며, 법인세를 제외한 다른 거래마찰요인이 없으며, 모든 정보가 투자자에게 아무런 제한 없이 제공된다.

② 동질적 위험집단(homogeneous risk class)

모든 기업은 영업위험이 동일한 동질적 위험집단으로 구분이 가능하다.

③ 무위험부채(risk-free debt)

기업이 사용하는 부채는 무위험 영구부채이다.

④ 자가레버리지(home-made leverage)

개인투자자는 기업과 동일한 이자율로 차입이나 대출이 가능하다.

2. MM(1963)이론

MM의 수정자본구조이론은 다음과 같은 세 가지 명제(proposition)로 구성된다.

(1) 제1명제

"Tax shields that result from the tax-deductible interest payments make the value of a levered company higher than the value of an unlevered company."

> 부채기업의 가치는 무부채기업의 가치보다
> 이자비용 법인세 감세효과의 현재가치만큼 더 크다.
> $V_L = V_U + t \cdot B$

어떤 투자자가 L기업의 주식 100%를 매입한다고 하면 법인세가 존재하는 경우 이 투자자에게 매년 발생하는 현금흐름과 투자비용은 다음과 같다. (투자전략 1)

	투자비용($t=0$)	연간미래현금흐름
L기업주식 매입	S_L	$(EBIT-I)(1-t)$

어떤 투자자가 U업의 주식 100%를 매입하고 L기업이 조달한 부채금액×(1－법인세율) 만큼 같은 조건으로 차입할 때 법인세가 존재하는 경우 이 투자자에게 매년 발생하는 현금흐름과 투자비용은 다음과 같다. (투자전략 2)

	투자비용($t=0$)	연간미래현금흐름
U기업주식 매입	S_U	$EBIT(1-t)$
차 입	$-B(1-t)$	$-I(1-t)$
합 계	$S_U-B(1-t)$	$(EBIT-I)(1-t)$

투자전략 1과 투자전략 2의 연간 미래현금흐름이 같다. 그러므로 일물일가의 법칙에 의하여 투자전략1의 투자비용과 투자전략 2의 투자비용이 같아야 한다.

$$S_L = S_U - B(1-t)$$

이때 $S_U = V_U$이며, $V_L = B + S_L$이므로 다음과 같은 식으로 나타낼 수 있다.

$$V_L = V_U + B \times t \tag{11.9}$$

부채기업의 가치와 무부채기업의 가치의 차이는 이자비용 감세효과의 현재가치이며 이는 다음과 같이 계산된다.

매년 이자비용의 감세효과 $= I \times t$

➠ 이자비용 감세효과의 현재가치 $= \dfrac{I \times t}{k_d} = B \times t \quad (\because \dfrac{I}{k_d} = B)$

(2) 제2명제

"With corporate taxes there is still a positive relationship between leverage and the cost of equity, however the cost of equity is lower than it would be without taxes."

> 자기자본비용(k_e)은 부채(레버리지)의 사용이 증가할수록 상승하며,
> 그 크기는 법인세가 없을 때보다는 작아진다.
> $$k_e^L = \rho + (\rho - k_d)(1-t)\frac{B}{S}$$

제2명제의 증명은 다음과 같다. 우선 부채기업의 매년 주주현금흐름을 측정하여 각각의 현재가치와 할인율의 곱으로 나타내면 다음과 같다.

$$NI_L = EBIT(1-t) - I \times (1-t)$$

$$\Rightarrow \; S_L \times k_e^L = V_U \times \rho - k_d B(1-t)$$

제1명제를 정리하여 위의 식에 대입하면 다음과 같다.

$$V_L = V_U + B \times t$$

$$\Rightarrow \; V_U = V_L - t \cdot B = S_L + (1-t) \cdot B$$

$$\Rightarrow \; S_L \times k_e^L = (S_L + (1-t) \cdot B) \times \rho - k_d B(1-t)$$

$$\Rightarrow \; S_L \times k_e^L = S_L \times \rho + (\rho - k_d) \times B(1-t)$$

위의 식에서 양변을 S_L로 나누어 정리하면 다음과 같다.

$$k_e^L = \rho + (\rho - k_d)(1-t)\frac{B}{S} \tag{11.10}$$

식 (11.10)은 법인세가 있는 경우 부채기업의 자기자본비용(k_e^L)에 요구되는 재무위험프리미엄($(\rho - k_d)(1-t)\frac{B}{S}$)이 법인세가 없는 경우의 재무위험프리미엄($(\rho - k_d)\frac{B}{S}$)보다 작아지게 되는 것을 보여준다. 이는 부채사용의 불리한 효과가 부채사용의 유리한 효과를 완전히 상쇄시키지 못하는 것을 보여준다.(부채사용의 불리한 효과 = 부채사용의 유리한 효과)

제1명제와 제2명제의 내용을 그림으로 나타낸 것이 [그림 11-2]이다.

[그림 11-2] MM(1963)의 자본구조이론

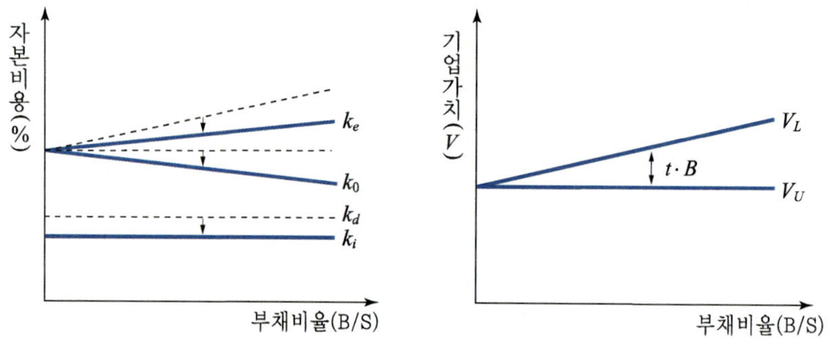

(1) 부채사용과 자본비용 (2) 부채사용과 기업가치

(3) 제3명제

"The firm can decrease weighted the average cost of capital (WAAC) by increasing the debt percentage in the capital structure, since such companies pay less tax."

> 가중평균자본비용은 부채사용이 증가할수록 하락한다.
>
> $$k_0^L = \rho \times (1 - t \times \frac{B}{V})$$

제3명제의 증명은 가중평균자본비용의 공식에 제2명제를 대입하여 정리한다.

$$k_o^L = k_d(1-t)\frac{B}{V} + k_e^L \frac{S}{V}$$

$$\Rightarrow k_o^L = k_d(1-t)\frac{B}{V} + [\rho + (\rho - k_d)(1-t)\frac{B}{S}]\frac{S}{V}$$

$$k_0^L = \rho \times (1 - t \times \frac{B}{V}) \tag{11.11}$$

식 (11.11)에서는 법인세가 존재하는 경우 부채비율의 증가에 따라 부채기업가치의 할인율인 가중평균자본비용이 지속적으로 작아지는 것을 보여준다. 이러한 내용은 [그림 11-2]에서 확인할 수 있다.

기업가치가 극대화되는 것은 식 (11.11)이 최소화되는 부채비율 $B/V=1$일 때 달성되며 이때의 가중평균자본비용은 $k_0^L = \rho(1-t)$가 된다.

$$B/V=1 \Rightarrow k_0^L=\rho(1-t)$$

투자안의 자본조달을 전액 부채로 조달한다고 해서 그 투자안의 현금흐름에 대한 할인율을 $k_0^L=k_d(1-t)\times\frac{B}{V}+k_e^L\times\frac{S}{V}$에 $\frac{S}{V}=0$을 대입해서 $k_0^L=k_d(1-t)$로 계산해서는 안 된다. 왜냐하면 투자자금을 전액 부채로 조달하여도 $NPV>0$이면 $S>0$, $\frac{B}{V}<1$이 되기 때문이다.

예제 11-3

무부채기업인 K사의 영업이익(EBIT)은 매년 1.5억원으로 기대된다. 현재 K사의 자기자본비용은 20%이며, 법인세율은 30%이다. K사는 이자율 10%로 2억원의 부채를 조달하여 자사주 일부를 매입소각할 예정이다. 법인세가 있는 MM이론이 성립된다고 가정한다.

(1) 자본구조 변경 전 기업가치는 얼마인가?
(2) 자본구조 변경 후 기업가치는 얼마인가?
(3) 자본구조 변경 후 자기자본비용은 얼마인가?
(4) 자본구조 변경 후 가중평균자본비용은 얼마인가?

풀이

(1) 무부채기업의 가치평가

$$V_u=\frac{EBIT(1-t)}{\rho}=\frac{1.5\times(1-0.3)}{0.2}=5.25\text{억원}(52{,}500\text{만원})$$

(2) MM 1명제를 이용한 부채기업의 기업가치 결정

$$V_L=V_u+B\times t=5.25+2\times0.3=5.85\text{억원}(58{,}500\text{만원})$$

(3) MM 2명제를 이용한 부채기업의 자기자본비용 결정

부채기업의 자기자본 $S=5.85\text{억}-2\text{억}=3.85\text{억원}(38{,}500\text{만원})$

$$k_e^L=\rho+(\rho-k_d)\times(1-t)\times\frac{B}{S}=20+(20-10)\times(1-0.3)\times\frac{2}{3.85}=23.64\%$$

(4) MM 3명제를 이용한 부채기업의 가중평균자본비용 결정

$$k_0^L=\rho\times(1-t\times\frac{B}{V})=20\times(1-0.3\times\frac{2}{5.85})=17.95\%$$

3. MM이론의 비교

MM(1958)의 자본구조이론과 MM(1963)의 자본구조이론을 비교하면 다음과 같다.

	MM(1958)	MM(1963)
제1명제	$V_L = V_U$	$V_L = V_U + B \times t$
제2명제	$k_e^L = \rho + (\rho - k_d)\frac{B}{S}$	$k_e^L = \rho + (\rho - k_d)(1-t)\frac{B}{S}$
제3명제	$k_o^L = \rho$	$k_o^L = \rho \times (1 - t \times \frac{B}{V})$

무부채기업의 부채사용에 따른 기업가치, 자기자본비용 및 가중평균비용에 대한 명제를 비교하면 다음과 같다.

	MM(1958)	MM(1963)
제1명제	기업가치 불변	기업가치 증가
제2명제	자기자본비용 증가	자기자본비용 증가
제3명제	가중평균자본비용 불변	가중평균자본비용 감소

4. 법인세율의 변화

법인세율이 증가하면 부채기업의 기업가치, 자기자본비용 및 가중평균비용의 변화는 다음과 같다.

① 법인세율 변화에 따른 기업가치의 변화

제1명제에서 법인세율(t)이 상승하면 V_U 감소로 인하여 기업가치가 감소하며 $B \cdot t$ 증가로 인하여 기업가치는 증가한다. 이때 기업가치 감소효과가 증가효과보다 크기 때문에 법인세율이 상승하면 부채기업의 기업가치는 감소한다.

② 법인세율 변화에 따른 자기자본비용의 변화

제2명제에서 법인세율(t)이 상승하면 $(1-t)$ 감소로 자기자본비용은 감소하며, $\frac{B}{S}$ 증가로 인하여 자기자본비용은 증가한다. 이때 자기자본비용 감소효과와 증가효과가 같기 때문에 법인세율이 상승하여도 자기자본비용은 변하지 않는다.

③ 법인세율 변화에 따른 가중평균자본비용의 변화

제3명제에서 법인세율(t)이 상승하면 $-t$ 감소로 가중평균비용은 감소하며, $-\frac{B}{V}$ 감소로 가중평균비용은 감소한다. 따라서 법인세율이 상승하면 가중평균자본비용은 감소한다.

예제 11-4

<예제 11-3>에서 법인세율이 30%에서 40%로 상승한 경우 자본구조변경후의 기업가치, 자기자본비용 및 가중평균자본비용을 구하라.

풀이

(1) 기업가치

무부채기업의 가치: $V_U = 15{,}000 \times (1-0.4) \div 0.2 = 45{,}000$

부채기업의 가치: $V_L = 45{,}000 + 20{,}000 \times 0.4 = 53{,}000$

(2) 자기자본비용

$k_e^L = 20 + (20-8) \times (1-0.4) \times 20{,}000/33{,}000 = 23.64\%$

(3) 가중평균자본비용

$k_o^L = 20 \times (1 - 0.4 \times 20{,}000/53{,}000) = 16.98\%$

예제 11-5

무부채기업인 ㈜백제의 발행주식수는 10,000주이며 자기자본가치는 5억원이다. 이 기업은 이자율 10%로 영구사채 3억원을 발행하여 전액 자기주식을 매입소각하는 방법으로 자본구조를 변경하고자 한다. ㈜백제의 기대영업이익은 매년 1억원으로 영구히 지속되며, 법인세율은 40%이다. 시장은 준강형 효율적이고 MM의 수정이론(1963)이 성립한다고 가정할 때 다음 각 물음에 답하시오.

(1) 자본구조 변경 후 자기자본비용은 얼마인가?
(2) 자본구조 변경 후 가중평균자본비용은 얼마인가?
(3) 채권발행에 대한 공시 직후 부채의 법인세효과로 인하여 주가는 몇 % 상승하는가?

(4) 채권발행 공시 직후의 주가로 자사주를 매입한다면, 채권발행에 따라 매입할 수 있는 자기주식 수는 몇 주인가?

풀이

(1) $50{,}000 = \dfrac{10{,}000 \times (1-0.4)}{\rho}$ ➡ $\rho = 12\%$

$V_L = 50{,}000 + 30{,}000 \times 0.4 = 62{,}000$

$k_e^L = 12 + (12-10) \times (1-0.4) \times \dfrac{30{,}000}{32{,}000} = 13.13\%$

(2) $k_0^L = 12 \times (1 - 0.4 \times \dfrac{30{,}000}{62{,}000}) = 9.68\%$

(3) 주가상승률$= \dfrac{62{,}000}{50{,}000} - 1 = 24\%$

(4) 자사주 매입$= \dfrac{30{,}000\text{만원}}{\dfrac{62{,}000\text{만원}}{10{,}000\text{주}}} = 0.4839\text{만주} = 4{,}839\text{주}$

예제 11-6

무부채기업인 K사의 영업이익(EBIT)은 매년 12억원으로 기대된다. 현재 K사의 자기자본비용은 14%이고 법인세율은 30%이다. K사는 이자율 8%로 부채를 조달하여 자사주 일부를 매입소각할 예정이다. K사는 시장가치 기준으로 자기자본이 부채의 2배가 되는 자본구조를 목표로 삼고 있다. 법인세가 있는 MM이론이 성립된다고 가정한다.

(1) 자본구조 변경 전 기업가치는 얼마인가?
(2) 자본구조 변경에 필요한 부채는 얼마인가?
(3) 자본구조 변경 후 자기자본비용은 얼마인가?
(4) 자본구조 변경 후 가중평균자본비용은 얼마인가?

풀이

(1) 무부채기업의 가치평가

$V_u = \dfrac{EBIT(1-t)}{\rho} = 12 \times (1-0.3)/0.14 = 60\text{억원}$

(2) MM 1명제를 이용한 부채기업의 기업가치 결정

자기자본의 가치가 부채의 2배이므로 기업가치는 부채의 3배가 된다.

$V_L = V_u + B \times t$ ➠ $V_L = 3 \times B$

$3 \times B = 60 + B \times 0.3 \quad B = 22.22$억원

(3) MM 2명제를 이용한 부채기업의 자기자본비용 결정

$$k_e^L = \rho + (\rho - k_d) \times (1-t) \times \frac{B}{S} = 14 + (14-8) \times (1-0.3) \times 1/2 = 16.1\%$$

(4) MM 3명제를 이용한 부채기업의 가중평균자본비용 결정

$$k_0^L = \rho \times (1 - t \times \frac{B}{V}) = 14 \times (1 - 0.3 \times 1/3) = 12.6\%$$

5. 하마다 모형

법인세가 존재하는 경우 하마다 모형은 다음과 같이 증명이 된다.

부채기업의 자산베타는 부채베타와 주식베타의 가중평균이 된다.

$$\beta_A^L = \beta_B \times \frac{B}{V_L} + \beta_S^L \times \frac{S_L}{V_L}$$

MM(1963) 제1명제에서 부채기업의 자산베타는 다음과 같이 가중평균이 된다.

$$\beta_A^L = \beta_S^U \times \frac{V_U}{V_L} + \beta_B \times \frac{Bt}{V_L}$$

위의 두 식을 정리하면 다음과 같다.

$$\beta_A^L = \beta_S^U \times \frac{V_U}{V_L} + \beta_B \times \frac{Bt}{V_L} = \beta_B \times \frac{B}{V_L} + \beta_S^L \times \frac{S_L}{V_L}$$

$$\Rightarrow \quad \beta_S^U \times (S_L + B \times (1-t)) + \beta_B \times Bt = \beta_B \times B + \beta_S^L \times S_L$$

$$\beta_S^L = \beta_S^U + (\beta_S^U - \beta_B)(1-t)\frac{B}{S} \qquad (11.12)$$

식 (11.12)는 제9장에서 설명한 식 (9.4)이 된다. 법인세가 존재하지 않은 경우 $t=0$을 대입하면 식 (11.12)는 다음과 같다.

$$\beta_S^L = \beta_S^U + (\beta_S^U - \beta_B)\frac{B}{S}$$

식 (11.12)에서 기업이 무위험부채를 사용하게 되면 부채베타(β_B)는 0이 되기 때문에 이를 정리하면 다음과 같다.

$$\beta_S^L = \beta_S^U\left[1 + (1-t)\frac{B}{S}\right] \tag{11.13}$$

법인세가 존재하지 않은 경우 $t=0$을 대입하면 식 (11.13)은 다음과 같다.

$$\beta_S^L = \beta_S^U\left[1 + \frac{B}{S}\right]$$

제4절 자본구조이론의 현실

1. Miller 균형부채이론

현실적으로 채권자와 주주는 이자소득과 배당소득의 개인소득에 대해 개인소득세를 부담하게 된다. 법인세와 개인소득세를 모두 고려한 Miller(1977)의 균형부채이론은 법인세와 함께 누진적 개인소득세가 존재하면 부채의 법인세 절세효과를 상쇄하여 개별 기업의 최적 재무구조는 존재하지 않고 자본시장의 균형 부채비율만 존재함을 시사한다. 세금이 존재하는 경우에도 자본구조와 기업가치는 무관함을 주장한 것이다.

(1) 무부채기업의 가치

법인세율을 t, 개인이 부담하는 주식소득세율을 t_s라고 할 때 무부채기업의 주주의 현금흐름은 $EBIT(1-t)(1-t_s)$가 된다. 따라서 이를 무부채기업의 자기자본비용으로 할인하면 무부채기업의 가치는 다음과 같이 구할 수 있다.

$$V_U = \frac{EBIT(1-t)(1-t_s)}{\rho} \tag{11.14}$$

(2) 부채기업의 가치

어떤 투자자가 L기업의 주식 100%를 매입한다고 하면 법인세와 개인소득세가 존재하는 경우 이 투자자에게 매년 발생하는 현금흐름과 투자비용은 다음과 같다. (투자선략 1)

	투자비용($t=0$)	연간미래현금흐름
L기업주식 매입	S_L	$(EBIT-I)(1-t)(1-t_s)$

개인이 부담하는 이자소득세율을 t_b라고 할 때 채권의 할인율은 $k_d \times (1-t_b)$이 되므로 매년 이자수익 $I(1-t)(1-t_s)$을 $k_d \times (1-t_b)$로 할인하면 $\frac{B(1-t)(1-t_s)}{1-t_b}$이 된다. 어떤 투자자가 U업의 주식 100%를 매입하고 L기업이 조달한 부채금액×(1－법인세율)×(1－주식

소득세율) ÷ (1 − 이자소득세율) 만큼 같은 조건으로 차입할 때 법인세와 개인소득세가 존재하는 경우 이 투자자에게 매년 발생하는 현금흐름과 투자비용은 다음과 같다. (투자전략 2)

	투자비용(t=0)	연간미래현금흐름
U기업주식 매입	S_U	$EBIT(1-t)(1-t_s)$
차 입	$-\dfrac{B(1-t)(1-t_s)}{1-t_b}$	$-I(1-t)(1-t_s)$
합 계	$S_U-\dfrac{B(1-t)(1-t_s)}{1-t_b}$	$(EBIT-I)(1-t)(1-t_s)$

투자전략 1과 투자전략 2의 연간 미래현금흐름이 같다. 그러므로 일물일가의 법칙에 의하여 투자전략 1의 투자비용과 투자전략 2의 투자비용이 같아야 한다.

$$S_L = S_U - \frac{B(1-t)(1-t_s)}{1-t_b}$$

이때 $S_U = V_U$이며, $V_L = B + S_L$이므로 다음과 같은 식으로 나타낼 수 있다.

$$V_L = V_U + [1 - \frac{(1-t)(1-t_s)}{1-t_b}] \times B \tag{11.15}$$

단, t : 법인세율

t_s: 주식소득세율

t_b: 이자소득세율

(3) 레버리지이득(G)

식 (11.15)에서 레버리지이득(G)을 측정하면 다음과 같다.

$$G = \left[1 - \frac{(1-t_s)(1-t)}{1-t_b}\right] \cdot B \tag{11.16}$$

세율의 크기에 따라 레버리지이득과 기업가치의 관계를 정리하면 다음과 같다.

① $(1-t_b) > (1-t)(1-t_s)$

➡ 레버리지이득(G) > 0

➡ $V_L > V_U$

[그림 11-3] 법인세와 개인소득세를 모두 고려한 경우

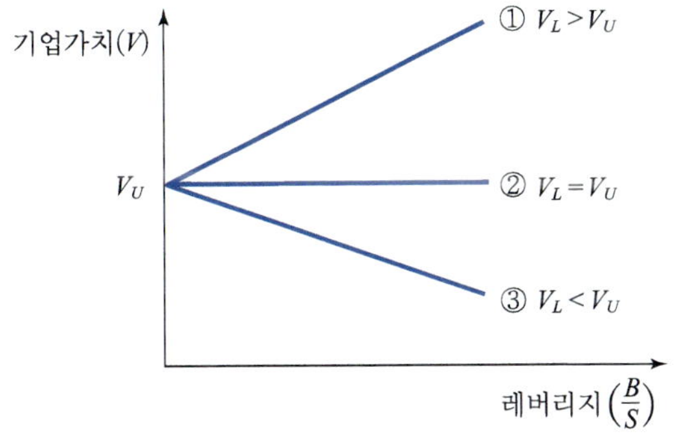

② $(1-t_b) = (1-t)(1-t_s)$

➠ 레버리지이득(G) = 0

➠ $V_L = V_U$

③ $(1-t_b) < (1-t)(1-t_s)$

➠ 레버리지이득(G) < 0

➠ $V_L < V_U$

위의 관계를 그림으로 나타내면 [그림 11-3]과 같다.

식 (11.16)에서 개인소득세가 존재하지 않고, 법인세만 고려하는 경우 레버리지이득(G)은 다음과 같다.

$$t_s = 0,\ t_b = 0 \ \Rightarrow \ G = t \cdot B \tag{11.17}$$

식 (11.17)에서 레버리지이득은 MM(1963)모형에서의 레버리지이득과 동일하다.

예제 11-7

무부채기업인 K사의 영업이익(EBIT)은 매년 1.5억원으로 기대된다. 현재 K사의 자기자본비용은 20%이며, 법인세율은 30%이다. K사는 이자율 10%로 2억원의 부채를 조달하여 자사주 일부를 매입소각할 예정이다. 주식투자에 대한 개인소득세율은 10%이고, 채권투자에 대한 개인소득세율은 20%이다.

(1) 자본구조 변경 전 기업가치는 얼마인가?
(2) 자본구조 변경 후 기업가치는 얼마인가?

풀이

(1) 무부채기업의 가치평가

$$V_u = \frac{EBIT(1-t)(1-t_s)}{\rho} = \frac{15{,}000 \times (1-0.3) \times (1-0.1)}{0.2} = 47{,}250\text{만원}$$

(2) 균형부채이론에 의한 레버리지 이득을 계산한다.

$$G = \left[1 - \frac{(1-t)(1-t_s)}{1-t_b}\right] \times B$$

$$= [1 - \frac{(1-0.3) \times (1-0.1)}{1-0.2}] \times 20{,}000 = 4{,}250\text{만원}$$

부채기업의 가치는 무부채기업의 가치와 레버리지 이득의 합이다.

$V_L = V_u + G = 47{,}250 + 4{,}250 = 51{,}500$만원

(4) 균형부채이론

① 주식소득세를 0으로 가정

주식소득세는 배당에 대한 배당소득세와 주식매각에 따른 자본이득세로 구성되며 현실적으로 주식소득세율은 이자소득세율에 비하면 매우 낮다. Miller는 주식소득세율을 0으로 가정하여 식 (11.15)를 다음과 같이 단순화하였다.

$$V_L = V_U + \left[1 - \frac{1-t}{1-t_b}\right] \cdot B \tag{11.18}$$

② 회사채의 수요곡선(r_d)

시장에는 회사채이외에 비과세채권이 존재한다고 가정하며 비과세채권의 수익률을 r_0라고 하자. 채권자들은 기업이 발행하는 회사채에 투자하는 경우 개인소득세를 부담하게 되어 세후투자수익률은 $r_d(1-t_b)$가 된다. 따라서 채권자가 회사채에 투자 가능한 최소이자율은 다음과 같다.

$$r_d(1-t_b) \geq r_0 \;\rightarrow\; r_d \geq \frac{r_0}{1-t_b} \tag{11.19}$$

[그림 11-4] 회사채의 수요곡선과 공급곡선

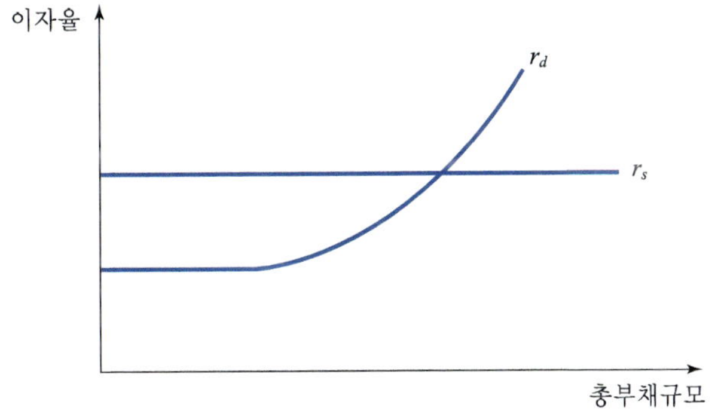

개인소득세율은 개인의 소득수준에 따라 누진적 구조를 갖기 때문에 차등세율이 적용되므로 개인의 소득수준에 따라 요구하는 회사채의 최소수익률이 서로 다르다. 따라서 회사채 수요곡선은 [그림 11-4]에서 보이는 것처럼 우상향의 곡선이 된다.

③ 회사채의 공급곡선(r_s)

기업이 회사채를 발행해서 자금을 조달하였을 때 세전타인자본비용을 r_s라고 할 때 이자비용의 감세효과로 인한 세후타인자본비용은 $r_s(1-t)$가 된다. 기업은 세후타인자본비용이 시장의 기회비용과 같은 수준까지 이자율을 공급할 수 있으므로 회사채의 최대이자율은 다음과 같다.

$$r_s(1-t) \leq r_0 \quad \rightarrow \quad r_s \leq \frac{r_0}{1-t} \tag{11.20}$$

법인세율은 단일세율로 모든 기업에 적용되는 세율이 동일하기 때문에 회사채의 공급곡선은 수평이 된다.

④ 최적부채규모

회사채 시장의 균형은 [그림 11-4]의 수요곡선과 공급곡선이 일치하는 점에서 달성되며, 이러한 균형상태는 법인세율과 채권자의 개인소득세율이 같아지는 점이다.

$$r_s = r_d \Rightarrow \frac{r_0}{1-t} = \frac{r_0}{1-t_b} \Rightarrow t = t_b$$

식 (11.18)에서 $t = t_b$인 경우 레버리지 이득은 0이 되므로 개별기업의 입장에서는 부채기업의 가치와 무부채기업의 가치가 동일하게 되어 최적자본구조는 존재하지 않게 된다.

예제 11-8

자본시장에는 다음과 같은 3명의 투자자만 존재한다고 가정하자.

투자자	이자소득에 대한 한계세율	개인의 부
갑	42%	1,000억원
을	30%	500억원
병	0%	100억원

한편, 모든 투자자들은 국외투자를 통해서 8%의 면세수익률을 얻을 수 있다. 주식투자시 기대수익률도 8%이며, 주식투자소득에 대한 개인소득세는 부과되지 않는다. 법인세율은 모든 기업들에게 35%로 동일하게 적용된다. 모든 투자자는 위험중립형이고 밀러(1977)의 균형부채이론이 성립한다고 가정한다.

(1) 개별 투자자의 입장에서 회사채투자와 주식투자를 무차별하게 하는 회사채의 세전 요구수익률은 투자자별로 얼마인가?

(2) 사채시장의 균형 상태에서 세전 회사채수익률과 경제 전체의 회사채발행량은 각각 얼마인가?

풀이

(1) 기업부채에 대한 수요곡선 : $R_d = \dfrac{R_o}{1-t_b}$

투자자 갑 : $R_d = \dfrac{8}{1-0.42} = 13.79\%$

투자자 을 : $R_d = \dfrac{8}{1-0.3} = 11.43\%$

투자자 병 : $R_d = \dfrac{8}{1-0.0} = 8\%$

(2) 기업부채에 대한 공급곡선 : $R_s = \dfrac{R_o}{1-t}$

기업입장에서의 세전이자율 : $R_s = \dfrac{8}{1-0.35} = 12.31\%$

경제전체의 회사채 발행금액 : 투자자 을, 병의 투자금액 $= 500 + 100 = 600$억

(5) 대체효과가설

DeAngelo and Masulis(1980)는 기업의 감가상각비, 투자세액공제, 이월결손금 등의 비부채 감세효과(NDTS : non-debt tax shields)를 제시하면서, 법인세와 (개인)소득세를 모두 고려하더라도 비부채성 세금효과 때문에 최적자본구조가 존재할 수 있다고 주장하였다. 기업이 비부채감세수단(NDTS)을 보유할수록 추가적인 차입에 따른 기업의 한계이익은 체감하나, 투자자의 개인소득세율은 기업의 비부채감세수단 보유와 무관하게 일정하므로 양자가 일치하는 수준에서 기업마다 서로 다른 최적자본구조가 존재할 수 있다고 보았다. 즉, 기업이 비부채감세수단(NDTS)을 얼마나 보유하고 있는가에 따라서 부채감세수단(DTS)의 감세효과가 달라지며 두 감세수단 사이에는 대체관계가 존재한다는 대체효과가설(substitution effect hypothesis)을 주장하였다.

2. 파산비용이론(상충이론)

기업은 부채의존도가 높을수록 원리금 상환 부담이 크기 때문에 자금난을 겪을 가능성이 증가한다. 기업의 재무위기비용(cost of financial distress)의 예로는 다음과 같은 것들이 있다.

① 기업이 파산할 경우 법률비용 등 파산절차에 소요되는 비용
② 정상적 영업활동을 계속하지 못하는 경우 기존에 밀접한 관계를 유지하던 거래처의 관계가 단절될 수 있음
③ 구조조정(restructuring)을 위해 사산을 매각하는 경우 거래비용 및 조세를 부담
④ 자산을 급히 처분하기 위해 비정상 적으로 낮은 가격에 매각하는 경우 매각손실

기업이 자본조달 형태를 결정할 때 재무위기와 관련하여 고려하는 것은 기대파산비용으로, 이는 자금난에 처할 확률과 파산비용의 현재가치의 곱으로 파악된다. 기업이 부채비율을 증가시키면 자금난에 처할 확률이 증가하며 이에 따라 기대파산비용도 증가한다.

Kraus and Litzenberger(1972)가 제시한 상충이론(trade-off theory) 또는 파산비용이론(bankruptcy cost theory)은 부채 증가와 최적기업 가치 간 관계의 이론적 근거를 제시한다. 이 이론은 기업이 부채를 사용하면 비용과 편익 간 상충 관계가 존재하게 된다고 전제하

[그림 11-5] 파산비용이론의 기업가치

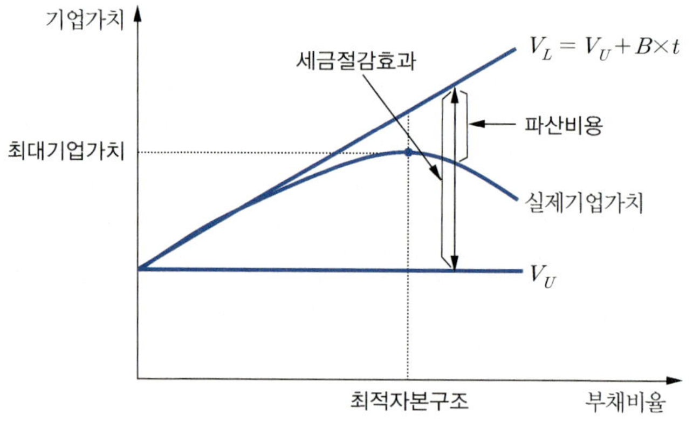

는데, 부채가 증가하는 초기 구간에서는 부채 증가라는 비용이 법인세 감소 효과라는 편익과 상충되어 기업의 가치 상승으로 이어지지만, 부채가 계속 늘어나게 되면 파산 비용이 커지게 되어 기업 가치가 하락하게 된다고 언급한다. 즉, 부채와 기업 가치 간의 관계는 [그림 11-5]에 제시된 바와 같이 역 U자형 형태로 나타나게 되며, 이때 기업 가치가 가장 극대화되는 부채 발생 구간이 존재하게 된다.

상충이론(trade-off theory)에 의하면 부채기업의 기업가치는 다음과 같다.

$$V_L = V_U + B \times t - \text{기대파산비용의 현재가치} \tag{11.21}$$

3. 대리비용이론

(1) 대리인문제와 대리비용

대리인 문제(Principal-agent problem)는 위임자(principal)와 대리인(agents) 사이에서 정보 비대칭 때문에 발생하는 문제를 말하며, 1976년 Jensen & Meckling에 의해 처음 제기되었다.

개인 또는 집단이 의사 결정 과정을 다른 사람에게 위임할 때 대리인 관계가 성립된다. 대리인 관계가 성공적으로 유지되기 위해서는 위임자가 대리인에게 적절한 보상을 지급해야 하고, 대리인의 노력으로 인한 경제적 결과를 정확히 평가할 수 있어야 한다. 그러나 대부분의 대리인 관계는 위임자가 대리인을 완벽하게 감시한다는 것은 현실적으로 불가능하다. 여기서 정보 비대칭 문제가 발생하고, 대리인은 자기 나름대로의 이해관계를 가지기 때문에 위임자의 이해관계에 반하는 행동을 할 수 있다. 이로 인해 역선택(adverse selection)과 도덕적 해이(moral hazard)의 문제가 발생한다.

역선택(adverse selection)은 위임자가 대리인을 선택함에 있어서 그 대리인이 위임업무의 처리에 관한 능력과 지식을 충분히 가지고 있는지의 여부를 그 대리인보다는 잘 알지 못하므로 대리인의 능력보다 많은 보수를 지급하게 되거나 기준미달의 대리인을 역으로 선택하게 되는 것을 말한다.

도덕적 해이(moral hazard)는 대리인이 위임자를 위하여 업무를 수행함에 있어서 위임자는 대리인의 행위나 노력에 대하여 효과적으로 관찰하거나 통제하는 것이 불가능하므로 대리인은 과업의 수행에 필요한 주의와 노력을 기울이지 않을 인센티브를 갖게 된다는 것이다

목표불일치(goal incongruency)와 정보비대칭(information asymmetry)으로 인해서 대리인 문제를 해결하기 위해서 드는 비용을 대리인 비용이라고 한다. Jensen & Meckling은 대리인 비용을 발생유형에 따라 세 가지로 구분하는데, 이는 다음과 같다.

① 감시비용(monitoring cost)

위임자가 대리인을 감시하는 데에 드는 비용이다. ➠ 경영자 성과에 대한 보상

② 확증비용(bonding cost)

대리인이 위임자의 이해에 상반되는 행동을 하고 있지 않음을 증명하는 과정에서 발생하는 비용이다. ➠ 회계감사비용

③ 잔여손실(residual cost)

확증비용과 감시비용이 시출되있음에도 대리인 때문에 발생한 비용이다.

대리비용은 자본구조와 관련해서 자기자본의 대리비용과 부채의 대리비용으로 구분할 수 있다.

(2) 자기자본의 대리비용

자기자본의 대리비용은 외부주주(위임자)와 기업의 소유경영자(대리인)의 대리문제에서 발생하는 비용으로 특권적 소비와 경영자의 태만이 대표적인 예이다.

① 특권적 소비

회사의 재산을 소유경영자 개인의 사적인 용도에 소비하는 것(고급자동차나 호화로운 사무실 등)

② 경영자의 태만

회사업무를 등한시하고 자신의 여가를 즐기는 경향

(3) 부채의 대리비용

부채의 대리비용은 채권자(위임자)와 주주 또는 기업의 소유경영자(대리인)의 대리문제에서 발생하는 비용으로 과대위험유인, 과소투자유인, 재산도피가 대표적인 예이다.

① 과대위험유인(risk incentive)

과대위험유인은 주주의 유한책임에서 비롯된다. 부채로 자금을 조달하여 투자를 하는 경우 그 투자가 성공하는 경우에는 원리금을 상환하고 남은 잔여분은 모두 주주의 몫이지만 투자가 성공하지 못해도 주주는 납입한 금액 이상을 책임지지 않기 때문에 부채비율이 높은 기업의 소유경영자일수록 위험이 큰 투자안을 선택하려는 유인을 갖는다.

② 과소투자유인(underinvestment incentive)

부채비율이 높은 기업은 NPV가 0보다 큰 투자안이라 하더라고 그 크기가 충분히 크지 않은 경우 그 투자안을 포기하는 경향이 있다. 신규투자안의 NPV는 우선적으로 채권자에게 귀속되기 때문에 주주들은 NPV가 충분히 크지 않은 경우에는 투자안의 NPV가 0보다 크다 하더라고 투자를 회피하게 된다.

③ 재산도피

부채비율이 높은 기업의 주주들은 자사주매입이나 배당의 방법으로 기업의 자금을 자신들에게 빼돌려서 위임자인 채권자의 가치를 줄이려 한다.

(4) 대리비용과 최적자본구조

[그림 11-6]에서 나타난 것처럼 부채비율이 높을수록 부채의 대리비용은 커지게 되며, 부채비율이 낮을수록 자기자본의 대리비용은 커지게 된다. 총대리비용은 자기자본의 대리비

[그림 11-6] 대리비용이론과 기업가치

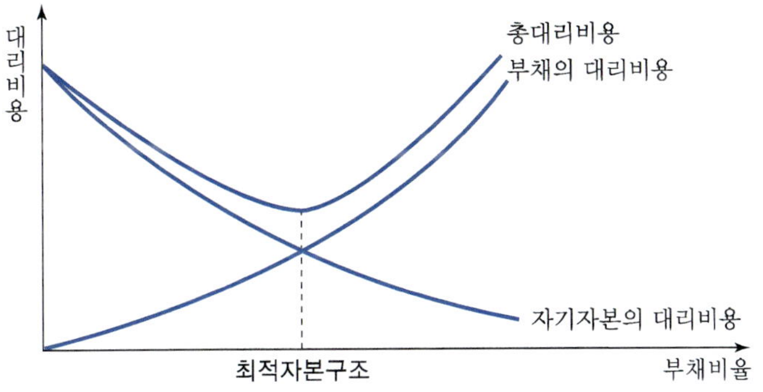

용과 부채의 대리비용의 합으로 나타나며, 최적자본구조는 총대리비용이 최소화 되는 점에서 달성된다.

(5) 대리문제의 감소방안

① 기업지배구조

주주의 권익을 보호하기 위한 기업지배구조가 실효성을 가질 수 있도록 운영한다.

➠ 이사회, 감사위원회, 소액주주권보호제도, 내부자거래금지제도 등

② 경영자 보상

경영자로 하여금 주주들의 이해에 따라가 행동하도록 하는 유인장치를 설치한다.

➠ 주식매수권(stock option) 등 기업성과와 연동된 보수체계

③ 노동시장

경쟁적인 경영자의 노동시장은 대리비용을 감소하는 역할을 한다.

④ 자본시장

효율적인 자본시장은 경영자의 대리문제가 주가에 반영되므로 대리비용을 감소하는 역할을 한다.

⑤ M&A

적대적 M&A는 무능한 경영자의 지위를 박탈할 수 있기 때문에 대리비용을 감소하는 역

할을 한다.

⑥ 부채계약

주주와 채권자가 합의내용을 부채계약으로 만들면 부채의 대리비용을 감소하는 역할을 한다.

➠ 과다한 배당의 제약, 위험이 큰 사업에 투자를 못하게 하는 조항 등

4. 신호이론

정보비대칭(information asymmetry)은 거래의 당사자 가운데 한쪽이 다른 쪽보다 제품이나 서비스의 특성 따위에 대한 정보를 더 많이 가진 상태를 말한다. 역선택 문제를 극복하기 위해서 정보를 가진 측이 자신의 정보를 드러내는 특정한 행동을 하는 경우가 있는데 이를 신호보내기(signaling)라고 한다. 광고에 많은 돈을 들이거나, 명품이 높은 가격을 유지하는 것도 일종의 신호이다.

기업재무에서 정보비대칭(information asymmetry)은 기업 내부자(경영자)가 외부 투자자에 비해 보다 정확하고 많은 기업정보를 소유한 상황을 가리킨다. 기업 경영자는 업무수행 과정에서 투자계획, 수익성 등에 관해 양질의 정보를 취득할 수 있으므로, 내부자가 외부투자자에 비해 우월한 정보를 보유하는 것이 일반적이다.

신호이론(signal theory)에 의하면 경영자는 외부투자자보다 정보우위에 있으므로 경영자와 투자자사이에는 정보비대칭 상황이 발생하게 되는데, 이 때 경영자는 기업 가치를 시장에 가장 효과적으로 전달할 수 있도록 자본구조를 사용하게 된다는 것이다.

(1) Ross(1977)

Ross(1977)는 경제학의 신호보내기를 재무이론에 적용한 최초의 학자로 그는 정보 비 대칭 하에서 부채비율이 기업의 미래실적을 신호하기 위한 수단으로서 어떻게 사용될 수 있는가를 설명하였다. Ross(1977)는 영업이익률이 높은 기업의 부채비율 증가는 좋은 신호로 해석하기 때문에 경영자는 많은 부채를 이용함으로써 좋은 성과가 예상된다는 신호를 시장에 전달하려고 한다.

(2) Leland & Pyle(1977)

Leland and Pyle(1977)은 경영자와 주주간의 비대칭정보 하에서, 기업의 미래 가치에 관한 신호전달 수단으로 경영자지분율을 사용하고, 재무위험을 극복할 수 있다는 신호전달 수단으로 부채비율을 사용하므로, 경영자지분율은 부채비율에 양(+)의 영향을 미친다고 하였다.

(3) 자본조달순위이론(pecking order theory)

Myers & Majluf(1983)은 경영자와 주주 사이에 존재하는 정보비대칭을 가정하여 기업의 현실적인 자본조달 행위를 설명하려는 자본조달 순서이론(Pecking Order Theory)을 통해 기업들은 자금이 부족할 때 가장 비용이 적게 드는 조달 방법부터 사용하게 된다고 주장하였다. 이에 따르면 기업은 먼저 내부자금, 다음으로 위험이 낮은 부채, 위험이 높은 부채, 마지막으로 주식발행을 통해 자금을 조달하게 되므로 최적 자본구조는 의미가 없는 것으로 보았다.

내부유보자금 ➠ 부채 ➠ 신주발행

5. MM(1958) 이전의 자본구조이론

MM(1958) 이전의 자본구조이론은 순이익접근법, 순영업이익접근법, 전통적인 접근법으로 구부되며 부채비율을 증가시킬 때 각 자본비용 및 기업가치의 효과를 요약하면 아래와 같다.

	자기자본비용	타인자본비용	가중평균자본비용	기업가치
순이익(NI) 접근법	일정	일정	감소	증가
순영업이익(NOI) 접근법	증가	일정	일정	일정
전통적인 접근법	증가	증가	감소 후 증가	증가 후 감소

순이익(NI net income)접근법은 자기자본가치를 먼저 결정한 후 자기자본가치에 부채가치를 더하여 기업가치를 결정하지만, 순영업이익(NOI: net operating income)접근법과 전통

적인 접근법은 기업가치를 먼저 결정한 후 기업가치에서 부채가치를 차감하여 자기자본가치를 결정한다.

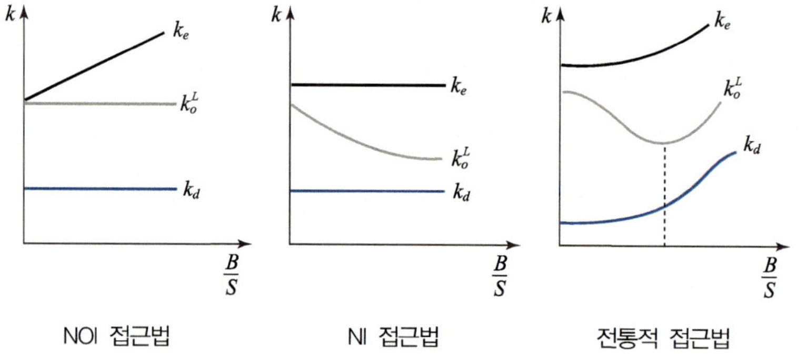

연습문제 11-1

한별 소프트㈜는 자기자본만으로 자금을 조달하여 운영하는 회사인데 매년 2억원의 기대 영업이익이 영구적으로 예상되며 현재 자기자본 비용은 15%이다. 이 회사는 자본구조를 바꾸기 위하여 8억원의 부채를 10%의 이자율로 조달할 수 있다고 가정한다. 법인세가 없는 MM이론이 성립된다고 가정한다.

(1) 자본구조 변경 전 기업가치는 얼마인가?
(2) 자본구조 변경 후 기업가치는 얼마인가?
(3) 자본구조 변경 후 자기자본비용은 얼마인가?
(4) 자본구조 변경 후 가중평균자본비용은 얼마인가?

해설

(1) 무부채기업의 가치평가

$$V_u = \frac{EBIT}{\rho} = \frac{2}{0.15} = 13.33\text{억}$$

(2) MM 1명제를 이용한 부채기업의 기업가치 결정

$$V_L = V_u = 13.33\text{억}$$

(3) MM 2명제를 이용한 부채기업의 자기자본비용 결정

부채기업의 자기자본 $S = 13.33\text{억} - 8\text{억} = 5.33\text{억}$

$$k_e^L = \rho + (\rho - k_d) \times \frac{B}{S} = 15 + (15 - 10) \times \frac{8}{5.33} = 22.50\%$$

(4) MM 3명제를 이용한 부채기업의 가중평균자본비용 결정

$$k_0^L = \rho = 15\%$$

또는 가중평균자본비용의 공식으로 결정

$$k_0^L = k_d \times \frac{B}{V} + k_e \times \frac{S}{V} = 10 \times \frac{8}{13.33} + 22.50 \times \frac{5.33}{13.33} = 15\%$$

연습문제 11-8

부채를 사용하지 않고 자기자본만 사용하고 있는 기업인 ㈜거창은 베타계수가 1.4이고 자산의 시장가치는 300억원이다. 현재 무위험이자율은 4%이고 ㈜거창의 자기자 본비용은 12.4%이다. 이제 ㈜거창은 100억원을 무위험이자율로 차입하여 자본구조를 변경하려 한다. 이때 차입한 금액은 자기주식을 매입소각하는데 사용될 예정이다. 부채의 베타가 0이고 법인세율이 40%이며 CAPM과 법인세가 있는 MM이론이 성립된다는 가정 하에서 Hamada 모형을 이용했을 때 가장 적절하지 않은 것은?

① 변경 전 가중평균자본비용은 12.4%이지만 변경 후 가중평균자본비용은 8.94%로 감소한다.

② 변경 전 자기자본비용은 12.4%이지만 변경 후 자기자본비용은 14.5%로 증가한다.

③ 자본구조 변경 전 주식베타는 1.4이지만 자본구조 변경 후 주식베타는 1.75로 증가한다.

④ 자본구조 변경 전 자산베타는 1.4이지만 자본구조 변경 후 자산베타는 1.24로 감소한다.

⑤ 자본구조 변경 전 자산의 시장가치는 300억원이지만 자본구조 변경 후 자산의 시장가치는 340억원으로 증가한다.

해설

(1) MM 1명제를 이용한 부채기업의 기업가치 결정

$V_L = V_u + B \times t = 300 + 100 \times 0.4 = 340$억원

(2) MM 2명제를 이용한 부채기업의 자기자본비용 결정

$$k_e^L = \rho + (\rho - k_d) \times (1-t) \times \frac{B}{S} = 12.4 + (12.4 - 4) \times (1 - 0.4) \times \frac{100}{240} = 14.5\%$$

(3) MM 3명제를 이용한 부채기업의 가중평균자본비용 결정

$$k_0^L = \rho \times \left(1 - t \times \frac{B}{V}\right) = 12.4 \times \left(1 - 0.4 \times \frac{100}{340}\right) = 10.94\%$$

(4) 하마다 공식을 이용한 주식베타 결정

$$\beta_S^L = \beta_S^U \times \left[1 + (1-t) \times \frac{B}{S}\right] = 1.4 \times \left[1 + (1 - 0.4) \times \frac{100}{240}\right] = 1.75$$

(5) 하마다 공식을 이용한 자산베타 결정

$$\beta_A = \beta_B \times \frac{B}{V} + \beta_S^L \times \frac{S}{V} = 0 \times \frac{100}{340} + 1.75 \times \frac{240}{340} = 1.24$$

정답: ①

연습문제 11-9

자본구조이론에 대한 다음의 설명 중 가장 옳지 않은 것은?

① Modigliani & Miller(1958)에 의하면 레버리지와 기업가치는 무관하고, 자기자본가치를 먼저 구한 후 이것과 부채가치를 합쳐 기업가치를 구한다.

② Modigliani & Miller(1963)에서는 레버리지가 많을수록 기업가치는 상승하는데, 이는 순이익접근법의 결과와 동일하다.

③ Modigliani & Miller(1963)에서는 다른 조건이 일정하다면, 법인세율이 상승할수록 기업가치와 가중평균자본비용은 하락하지만 자기자본비용은 변함이 없다.

④ Miller(1977)는 개인수준의 이자소득세 때문에 레버리지 이득이 감소된다고 하였다.

⑤ 전통적 접근법과 파산비용이론 및 대리인이론의 결과는 레버리지를 적절하게 이용해야 기업가치가 상승한다는 공통점이 있다.

해설

① Modigliani & Miller(1958)에 의하면 레버리지와 기업가치는 무관하고, 기업가치를 먼저 구한 후 이것과 부채가치를 차감하여 자기자본가치를 구한다.

② MM 1명제를 이용한 부채기업의 기업가치

$V_L = V_u + B \times t$ → 레버리지가 많을수록 기업가치는 상승한다.

③ 법인세율이 상승한다면

1명제 기업가치 감소

2명제 자기자본비용 불변

3명제 가중평균자본비용 감소

④ Miller

$$V_L = V_u + B\left[1 - \frac{(1-t_c)(1-t_s)}{(1-t_b)}\right]$$

→ 이자소득세율이 증가하면 레버리지 이득은 감소

법인세율과 주식소득세율이 증가하면 레버리지 이득은 증가

⑤ 최적자본구조이론

전통적접근법, 파산비용이론, 대리인이론

정답: ①

연습문제 11-16

회계기업의 부채는 현재 2,000억원이다. 미래 상황은 호황과 불황이 동일 확률로 가능하며 이 기업은 상호배타적인 두 투자안을 고려하고 있다. 두 투자안이 시행되면 호황과 불황에서의 기업가치는 다음과 같이 예상된다.

상 황	A투자안이 시행되는 경우	B투자안이 시행되는 경우
호황	4,300억원	3,800억원
불황	1,100억원	2,000억원

다음 중 적절한 설명을 모두 모은 것은?

a. A투자안 시행시의 기대 기업가치는 B투자안 시행시의 기대 기업가치보다 200억원만큼 작다.
b. A투자안 시행시의 기업가치 변동성(표준편차)은 B투자안 시행시의 기업가치 변동성보다 700억원만큼 크다.
c. 주주가치를 극대화하는 기업은 B투자안을 선택한다.

① a, b, c ② a, c ③ b, c ④ a ⑤ a, b

해설

(1) 투자안의 기대기업가치

$E(A)=4,300\times\frac{1}{2}+1,100\times\frac{1}{2}=2,700$억원

$E(B)=3,800\times\frac{1}{2}+2,000\times\frac{1}{2}=2,900$억원

기업가치로 의사결정을 하면 B투자안을 선택한다.

(2) 투자안의 표준편차

$Var(V_A)=(4,300-2,700)^2\times0.5+(1,100-2,700)^2\times0.5$ ➡ $\sigma_A=1,600$억원

$Var(V_B)=(3,800-2,900)^2\times0.5+(2,000-2,900)^2\times0.5$ ➡ $\sigma_B=900$억원

(3) 투자안의 기대자기자본가치

$E(S_A)=2,300\times\frac{1}{2}+0\times\frac{1}{2}$억원$=1,150$억원

$E(S_B)=1,800\times\frac{1}{2}+0\times\frac{1}{2}=900$억원

자기자본의 가치로 의사결정을 하면 A투사안을 선택한다.

정답: ⑤

연습문제 11-17

㈜서울은 자기자본만으로 자금을 조달한 기업으로 자본비용은 20%이며, 연간 10억원의 영업이익이 영구히 발생할 것으로 기대된다. ㈜경기는 총 액면가 15억원, 액면이자율 10%, 만기수익률 10%의 영구채와 총 10,000주의 주식으로 구성되어 있으며, 영업이익과 영업위험은 ㈜서울과 동일하다. 법인세율은 40%이다.

(1) ㈜서울과 ㈜경기의 시장가치는 각각 얼마인가?

(2) ㈜경기의 자기자본비용은 얼마인가?

(3) ㈜경기의 가중평균자본비용은 얼마인가?

(4) 현재 시장에서는 부채가치의 수준에 따라 파산할 확률이 아래와 같이 예상되고 있으며 파산시 발생하게 되는 비용의 현재가치가 20억원으로 추산된다.

부채 가치	파산 확률
3억원	10%
6억원	13%
9억원	18%
12억원	25%
15억원	40%

① 기대파산비용을 고려할 때 ㈜경기의 기업가치는 얼마인가?

② 세금절감효과와 기대파산비용을 고려할 때 ㈜경기의 기업가치를 극대화시킬 수 있는 최적 부채수준을 구하라.

해설

(1) $V_U = \dfrac{EBIT(1-t)}{\rho} = \dfrac{10 \times (1-0.4)}{0.20} = 30$억원

$V_L = V_u + B \times t = 30$억$+15$억$\times 0.4 = 36$억원

(2) 부채기업의 자기자본비용

$$k_e^L = \rho + (\rho - k_d)(1-t)\frac{B}{S} = 20 + (20-10) \times (1-0.4) \times \frac{15}{21} = 24.29\%$$

(3) 부채기업의 가중평균자본비용

$$k_0^L = \rho\left(1 - t \times \frac{B}{V}\right) = 20 \times \left(1 - 0.4 \times \frac{15}{36}\right) = 16.67\%$$

(4) ① 기대파산비용을 고려한 기업가치

$V_L = V_u + B \times t -$ 기대파산비용의 현재가치

$= 30$억$+ 15$억$\times 0.4 - 20$억$\times 0.4$(파산확률)$= 28$억원

☞ 현재 부채수준이 15억이므로 파산확률은 40%이다.

② 부채효과$= B \times 0.4 - 20$억$\times$파산확률

부채가치	파산확률	부채효과
30,000만원	10%	−8,000만원
60,000만원	13%	−2,000만원
90,000만원	18%	0원
120,000만원	25%	−2,000만원
150,000만원	40%	−20,000만원

부채가치가 9억원인 경우 부채효과가 가장 크기 때문에 기업가치를 극대화할 수 있는 최적자본구조이다.

연습문제 11-18

한솔기업은 다음과 같은 신규투자를 고려하고 있다. 신규투자안 A, B는 모두 100원의 투자원금을 필요로 하며 투자기간은 1년이고 상호배타적이다. 이들 투자안의 1년 말 총현금흐름은 다음과 같다.

상 황	확 률	투자안 A	투자안 B
불 황	0.5	110원	50원
호 황	0.5	130원	180원

경제주체들은 위험중립적이며, 무위험이자율은 10%이고, 부채조달시 채권만기는 투자기간과 동일하다.

(1) 한솔기업의 소유경영자가 투자원금 전액을 자기자본으로 조달한다면 어떤 투자안을 선택할 것인가?

(2) 한솔기업은 투자안 선택에 상관없이 시장 이자율로 투자원금 전액을 부채로 조달한다고 하자. 이때 한솔기업의 소유경영자는 어떤 투자안을 선택할 것인가?

해설

(1) 부채를 사용하지 않은 경우의 투자결정

1년 후 투자안의 현금흐름과 주주현금흐름은 일치한다.

$$NPV_A = \frac{(130\times0.5)+(110\times0.5)}{1.1} - 100 = 9.09$$

$$NPV_B = \frac{(180\times0.5)+(50\times0.5)}{1.1} - 100 = 4.55$$

∴ 투자안 A의 NPV가 더 크기 때문에 투자안 A를 선택한다.

(2) 부채를 사용하는 경우의 투자결정

1년 후 투자안의 현금흐름에 따른 주주현금흐름은 다음과 같다.

투자안	상황	투자안의 총현금	채권자 현금	주주현금
A	호황	130	110	20
	불황	110	110	0
B	호황	180	110	70
	불황	50	50	0

주주현금흐름을 기준으로 주주의 NPV를 구하면 다음과 같다.

$$NPV_A = \frac{(20 \times 0.5) + (0 \times 0.5)}{1.1} - 0 = 9.09$$

$$NPV_B = \frac{(70 \times 0.5) + (0 \times 0.5)}{1.1} - 0 = 31.82$$

∴ 투자안 B의 NPV가 더 크기 때문에 투자안 B를 선택한다.

연습문제 11-19

(1) 자본조달순위이론(pecking order theory)에 관한 설명으로 가장 적절하지 않은 것은?

① 경영자는 외부투자자에 비해 더 많은 기업정보를 알고 있다고 가정한다.

② 자본조달시 고평가된 기업이라고 하더라도 신주발행보다 부채발행을 선호한다.

③ 최적자본구조에 대해서는 설명하지 못한다.

④ 수익성이 높은 기업은 파산비용 등 재무적 곤경비용의 부담이 작기 때문에 수익성이 낮은 기업보다 높은 부채비율을 가질 것으로 예측한다.

⑤ 기업들이 여유자금(financial slack)을 보유하려는 동기를 설명한다.

(2) 어느 재무관리 담당자는 투자성과가 좋은 투자안을 놓고 생각하기를 "자사의 현주가가 적절히 평가되어 있지 않고 있다."라고 생각하고 있다. 이 투자안의 자금조달 순서로 바람직 한 것은?

① 필요자금을 우선 유보이익으로 조달하고, 부족분은 사채를 발행한다.

② 필요자금을 우선 유보이익으로 조달하고 부족분은 주식을 발행한다.

③ 필요자금을 우선 주식으로 조달하고 부족분은 사채를 발행한다.

④ 필요자금을 우선 주식으로 조달하고 부족분은 유보이익을 이용한다.

⑤ 위의 아무것이나 무차별하다.

해설

(1) 정답 : ④

Ross(1977)는 수익성이 높은 기업은 수익성이 낮은 기업보다 높은 부채비율을 가질 것으로 예측한다.

(2) 정답 : ①

자본조달 순서이론(Pecking Order Theory)은 필요자금을 내부유보자금 ➠ 부채 ➠ 신주발행의 순서로 조달하며 최적 자본구조는 의미가 없는 것으로 보았다.

연습문제 11-20 (22년 기출)

자본구조이론에 관한 설명으로 가장 적절하지 않은 것은?

① 지분의 분산 정도가 크거나 소유경영자의 지분율이 낮을수록 자기자본의 대리인 비용은 증가할 수 있다.

② Miller(1977)에 의하면 채권시장이 균형일 때 부채기업과 무부채기업의 가치는 동일하다.

③ 자본조달순위이론은 최적자본구조의 존재 여부에 대하여 설명하지 못한다.

④ 부채비율이 높을 때 위험선호 유인, 과소투자 유인, 재산도피 유인 등이 발생할 수 있다.

⑤ MM에 의하면 법인세가 존재하는 경우 부채비율(B/S)의 증가에 따라 가중평균자본비용은 부채비용×(1 − 법인세율)로 수렴한다.

해설

$k_o^L = \rho(1 - t\dfrac{B}{V})$에서 부채비율이 무한히 증가하면 B/V=1에 수렴하므로

$k_o^L = \rho(1-t)$에 수렴한다.

정답 : ⑤

연습문제 11-21 (22년 기출)

무부채기업인 U기업의 연간 기대영업이익은 2억원이며, 부채비율(B/S)이 100%인 L기업의 연간 기대영업이익은 5억원이다. 두 기업의 주식수익률에 대한 자료는 다음과 같다.

구분	주식수익률의 표준편차	시장수익률과의 상관계수
U기업	20%	0.4
L기업	50%	0.6

시장포트폴리오의 기대수익률과 표준편차는 모두 20%이고, 무위험이자율은 5%이다. 법인세율이 40%인 경우 다음 중 가장 적절하지 않은 것은? (단, CAPM과 법인세가 있는 MM이론이 성립한다고 가정한다.)

① L기업의 베타는 1.50이다.
② U기업의 자기자본비용은 11.00%이다.
③ L기업의 가중평균자본비용은 12.25%이다.
④ U기업의 가치는 10.91억원이다.
⑤ L기업의 가치가 U기업의 가치보다 8.76억원 더 크다.

해설

① $\beta^L = \rho_{im} \times \dfrac{\sigma_i}{\sigma_m} = 0.6 \times 50/20 = 1.5$

② $\beta^U = \rho_{im} \times \dfrac{\sigma_i}{\sigma_m} = 0.4 \times 20/20 = 0.4$

SML : $\rho = 5 + (20-5) \times 0.4 = 11\%$

③ SML : $k_e^L = 5 + (20-5) \times 1.5 = 27.5\%$

$k_o^L = k_d(1-t)\dfrac{B}{V} + k_e^L\dfrac{S}{V} = 5 \times (1-0.4) \times 1/2 + 27.5 \times 1/2 = 15.25\%$

④ $V_U = \dfrac{EBIT(1-t)}{\rho} = \dfrac{2 \times (1-0.4)}{0.11} =$ 10.91억원

⑤ $V_L = \dfrac{EBIT(1-t)}{k_o} = \dfrac{5 \times (1-0.4)}{0.1525} =$ 19.67억원

정답 : ③

연습문제 11-22 (23년 기출)

무부채기업인 ㈜한성의 베타는 2이고, 자기자본비용은 20%이며, 시장가치는 200억원이다. 이 기업은 50억원을 무위험이자율 5%로 차입하여 전액 자기주식을 매입소각하는 방법으로 자본구조를 변경하고자 한다. 법인세율은 40%이며, 부채의 베타는 0이다. MM의 수정이론(1963)과 CAPM이 성립한다고 가정할 때, 자본구조 변경 후 다음 설명 중 옳지 않은 항목만을 모두 선택한 것은? (단, 자본비용은 % 기준으로 소수점 셋째 자리에서 반올림하며, 베타는 소수점 셋째 자리에서 반올림한다.)

a. 자기자본비용은 22.65%이다.
b. 가중평균자본비용은 17.65%이다.
c. 기업가치는 220억원이다.
d. 주식베타는 2.27이다.
e. 자산베타는 1.82이다.

① a, d ② a, e ③ b, c
④ b, d ⑤ d, e

해설

MM 1명제

$V_L = V_U + B \times t$ = 200 + 50 × 0.4 = 220억원

MM 2명제

$$k_e^L = \rho + (\rho - k_d)(1-t)\frac{B}{S} = 20 + (20-5)(1-0.4)\frac{50}{170} = 22.65\%$$

MM 3명제

$$k_o^L = \rho(1 - t\frac{B}{V}) = 20 \times (1 - 0.4 \times \frac{50}{220}) = 18.18\%$$

부채의 베타는 0이므로 무위험부채 하마다모형 사용

주식베타 : $\beta_S^L = \beta_S^U \times [1 + (1-t)\frac{B}{S}] = 2 \times (1 + (1-0.4) \times \frac{50}{170}) = 2.35$

자산베타 : $\beta_A^L = \beta_S^L \times \frac{S}{V} = 2.35 \times \frac{170}{220} = 1.82$

정답 : ④

연습문제 11-23 (24년 기출)

기업의 자본구조에 관한 설명으로 적절한 항목만을 모두 선택한 것은?

a. MM(1963)에 의하면 부채사용 기업은 무부채 기업과 비교할 때 부채사용으로 인한 절세효과의 현재가치만큼 기업가치가 증가한다.
b. 상충이론(또는 파산비용이론)은 기대파산비용의 존재를 주장하면서 부채사용으로 인한 절세효과를 부정한다.
c. 자본구조이론에서 대리인 비용(agency cost)은 감시비용(monitoring cost)과 확증비용(bonding cost) 등을 말한다.
d. MM(1958)에 의하면 기업 가치를 극대화하는 최적자본구조가 존재한다.
e. 기업의 영업활동과 영업현금흐름에 변화가 없다고 가정할 때, 최적자본구조에서는 기업의 가중평균자본비용이 극소화된다.

① b, c ② c, e ③ a, b, c ④ a, c, e ⑤ b, d, e

해설

b. 파산비용이론은 부채사용으로 인한 절세효과의 긍정적 효과와 기대파산비용의 존재로 인한 부정적 효과를 설명하는 상충이론이다.
d. MM(1958)에 의하면 자본구조는 기업 가치에 영향을 주지 않는 무관련이론이다.

정답 : ④

투자안의 위험과 자본조달효과를 고려한

제12장

제 1 절 투자안의 위험과 자본조달의 효과를 고려한 NPV

1. 투자안의 위험을 고려한 NPV

미래의 현금흐름이 불확실한 경우 순현가법(NPV)으로 투자안의 가치평가를 위해서는 불확실성을 반영하는 방법은 다음과 같은 2가지 방법이 있다.

① **위험조정할인율법(risk adjusted discount rate method)**

투자안의 미래현금흐름의 기댓값을 구하여 이를 위험이 조정된 할인율로 할인하여 투자안의 가치평가를 하는 방법이다. 이 방법을 적용하면 미래현금흐름의 위험이 클수록 위험프리미엄이 증가하여 더 높은 할인율로 조정한다.

② **확실성등가법(certainty equivalent method)**

확실성등가법은 투자안의 미래현금흐름을 위험이 없는 확실한 현금흐름으로 조정하고 할인율을 무위험이자율로 사용하여 투자안의 가치를 산출하는 방법이다. 이 방법을 적용하면 미래현금흐름의 위험이 클수록 확실한 현금흐름은 더 작게 조정한다.

2. 자본조달 효과를 고려한 NPV (위험조정할인율법)

위험조정할인율법은 부채를 이용하여 자금을 조달하는 경우 투자안의 평가방법은 다음과 같은 3가지 방법이 있다.

① **가중평균자본비용법(WACC법 : weighted average cost of capital method)**

투자안의 위험과 부채사용의 자본조달효과를 모두 할인율에 반영하는 방법으로 기업의 현금흐름을 가중평균자본비용으로 할인하는 방법이다. 이 방법은 가장 일반적인 평가방법으로 자본조달효과를 할인율에 반영하기 위해서는 목표자본구조를 알 수 있어야 한다. 제9장에서는 주로 이 방법으로 설명을 하였다.

② **조정현가법(APV법 : adjusted present value)**

투자안의 영업위험은 할인율에 반영하지만 부채사용의 자본조달효과는 현금흐름에 반영하는 방법으로 목표자본구조를 알 수 없을 때 사용하는 방법이다. 제11장에서 설명한

MM(1963)의 제1명제가 이 방법을 적용한 것이다.

③ 주주현금흐름법(FTE법 : flow to equity method 또는 FCFE법 : free cash flows to equity method)

투자안의 위험과 부채사용의 자본조달효과를 모두 할인율에 반영하는 방법으로 주주의 현금흐름을 자기자본비용으로 할인하는 방법이다. 가중평균자본비용법과 마찬가지로 자본조달효과를 할인율(자기자본비용)에 반영하기 위해서는 목표자본구조를 알 수 있어야 한다.

3. 목표자본구조

제9장에서 설명한 것처럼 투자안의 가중평균자본비용(WACC)을 구할 때 목표자본구조는 다음과 같은 2가지 견해가 있다.

① 대체원가 레버리지

투자자금을 조달할 때의 레버리지를 말하여 투자안의 NPV를 포함하지 않는 부채비율

② 재생산가치 레버리지

투자안을 수행한 후의 NPV까지 포함된 레버리지를 말하며 목표자본구조는 재생산가치 레버리지를 의미한다.

재생산가치 레버리지를 알 수 있을 때에는 WACC법과 FTE법을 사용하며, 재생산가치 레버리지를 모르는 경우에는 대체원가 레버리지를 이용한 APV법을 사용한다.

4. 요약

투자안의 위험과 자본조달의 효과를 고려하는 NPV법을 요약하면 다음과 같다.

	WACC법	APV법	FTE법	CEQ법
투자안의 위험 반영	할인율			현금흐름
자본조달 효과 반영	할인율	현금흐름	할인율	현금흐름
현금흐름의 원천	기업	기업	주주	기업
목표자본구조	알아야 함	모르는 경우	알아야 함	알아야 함

제 2 절 WACC법(가중평균자본비용법)

1. NPV

가중평균자본비용법(WACC법)은 투자안의 위험과 부채사용의 자본조달효과를 모두 할인율에 반영하는 방법으로 기업의 현금흐름을 가중평균자본비용으로 할인하는 방법이다. 이 방법은 자본조달효과를 할인율에 반영하기 위해서는 목표자본구조를 알 수 있어야 한다. 가중평균자본비용법(WACC법)의 NPV 계산은 다음과 같다.

$$NPV = \sum_{t=1}^{n} \frac{FCFF_t}{(1+wacc)^t} - C_0 \tag{12.1}$$

2. 현금흐름

가중평균자본비용법(WACC법)의 현금흐름은 제5장에서 설명한 기업잉여현금흐름(FCFF: Free cash flow to the firm)을 대상으로 한다. 기업잉여현금흐름(FCFF)은 실물투자로부터 유입되는 영업현금흐름(OCF)에서 실물투자로 유출되는 자본적 지출(CE)과 순운전자본지출(NWCE)을 차감한다.

$$\text{FCFF} = \text{OCF} - \text{CE} - \text{NWCE}$$

기업이 매년 벌어들이는 현금흐름이 영구적으로 매년 일정한 경우 기업잉여현금흐름(FCFF)은 세후영업이익(NOPAT)이 된다.

$$\text{FCFF} = \text{EBIT}(1-t)$$

가중평균자본비용법(WACC법)은 투자안의 위험과 부채사용의 자본조달효과를 현금흐름에는 반영하지 않는다. 따라서 부채를 사용하는 경우와 부채를 사용하지 않는 경우 현금흐름은 동일하다.

3. 할인율

투자안의 위험과 부채사용의 자본조달효과를 모두 반영하는 가중평균자본비용(WACC)은 다음과 같은 절차를 따른다.

① 1단계 : 대용기업의 베타를 이용하여 투자안의 영업베타를 산출
② 2단계 : 투자안의 영업베타를 이용하여 투자안의 주식베타를 산출
③ 3단계 : 투자안의 주식베타를 이용하여 투자안의 자기자본비용 산출
④ 4단계 : 투자안의 가중평균자본비용 산출

(1) 대용기업과 투자안의 영업베타

대용기업의 주식베타를 Hamada모형에 대입하여 투자안의 영업베타를 계산한다.

무위험부채인 경우 : $\beta_S^L = \beta_S^U\left[1+(1-t)\dfrac{B}{S}\right]$

위험부채인 경우 : $\beta_S^L = \beta_S^U + (\beta_S^U - \beta_B)(1-t)\dfrac{B}{S}$

(2) 투자안의 주식베타

투자안의 영업베타를 Hamada모형에 대입하여 투자안의 주식베타를 산출하며, 이때 목표자본구조를 알아야 한다.

무위험부채인 경우 : $\beta_S^L = \beta_S^U\left[1+(1-t)\dfrac{B}{S}\right]$

위험부채인 경우 : $\beta_S^L = \beta_S^U + (\beta_S^U - \beta_B)(1-t)\dfrac{B}{S}$

(3) 투자안의 자기자본비용

투자안의 주식베타를 SML에 대입하여 투자안의 자기자본비용을 구한다.

$$k_e = R_f + (E(R_m) - R_f) \times \beta^L$$

(4) 투자안의 가중평균자본비용

투자안의 세후타인자본비용과 자기자본비용을 목표레버리지를 가중치로 가중평균하며,

이때 목표자본구조를 알아야 한다.

$$wacc = k_d \times (1-t) \times \frac{B}{V} + k_e \times \frac{S}{V} \tag{12.2}$$

예제 12-1

G정유의 부채비율(B/V)은 0.5(50%)이고, 새로이 편의점을 설립하여 유통업에 진출하려고 한다. 현재 동일 업종에서 영업을 하고 있는 C회사의 주식베타는 1.05이고 부채비율(B/V)은 0.4이다. 한편 G정유는 편의점의 목표자본구조의 부채비율(B/V)은 0.6이 되도록 할 계획이며, 부채의 차입이자율은 10%이다. 무위험이자율은 10%이고 시장수익률은 18%이며 법인세율은 25%이다. G정유의 초기의 투자액이 20억원이고, 매년 영업이익이 4억원으로 예상된다. 투자안의 경제성을 평가하시오.

풀이

투자안의 목표자본구조를 알고 있기 때문에 투자안의 기업잉여현금흐름을 투자안의 WACC으로 할인하는 접근법으로 투자안의 경제성을 평가한다.

(1) 하마다 모형을 이용하여 편의점의 영업베타를 산출한다.

대용기업의 자본구조 : B/V = 0.4 ➠ B/S = 4/6

$$\beta^L = \beta^U \times [1+(1-t)\frac{B}{S}] \Rightarrow 1.05 = [1+(1-0.25)\times 4/6]\times \beta^U \Rightarrow \beta^U = 0.7$$

(2) 하마다 모형을 이용하여 투자안의 목표부채비율을 반영한 베타를 산출한다.

투자안의 자본구조 : B/V = 0.6 ➠ B/S = 6/4

$$\beta^L = \beta^U \times [1+(1-t)\frac{B}{S}] = 0.7 \times [1+(1-0.25)\times 6/4] = 1.4875$$

(3) SML을 이용하여 투자안의 자기자본비용을 산출한다.

$$k_e^L = R_f + (E(R_m) - R_f)\times \beta^L = 10 + (18-10)\times 1.4875 = 21.9\%$$

(4) 투자안의 가중평균자본비용을 산출한다.

$$wacc = k_d(1-t)\times \frac{B}{V} + k_e \times \frac{S}{V} = 10\times 0.75\times 0.6 + 21.9\times 0.4 = 13.26\%$$

(5) 투자안의 NPV를 산출한다.

영구연금 기업잉여현금흐름(FCFF) = EBIT(1 − t)

$$NPV = -\Delta FCFF_0 + \sum_{t=1}^{n}\frac{\Delta FCFF_t}{(1+wacc)^t} = -20 + \frac{4\times(1-0.25)}{0.1326} = 2.62\text{억}$$

NPV>0이므로 투자안을 채택한다.

제3절 APV법(조정현재가치법)

1. APV법(조정현가법)

조정현재가치법(APV method)은 투자안의 영업위험은 할인율에 반영하지만 부채사용의 자본조달효과는 현금흐름에 반영하여 NPV를 구하는 방법이다. 따라서 투자금액을 자기자본만으로 조달하였을 경우의 기본 NPV를 먼저 구한 다음, 부채사용에 따른 자본조달효과를 더해서 투자안의 가치를 평가한다.

$$APV = \text{기본 } NPV + \text{부채사용효과 } NPV \quad (12.3)$$

2. 기본 NPV

기본NPV(base case NPV)는 투자자금을 전액 자기자본으로만 조달하여 투자한다고 가정한 NPV로 다음과 같이 계산한다.

$$\text{기본 } NPV = \sum_{t=1}^{n} \frac{FCFF_t}{(1+\rho)^t} - C_0 \quad (12.4)$$

(1) 현금흐름

가중평균자본비용법(WACC법)의 현금흐름과 동일한 기업잉여현금흐름(FCFF)이다.

(2) 할인율

투자안의 위험을 반영하지만 자본조달 효과를 반영하지 않는 할인율은 다음과 같은 절차를 따른다.

① 1단계 : 대용기업의 베타를 이용하여 투자안의 영업베타를 산출

② 2단계 : 투자안의 영업베타를 이용하여 투자안의 자기자본비용 산출

투자안의 영업베타를 SML에 대입하여 투자안의 할인율을 구한다.

$$\rho = R_f + (E(R_m) - R_f) \times \beta^U \tag{12.5}$$

(3) 감가상각 절세효과의 할인율

투자안의 세전영업현금흐름이 감가상각비보다 작은 경우 투자안의 감가상각비 감세효과로 인한 현금흐름은 감소할 위험이 있다. 따라서 감가상각비 감세효과의 할인율은 다음과 같다.

① 감가상각비 감세효과를 항상 이용할 수 있는 경우

기업의 세전영업현금흐름이 충분히 커서 감가상각비 감세효과를 항상 이용할 수 있는 경우 감가상각비 감세효과의 할인율은 무위험이자율로 할인한다. 따라서 투자안의 현금흐름이 영업현금흐름만 있는 경우 식 (12.4)의 기본 NPV은 다음과 같이 조정한다.

$$\text{기본}NPV = \sum_{t=1}^{n} \frac{EBITDA \times (1 - \text{세율})}{(1+\rho)^t} + \sum_{t=1}^{n} \frac{Dep \times \text{세율}}{(1+R_f)^t} - C_0$$

② 감가상각비 감세효과를 항상 이용할 수 없는 경우

기업의 세전영업현금흐름이 충분히 크지 않아 감가상각비 감세효과를 항상 이용할 수 없는 경우 감가상각비 감세효과의 할인율은 투자안의 위험조정할인율로 할인한다. 따라서 투자안의 현금흐름이 영업현금흐름만 있는 경우 식 (12.4)의 기본 NPV은 다음과 같다.

$$\text{기본}NPV = \sum_{t=1}^{n} \frac{EBITDA \times (1 - \text{세율})}{(1+\rho)^t} + \sum_{t=1}^{n} \frac{Dep \times \text{세율}}{(1+\rho)^t} - C_0$$

3. 부채사용효과의 NPV

부채사용으로 인한 자본조달효과는 이자비용의 감세효과 뿐만 아니라 조달경비의 효과 및 특혜금융의 효과 등 다양한 효과가 있다. 이처럼 부채사용에 따른 여러 가지 효과를 가중평균자본비용에 반영가기가 쉽지 않기 때문에 이런 경우 조정현가법을 적용하는 것이 바람직하다.

(1) 이자비용의 감세효과

이자비용의 감세효과의 현재가치는 다음과 같이 계산한다. 단, 할인율은 무위험이자율이 아닌 타인자본비용을 사용한다.

+ 부채 조달금액 − 세후이자비용의 현재가치 − 원금상환액의 현재가치

위의 식은 다음과 같이 산출할 수도 있다.

$$\sum_{t=1}^{n} \frac{k_d \times B \times t(\text{세율})}{(1+k_d)^t} \tag{12.6}$$

부채가 영구부채인 경우 이자비용의 감세효과는 다음과 같다.

$$\sum_{t=1}^{\infty} \frac{k_d \times B \times t(\text{세율})}{(1+k_d)^t} \Rightarrow B \times t \tag{12.7}$$

(2) 조달경비의 효과

부채사용에 따른 조달경비(사채발행비)의 효과는 다음과 같이 산출한다. 단, 할인율은 무위험이자율을 사용한다.

− 조달경비 + 조달경비 절세효과의 현재가치

(3) 특혜금융의 효과

부채사용에 따른 특혜금융의 효과는 다음과 같이 산출한다. 단, 할인율은 일반부채의 시장이자율을 사용한다.

+ 특혜금융 조달금액 − 세후이자비용의 현재가치 − 원금상환액의 현재가치

예제 12-2

G정유의 부채비율(B/V)은 0.5(50%)이고, 새로이 편의점을 설립하여 유통업에 진출하려고 한다. 현재 동일 업종에서 영업을 하고 있는 C회사의 주식베타는 1.05이고 부채비율(B/V)은 0.4이다. 한편 G정유 부채의 차입이자율은 10%이다. 무위험이자율은 10%이고 시장수익률은 18%이며 법인세율은 25%이다. G정유의 초기의 투자액이 20억원이고, 매년 영업이익이 4억원으로 예상된다.

(1) 투자자금의 60%를 부채로 조달하는 경우 투자안의 경제성을 평가하시오.
(2) [예제12-1]과 동일한 경제성평가가 되기 위한 부채 조달금액은 얼마인가?

풀이

(1) 투자안의 목표자본구조를 알 수 없고 조달 레버리지를 알고 있기 APV(조정현가법)으로 투자안의 경제성을 평가한다.

① 하마다 모형을 이용하여 편의점의 영업베타를 산출한다.
대용기업의 자본구조 : B/V = 0.4 ➠ B/S = 4/6

$$\beta^L = \beta^U \times [1 + (1-t)\frac{B}{S}] \Rightarrow 1.05 = [1 + (1-0.25) \times 4/6] \times \beta^U \rightarrow \beta^U = 0.7$$

② 목표레버리지를 알 수 없으므로 투자안의 목표부채비율을 반영한 베타를 산출할 수 없다.
➠ 하마다 모형 적용 불가

③ SML을 이용하여 투자안의 영업베타를 반영한 투자안의 자본비용을 산출한다.

$$\rho = R_f + (E(R_m) - R_f) \times \beta^U_{project} = 10 + (18-10) \times 0.7 = 15.6\%$$

④ 기본순현가를 산출한다.

$$\text{Base-NPV} = -\Delta FCFF_0 + \sum_{t=1}^{n} \frac{\Delta FCFF_t}{(1+\rho)^t} = -20 + \frac{4 \times (1-0.25)}{0.156} = -0.77 \text{ 억}$$

⑤ 부채사용효과(이자비용 감세효과)를 산출한다.
투자자금의 60%가 부채이므로 조달 부채금액 = 20억 x 60% = 12억
이자비용 감세효과 $= B \times t = 12 \times 0.25 = +3$ 억

⑥ APV(조정현가) = 기본NPV + 이자비용감세효과 = −0.77 + 3 = 2.23억
이 경우 APV는 [예제12-1]에서 살펴본 순현가 2.62억원과 일치하지 않는다. [예제12-1]은 목표레버리지(B/V)가 60%이며, 이 경우는 조달레버리지(B/투자금액)가 60%이기 때문이다.

※ 위의 결과를 이용하여 목표레버리지로 투자안의 경제성을 평가하면 다음과 같다.
투자안의 가치 = 20 + 2.23억 = 22.23억 ➠ 목표레버리지 B/V = 12/22.23
MM3명제를 이용한 투자안의 가중평균자본비용

$$wacc = \rho(1 - t\frac{B}{V}) = 15.6 \times (1 - 0.25 \times 12/22.23) = 13.49\%$$

$$NPV = -\Delta FCFF_0 + \sum_{t=1}^{n} \frac{\Delta FCFF_t}{(1+wacc)^t} = -20 + \frac{4 \times (1-0.25)}{0.1349} = 2.23\text{억}$$

(2) 목표자본구조의 부채비율(B/V) = 0.6인 경우 (예제12-1 풀이 참고)

투자안의 가치 = 투자금액 + NPV = 20억 + 2.62억 = 22,62억

부채조달금액 = V × 0.6 = 22.62 × 0.6 = 13.57억

APV(조정현가) = 기본NPV + 이자비용감세효과 = −0.77 + 13.57 × 0.25 = 2.62억

이 경우 APV는 [예제12-1]에서 살펴본 순현가 2.62억원과 일치한다.

제 4 절 주주현금흐름법

1. 주주현금흐름법

주주현금흐름법(FCFE법 또는 FTE법) 은 투자안의 위험과 부채사용의 자본조달효과를 모두 할인율에 반영하는 방법으로 주주의 현금흐름을 자기자본비용으로 할인하는 방법이다. 이 방법은 자본조달효과를 할인율에 반영하기 위해서는 목표자본구조를 알 수 있어야 한다. 주주현금흐름법의 NPV 계산은 다음과 같다.

$$NPV = \sum_{t=1}^{n} \frac{FCFE_t}{(1+k_e)^t} - (C_0 - B) \tag{12.8}$$

주주현금흐름법의 NPV를 계산할 때 주의할 것은 투자시점의 현금유출액을 총투자금액에서 부채조달금액을 차감하여야 한다. $(C_0 - B)$

2. 현금흐름

주주현금흐름법의 현금흐름은 제5장에서 설명한 주주잉여현금흐름(FCFE: Free cash flow to equity)을 대상으로 한다. 주주잉여현금흐름은 주주에게 귀속되는 현금흐름으로 기업잉여현금흐름에서 채권자에게 귀속되는 현금흐름을 차감하여야 한다.

기업이 매년 벌어들이는 현금흐름이 영구적으로 매년 일정한 경우 주주잉여현금흐름(FCFE)은 당기순이익(NI)이 된다.

$$\text{FCFE} = (\text{EBIT} - I)(1 - t)$$

3. 할인율

투자인의 위험과 부채사용의 자본조달효과를 모두 반영하는 자기자본비용은 다음과 같은 절차를 따른다.

① 1단계 : 대용기업의 베타를 이용하여 투자안의 영업베타를 산출

② 2단계 : 투자안의 영업베타를 이용하여 투자안의 주식베타를 산출

③ 3단계 : 투자안의 주식베타를 이용하여 투자안의 자기자본비용 산출

투자안의 주식베타를 SML에 대입하여 투자안의 자기자본비용을 구한다.

$$k_e = R_f + (E(R_m) - R_f) \times \beta^L \tag{12.9}$$

예제 12-3

[예제 12-1]에서 G정유의 자금부장은 주주의 현금흐름을 사용하여 투자안을 평가하여도 동일한 결과를 얻는다고 주장하고 있다. 자금부장의 주장이 옳은지 설명하라.

풀이

투자안의 주주잉여현금흐름을 투자안의 자기자본비용으로 할인하는 접근법으로 투자안의 경제성을 평가한다.

(1) 하마다 모형을 이용하여 편의점의 영업베타를 산출한다.

[예제 12-1] 풀이 참조 → $\beta^U = 0.7$

(2) 하마다 모형을 이용하여 투자안의 목표부채비율을 반영한 베타를 산출한다.

[예제 12-1] 풀이 참조 → $\beta^L = 1.4875$

(3) SML을 이용하여 투자안의 자기자본비용을 산출한다.

[예제 12-1] 풀이 참조 → $k_e^L = 21.9\%$

(4) FCFE(주주현금흐름)을 산출한다.

투자안의 가치 = 투자금액 + NPV = 20억 + 2.62억 = 22,62억

부채조달금액 = $V \times 0.6$ = 22.62 × 0.6 = 13.57억

이자비용 = $B \times k_d$ = 13.57 × 10% = 1.357억

현금흐름이 영구연금인 경우 주주잉여현금흐름

FCFE = (EBIT − I)(1 − t) = (4 − 1.357)(1 − 0.25) = 1.98225억

(5) 투자안의 NPV를 산출한다.

주주의 투자금액 = 투자안 투자금액 − 부채조달금액 = 20억 − 13.57억 = 6.43억

$$NPV = -\Delta FCFE_0 + \sum_{t=1}^{n} \frac{\Delta FCFE_t}{(1+k_e^L)^t} = -6.43 + \frac{1.98225}{0.219} = 2.62 \text{ 억원}$$

∴ [예제12-1]에서 살펴본 순현가 2.62억원과 일치하므로 자금부장의 주장은 옳다.

제 5 절 확실성등가법

1. NPV

확실성등가법(CEQ법 : certainty equivalent method)은 투자안의 위험과 부채사용의 자본조달효과를 모두 현금흐름에 반영하는 방법으로 확실성등가(CEQ)를 무위험이자율로 할인하는 방법이다. 확실성등가법(CEQ법)의 NPV 계산은 다음과 같다.

$$NPV = \sum_{t=1}^{n} \frac{CEQ_t}{(1+R_f)^t} - C_0 \qquad (12.10)$$

2. 할인율

투자안의 위험과 부채사용의 자본조달효과를 모두 확실성등가(CEQ)에 반영하므로 할인율은 투자안의 위험 및 부채사용의 자본조달효과와 무관한 무위험이자율을 사용한다.

3. 현금흐름

확실성등가(CEQ: certainty equivalent)는 불확실한 기대 수익과 동일한 효용을 갖는 현재의 확실한 수익을 의미하며 위험이 포함된 미래 기업잉여현금흐름(FCFF)에 포함된 위험을 제거해서 확실한 현금흐름으로 조정하였을 때의 현금흐름이다. 확실성등가를 측정하는 방법은 다음의 3가지 방법이 있다.

(1) 확실성등가계수를 이용하는 방법

① 확실성등가계수

확실성등가계수(α_t: certainty equivalent coefficient)는 미래의 기대현금흐름($E(C_t)$)에 대한 확실성등가(CEQ_t)의 비율로 다음과 같이 정의한다.

$$\alpha_t = \frac{CEQ_t}{E(C_t)} \tag{12.11}$$

t년도의 확실성등가계수(α_t)는 투자안의 가치를 통하여 다음과 같이 구할 수 있다.

$$V_0 = \frac{E(C_t)}{(1+wacc)^t} = \frac{CEQ_t}{(1+R_f)^t} \quad \Rightarrow \quad \alpha_t = \left(\frac{1+R_f}{1+wacc}\right)^t \tag{12.12}$$

확실성등가계수는 다음과 같은 특징이 있다.

㉠ wacc$> R_f$ ➠ $0 < \alpha_t < 1$

㉡ 투자자가 위험회피적일수록, 투자안의 위험이 클수록 α_t는 감소한다.

㉢ 기간이 멀어질수록 α_t는 일정비율로 감소한다.

➠ 감소율 $= \left(\frac{1+R_f}{1+wacc}\right) - 1 = \alpha - 1$

② 확실성등가

t시점의 확실성등가(CEQ_t)는 미래의 기대현금흐름($E(C_t)$)에 확실성등가계수(α_t)를 곱하여 측정한다.

$$CEQ_t = \alpha_t \cdot E(C_t) \tag{12.13}$$

③ 영구연금의 가치

기업이 매년 벌어들이는 현금흐름이 영구적으로 매년 일정한 경우 확실성등가는 매년 일정비율로 감소하므로 고정성장형 영구연금의 현재가치 공식을 사용하여야 한다.

$$V_0 = \frac{E(C_1)}{wacc} = \frac{CEQ_1}{R_f - (\alpha - 1)} \tag{12.14}$$

예제 12-4

<예제 12-1>에서 편의점 사업의 경제성평가를 확실성등가법(CEQ법)으로 하시오.

풀이

투자안의 확실성등가(CEQ)를 무위험이자율로 할인하는 접근법으로 투자안의 경제성을 평가한다.

(1) 1차 년도의 확실성등가계수를 산출한다.

$$\alpha = \frac{1+R_f}{1+wacc} = \frac{1.10}{1.1326} = 0.9712$$

(2) 1년 후 확실성등가를 산출한다.

$CEQ_1 = E(CF_1) \times \alpha = 4 \times (1-0.25) \times 0.9712 = 2.9136$억

(3) 확실성등가의 역성장률을 산출한다.

기업잉여현금흐름은 영구연금이지만 확실성등가는 정률로 감소하는 현금흐름이다.

역성장률 $= \alpha - 1 = 0.9712 - 1 = -0.0288$ ➡ 매년 현금흐름이 2.88% 감소한다.

(4) 투자안의 NPV를 산출한다.

확실성등가는 정률로 감소하는 현금흐름이므로 고정성장모형으로 평가한다.

$$NPV = -C_0 + \frac{CEQ_1}{R_f - (\alpha - 1)} = -20 + \frac{2.9136}{0.10 - (-0.0288)} = 2.62\text{ 억}$$

(2) 효용함수를 이용하는 방법

제6장에서 설명한 것처럼 확실성등가부(CEW: certainty equivalent wealth)란 어떤 불확실한 상태에서 기대되는 효용의 크기인 기대효용과 동일한 수준의 효용을 주는 확실한 부의 크기를 말하며 다음과 같이 정의된다.

$$E(U) = U(CEW)$$

효용함수를 이용하여 산출한 확실성등가는 주관적인 값이며, 투자자의 위험회피도에 따라 각각 다르게 평가된다.

예제 12-5

동전을 던져서 앞면이 나오면 3,600만원을 지급하고 뒷면이 나오면 1,600만원을 지급하는 게임이 있다. 투자자의 부(W)에 대한 효용함수가 $U(W) = \sqrt{W}$이라면 이 게임에 대한 투자자의 확실성등가는 얼마인가?

풀이

확실성등가는 기대효용과 동일한 수준의 효용을 주는 확실한 부(W)이다.

$E(U(W)) = 0.5 \times \sqrt{1,600} + 0.5 \times \sqrt{3,600} = 50$

$50 = \sqrt{CEQ}$ ➠ $CEQ = 2,500$ 만원

(3) CAPM을 이용하는 방법

이 방법은 증명이나 계산의 난이도 때문에 본서에서는 설명을 생략하고 재무관리연습 교재에서 자세히 설명한다.

연습문제 12-1

㈜알파는 현재 자본 80%와 부채 20%로 구성되어 있으며 CAPM(자본자산가격결정모형)에 의해 계산된 ㈜알파의 자기자본비용은 14%이다. 무위험이자율은 5%, 시장위험프리미엄은 6%, 이 회사에 대한 법인세율은 20%이다. ㈜알파가 무위험이자율로 차입을 하여 자사주 매입을 함으로써 현재의 자본구조를 자본 50%와 부채 50%로 변경한다면 주식베타와 자기자본비용은 각각 얼마가 되겠는가?

해설

(1) 주식베타

CAPM에 자기자본비용을 대입하여 자본구조 변경 전 주식베타를 계산한다.

$k_e = R_f + (E(R_m) - R_f) \times \beta^L$

$14 = 5 + 6 \times \beta^L$ ➡ $\beta^L = 1.5$

무위험부채를 사용하므로 무위험부채 하마다공식을 이용한다.

$\beta_S^L = \beta_S^U \left[1 + (1-t)\dfrac{B}{S}\right]$

$1.5 = \beta^U \times [1 + (1-0.2) \times 0.2/0.8]$ ➡ $\beta^U = 1.25$

$\beta^L = 1.25 \times [1 + (1-0.2) \times 0.5/0.5] = 2.25$

(2) 자기자본비용

자본구조변경 후 주식베타를 CAPM에 대입한다.

$k_e = R_f + (E(R_m) - R_f) \times \beta^L = 5 + 6 \times 2.25 = 18.5\%$

☞ 부채비율(레버리지)이 증가하면 재무위험이 증가하여 주식베타와 자기자본비용은 증가한다.

연습문제 12-2

신설법인인 삼환기업은 유아 완구업에 투자할 예정이다. 삼환기업이 부채를 조달하지 않고 투자하면 자본비용이 20%가 된다. 삼환기업은 최대한 부채를 사용하려 하지만 정부의 정책에 적극 부응하기 위해 시장가격으로 환산한 부채비율(= 부채/자기자본)을 100%로 맞출 예정이다. 이 경우 주주와 채권자에게 귀속되는 세후 현금흐름은 9억원씩 매년 무한히 발생할 것으로 기대된다. 부채에 대한 이자율이 10%이며 법인세율은 40%이다. 또한 무위험 수익률은 10%이다. MM의 명제가 성립함을 가정한다.

(1) 삼환기업의 현금흐름 9억 원에 대한 할인율은 얼마인가?
(2) 삼환기업의 주주가 이 투자를 통해 얻게 되는 가치의 증가분은 10억 원이다. 이 기업의 장부가격 기준 부채비율(= 장부상 부채/장부상 자기자본)은 얼마인가?

해설

(1) 무부채기업의 할인율을 MM 3명제에 대입하여 가중평균자본비용을 계산한다.

B/S = 1 ➠ B/V = 0.5

$$k_0 = \rho \times \left(1 - t \times \frac{B}{V}\right) = 20 \times (1 - 0.4 \times 0.5) = 16\%$$

(2) 부채기업의 기업가치를 계산한다.

$$V_L = \frac{EBIT(1-t)}{wacc} = \frac{9}{0.16} = 56.25\text{원}$$

자기자본의 시장가치 : $S = 56.25 \times 0.5 = 28.125$억

자기자본의 장부가치 ; $E = 28.125 - 10 = 18.125$억

부채의 시장가치 및 장부가치 : $B = 56.25 \times 0.5 = 28.125$억

장부기준 부채비율 $= \dfrac{28.125}{18.125} = 155\%$

연습문제 12-3

자동차부품을 생산하는 다라기업은 4,000만원이 소요되는 통신분야 투자를 검토 중이다. 통신분야의 비교기업인 마바기업은 보통주 베타가 2.0이며 부채구성비율(B/V)은 50%이다. 이 투자안이 시행되면 매년 5,000만원의 매출과 4,000만원의 영업비용이 영구적으로 발생할 것으로 예상된다. 다라기업의 목표 부채구성비율(B/V)은 20%이다. 차입이자율은 무위험이자율과 동일한 10%이고 시장포트폴리오의 기대수익률은 14%이며 법인세율은 30%이다. 이 투자안의 조정현가(APV)를 구하시오.

해설

(1) 대용기업의 베타를 무위험부채 하마다공식에 대입하여 투자안의 영업베타를 구한다.

마바기업(대용기업) : B/V = 0.5 ➡ B/S = 1

$$\beta_S^L = \beta_S^U\left[1+(1-t)\frac{B}{S}\right]$$

$$2.0 = \beta^U \times [1+(1-0.3)\times 1] \;➡\; \beta^U = 1.1765$$

(2) 투자안의 영업베타를 CAPM에 대입하여 무부채 자기자본비용을 구한다.

$$\rho = R_f + (E(R_m)-R_f)\times\beta^U = 10+(14-10)\times 1.1765 = 14.71\%$$

(3) 무부채 자기자본비용으로 할인한 영구연금 기본NPV를 구한다.

EBIT = 5,000 − 4,000 = 1,000만원(감가상각비 없음)

$$\text{기본NPV} = -CF_0 + \frac{EBIT\times(1-t)}{\rho} = -4,000 + \frac{1,000\times 0.7}{0.1471} = 759\text{ 만원}$$

(4) 재생산가치 레버리지와 무부채 투자안의 가치를 MM 제1명제에 대입하여 대체원가 레버리지를 구한다.

투자안 : B/V = 0.2 ➡ $V_L = 5\times B$

$V_L = V_U + B\times t$ ➡ $5\times B = 4,759 + B\times 0.3$ ➡ $B = 1,013$만원

(5) 기본NPV에 부채사용효과를 더하여 조정현가(APV)를 구한다.

APV = 기본NPV + 부채사용효과

= 759만원 + 1,013만원 × 0.3 = 1,063만원

연습문제 12-4

자동차부품을 생산하는 다라기업은 4,000만원이 소요되는 통신분야 투자를 검토 중이다. 통신분야의 비교기업인 마바기업은 보통주 베타가 2.0이며 부채구성비율(B/V)은 50%이다. 이 투자안이 시행되면 매년 5,000만원의 매출과 4,000만원의 영업비용이 영구적으로 발생할 것으로 예상된다. 다라기업의 목표 부채구성비율(B/V)은 20%이다. 차입이자율은 무위험이자율과 동일한 10%이고 시장포트폴리오의 기대수익률은 14%이며 법인세율은 30%이다. 위험조정할인율법으로 투자안의 순현가(NPV)를 구하시오.

해설

☞ 연습문제 12-3을 위험조정할인율법으로 계산한 문제이다.

(1) 대용기업의 베타를 무위험부채 하마다공식에 대입하여 투자안의 영업베타를 구한다.

마바기업(대용기업) : B/V = 0.5 ➡ B/S = 1

$$\beta_S^L = \beta_S^U\left[1+(1-t)\frac{B}{S}\right]$$

$$2.0 = \beta^U \times [1+(1-0.3)\times 1] \Rightarrow \beta^U = 1.1765$$

(2) 투자안의 영업베타를 무위험부채 하마다공식에 대입하여 투자안의 주식베타를 구한다.

투자안 : B/V = 0.2 ➡ B/S = 0.25

$$\beta_S^L = \beta_S^U\left[1+(1-t)\frac{B}{S}\right] = 1.1765\times[1+(1-0.3)\times 0.25] = 1.3824$$

(3) 투자안의 주식베타를 CAPM에 대입하여 자기자본비용을 구한다.

$$k_e = R_f + (E(R_m)-R_f)\times\beta^L = 10+(14-10)\times 1.3824 = 15.53\%$$

(4) 투자안의 목표자본구조를 반영한 가중평균자본비용을 계산한다.

$$wacc = 10\times(1-0.3)\times 0.2 + 15.53\times 0.8 = 13.82\%$$

(5) 위험조정할인으로 할인한 영구연금 NPV를 구한다.

$$\text{NPV} = -CF_0 + \frac{EBIT\times(1-t)}{wacc} = -4{,}000 + \frac{1{,}000\times 0.7}{0.1382} = 1{,}065 \text{ 만원}$$

☞ 연습문제 12-3의 1,063만원과 2만원 차이가 발생하는 이유는 반올림으로 인한 단수차이

연습문제 12-5

자동차부품을 생산하는 다라기업은 4,000만원이 소요되는 통신분야 투자를 검토 중이다. 통신분야의 비교기업인 마바기업은 보통주 베타가 2.0이며 부채구성비율(B/V)은 50%이다. 이 투자안이 시행되면 매년 5,000만원의 매출과 4,000만원의 영업비용이 영구적으로 발생할 것으로 예상된다. 다라기업의 목표 부채구성비율(B/V)은 20%이다. 차입이자율은 무위험이자율과 동일한 10%이고 시장포트폴리오의 기대수익률은 14%이며 법인세율은 30%이다. 주주현금흐름접근법으로 투자안의 순현가(NPV)를 구하시오.

해설

☞ 연습문제 12-3을 주주현금흐름접근법으로 계산한 문제이다.

(1) 대용기업의 베타를 무위험부채 하마다공식에 대입하여 투자안의 영업베타를 구한다.

마바기업(대용기업) : B/V = 0.5 ➠ B/S = 1

$$\beta_S^L = \beta_S^U\left[1+(1-t)\frac{B}{S}\right]$$

$$2.0 = \beta^U \times [1+(1-0.3)\times 1] \;➠\; \beta^U = 1.1765$$

(2) 투자안의 영업베타를 무위험부채 하마다공식에 대입하여 투자안의 주식베타를 구한다.

투자안 : B/V = 0.2 ➠ B/S = 0.25

$$\beta_S^L = \beta_S^U\left[1+(1-t)\frac{B}{S}\right] = 1.1765\times[1+(1-0.3)\times 0.25] = 1.3824$$

(3) 투자안의 주식베타를 CAPM에 대입하여 자기자본비용을 구한다.

$$k_e = R_f + (E(R_m)-R_f)\times\beta^L = 10+(14-10)\times 1.3824 = 15.53\%$$

(4) 목표레버리지와 무부채 투자안의 가치를 MM 제1명제에 대입하여 조달레버리지를 구한다.

투자안 : B/V = 0.2 ➠ $V_L = 5\times B$

$$V_L = V_U + B\times t \;➠\; 5\times B = 4{,}759 + B\times 0.3 \;➠\; B = 1{,}013\text{만원}$$

(5) 주주현금흐름접근법으로 투자안의 순현가(NPV)를 계산한다.

매년 이자비용 = 1,013 × 10% = 101.3만원

주주현금흐름 투자금액 = 4,000 − 1,013 = 2,987만원

$$\text{NPV} = = -FCFE_0 + \frac{NI\times(1-t)}{k_e} = -2{,}987 + \frac{(1{,}000-101.3)\times 0.7}{0.1553} = 1{,}064\text{ 만원}$$

☞ 연습문제 12-3의 1,063만원과 1만원 차이가 발생하는 이유는 빈올림으로 인한 난수차이

연습문제 12-6

자동차부품을 생산하는 다라기업은 4,000만원이 소요되는 통신분야 투자를 검토 중이다. 통신분야의 비교기업인 마바기업은 보통주 베타가 2.0이며 부채구성비율(B/V)은 50%이다. 이 투자안이 시행되면 매년 5,000만원의 매출과 4,000만원의 영업비용이 영구적으로 발생할 것으로 예상된다. 다라기업의 목표 부채구성비율(B/V)은 20%이다. 차입이자율은 무위험이자율과 동일한 10%이고 시장포트폴리오의 기대수익률은 14%이며 법인세율은 30%이다. 확실성등가법으로 투자안의 순현가(NPV)를 구하시오.

해설

☞ 연습문제 12-3을 확실성등가법으로 계산한 문제이다.

(1) 대용기업의 베타를 무위험부채 하마다공식에 대입하여 투자안의 영업베타를 구한다.

마바기업(대용기업) : B/V = 0.5 ➠ B/S = 1

$2.0 = \beta^U \times [1 + (1-0.3) \times 1]$ ➠ $\beta^U = 1.1765$

(2) 투자안의 영업베타를 무위험부채 하마다공식에 대입하여 투자안의 주식베타를 구한다.

투자안 : B/V = 0.2 ➠ B/S = 0.25

$$\beta_S^L = \beta_S^U\left[1 + (1-t)\frac{B}{S}\right] = 1.1765 \times [1 + (1-0.3) \times 0.25] = 1.3824$$

(3) 투자안의 주식베타를 CAPM에 대입하여 자기자본비용을 구한다.

$k_e = R_f + (E(R_m) - R_f) \times \beta^L = 10 + (14-10) \times 1.3824 = 15.53\%$

(4) 투자안의 목표자본구조를 반영한 가중평균자본비용을 계산한다.

$wacc = 10 \times (1-0.3) \times 0.2 + 15.53 \times 0.8 = 13.82\%$

(5) 1년 후 확실성등가를 계산한다.

$$CEQ_t = E(CF_t) \times \left[\frac{1+R_f}{1+wacc}\right]^t \rightarrow CEQ_1 = 1{,}000 \times (1-0.3) \times \left[\frac{1.10}{1.1382}\right]^1 = 676.5\text{만원}$$

(6) 확실성등가법으로 투자안의 순현가(NPV)를 계산한다.

$$\text{NPV} = = -CF_0 + \frac{CEQ_1}{R_f - \left(\frac{1+R_f}{1+wacc} - 1\right)} = -4{,}000 + \frac{676.5}{0.10 - \left(\frac{1.10}{1.1382} - 1\right)} = 1{,}065\text{ 만원}$$

☞ 투자안의 현금흐름은 매년 동일한 영구연금이지만 확실성등가는 매년 $\frac{1+R_f}{1+wacc} - 1$의 비율로 역성장하는 고정성장모형으로 현재가치를 구하여야 한다.

☞ 연습문제 12-3의 1,063만원과 2만원 차이가 발생하는 이유는 반올림으로 인한 단수차이

연습문제 12-7

자동차부품을 생산하는 다라기업은 4,000만원이 소요되는 통신분야 투자를 검토 중이다. 통신분야의 비교기업인 마바기업은 보통주 베타가 2.0이며 부채구성비율(B/V)은 50%이다. 이 투자안이 시행되면 매년 5,000만원의 매출과 4,000만원의 영업비용이 영구적으로 발생할 것으로 예상된다. 다라기업은 투자액의 20%를 무위험부채로 조달하고, 나머지는 자기자본으로 조달하려고 한다. 차입이자율은 무위험이자율과 동일한 10%이고 시장포트폴리오의 기대수익률은 14%이며 법인세율은 30%이다. 이 투자안의 조정현가(APV)를 구하시오.

해설

(1) 대용기업의 베타를 무위험부채 하마다공식에 대입하여 투자안의 영업베타를 구한다.

마바기업(대용기업) : B/V = 0.5 ➠ B/S = 1

$$\beta_S^L = \beta_S^U\left[1+(1-t)\frac{B}{S}\right]$$

$$2.0 = \beta^U \times [1+(1-0.3)\times 1] \Rightarrow \beta^U = 1.1765$$

(2) 투자안의 영업베타를 CAPM에 대입하여 무부채 자기자본비용을 구한다.

$$\rho = R_f + (E(R_m)-R_f)\times\beta^U = 10+(14-10)\times 1.1765 = 14.71\%$$

(3) 무부채 자기자본비용으로 할인한 영구연금 기본NPV를 구한다.

EBIT = 5,000 − 4,000 = 1,000만원(감가상각비 없음)

$$\text{기본NPV} = = -CF_0 + \frac{EBIT\times(1-t)}{\rho} = -4{,}000 + \frac{1{,}000\times 0.7}{0.1471} = 759 \text{ 만원}$$

(4) 대체원가 레버리지를 구한다.

$B = 4{,}000\times 0.2 = 800$만원

(5) 기본NPV에 부채사용효과를 더하여 조정현가(APV)를 구한다.

APV = 기본NPV + 부채사용효과

= 759만원 + 800만원 × 0.3 = 999만원

연습문제 12-8

이동통신사업을 무부채로 경영해오고 있던 ABC기업은 새로운 이동통신 콘텐츠사 업을 담당할 자회사 설립을 고려하고 있다. 해당 자회사의 설립에는 90억원이 소요되 고, 설립 첫해에는 20억원의 세전영업이익이 발생한 후 매년 2%씩 영속적으로 늘어나며, 감가상각비는 없을 것으로 예상된다. 동종 콘텐츠회사인 XYZ기업의 경우 주식베타가 1.92이며, 부채비율(타인자본/자기자본)은 200%이다. 무위험이자율은 10%, 시장위험프리미엄은 10%, 그리고 법인세율은 30%이다. 금액은 억원 단위로 표기하고, 반올림하여 소수점 넷째 자리까지 계산하시오.

(1) ABC기업이 100% 주식발행만으로 자회사 설립을 고려할 경우, 순현가(NPV)를 이용하여 해당 투자안의 경제성을 평가하시오.

(2) ABC기업은 자회사 설립시 투자액의 1/3을 무위험부채를 통해 조달하고, 나머지는 주식으로 조달하려고 한다. 투자안의 경제성을 조정현가(APV)법을 이용하여 평가하시오.

(3) ABC기업은 모든 투자안에 대해 18%의 필수수익률(cut-off rate)을 요구한다고 하자. 자회사 설립 투자안에 대한 내부수익률(internal rate of return)을 구하고, 투자 여부를 판단하시오.

해설

(1) ① XYZ기업의 주식베타를 이용한 영업베타의 결정

$$\beta_S^L = \beta_S^U \times \left[1 + (1-t) \times \frac{B}{S}\right]$$

$$1.92 = \beta_S^U[1 + (1-0.3) \times 2] \quad \Rightarrow \beta_S^U = 0.8$$

② 무부채 투자안의 가중평균자본비용의 결정

$$\rho = 10\% + 10\% \times 0.8 = 18\%$$

③ 투자안의 가치평가

$$NPV = \frac{EBIT(1-t)}{\rho - g} - CF_0 = 20(1-0.3)/(18\% - 2\%) - 90 = (-)2.5\text{억}$$

(2) $V_L = V_u + B \times t \quad \Rightarrow \quad APV = NPV_u + B \times t$

$APV = -2.5 + 90 \times 1/3 \times 0.3 = 6.5$억원

(3) $CF_0 = \dfrac{EBIT(1-t)}{IRR - g}$ ➠ $90 = 20(1-0.3)/(IRR - 2\%)$ ➠ $IRR = 17.56\%$

연습문제 12-9

㈜한강은 내용연수가 1년이고 현재 시점에서 60억원의 투자금액이 소요되는 투자안을 가지고 있다. 투자안의 1년 후 현금흐름의 연간 수익률에 대한 확률분포는 다음과 같다.

상황	확률	투자안의현금흐름
불황	50%	30억원
호황	50%	200억원

연간 무위험수익률은 5%이다. 투자안의 확실성등가를 100억원으로 가정하고 각 물음에 답하시오.

(1) 투자안의 NPV를 계산하시오,

(2) 투자안의 위험조정할인율을 계산하시오.

(3) 경제상황이 호황이 될 위험중립확률을 구하시오.

해설

(1) 확실성등가법으로 계산한 투자안의 NPV

$$NPV = -CF_0 + \frac{CEQ_1}{(1+R_f)^1} = -60 + \frac{100}{1.05} = 35.24 \text{ 억}$$

(2) 투자안의 1년 후 기대현금흐름

$E(CF_1) = 30 \times 0.5 + 200 \times 0.5 = 115$억원

확실등등가로 투자안의 가치를 계산하여 위험조정할인율을 산출한다.

$$\frac{CEQ_1}{(1+R_f)^1} = \frac{E(CF_1)}{(1+k)^1} \Rightarrow \frac{100}{1.05} = \frac{115}{1+k} \Rightarrow k = 20.75\%$$

(3) $CEQ = CF_u \times p + CF_d \times (1-p)$

100억$=$200억$\times p +$30억$\times(1-p)$ ➡ $p = 0.4118$

☞ 물음3은 16장을 학습한 후에 풀어야 한다.

연습문제 12-10

㈜우리는 부채비율(타인자본가치/기업가치) 40%를 목표부채비율로 설정하여 유지하고 있으며, 채권 베타는 0이고 주식 베타는 1.4이다. 회사는 매년 영업활동에서 세전현금흐름 405억원을 창출하고 있으며 이러한 상태가 영원히 지속될 것으로 전망된다. 채권에 지급하는 이자율은 채권에 대한 기대수익률과 동일하다. 법인세율 25%, 무위험수익률 4%, 시장기대수익률 9%이다. 이외에는 CAPM과 MM자본구조이론이 성립한다고 가정한다. 다음 질문에 대하여 계산과정을 제시하고 답하라.

(1) 가중평균자본비용을 이용해서 계산한 ㈜우리의 기업가치는 얼마인가?
(2) ㈜우리가 부채를 이용하지 않고 자기자본만으로 사업한다면 기업가치는 얼마가 되는가?
(3) ㈜우리의 세전현금흐름 405억원은 다음과 같은 두 가지 상황의 기대치이다.

경기상황	확률	세전현금흐름
호황	50%	650억원
불황	50%	160억원

이러한 현금흐름의 확실성등가를 계산하고 이를 이용해서 기업가치를 계산하라.

해설

(1) $k_e^L = 4 + (9-4) \times 1.4 = 11\%,\ k_d = 4\%$

$k_0^L = 4 \times (1-0.25) \times 0.4 + 11 \times 0.6 = 7.8\%$

$$V_L = \frac{EBIT(1-t)}{k_0^L} = \frac{405 \times (1-0.25)}{0.078} = 3{,}894\text{억}$$

(2) $3{,}894 = V_U + 0.25 \times 0.4 \times 3{,}894$ ➡ $V_U = 3{,}505$억

(3) $$CEQ_t = E(CF_t) \times \left[\frac{1+R_f}{1+wacc}\right]^t \rightarrow CEQ_1 = 405 \times (1-0.25) \times \left[\frac{1.04}{1.078}\right]^1 = 293.04$$

$$V_L = \frac{293.04}{0.04 - \left(\frac{1.04}{1.078} - 1\right)} = 3{,}894\text{억}$$

연습문제 12-11

㈜미래는 다음과 같은 현금흐름이 발생하는 투자안을 검토 중에 있다. (단위 : 만원)

연 도	0	1	2	3	4
현금흐름	−300	100	150	200	200

㈜미래는 현재 자기자본 500만원과 부채 500만원으로 구성되어 있다. ㈜미래의 자기자본 베타는 2.2이고, 무위험이자율은 10%, 기대시장수익률은 20%이며, ㈜미래는 새로운 투자안의 자본구조도 기존의 자본구조 구성과 동일한 방법으로 구성할 것이다. 한편, ㈜미래가 검토 중인 투자안과 동일한 영업위험을 가진 대한기업의 자본구성은 부채 : 자기자본 = 4 : 6이며, 보통주 베타는 2이다. 또한 법인세율은 25%이고, 부채의 베타는 0이다. 확실성등가법으로 투자안의 순현가(NPV)를 구하시오.

해설

☞ 연습문제 9-1을 확실성등가법으로 계산한 문제이다.

(1) 하마다 모형을 이용하여 투자안의 영업베타를 산출한다.

대용기업의 자본구조 : B/S = 4/6

$$\beta^L = \beta^U \times [1 + (1-t)\frac{B}{S}] \Rightarrow 2 = [1 + (1-0.25) \times 4/6] \times \beta^U \Rightarrow \beta^U = 1.333$$

(2) 하마다 모형을 이용하여 투자안의 목표부채비율을 반영한 베타를 산출한다.

투자안의 자본구조 : B/S = 1

$$\beta^L = \beta^U \times [1 + (1-t)\frac{B}{S}] = 1.333 \times [1 + (1-0.25) \times 1] = 2.333$$

(3) SML을 이용하여 투자안의 자기자본비용을 산출한다.

$$k_e^L = R_f + (E(R_m) - R_f) \times \beta^L = 10 + (20-10) \times 2.333 = 33.33\%$$

(4) 투자안의 가중평균자본비용을 산출한다.

$$wacc = k_d(1-t) \times \frac{B}{V} + k_e \times \frac{S}{V} = 10 \times 0.75 \times 0.5 + 33.33 \times 0.5 = 20.165\%$$

(5) 기간별 확실성 등가를 계산한다.

$$CEQ_1 = 100 \times [\frac{1.1}{1.20165}]^1 = 91.54$$

$$CEQ_2 = 150 \times [\frac{1.1}{1.20165}]^2 = 125.70$$

$$CEQ_3 = 200 \times [\frac{1.1}{1.20165}]^3 = 153.42$$

$$CEQ_4 = 200 \times [\frac{1.1}{1.20165}]^4 = 140.44$$

(6) 확실성등가법으로 투자안의 순현가(NPV)를 계산한다.

$$\text{NPV} = -300 + \frac{91.54}{(1.1)^1} + \frac{125.70}{(1.1)^2} + \frac{153.42}{(1.1)^3} + \frac{140.44}{(1.1)^4} = 98.29\text{만원}$$

연습문제 12-12

새로 설립될 K기업(무부채기업)은 사업을 시작하면서 위험투자안을 놓고 투자여부를 검토 중이다. 투자안의 투자금액은 5,000만원이며 투자기간은 1년이며, 투자안의 1년 후 현금흐름의 연간 수익률에 대한 확률분포는 다음과 같다.

상황	확률	투자안의 현금흐름
불황	50%	3,500만원
호황	50%	8,000만원

투자안과 유사한 사업위험을 갖고 있는 ㈜서울의 부채비율(B/S)은 0.5이며, 주식 베타는 1.5이다. 단, 법인세는 없으며 무위험 수익률은 5%, 시장포트폴리오 기대수익률은 10%이다.

(1) 투자자 A의 효용함수가 $U(X) = \sqrt{X}$ (단, X는 현금흐름)인 경우 확실성 등가법을 이용하여 투자안을 평가하라.

(2) 투자자 B의 효용함수가 $U(X) = \sqrt[4]{X} = \sqrt{\sqrt{X}}$ (단, X는 현금흐름)인 경우 확실성 등가법을 이용하여 투자안을 평가하라.

(3) 자본시장에서 평가하는 1년 후 현금흐름의 확실성 등가계수를 계산하시오.

(4) 투자자 A와 투자자B의 1년 후 현금흐름의 확실성 등가계수를 비교하시오.

해설

(1) 효용함수를 이용한 투자자 A의 확실성등가

$$CEQ_1 = (\sqrt{3500}\times 0.5 + \sqrt{8000}\times 0.5)^2 = 5{,}521\text{만원}$$

확실성등가법으로 투자안의 순현가(NPV)를 계산한다.

$$NPV = -5{,}000 + \frac{5{,}521}{(1.05)^1} = 258\text{만원}$$

(2) 효용함수를 이용한 투자자B의 확실성등가

$$CEQ_1 = (\sqrt[4]{3500}\times 0.5 + \sqrt[4]{8000}\times 0.5)^4 = 5{,}406\text{만원}$$

확실성등가법으로 투자안의 순현가(NPV)를 계산한다.

$$NPV = -5{,}000 + \frac{5{,}406}{(1.05)^1} = 148\text{만원}$$

(3) 대용기업의 베타를 이용하여 투자안의 영업베타를 계산한다.

$$\beta_S^L = \beta_S^U\left[1+(1-t)\frac{B}{S}\right]$$

$1.5 = \beta^U \times [1+(1-0)\times 0.5]$ ➠ $\beta^U = 1$

투자안의 영업베타를 SML에 대입하여 투자안의 위험조정할인율을 계산한다.

$\rho = R_f + (E(R_m) - R_f) \times \beta^U = 5 + (10-5) \times 1 = 10\%$

위험조정할인율과 무위험이자율을 비교하여 확실성 등가계수를 구한다.

$$\alpha = \frac{1+R_f}{1+k} = \frac{1.05}{1.10} = 0.9545$$

(4) 확실성등가와 기대현금흐름을 비교하여 투자자 A와 B의 확실성 등가계수를 구한다.

투자자 A의 확실성 등가계수: $\alpha = \frac{CEQ_1}{E(CF_1)} = \frac{5{,}521\text{만원}}{5{,}750\text{만원}} = 0.9601$

투자자 B의 확실성 등가계수: $\alpha = \frac{CEQ_1}{E(CF_1)} = \frac{5{,}406\text{만원}}{5{,}750\text{만원}} = 0.9400$

☞ 투자자 A의 확실성 등가계수가 투자자 B의 확실성 등가계수보다 더 크기 때문에 투자자 A는 투자자 B보다 덜 위험회피적인 투자자이다.

연습문제 12-13 (22년 기출)

투자안 X의 현금흐름(CF)과 현금흐름이 발생할 확률은 다음 표와 같다. 무위험이자율이 10%이고 투자자 K씨의 효용함수가 $U(W) = \sqrt{W}$일 때, 투자안 X의 위험조정할인율(risk adjusted discount rate)에 가장 가까운 것은?

0기	1기		2기	
CF	CF	확률	CF	확률
(−)600만원	400만원	60%	900만원	70%
	100만원	40%	400만원	30%

① 10%　② 11%　③ 13%
④ 15%　⑤ 17%

해설

$$\sum_{t=1}^{n}\frac{E(CF_t)}{(1+k)^t}=\sum_{t=1}^{n}\frac{CEQ_t}{(1+R_f)^t}$$

E(CF1) = 400 × 0.6 + 100 × 0.4 = 280만원

E(CF2) = 900 × 0.7 + 400 × 0.3 = 750만원

$$CEQ_1 = (\sqrt{400}\times 0.6 + \sqrt{100}\times 0.4)^2 = 256$$

$$CEQ_2 = (\sqrt{900}\times 0.7 + \sqrt{400}\times 0.3)^2 = 729$$

$$\frac{280}{(1+k)^1}+\frac{750}{(1+k)^2}=\frac{256}{1.10^1}+\frac{729}{1.10^2}=835$$

k = 13%

정답 : ③

> > > Financial Management

배당정책이론 제13장

제 1 절 배당의 기초

1. 배당정책

배당정책은 배당의 크기와 배당형태, 그리고 배당시기 등 기업이 배당결정을 할 때 기준이 되는 구체적인 실행절차이다. 배당의 크기는 주당 배당금, 배당률, 배당성향, 배당수익률 등으로 표시할 수 있고, 배당형태는 현금배당, 주식배당, 현물배당, 자사주매입 등으로 실시할 수 있으며, 배당 시기는 분기배당, 중간배당, 결산배당 등이 포함된다.

배당의 지급은 기업의 핵심적인 재무의사결정 중 하나로, 기업내외부의 다양한 요인이 고려된다. 주주는 배당소득과 주식의 양도소득(자본이득)에서 투자이익을 실현하므로 배당정책은 주주에 대한 이익환원의 수단으로서 기업의 경영성과와 주주의 배당선호도에 밀접하게 연관되어 있다.

2. 배당관련지표

배당과 관련된 지표에는 주당 배당금, 배당률, 배당성향, 배당수익률이 있다.

(1) 주당배당금

주당배당금(DPS: dividend per share)은 주주에게 지급할 배당금을 발행주식수로 나누어 구한 것이다. 따라서 1주당 지급되는 배당금을 말한다.

(2) 배당성향

배당성향(dividend payout ratio)은 회사가 당기순이익 중 주주에게 지급한 배당금의 비율을 나타내는 지표다. 당기순이익 10억원에서 배당금으로 2억원을 지급했다면 배당성향은 20%가 된다. 배당성향은 다음과 같이 측정된다.

$$\text{배당성향} = \frac{\text{배당액}}{\text{당기순이익}} = \frac{\text{주당배당금}(DPS)}{\text{주당이익}(EPS)} \tag{13.1}$$

(3) 배당수익률

배당수익률(dividend yield)은 투자자금에 대하여 배당이 어느 정도 되는가를 나타내는 비율로 배당금을 현재 주가로 나눈 값이다.

$$배당수익률 = \frac{D_1}{P_0} \tag{13.2}$$

(4) 배당률

배당률(dividend ratio)은 1주당 액면금액에 대하여 지급되는 배당금의 비율로서 배당금을 액면가로 나눈 값이다.

3. 배당지급절차

① 배당기준일

- 배당을 받은 권리를 갖는 주주를 확정하기 위하여 주주명부를 폐쇄하는 날
- 12월 31일

② 배당락일

- 배당을 받을 권리가 상실되는 첫 거래일
- 거래소 폐장일 2영업일 전
- 배당부주가: 배당락일 전 주가
- 배당락주가: 배당락일 주가

③ 배당발표일

이사회 결의일 또는 주주총회일

④ 배당지급일

발표일 이후 1개월 이내

4. 현금배당

현금배당을 지급하면 배당금만큼 배당락이 발생하여 주가는 떨어진다. 그러나 완전자본시장에서는 주주의 부는 영향을 받지 않는다. 현금배당은 유통주식수에 영향이 없기 때문에 EPS에는 영향을 주지 않으며, 주가는 감소하므로 PER는 감소한다. 현금배당의 재무비율 효과는 다음과 같다.

- 유통주식수: 불변
- EPS: 불변
- 주가: 감소
- PER: 감소
- 자기자본 시장가치: 감소
- 자본금: 불변
- 이익잉여금: 감소

예제 13-1

㈜미래는 현재 100주의 주식을 발행하고 있으며, 자기자본비용은 10%라고 한다. 이 회사는 지금 주당 3,000원, 그리고 내년부터 매년 4,700원의 배당을 계속하여 지급한다고 한다.

(1) 배당락일 직전의 배당부 주가는 얼마인가?
(2) 배당락일 당일의 주가인 배당락 주가는 얼마인가?
(3) 주식 1주를 보유한 주주의 부는 배당락일 직전과 배당락일 각각 얼마인가?

풀이

(1) 배당부 주가=3,000+4,700/0.1=50,000원

(2) 배당락 주가=4,700/0.1=47,000원

(3) 배당락일 직전 주주의 부=50,000원(주식)
배당락일 주주의 부=47,000원(주식)+3,000원(현금)
∴ 주주의 부는 변함이 없다.

5. 배당정책

기업의 배당정책은 당기순이익을 현금배당과 유보이익으로 배분하는 의사결정으로서, 주주 부의 극대화에 중요한 영향을 미칠 수 있는 재무정책에 속한다. 배당정책은 투자결정과 자금조달결정에도 영향을 미치고, 궁극적으로는 자본구조에도 영향을 미친다. 배당정책으로 현금배당이 증가하면, 미래의 투자자금이 감소하게 되므로, 이를 보충하기 위해 신주발행이 증가할 수 있다.

Miller and Modigliani(1961)는 완전자본시장(perfect capital markets)을 전제로 기업가치는 오로지 투자결정과 자산의 수익력에 의해 결정되고 배당정책과는 무관하다는 무관련이론(irrelevance theory of dividend)을 주장하였다. 그러나 현실에서 완전자본시장의 전제가 성립되지 않으면 배당정책이 주주와 기업가치에 영향을 줄 수 있다. 즉, 세금, 정보비대칭, 대리인비용, 거래비용, 발행비용이 존재하고 투자자의 행태적 고려도 필요하다. 배당정책은 기업이나 주주에게 매우 중요한 사안이지만 경제적으로 논리적인 것과 비논리적인 것이 혼합되어 주장되는데다 배당정책에 영향을 주는 요인들도 교차적으로 영향을 주어 간단하게 밝히기는 어렵다.

제 2 절 MM의 무관련이론

1. 가정

배당정책의 이론적 기초를 마련한 Modigliani and Miller(1961)에 의하면 투자자에게 배당정책은 큰 의미가 없다. 이 때 전제가 되는 것은 투자자가 합리적이라는 것과 완전자본시장(perfect capital markets)의 존재로 다음과 같은 가정을 전제로 한다.

① 마찰적 요인이 없어 각종 거래비용이나 세금이 없다.
② 자산은 완전분할 가능하고 거래에 제한이 없다.
③ 정보 취득비용이 없고 모든 시장참여자들이 모든 정보를 동시에 제공받고 있다.

2. 자가배당

기업의 배당정책과 상관없이 주주가 원하는 만큼 스스로 현금흐름을 만들어낼 수 있다는 자가배당(homemade dividend)은 배당무관련이론의 핵심개념이다. 배당의 수요자인 주주입장에서는 현금배당을 원하는데 배당을 주지 않으면 주식을 매도해 현금화하면 된다. 현금배당을 하면 보유주식수는 변함이 없으나 주가가 배당만큼 감소할 것이다. 현금배당을 하지 않아 주식을 매각하면 주가는 변함이 없으나 보유주식수가 줄어 보유지분의 가치가 배당만큼 감소할 것이다. 반대로 현금배당을 원하지 않는데 배당을 주면 배당으로 주식을 매입함으로써 주가는 배당만큼 감소할 것이나 보유주식수가 늘어 보유주식의 가치에는 변함이 없을 것이다. 따라서 주주의 입장에서는 기업이 배당을 지급하건 하지 않던 간에 필요 이상의 배당으로는 주식을 매입하고 부족한 배당은 주식을 매각해 마련함으로써 결과적으로 동일한 효과를 얻게 된다.

3. MM의 무관련모형

배당의 공급자인 기업의 입장에서는 배당을 지급해서 투자할 자금이 모자라면 신주를 발행해 총자산과 자기자본 변동 없이 투자를 할 수 있다. 배당을 하지 않아 여유자금이 생기면

금융자산으로 운용해 나중에 주주에게 배당하게 되면, 주주가 배당으로 받아 금융자산으로 운용한 것과 동일한 결과를 얻는다. 화폐의 시간가치를 고려하면 배당흐름의 현재가치는 변하지 않는다. 따라서 단순한 세계에서는 경영진이 배당을 올릴 것인지 아니면 낮출 것인지가 기업가치에 영향을 주지 않기 때문에 배당정책은 상관이 없다.

배당을 지급하면 배당금만큼 기업의 현금유출이 발생해 기업가치는 그만큼 줄어든다. 주당가치로 말하면 주식 매도자가 배당을 받을 수 있는 권리를 가지는 마지막 날에 주식은 배당락(ex-dividend)이 된다. 그 이전에는 주식보유자가 배당을 받을 수 있기에 배당부(cum dividend)가 되며 배당을 받을 권리를 반영한 주가인 배당부 주가로 거래될 것이다. 따라서 완전자본시장에서 배당락 주가는 배당부 주가에서 배당금만큼 하락하기 때문에 투자자의 입장에서 배당수익만큼 자본수익이 줄 것이기에 배당수익과 자본수익을 합한 투자수익은 배당금과 상관이 없게 된다. 결국 배당은 주주의 한 쪽 주머니에 있는 돈을 다른 쪽 주머니로 옮기는 행위에 불과하다. 이렇게 기업의 배당정책은 기업가치와 주주의 만족도에 영향을 주지 않기에 어떤 것이든 상관이 없다는 것이다.

예제 13-2

㈜한강은 올해 5억원의 당기순이익을 발생시켰다. ㈜한강은 40%의 배당성향을 갖고 있으며 올해에도 이를 유지할 계획이다. 현재 순이익이 반영된 주가는 주당 20,000원이며 발행 주식수는 20만주이다. 만약 ㈜한강이 현금배당을 한다면 배당락 주가는 얼마가 되겠는가? (단, 정보효과와 거래비용은 없다)

풀이

주당 이익 = 5억/20만주 = 2,500원
주당 배당금 = 2,500 × 40% = 1,000원
배당락주가 = 배당부주가 − 주당배당금
　　　　　= 20,000 − 1,000 = 19,000원

제 3 절 불완전시장과 배당정책

1. 배당소득세

(1) 배당기피요인

양도소득(자본소득)과 배당소득에 대한 세금은 국가마다 다르지만 일반적으로 자본소득에 대한 유효세율은 자본소득에 대한 세율보다 높다. 자본소득은 세율이 낮거나 주식을 매각할 때까지 연기할 수 있기 때문이다.

기업이 이익을 현금배당으로 지급하는 대신 사내 유보하여 투자하면 기업의 가치와 자기자본을 증가시켜 자본소득을 증가시킨다. 다른 모든 요인들이 같다면 배당소득이 자본소득보다 세금 측면에서 불리하기 때문에 주주 입장에서는 배당을 적게 주고 대신 자본소득을 높여주는 것이 유리할 것이다. 세율이 높은 주주일수록 이러한 의향은 더 클 것이다. 따라서 개인소득세를 고려하면 배당은 주주의 부에 음(−)의 효과를 준다.

(2) Miller & Scholes의 무관련이론

Miller & Scholes(1978)는 배당소득세가 존재하더라도 이자비용에 대한 손비처리가 가능하다면, 기업가치는 배당정책의 영향을 받지 않는다고 주장하였다. 세금이 면제되는 무위험자산이 존재할 경우 배당금/무위험이자율에 해당하는 금액을 무위험이자율로 차입하고, 이를 세금이 면제되는 무위험자산에 투자하면 배당에 대한 세금을 회피할 수 있다고 제시하였다. 따라서 배당소득세가 존재하더라도 기업가치는 배당정책의 영향을 받지 않는다고 주장하였다.

(3) 고객효과(clientele effect)

자본소득에 비해 배당소득이 소득세 측면에서 불리하므로 배당을 기피한다고는 하지만 투자자에 따라 소득세율은 천차만별이다. 배당을 받으면 높은 세율로 배당소득세를 내야 하는 투자자는 배당을 기피하고 대신 자본소득의 형태로 투자수익을 얻기를 원하다. 배당에 대해 세제 혜택이 있는 투자자는 배당이 많고 자본소득이 적은 주식을 선호할 것이다. 특히 배당에 대해 세금을 전혀 내지 않는 투자자는 더욱 고배당기업을 선호할 것이다.

배당에 대한 선호도가 다른 다양한 투자자 집단이 존재하는 상황에서 기업의 특정 배당정책을 선택하면 이러한 배당정책을 선호하는 투자자 집단을 주주로 구성할 수 있을 것이다. 기업의 배당정책에 따라 투자자 집단별로 고객(clientele)이 형성되는 것이다.

시장이 균형상태에 있다면 모든 투자자들이 요구에 맞는 기업의 주주가 되어 만족하고 있으므로 배당정책을 변경시킴으로써 주가를 높일 수 없어 배당정책의 변경은 더 이상 의미가 없어진다. 결과적으로 개별기업은 배당정책을 변경하여 기업가치와 주주만족 수준을 높일 수 없게 된다. 그러나 아직 균형에 이르지 않았다면 투자자의 배당에 대한욕구를 만족시키도록 배당정책을 변경하여 기업의 가치를 높일 수 있을 것이다.

2. 신주발행비용

배당의 공급자인 기업입장에서는 투자할 돈을 배당으로 지급하면 투자를 위해 부족한 자금을 신주를 발행해 조달해야한다. 그런데 신주를 발행하는 일은 주간사 수수료 등 직접비용과 신주발행 업무에 투입된 경영진의 시간 등 간접비용이 발생한다. 신주의 발행비용을 포함하면 신주를 발행할 때 주식의 가치는 떨어질 것이다. 따라서 기업은 유망한 투자기회를 포착하면 이익을 현금배당으로 지급하기보다 유보하여 투자에 사용해야 할 것이다. 따라서 신주발행비용을 고려하면 배당은 주주의 부에 음(−)의 효과를 준다.

3. 주식거래수수료

배당의 수요자인 주주입장에서는 현금배당을 원하는데 배당을 주지 않으면 주식을 매도해 현금화하여야 한다. 이 때 거래수수료와 기타 거래비용을 지급해야 한다. 주식 매각을 위해 자신의 시간을 소비해야 하고, 매각 시점을 결정해야 하는 부담을 갖는다. 주주는 회사가 소비에 필요한 배당을 지급해 주는 것을 선호하게 된다. 따라서 주식매각비용을 고려하면 배당은 주주의 부에 양(+)의 효과를 준다.

4. 대리인이론(Agency theory)

Rozeff(1982)는 배당이 주주와 경영자 간의 대리인문제를 완화하는 한 방법으로 배당이 증가하면 특권적 소비의 대리인비용이 감소함을 보였다. 그리고 최적 배당성향은 배당에 따른 대리인비용과 자금조달비용의 합을 최소화하는 수준이라고 제안했다. Jensen(1986)도 유사한 주장을 했는데 배당을 지급함으로써 경영자가 자신이 관리하는 잉여현금흐름으로 자신을 위해 주주가치를 훼손하는 투자를 하려는 유인을 줄인다고 설명했다. 따라서 대리인비용을 고려하면 배당은 주주의 부에 양(+)의 효과를 준다.

5. 배당신호이론(Dividend signaling theory)

기업과 투자자 사이에 비대칭 정보가 존재하는 경우 내부자들은 배당정책의 변화를 통해 기업의 미래 수익성 전망에 대한 정보를 정보 열위에 있는 외부 투자자들에게 신호하려는 유인이 있다.

배당신호이론에서 경영자는 현재의 수익이 높더라도 지속적으로 수익이 높을 것이라는 확신이 없다면 배당을 늘리지 않을 것이고, 비록 현재의 수익이 낮더라도 일시적이라면 배당을 줄이지 않을 것이다. 경영자가 배당정책의 변화를 달리할 인센티브가 없다면 투자자는 배당의 증가나 배당의 개시를 기업의 수익성이 개선될 것이라는 신호로 받아들이고, 반대로 배당의 감소나 배당의 중단을 기업의 수익성이 악화될 것이라는 신호로 받아들일 것이다. 따라서 신호효과를 고려하면 배당은 주주의 부에 양(+)의 효과를 준다.

6. 배당정책의 기타요인

이제까지 세금, 정보비대칭, 대리인비용, 거래비용, 발행비용이 존재가 배당정책에 어떤 영향을 주는지 살펴보았다. 이외에도 아래의 사항을 고려하여 기업은 배당수준을 결정한다.

① 투자기회

NPV가 큰 투자안이 존재하는 경우 기업은 투자자금을 내부유보로 확보하여야 하기 때문에 배당수준은 감소한다.

② 부채계약

주주는 재무적 곤경(financial distress) 상황에서 배당지급을 통해 자산 가치를 줄임으로써 채권자의 담보가치를 줄여 채권자의 부를 주주로 이전시키려는 유인이 존재한다. 채권자는 이러한 주주의 유인을 사전에 차단하기 위해 부채계약(debt covenant)에 보호조항으로 배당지급 조건을 까다롭게 해 배당을 제한하려고 한다.

③ 법적 제한

주식회사의 배당가능이익은 상법으로 한도가 규정되어 있다. 일반적으로 기업이 자본잠식인 경우에는 배당을 줄 수 없고, 이익잉여금을 초과해 배당을 줄 수 없으며, 자본금이나 자본잉여금으로도 배당을 줄 수 없다고 보아야 한다.

④ 정부정책

기업소득환류세제와 같은 정부정책에 대해서는 배당을 적게 할 경우에 세제측면의 불리한 점이 발생한다.

⑤ 경제 환경

경제 환경의 변화는 배당정책의 내부적 결정요인에 다양하게 영향을 준다. 금리는 주주의 요구수익률, 자금조달비용, 투자기회, 유동성 등 배당을 선호하거나 기피하는 요인들에 영향을 준다. 경기상황 및 경제성장률, 통화량 및 통화량 증가율, 물가수준, 환율 등의 경제변수들도 배당결정에 영향을 주는 요인이다.

7. 배당정책의 유형

(1) 안정적 배당정책

안정적 배당정책(stable dividend policy)은 기업의 이익이 변동하더라도 배당유연화를 추구하는 배당정책이다. 즉, 일시적인 이익 증가로 배당을 변경하지 않고 이익의 증가가 미래에도 지속될 수 있는 상황이 발생한 경우에만 배당을 증가시킨다. 마찬가지로 이익이 줄어들더라도 일시적이라면 배당을 비례해서 줄이지 않고 지속적인 수익성 악화의 경우에만 배당을 감소시킨다. 투자자가 배당증가를 지속가능한 기업수익성의 개선 신호로 인식하고, 반대로 배당감소를 악화 신호로 인식하는 시장상황에서 일시적인 배당 증가 후, 배당삭감은 주가에도 악영향을 주기에 주가의 급격한 변동을 원치 않는 기업에게는 적합한 배당정책이다.

(2) 잔여배당정책

잔여배당이론(Residual Theory of Dividend)에 의하면 배당가능이익에서, 수익성이 높은 투자안을 집행하는 데 필요한 부분과 최적 자본구조를 유지하는데 필요한 부분을 먼저 유보시키고, 유보되지 않고 남은 이익을 배당으로 지급한다. 잔여배당정책에서는 우선 투자결정을 하고 투자에 필요한 자금 중 부채비율을 유지하는 금액은 부채로 사용하고 나머지는 이익을 유보해 사용한다. 이렇게 정책이 정해지면 투자기회가 많은 기업들은 이익에서 배당을 적게 지급할 것이고, 투자기회가 적은 기업은 이익에서 배당을 많이 지급할 것이다.

배당은 수익성 있는 투자기회가 모두 고갈된 후에야 지급된다는 것이 잔여배당정책의 핵심으로 배당은 기업의 이익수준과 투자결정 그리고 적정 부채비율의 결과일 뿐이다. 투자기회가 많아지는 기간에는 배당을 적게 지급하거나 아예 지급하지 않을 것이다. 반대로 투자기회의 전망이 그다지 밝지 않을 때에는 배당이 많아진다.

잔여배당정책은 투자하고 남은 돈을 배당으로 지급하기 때문에 경영진 입장에서는 단순하고 경영진이 배당의 제약을 받지 않는 장점이 있다. 그러나 투자기회에 따라 배당의 변동성이 크고 배당의 불확실성으로 주가에 악영향을 주어 투자자에게는 부정적이다.

(3) 수명주기이론(Life-Cycle Theory)

수명주기이론에 의하면 투자기회가 많은 기업설립 초기단계에는 배당을 적게 하고, 기업이 성장하여 성숙단계에 접어들어 투자기회가 줄어질수록 배당을 증가시킨다. 이는 잔여배당이론과 논리적으로 일관된 이론이다.

제4절 특수한 배당정책

지금까지는 현금배당을 위주로 배당정책을 설명하였다. 제4절에서는 현금배당이 아닌 주식배당, 주식분할, 주식병합, 무상증자 및 자사주매입의 특수한 배당정책의 효과에 대해서 살펴본다.

1. 주식배당

① 의 의

배당을 현금으로 지급하는 대신 신주를 발행하여 지급하는 것을 말한다.

② 효 과

주식배당의 재무적 효과는 유보이익의 감소와 동시에 자본금의 증가로 나타나게 되는데 이는 자기자본의 구조만 변경시킬 뿐 자기자본가치에는 아무런 영향을 주지 않는다. 그러나 발행주식수가 증가하므로 EPS는 감소하게 된다.

주식배당의 재무비율 효과는 다음과 같다.

- 유통주식수: 증가
- EPS: 감소
- 주가: 감소
- PER: 불변
- 자기자본 시장가치: 변함 없음
- 자본금: 증가
- 이익잉여금: 감소

2. 주식분할과 주식병합

① 의 의

이들은 엄밀한 의미로 배당이라고 보기 어려우나 그 효과가 배당과 유사한 면이 있다. 먼저 주식분할(stock split)이란 주당 액면가를 낮춤으로써 1주를 여러 주식으로 분할하는 것을 말한다. 이와는 반대로 주식병합(reverse split)은 주당 액면가를 높임으로써 발행주식수를 감소시키는 것을 말한다.

② **효 과**

주식분할이나 주식병합의 경우에는 발행주식수의 변동만 있을 뿐 자본구조와 자기자본가치 모두 변화가 없다. 따라서 발행주식수가 증가하는 주식분할의 경우 에는 EPS가 감소하게 되고, 발행주식수가 감소하는 주식병합의 경우에는 EPS가 증가하게 된다.

주식분할의 재무비율 효과는 다음과 같다.

- 유통주식수: 증가
- EPS: 감소
- 주가: 감소
- PER: 불변
- 자기자본 시장가치: 변함 없음
- 자본금: 변함 없음
- 주당 액면금액: 감소

주식병합의 재무비율 효과는 다음과 같다.

- 유통주식수: 감소
- EPS: 증가
- 주가: 증가
- PER: 불변
- 자기자본의 시장가치: 변함 없음
- 자본금: 변함 없음
- 주당 액면금액: 증가

3. 무상증자

형식적으로는 자본금을 증가시켜 발행주식수가 늘어나지만 실질적으로는 기업의 자기자본과 자산이 증가하지 않는 증자방식이다. 무상증자를 하게 되면 기업에 유입되는 현금은 없고 주식수만 늘어나게 되기 때문에 주가가 하락하게 된다. 무상증자의 재무비율 효과는 다음과 같다.

- 유통주식수: 증가
- EPS: 감소
- 주가: 감소
- PER: 불변
- 자기자본 시장가치: 변함 없음
- 자본금: 증가
- 자본잉여금 및 이익잉여금: 감소

예제 13-3

㈜미래의 자기자본은 다음과 같이 구성되어 있다.

– 보통주 자본금(액면 500원, 주식수 60주)	30,000원
– 자본잉여금	10,000원
– 이익잉여금	20,000원
– 자기자본 총액	60,000원

(1) 25% 주식배당을 한 경우 주식배당후의 자기자본 구성은 어떻게 되는가?
(2) 2 : 1 주식분할을 한 경우 주식분할후의 자기자본 구성은 어떻게 되는가?
(3) 4 : 1 주식병합을 한 경우 주식병합후의 자기자본 구성은 어떻게 되는가?

풀이

(1) 주식배당으로 인하여 새로 발행하는 주식수=60주×25%=15주

자본금: 30,000+15주×500=37,500원(액면 500원, 주식수 75주)

자본잉여금: 10,000원

이익잉여금: 20,000−15주×500=12,500원

자기자본총액: 60,000원

(2) 주식분할 이후의 주식수=60주×2=120주

자본금: 30,000원(액면 250원, 주식수 120주)

자본잉여금: 10,000원

이익잉여금: 20,000원

자기자본총액: 60,000원

(3) 주식병합 이후의 주식수=60주/4=15주
자본금: 30,000원(액면 2,000원, 주식수 15주)
자본잉여금: 10,000원
이익잉여금: 20,000원
자기자본총액: 60,000원

4. 자사주 매입

현금배당의 대안으로 기업은 이익으로 자사주를 매입(stock repurchase)해 주주환원을 할 수 있다. 배당은 과세대상이 되고 주주들은 배당을 지급받는 것에 대해서 선택의 여지가 없다. 그러나 자사주매입은 주주가 판단하여 매각여부를 결정할 수 있고, 실제로 매각해 자본소득이 있는 경우에만 세금을 내며, 배당보다 낮은 세율을 적용 받을 수 있어 주주환원수단으로 배당보다 유리할 수 있다.

자사주매입의 목적은 다음과 같다.

- 주가안정 및 주주가치증대
- 경영권안정
- 기업이미지 제고
- 스톡옵션 행사

자사주매입은 주식의 신규발행과 반대 효과가 있다. 자기자본이 감소하고 부채비율이 증가하는 것은 현금배당과 유사하나 배당과 달리 주식 수가 감소해 주당 순이익(EPS)이 증가하는 효과가 있다. 전체주식수가 감소하면서 자사주매입에 응하지 않은 주주들의 지분비율은 증가해 지배주주의 경영권을 강화하고 소각하지 않은 자사주는 경영권 분쟁 시 우호세력에게 매각해 경영권방어수단으로 활용되기도 한다.

자사주매입의 재무비율 효과는 다음과 같다.

- 유통주식수: 감소
- EPS: 증가
- 주가: 불변(효율적 시장)
- PER: 감소

- 자기자본 시장가치: 감소
- 자본금: 불변
- 자본잉여금 및 이익잉여금: 불변

예제 13-4

<예제 13-1>에서 ㈜미래가 주당 3,000원의 배당을 지급하는 대신 자사주매입을 한다고 하자.

(1) 주당 50,000원에 자사주를 매입한다면 매입한 후의 주가는 얼마인가?
(2) 주당 30,000원에 자사주를 매입한다면 매입한 후의 주가는 얼마인가?
(3) 주당 60,000원에 자사주를 매입한다면 매입한 후의 주가는 얼마인가?

풀이

(1) 자사주 매입금액=3,000×100=300,000원
자사주 매입 주식수=300,000/50,000=6주
자사주 매입 이후 유통주식수=100−6=94주
자사주 매입 이후 자기자본의 시장가치=50,000×100−300,000=4,700,000원
자사주 매입 이후 주가=4,700,000/94=<u>50,000원</u>
➠ 시장가격으로 자사주를 매입하면 주가에는 변동이 없다.

(2) 자사주 매입 주식수=300,000/30,000=10주
자사주 매입 이후 유통주식수=100−10=90주
자사주 매입 이후 자기자본의 시장가치=50,000×100−300,000=4,700,000원
자사주 매입 이후 주가=4,700,000/90=<u>52,222원</u>
➠ 시장가격보다 낮은 가격으로 자사주를 매입하면 주가는 높아진다.

(3) 자사주 매입 주식수=300,000/60,000=5주
자사주 매입 이후 유통주식수=100−5=95주
자사주 매입 이후 자기자본의 시장가치=50,000×100−300,000=4,700,000원
자사주 매입 이후 주가=4,700,000/95=<u>49,474원</u>
➠ 시장가격보다 높은 가격으로 자사주를 매입하면 주가는 낮아진다.

- 자사주 매입 전 주가는 배당부 주가이며 자사주 매입 후 주가는 다음과 같다.

$$\text{자사주 매입 후 주가} = \frac{S - C \times m}{n - m}$$

S : 자사주 매입 전 자기자본시장가치
C : 자사주 매입가격
n : 자사주 매입 전 주식수
m : 자사주 매입 주식수

- 자사주 매입 전 주가 $<$ 자사주 매입가격
  → 자사주 매입 후 주가 $<$ 자사주 매입 전 주가 → 기존 주주의 부 감소
- 자사주 매입 전 주가 $>$ 자사주 매입가격
  → 자사주 매입 후 주가 $>$ 자사주 매입 전 주가 → 기존 주주의 부 증가
- 자사주 매입 전 주가 $=$ 자사주 매입가격
  → 자사주 매입 후 주가 $=$ 자사주 매입 전 주가 → 기존 주주의 부 변동 없음

제5절 신주인수권

기업은 새로 발행되는 주식을 기존주주에게 우선적으로 판매할 수 있는데 이때 주주는 자신의 지분율에 비례하여 새로 발행되는 주식을 특정한 인수가격에 매입할 수 있는 권리를 가지게 되는데 이를 신주인수권(pre-emptive right)이라고 한다. 신주인수권을 통하여 신주를 기존주주에게 우선적으로 할당하여 주식을 발행하는 방법을 주주배정이라고 한다.

일반적으로 신주의 발행가격이 시장가격보다 낮기 때문에 신주를 우선적으로 인수할 수 있는 권리인 신주인수권은 가치가 있으며, 신주인수권이 부여되면 주가는 하락한다. 신주인수권이 부여되기 전 주가를 '권리부 주가'라 하며, 신주인수권이 부여된 후 주가를 '권리락 주가'라고 한다. 신주인수권의 가치는 권리부 주가와 권리락 주가의 차이가 된다. 권리락 주가는 다음과 같이 계산한다.

$$\text{권리락 주가} = \frac{S + X \times m}{n + m}$$

S : 신주인수권 부여 전 자기자본시장가치
X : 신주인수권 주당 행사가격
n : 신주인수권 부여 전 주식수
m : 신주인수권 행사 주식수

신주인수권이 기존주주에게 배정되는 경우 기존주주의 입장에서 보면 2가지 전략이 가능하다.

① 신주인수권을 행사하고 신주를 인수한다.

② 신주인수권을 시장에 판매하고 신주를 인수하지 않는다.

그런데 신주인수권이 공정하게 평가된다면 위의 2가지 전략 중 어떤 것을 선택하여도 주주의 부에는 영향을 미치지 않는다.

그러나 신주인수권이 제3자에게 주어지면, 저평가된 주식을 대량 발행함으로써 기존주주의 의결권을 약화시킬 뿐 아니라 시가에 비해 저평가된 만큼의 손실로 인하여 기존주주의 부는 감소한다.

예제 13-5

자본금이 액면가 500원인 보통주 10,000주로 구성되어 있고, 주가가 주당 2,500원인 ㈜미래는 기존의 사업을 확장하는데 필요한 500만원을 유상증자를 통해 조달하려고 한다. 신주의 발행가격이 주당 2,000원으로 주주배정방식으로 결정되었다.

(1) 신주1주를 구입하기 위해 필요한 신주인수권의 수는 몇 개인가?
(2) 신주발행 후 이론적 주가는 얼마인가?
(3) 기존주주가 보유한 신주인수권의 가치는 얼마인가?
(4) 구주 100주를 가진 주주가 배정받은 신주인수권을 행사한 후 주주의 부는 얼마인가?
(5) 구주 100주를 가진 주주가 배정받은 신주인수권을 매각 후 주주의 부는 얼마인가?
(6) 신주인수권이 제3자에게 배정이 되었다면 구주 100주를 가진 주주의 부는 얼마인가?

풀이

(1) 신주발행 주식수=5,000,000/2,000=2500주
신주인수권 배정비율=2500주/10,000주=1/4
신주 1주를 구입하기 위해 필요한 신주인수권의 수는 4개이다.

(2) 신주발행 후 자기자본 가치=10,000주×2500원+5,000,000=30,000,000원
권리락 주가=30,000,000/12,500주=2,400원

(3) 신주인수권 가치=2,500원−2,400원=100원

(4) 신주인수권 부여 전 주주의 부=100주×2,500=250,000원
신주인수권 행사 후 주식가치=(100주+25주)×2,400원=300,000원
신주인수권 행사금액=25주×2,000원=50,000원
신주인수권 행사 후 주주의 부=250,000원

(5) 신주인수권 매각금액 =100개×100원=10,000원
신주인수권 매각 후 주식가치=100주×2,400원=240,000원
신주인수권 매각 후 주주의 부=250,000원

(6) 제3자 배정 후 주주의 부=100주×2,400원=240,000원
기존의 부 25만원에서 1만원 감소하였다.

연습문제 13-1

배당정책에 대한 다음 설명에 대하여 '옳다' 혹은 '옳지 않다' 중 하나로 답하시오.

(1) 배당의 고객효과이론에 의하면 소득세율이 높은 고소득자는 고배당주를 선호하며, 소득세율이 낮은 저소득자는 저배당주를 선호한다.
(2) 안정배당이론에 의하면 기업의 순이익이 급증할 때 배당성향이 단기적으로 감소하는 경향이 있다.
(3) MM의 배당이론(1961)에 의하면 배당정책이 주주의 부에 영향을 미치지 않으며 주주들은 배당소득과 자본이득을 무차별하게 생각한다.
(4) 잔여배당이론에 의하면 수익성이 높은 투자기회를 다수 보유하는 기업의 배당성향이 높은 경향이 있다.

해설

(1) 옳지 않다

배당의 고객효과이론에 의하면 소득세율이 높은 고소득자는 저배당주를 선호하며, 소득세율이 낮은 저소득자는 고배당주를 선호한다.

(2) 옳다

배당성향 = 배당금 ÷ 순이익

안정배당이론은 배당금을 안정적으로 유지하므로 순이익이 증가하면 배당성향은 감소한다.

(3) 옳다

Miller(1977)는 법인세와 (개인)소득세를 모두 고려할 경우 자본구조와 기업가치는 무관하다고 주장하였다.

(4) 옳지 않다

잔여배당이론은 투자의사결정을 하고 남은 금액을 배당으로 지급하기 때문에 투자기회가 많은 기업은 배당금이 감소하여 배당성향이 낮아진다.

연습문제 13-6

㈜유림은 내부수익률법을 이용하여 서로 독립적인 다음의 다섯 개 투자안들을 고려하고 있다. 이들 투자안들은 모두 ㈜유림의 영업위험과 동일한 위험도를 갖고 있다.

투자안	투자금액	내부수익률
A	10억원	12.0%
B	12억원	11.5%
C	12억원	11.0%
D	12억원	10.5%
E	10억원	10.0%

올해의 순이익은 25억원으로 예상되는데 다음의 조건하에 투자하고 남은 돈을 배당으로 지급한다면 올해의 배당성향은 얼마가 되겠는가?

a. 현재 이 회사는 50%의 부채와 50%의 자기자본으로 이루어진 자본구조를 가지고 있다.
b. 신규투자 후에도 기존의 자본구조가 그대로 유지되어야 한다.
c. 세후부채비용(after-tax cost of debt)은 8%이며 자기자본비용은 14.5%이다.

① 0% ② 12% ③ 32% ④ 56% ⑤ 100%

해설

(1) 투자안의 가중평균자본비용 결정

$$wacc = k_d \times (1-t) \times \frac{B}{S} + k_e \times \frac{S}{V} = \frac{1}{2} \times 8 + \frac{1}{2} \times 14.5 = 11.25\%$$

(2) 투자안의 의사결정

$IRR > wacc$

투자안 A와 B의 내부수익률이 11.25%보다 크기 때문에 채택 → 투자금액=22억

(3) 투자안을 위한 유보금액 결정

투자금액의 1/2인 11억을 유보하고 나머지 1/2은 차입으로 조달

(4) 배당 및 배당성향

배당금=25억－11억=14억

배당성향－14억/25어=0.56

연습문제 13-7

당기순이익에서 배당금으로 지급되는 비율을 나타내는 배당성향을 장기적으로 일정하게 유지하면서 안정된 배당금을 지급하는 배당정책을 채택하고 있는 무차입 기업에서 단기적으로 배당성향을 가장 많이 증가시킬 것으로 예상되는 경우는? (배당정책이론의 관점에서 답하시오.)

① 자본이득에 대한 세율에 비해 상대적으로 개인소득세율이 높아졌다.
② 자금수급의 불균형으로 인해 시장금리가 상승했다.
③ 예상치 못한 이상기후로 매출이 급감해 기업이익이 감소했다.
④ 칠레와 자유무역협정이 체결됨에 따라 투자기회가 증가했다.
⑤ 기업지배구조의 개선으로 여유자금에 대한 사용이 투명해졌다.

해설

① 일반적으로 개인소득세율이 증가하면 배당을 감소하므로 배당성향은 감소한다. 그러나 해당 기업은 장기적으로 안정된 배당정책을 사용하고 있기 때문에 개인소득세율이 증가하여도 급격하게 배당을 감소하지 않기 때문에 배당성향은 큰 변화가 없다.

② 일반적으로 시장금리가 상승하면 외부 자금조달이 용이하지 않기 때문에 유보이익의 필요성 증가하므로 배당성향이 감소한다. 그러나 해당 기업은 장기적으로 안정된 배당정책을 사용하고 있기 때문에 시장금리가 증가하여도 급격하게 배당을 감소하지 않기 때문에 배당성향은 큰 변화가 없다.

③ 일반적으로 이익이 감소하면 배당을 감소하므로 배당성향은 크게 변하지 않는다. 그러나 해당 기업은 장기적으로 안정된 배당정책을 사용하고 있기 때문에 이익이 감소하여도 급격하게 배당을 감소하지 않기 때문에 배당성향은 증가할 것이다.

④ 일반적으로 투자기회의 증가하면 내부 유보의 필요성 증가하므로 배당이 감소하여 배당성향 감소한다. 그러나 해당 기업은 장기적으로 안정된 배당정책을 사용하고 있기 때문에 투자기회가 증가하여도 급격하게 배당을 감소하지 않기 때문에 배당성향은 큰 변화가 없다.

⑤ 여유자금에 대한 사용의 투명성이 작을수록 대리비용이 증가하기 때문에 배당을 증가하며. 여유자금에 대한 사용의 투명성이 클수록 대리비용이 감소하기 때문에 배당을 감소한다.

정답 : ③

연습문제 13-8 (22년 기출)

완전자본시장을 가정할 때, 다음 설명 중 적절한 항목만을 모두 선택한 것은? (단, 자사주는 시가로 매입한다고 가정한다.)

a. 주식배당 및 주식분할 후 자기자본 가치는 하락한다.
b. 현금배당 및 자사주 매입 후 PER(주가수익비율)은 하락한다.
c. 주식배당 및 주식분할 후 EPS(주당순이익)는 변하지 않는다.
d. 자사주 매입 및 주식병합 후 EPS는 상승한다.
e. 현금배당 및 자사주 매입 후 주주의 부는 상승한다.

① a, b　② a, c　③ b, c
④ b, d　⑤ c, e

해설

a. 주식배당 및 주식분할 후 자기자본 가치는 변하지 않는다.
c. 주식배당 및 주식분할 후 EPS(주당순이익)는 감소한다.
e. 현금배당 및 자사주 매입 후 주주의 부는 변하지 않는다.

정답 : ④

연습문제 13-9 (24년 기출)

주주환원정책에 관한 설명으로 가장 적절하지 않은 것은?

① 정보비대칭하에서 경영자의 정보를 투자자들에게 전달하기 위하여 배당과 자사주 매입이 이용될 수 있다.

② 기업의 이익이 일시적으로 변동하더라도 주당배당금을 일정하게 유지하려는 정책을 배당안정화 정책이라고 한다.

③ 자본소득세율이 배당소득세율보다 낮은 상황에서 자사주 매입은 주주의 개인소득세를 절약시켜 주는 역할을 한다.

④ 완전자본시장을 가정할 경우 주식배당, 주식분할, 자사주 매입 등에 의해 주주의 부는 변하지 않는다.

⑤ 로제프(Rozeff)는 배당 증가시 외부자금 조달비용이 감소하고 대리인 비용이 증가함에 따라 최적배당수준이 존재한다고 주장하였다.

해설

로제프(Rozeff)는 배당 증가시 외부자금 조달비용이 증가하고 대리인 비용이 감소함에 따라 최적배당수준이 존재한다고 주장하였다.

정답 : ⑤

합 병 제14장

제 1 절 M&A

1. M&A의 의의

M&A는 합병(Merger)과 인수(Acquisition)의 합성어로 학문적으로 정의된 용어라기보다는 실무적 차원에서 통용되는 용어이다. 합병(Merger)이란 두 개 이상의 기업이 결합하여 하나의 단일기업이 되는 것을 의미하며, 인수(Acquisition)란 하나의 기업이 타 기업의 주식이나 자산 등을 취득하는 것을 의미한다.

M&A의 역사는 19세기 중반부터 시작되었다. 미국, 영국을 중심으로 기업투자가 대형화되고, 자유경쟁 시장체제가 정착되는 과정에서 기업들이 내적성장(Internal Growth)에서 탈피하여 외적성장(External Growth)을 추구하면서 자연스럽게 태동되었다. 내적성장이란 기업의 내부자원을 이용해 성장을 추구하는 것이고 외적성장이란 다른 기업의 자산을 이용하여 성장을 추구하는 것을 의미한다. 이러한 기업의 외적성장은 내적성장이 한계에 달한 경우나 시장 환경 변화에 신속하게 대응하기위한 성장전략의 하나로 다른 기업을 인수하는 형태로 나타나게 되었다.

2. M&A의 분류

(1) 거래형태에 의한 분류

거래형태에 의한 분류는 합병과 인수로 나누어진다.

① 합병(Merger)

합병은 다시 합병당사 회사 중 하나의 회사만이 존속하고 다른 회사는 해산되어 그 사원 및 재산을 존속회사가 승계하는 흡수합병과 합병당사 회사 모두 해산되고 하나의 새로운 회사가 설립되어 사원 및 재산을 승계하는 신설합병으로 구분된다.

② 인수(Acquisition)

인수는 인수기업과 피인수기업이 법률적으로 독립된 형태를 유지하는 것이 합병과 구별되는 특징이며, 그 대상에 따라 주식인수, 자산인수, 영업인수로 구분된다.

(2) 결합형태에 의한 분류

결합형태에 의한 분류는 매수기업과 매수대상기업의 사업영역에 따라 수평적 M&A, 수직적 M&A, 다각적 M&A로 나누어진다.

① 수평적 M&A

수평적 M&A는 동종의 사업 분야를 영위하여 경쟁관계에 있는 기업 간 결합을 의미한다. 수평적 M&A는 규모의 경제, 중복투자방지 등의 효과를 기대할 수 있으나 과점적 시장구조 형성 및 소비자 후생 감소를 유발할 가능성이 있어 전통적으로 공정거래법 등에서 규제의 대상이 되고 있다.

② 수직적 M&A

수직적 M&A는 원자재, 제품, 유통 등 가치사슬(Value Chain)상의 전후방 관련 기업 간 결합을 의미하며 생산 및 유통에서 발생되는 비용절감 등의 효과를 기대할 수 있다.

③ 다각적 M&A

다각적 M&A는 이종의 사업 분야를 영위하는 기업 간 결합으로 사업 분야의 다양화를 통한 재무적 위험 감소나 신규 시장진출 등의 기대효과를 가질 수 있다.

(3) 거래성격에 의한 분류

거래성격에 의한 분류는 거래 당사자 간의 거래의사 부합여부에 따라 우호적 M&A와 적대적 M&A로 구분된다.

① 우호적 M&A

우호적 M&A는 매수기업과 매수대상기업의 경영진이 쌍방 합의에 의하여 매수조건 등을 결정하는 것이다.

② 적대적 M&A

적대적 M&A는 매수기업이 매수대상기업의 의사에 반하여 강제적으로 경영권을 취득하려는 것이다. 적대적 M&A에 사용되는 강제적 수단은 매수대상기업의 주주로부터 의결권을 위임받는 위임장대결과 공개적으로 주식을 매수하는 공개매수(TOB : Take Over Bid) 등의 방법이 있다.

(4) 결합주체의 성격에 의한 분류

결합주체의 성격에 따라서는 크게 전략적 투자자에 의한 M&A와 재무적 투자자에 의한 M&A로 구분할 수 있다. 전략적 투자자는 시장지배력 증대, 규모의 경제 추구 등 M&A를 통한 영업적 시너지효과의 창출을 기대하는 반면, 재무적 투자자는 매수기업의 구조조정 및 재매각을 통해 자본이득의 실현을 추구한다. 따라서 전략적 투자자는 대부분이 기업인 반면, 재무적 투자는 기업 외에도 은행, 보험회사, 사모펀드 등 자본력을 갖춘 집단이 주도하고 있다.

3. 적대적 M&A

(1) 적대적 M&A 추진전략

적대적 M&A에 사용되는 강제적 수단은 다음과 같다.

① 위임장대결(proxy fight)

적대적 M&A 추진자는 주주총회에서 영향력을 행사할 수 있는 최소한의 지분만을 확보한 후, 주요주주 및 일반 소액주주들을 설득하여 주주총회 의결권 행사에 대한 위임을 받아 주주총회에서 자신의 의결권과 위임받은 의결권을 이용하여 의안결정을 통제할 수 있게 된다. 이처럼 다수의 주주로부터 주주총회에서의 의결권 행사 위임장을 확보하여 M&A를 추진하는 전략을 위임장대결(proxy fight)이라 한다.

② 공개매수(TBO)

공개매수 (TBO : take over bid)는 인수기업이 인수하고자 하는 대상기업의 불특정 다수 주주를 상대로 장외에서 일정한 특정가격으로 매도하라고 권유하는 것을 말하는 것으로 가장 대표적은 적대적 M&A 추진전략이다.

③ 시장매집(Market sweep)

공개매수가 공개적으로 단기간에 특정주식을 장외에서 매수하는 제도인 반면, 시장매집(market sweep)은 장내시장인 주식시장을 통해 목표주식을 비공개적으로 원하는 지분율까지 지속적으로 매수해 나가는 전략이다. 시장매집은 공개매수에 비해 상대적으로 장기간에 걸쳐 이루어진다.

④ 지분감추기(Parking)

우호적인 제3자를 통해 지분을 확보하게 한 뒤 주주총회에서 우세한 의결권을 기습적으로 행사하여 경영권을 탈취하는 방법이다.

⑤ 곰의 포옹(Bear hug)

공개매수를 선언하고 인수기업이 피인수기업(인수대상기업) 경영자에게 방어행위를 중지하도록 권유하는 기법으로서 최고경영자 간에 이루어진다.

⑥ 차입매수(LBO : leveraged buy out)

금융기관 등으로부터 돈을 빌려 인수대금의 대부분을 조달하는 방법으로 대상기업의 경영자가 회사자산을 담보로 제공하는 등 적대적 M&A 추진전략이다.

⑦ 그린메일(Green mail)

특정기업의 일정지분을 장내에서 사들인 뒤 경영권을 쥔 대주주를 협박하거나, 장외에서 비싼 값에 되파는 수법으로, 이런 사람을 그린 메일러(green mailer)라고 한다.

(2) 적대적 M&A 방어전략

적대적 M&A 위협에 대한 방어 전략은 다음과 같다.

① 초다수결조항

상법상의 특별결의요건(출석한 주주의 의결권의 2/3와 발행주식총수의 1/3)보다 더 가중된 결의요건으로 이사진 교체에 필요한 주주 찬성률을 대폭 높여 사실상 이사 해임이나 해당 정관 변경을 불가능하게 함으로써 기업의 경영권을 방어하는 수단의 하나이다.

② 시차임기제

이사들의 임기를 분산시켜 순차적으로 선임되도록 함으로써 적대적 M&A에 성공하더라도 이사 모두를 일시에 교체할 수 없도록 하는 방법으로 기업의 경영권을 방어하는 수단의 하나이다.

③ 황금 낙하산

황금 낙하산(golden parachute)은 적대적 M&A로 인해 퇴임하는 임원에게 거액의 퇴직금, 잔여 임기 동안의 보수 등을 지급하도록 규정함으로써 기업의 인수비용을 높이는 적대적

M&A 방어방법이다.

④ 독약 조항

독약 조항(poison pill)은 주주들의 동의를 얻지 않은 상태에서 기업을 인수 합병 하려 하거나 경영권을 침해당할 상황이 발생하는 경우, 기존 주주들에게 시가보다 싼 가격에 지분을 매입할 수 있도록 미리 권리를 부여하는 제도이며 기업의 경영권을 방어하는 수단의 하나이다.

⑤ 백기사

백기사(white knight)는 피인수기업을 도와 피인수기업의 주식을 매입하여 주는 제3의 기업을 말하며 기업의 경영권을 방어하는 수단의 하나이다.

⑥ 왕관보석

왕관보석(crown jewel)은 M&A 대상이 되는 회사의 가장 가치 있는 자산을 처분함으로써 대상 회사의 매력을 감소시켜 기업의 경영권을 방어하는 수단의 하나이다.

⑦ 그린메일 및 불가침협정

그린메일(green mail)은 경영권을 위협하는 수준까지 특정 회사의 주식을 대량으로 매집해놓고 기존 대주주에게 M&A를 포기하는 조건으로 일정한 프리미엄을 얻어 주식을 매입하도록 요구하는 행위를 말한다. 위협을 받은 기업은 자사 주식을 시가보다 비싼 가격으로 매입하여 경영권을 방어할 수 있으나 자금 부담이 매우 크고, 일반 주주와의 형평성 문제가 발생할 수 있다.

그린메일이 성사되어 매수 대상기업이 매수 기업이나 투자가로부터 고가로 주식을 매입하고 나면 양자 간에는 일정 기간 동안 다시 적대적 M&A를 시도하지 않겠다는 약정을 맺을 수 있는데, 이를 불가침 협정(standstill agreement)라고 한다.

⑧ 개인기업화

개인기업화(going private)는 주식 공개와 반대되는 개념으로 특정 기업이 제3자에 의한 주식 전량 매입 또는 자체의 자기 주식 매입을 통해 비공개 기업으로 전환하여 매수의 대상이 되는 것을 피하는 기업의 경영권을 방어하는 수단의 하나이다.

제2절 M&A의 동기

합병 동기는 가치극대화 동기와 성장극대화 동기로 구분된다. 가치극대화 동기는 시너지 효과의 관점에서 자원효율성 증대나 이윤추구를 기업의 합병동기로 보고 있으며 성장극대화 동기는 주로 주주와 경영자간의 이해관계 상충에서 합병의 동기를 찾고 있다.

1. 가치극대화 동기

가치극대화 동기(Value Maximization Motive)는 기업가치의 극대화를 위해서 합병이 이루어진다는 것을 설명하는 이론으로는 시너지효과이론, 기업저평가이론, 대리인문제이론, 시장지배력이론 등이 있다.

(1) 시너지효과(synergy effect)

시너지효과이론(Synergy Effect Theory)은 합병 후의 기업가치가 합병 전의 단순한 합보다 커지게 된다는 것으로 합병의 동기를 설명하는 가장 일반적인 이론이다. 시너지효과는 경영전략 시너지, 영업시너지, 재무시너지로 구분할 수 있다.

① 경영전략 시너지

기업 내부자원 활용에 의한 성장이 한계에 부딪히면 기업은 계속기업으로서의 발전을 추구하기 위하여 합병을 통해 외부자원을 활용한다. 경제의 글로벌화, 제품 및 기술 개발의 가속화 등 급변하는 경영환경에서 타 기업이 보유한 자원을 획득하여 기업성장의 수단으로 활용한다.

② 영업시너지(operating synergy)

규모의 경제 효과, 시장지배력 증대, 신규 시장진입에 따른 시간단축 및 마찰회피 등 기업의 영업 확대와 효율성 증대를 위하여 합병을 추진한다.

③ 재무시너지(financial synergy)

사업다각화를 통해 현금흐름을 보다 원활히 하여 위험을 분산하거나 적자기업과 흑자기업의 합병으로 세금을 절감하는 등 재무적 시너지 효과를 추구한다.

(2) 기업저평가이론

기업저평가이론(Undervaluation Theory)은 과소평가이론이라고도 하며 기업이 과소평가를 받을 때 합병이 발생된다는 것으로 자본시장의 불완전성에 기인한 전통적인 합병동기이론이다. 이 이론은 시장가치와 대체원가의 비율인 '토빈 q(Tobin's q)'에 의해서 설명된다.

$$q = \frac{\text{기업의 시장가치}}{\text{기업자산의 재취득원가}}$$

토빈 $q < 1$이면 해당 기업은 저평가되어 있다고 볼 수 있다. 피합병기업의 보유자산 시장가치가 대체원가보다 낮을 경우에 대체원가를 지불하고 새로운 기업을 설립하는 것보다 시장가치를 지급하고 인수하는 것이 더 유리하기 때문이다.

(3) 대리인문제이론

대리인문제이론(Agency Problem Theory)은 소유와 경영의 분리에 따라 발생하는 대리인비용이 너무 큰 경우 합병이라는 외부 통제수단으로 기업의 낭비요인을 제거하고 효율성을 개선시킨다는 것이다.

(4) 시장지배력이론

시장지배력이론(Market Power Theory)은 유사 업종의 다른 기업을 합병하여 시장점유율을 높임으로써 효율성을 증대시킨다는 것이다. 즉 시장을 경쟁제한적인 상태로 만들고 제품가격을 상승시켜 합병기업에게 이득을 제공한다. 그러나 이러한 합병은 실질 경쟁을 제한하고 불공정한 독과점 폐해를 가져올 경우에는 규제의 대상이 되고 있다.

2. 성장극대화 동기

성장극대화 동기(Growth Maximization Motive)는 가치극대화 동기와 대별되는 동기이론으로 기업의 합병이 주주의 부를 위한 것이 아니라 오히려 경영자 개인의 입장에서 단지 매출이나 기업규모를 증가시키기 위해서 추진된다는 것이다. 따라서 합병으로 인한 정(+)의 기대이익은 존재하지 않을 수 있으며 오히려 손실이 발생할 수도 있다는 견해이다. 이러한 성장극대화 동기는 경영자주의이론과 휴브리스이론으로 설명되고 있다

(1) 경영자주의이론

경영자주의이론(Managerialism Theory)은 경영자는 자신에 대한 보상이 기업규모와 정(+)의 상관관계가 있다고 생각하기 때문에 투자수익률이 낮을지라도 기업규모를 증가시키려는 유인을 갖게 된다는 것이다. 이는 주주의 부와는 관계없이 경영자의 효용측면에서 합병의 동기를 파악하고 있으며 합병이 대리인문제를 해결하기 위해 발생하는 것이 아니라 오히려 대리인문제의 결과로 나타난다는 것이다.

(2) 휴브리스이론

휴브리스이론(Hubris Theory)은 합병의 동기가 경영자들의 지나친 자존심, 즉 휴브리스 때문에 발생한다는 것이다. Roll(1986)은 기업가치 증대를 가져오지 못하는 경우에도 합병기업의 경영자들은 스스로의 능력을 과대평가하여 다른 기업을 인수하려는 경향을 가지고 있다고 주장하였다.

제3절 M&A 가치평가

1. 합병NPV

합병도 자본예산과 마찬가지로 기업재무의 투자의사결정분야이므로 합병기업의 주주입장에서는 합병NPV를 계산하여 합병NPV > 0인 경우 합병에 찬성한다. 합병NPV 및 합병가치평가를 위하여 다음과 같이 용어를 정의한다.

· A : 합병기업
· B : 피합병기업(목표기업)
· AB : 합병 후 기업
· V_A : 합병기업의 기업가치
· V_B : 피합병기업(목표기업)의 기업가치
· V_{AB} : 합병 후 기업의 기업가치
· S_A : 합병기업의 자기자본의 시장가치
· S_B : 피합병기업(목표기업)의 자기자본의 시장가치
· S_{AB} : 합병 후 기업의 자기자본의 시장가치
· C : 인수대가(합병대가)

부채기업인 경우 계산의 난이도가 높아지기 때문에 특별한 언급이 없는 한 합병 당사자인 두 기업은 무부채기업을 가정한다. 따라서 기업가치와 자기자본의 시장가치가 같다고 가정한다. 예를 들어 100% 자기자본으로만 구성되어 있는 A,B 두 기업의 가치가 각각 100억원, 20억원이며, 두 회사가 합병한 후 기업의 가치는 145억이라고 하자. 만일 피합병기업의 주주가 인수대가를 30억원 요구한다면 합병NPV는 얼마가 되는가?

(1) 시너지(synergy)

① 정의

시너지는 합병의 동기가 되는 가장 중요한 요소로 합병 시너지 효과의 정의는 다음과 같다.

$$synergy = V_{AB} - (V_A + V_B) \tag{14.1}$$

시너지효과는 두 회사가 합병함으로써 발생하는 가치가 합병 이전의 두 회사의 가치를 합한 것보다 큰 경우 그 차이를 의미한다.

예를 들어 100% 자기자본으로만 구성되어 있는 A, B 두 기업의 가치가 각각 100억원, 20억원이며, 두 회사가 합병한 후 기업의 가치는 145억원인 경우 시너지는 다음과 같이 25억원이 된다.

$$synergy = 145 - (100 + 20) = 25$$

② 측정

시너지효과는 합병으로 인한 증분현금흐름을 할인한 현재가치로 다음과 같이 측정된다.

$$synergy = \sum_{t=1}^{n} \frac{\Delta CF_t}{(1+k)^t} \tag{14.2}$$

$$\Delta CF_t = CF_{AB} - (CF_{A+} CF_B)$$

위의 식에서 ΔCF_t는 합병에 의한 증분현금흐름이며, k는 증분현금흐름을 할인하기 위한 위험조정할인율이다. 위험조정할인율은 Ross의 논리에 따라 증분현금흐름에 대한 특별한 조건이 주어지지 않는 한 자본예산과 마찬가지로 피합병기업의 위험을 고려한 할인율을 사용한다. 만일 증분현금흐름이 합병기업과 피합병기업의 기업가치에 비례하여 발생한다면 위험조정할인율은 두 기업의 자본비용을 가중평균 한 자본비용을 사용한다. 이에 대한 사례는 <예제 14-6>에서 정리한다.

(2) 인수프리미엄(premium)

합병기업의 주주는 피합병기업의 주주에게 인수대가(C : 합병대가)를 지급하며, 인수대가는 현금으로 지급하거나 주식으로 교부한다. 인수프리미엄은 인수대가와 피합병기업가치의 차이로 피합병기업 주주에게 귀속되는 이익이다. 따라서 인수프리미엄> 0인 경우 피합병기업 주주는 합병에 찬성한다.

$$premium = C - V_B \tag{14.3}$$

만일 피합병기업의 주주가 30억원의 인수대가를 요구하였다면 인수프리미엄은 다음과 같이 10억원이 된다.

$$premium = 30 - 20 = 10$$

(3) 합병NPV

$V_{AB} - V_A$는 투자안의 증분가치이며, C를 투자비용으로 보면 자본예산의 투자안 NPV와 마찬가지로 합병NPV는 다음과 같이 계산한다.

$$NPV = (V_{AB} - V_A) - C$$

위의 식에 식 (14.1)과 식 (14.3)을 대입하여 정리하면 합병의 NPV는 다음과 같이 계산된다.

$$NPV = synergy - premium \tag{14.4}$$

합병NPV는 시너지효과와 인수프리미엄의 차이로 합병기업 주주에게 귀속되는 이익이다. 따라서 합병NPV > 0인 경우 합병기업 주주는 합병에 찬성한다.

시너지효과가 25억원, 인수프리미엄이 10억원이므로 합병NPV는 다음과 같이 15억원이 된다.

$$NPV = 25 - 10 = 15$$

2. 인수대가의 지급방법

인수대가를 현금으로 지급하는 경우와 주식으로 교환하는 경우 인수프리미엄 및 합병NPV의 결과가 다르게 나오기 때문에 이에 대해서 살펴본다.

(1) 현금으로 지급하는 경우

인수대가를 현금으로 지급하는 경우 피합병기업의 주주의 이익은 확정이 되며 시너지효과가 예상보다 더 커지는 이익과 더 작아지는 위험은 합병기업의 주주에게 모두 귀속된다. 이 경우 인수프리미엄은 식 (14.3)에서 C를 확정된 현금지급액으로 계산하며 합병NPV는 식 (14.4)를 이용한다.

(2) 주식으로 교환하는 경우

인수대가를 주식으로 교부하는 경우 시너지효과가 예상보다 더 커지는 이익과 더 작아지는 위험은 합병기업의 주주와 피합병기업의 주주에게 지분율에 비례하여 귀속된다. 이 경우 인수프리미엄과 합병NPV를 결정하기 위해서는 주식교환비율을 결정하여야 한다.

교환비율(ER: exchange ratio)이란 피합병기업 또는 목표기업(B)의 1주에 대해서 합병기업(A)의 주식 몇 주를 교부하는가를 나타내는 것이다. 합병기업이 피합병기업의 주주에게 교부한 주식수를 m이라고 하면 m은 다음과 같이 계산된다.

$$m = n_A \times ER \tag{14.5}$$

합병기업의 주식수를 n_A, 목표기업의 주식수를 n_B, 교환비율을 ER이라고 할 때 합병 후 기업의 주식수(n_{AB})는 다음과 같다.

$$n_{AB} = n_A + n_B \times ER = n_A + m \tag{14.6}$$

인수대금을 주식으로 교부하는 경우 합병 후 기업(AB)의 각 주주들의 지분율은 다음과 같다.

$$\text{합병기업의 주주} : \frac{n_A}{n_A + n_B \times ER}$$

$$\text{피합병기업의 주주} : \frac{n_B \times ER}{n_A + n_B \times ER}$$

따라서 인수대가, 인수프리미엄 및 합병NPV는 다음과 같이 산출된다.

$$C = V_{AB} \times \frac{n_B \times ER}{n_{AB}} \tag{14.7}$$

$$premium = C - V_B = V_{AB} \times \frac{n_B \times ER}{n_{AB}} - V_B \tag{14.8}$$

$$NPV = V_{AB} \times \frac{n_A}{n_{AB}} - V_A \tag{14.9}$$

합병NPV > 0인 경우 효율적 주식시장에서는 합병공시시점에서 합병기업의 주가에 합병NPV가 반영되어 주가는 상승하게 된다. 따라서 주식으로 인수대가를 교부할 때 이미 합병NPV가 반영된 상태에서 인수대가가 계산이 되므로 주식교부시점에서는 합병기업의 주가에는 변화가 없으며, 현금으로 인수대가를 지급하는 것과 주식으로 교부하는 것은 동일한 인수프리미엄 및 합병NPV가 계산된다.

그러나 비효율적 주식시장에서는 합병공시시점에서 합병기업의 주가에 합병NPV가 정확히 반영되지 않기 때문에 주식교부시점에서는 합병기업의 주가에는 변화가 생기며, 현금으로 인수대가를 지급하는 것과 주식으로 교부하는 경우 인수프리미엄 및 합병NPV의 차이가 발생한다.

예제 14-1

A기업은 B기업을 흡수합병을 하려고 한다. 합병후의 기업가치는 1,150,000원으로 예상이 되며 두 기업은 모두 무부채기업이며 합병후에도 무부채기업이다.

	A	B
주 가	4,000원	1,000원
발행주식수	250주	100주
당기순이익	100,000원	20,000원

(1) 합병 시너지는 얼마인가?
(2) 합병대가로 현금 120,000원을 지급한다면 합병 NPV와 인수프리미엄은 얼마인가?
(3) 합병대가로 A주식 30주를 교부한다면 합병 NPV와 인수프리미엄은 얼마인가?
(4) 합병NPV가 30,000원이 되기 위해서는 A주식 몇 주를 교부하여야 하는가?

풀이

(1) 무부채기업이므로 주가에 주식수를 곱한 자기자본의 가치와 기업가치가 동일하다.

A기업의 가치 : V_A = 250주 × 4,000원 = 1,000,000원

B기업의 가치 : V_B = 100주 × 1,000원 = 100,000원

시너지는 합병 후 기업의 가치에서 합병 전 기업가치의 합을 차감한다.

$$synergy = V_{AB} - V_A - V_B$$

$$= 1,150,000 - (1,000,000 + 100,000) = 50,000\text{원}$$

(2) 인수대금을 현금으로 지급하는 경우 인수프리미엄은 인수가격에서 B기업의 가치를 차감한다.

$$premiun = C - V_B$$

$$= 120{,}000 - 100{,}000 = 20{,}000\text{원}$$

합병의 NPV는 시너지효과에서 인수프리미엄을 차감한다.

$$NPV = synergy - premiun$$

$$= 50{,}000 - 20{,}000 = 30{,}000\text{원}$$

(3) 인수대금을 주식으로 교환하는 경우 인수프리미엄은 합병 후 기업의 가치 중 B기업 주주의 지분에서 B기업의 가치를 차감한다.

$$premiun = V_{AB} \times \frac{n_B \times ER}{n_A + n_B \times ER} - V_B$$

$$= 1{,}150{,}000 \times \frac{30\text{주}}{250\text{주} + 30\text{주}} - 100{,}000 = 23{,}214\text{원}$$

(방법1) 합병의 NPV는 시너지효과에서 인수프리미엄을 차감한다.

$$NPV = synergy - premiun$$

$$= 50{,}000 - 23{,}214 = 26{,}786\text{원}$$

(방법2) 합병의 NPV는 합병 후 기업의 가치 중 A기업 주주의 지분에서 A기업의 가치를 차감한다.

$$NPV = V_{AB} \times \frac{n_A}{n_A + n_B \times ER} - V_A$$

$$= 1{,}150{,}000 \times \frac{250\text{주}}{250\text{주} + 30\text{주}} - 1{,}000{,}000 = 26{,}786\text{원}$$

(4) B주주에게 교부한 주식수를 m이라고 할 때 합병 후 기업의 가치 중 A기업 주주의 지분에서 A기업의 가치를 차감한 합병의 NPV 30,000원이 되도록 m을 계산한 후 주식교환비율을 결정한다.

$$30{,}000 = 1{,}150{,}000 \times \frac{250\text{주}}{250\text{주} + m} - 1{,}000{,}000 \Rightarrow m = 29.13\text{주}$$

∴ ER = 29.13주/100주 = 0.2913

예제 14-2

시장가치가 27억원인 A기업은 시장가치가 8억원인 B기업을 인수하려 한다. A기업의 현재 주가는 9,000원이며 B기업의 현재 주가는 4,000원이다. A기업이 추정하는 합병의 시너지 효과는 5억원이며, 인수프리미엄은 2억원이다. A기업이 신주를 발행해서 B기업의 주식과 교환하는 방식으로 B기업을 인수하고자 할 경우, 몇 주를 발행해야 하는가?

풀이

A기업의 주식수 : $n_A = \frac{27억}{9,000} = 300,000$

B기업의 주식수 : $n_B = \frac{8억}{4,000} = 200,000$

$V_{AB} = V_A + V_B + synergy$ = 27억 + 8억 + 5억 = 40억원

B주주에게 교부한 주식수를 m이라고 할 때 합병 후 기업의 가치 중 A기업 주주의 지분에서 A기업의 가치를 차감한 합병의 NPV 3억원이 되도록 m을 계산한다.

$3억 = 40억 \times \frac{300,000}{300,000+m} - 27억$ ➡ $m = 100,000$주

예제 14-3

인수기업의 가치는 800억원이고 피인수기업의 가치는 100억원이다. 두 기업 모두 자기자본만을 사용하고 있다. 인수기업의 발행주식수는 100만주이고 피인수기업의 발행주식수는 10만주이다. 합병이 성사되면 합병기업의 가치가 1,200억원으로 추산된다. 만약 인수기업이 150억원의 현금으로 피인수기업을 인수하면 합병을 공시하는 시점에서 인수기업의 주가가 몇 퍼센트 상승할 것으로 예상되는가?

풀이

$synergy = V_{AB} - V_A - V_B = 1,200 - (800 + 100) = 300$억원

$premiun = C - V_B = 150 - 100 = 50$억원

$NPV = synergy - premiun = 300 - 50 = 250$억원

합병 전 A기업의 주가 : $P_A = \frac{800억}{100만주} = 80,000$

합병 공시시점의 A기업의 주가 : $P_{AB} = \frac{800억 + 250억}{100만주} = 105,000$

주가상승률 $= \frac{105,000 - 80,000}{80,000} = 31.25\%$

(별해) 주가기준이 아닌 기업가치기준으로 계산하여도 주가상승률은 동일하다.

주가상승률 $= \frac{1050억 - 800억}{800억} = 31.25\%$

제4절 주식교환비율의 결정

주식교환비율(ER : exchange ratio)은 피합병기업(목표기업:B) 1주에 대해서 합병기업(A)의 주식을 교부하는 비율이다. 두 기업의 주주가 합병에 동의하기 위해서는 시너지효과의 존재여부와 주식교환비율의 기준에 따라 달라진다. 주식교환비율의 결정기준은 주당이익 기준 및 주가기준이 있으며 시험문제에서 특별한 언급이 없으면 교환비율은 주가기준으로 결정한다.

1. 합병의 시너지가 없는 경우 주식교환비율

(1) EPS 기준 교환비율

시너지효과 및 인수프리미엄이 없으며, 피합병기업 1주에 대해서 합병기업 ER주를 교부한 경우 주당이익 기준으로 결정된 교환비율은 다음과 같이 계산한다.

$$ER = \frac{EPS_B}{EPS_A}$$

예를 들어 합병기업의 주당이익이 400원이고, 피합병기업의 주당이익이 160원인 경우 시너지효과 및 인수프리미엄이 없는 경우 주당이익 기준의 교환비율은 다음과 같다.

$$ER = \frac{EPS_B}{EPS_A} = \frac{160}{400} = 0.4$$

(2) 주가 기준 교환비율

시너지효과 및 인수프리미엄이 없으며, 피합병기업 1주에 대해서 합병기업 ER주를 교부한 경우 주가 기준으로 결정된 교환비율은 다음과 같이 계산한다.

$$ER = \frac{P_B}{P_A}$$

예를 들어 합병기업의 주가가 4,000원이고, 피합병기업의 주가가 1,000원인 경우 시너지

효과 및 인수프리미엄이 없는 경우 주가기준의 교환비율은 다음과 같다.

$$ER = \frac{P_B}{P_A} = \frac{1000}{4000} = 0.25$$

(3) 인수프리미엄이 있는 경우 교환비율

시너지효과는 없지만 인수프리미엄이 있는 경우 주가 기준으로 결정된 교환비율은 다음과 같이 계산한다.

$$ER = \frac{P_B + premium}{P_A}$$

예를 들어 합병기업의 주가가 4,000원이고, 피합병기업의 주가가 1,000원이며, B의 주가에 대해 30%의 프리미엄을 반영하여 주식을 발행한다면 주가기준의 교환비율은 다음과 같다.

$$ER = \frac{P_B + premium}{P_A} = \frac{1000 \times 1.30}{4000} = 0.325$$

예제 14-4

A기업은 B기업을 흡수합병을 하려고 한다. 합병의 시너지는 없으며, 주식교환방식으로 흡수합병을 하려고 한다. 두 기업은 모두 무부채기업이며 합병후에도 무부채기업이다.

	A	B
주 가	4,000원	1,000원
발행주식수	250주	100주
당기순이익	100,000원	20,000원

(1) 주가 기준으로 계산한 주식교환비율 및 합병기업의 주가와 EPS는 얼마인가?
(2) 주당이익 기준으로 계산한 주식교환비율 및 합병기업의 주가와 EPS는 얼마인가?
(3) A가 B의 주가에 대해 20%의 프리미엄을 반영하여 주식을 발행한다면 주식교환비율은 얼마인가?

풀이

(1) 시너지효과와 프리미엄이 없는 경우 주가기준의 교환비율

$$ER = \frac{P_B}{P_A} = \frac{1,000}{4,000} = 0.25$$ ➡ 교부주식수 $m = 0.25 \times 100$주 $= 25$주

합병 후 기업의 가치

$$V_{AB} = V_A + V_B + synergy$$

$$= 250주 \times 4,000원 + 100주 \times 1,000원 + 0 = 1,100,000원$$

합병 후 기업의 주가

$$P_{AB} = \frac{V_{AB}}{n_A + m} = \frac{1,100,000}{250 + 25} = 4,000원$$

합병 후 기업의 주당이익

$$EPS_{AB} = \frac{NI_{AB}}{n_A + m} = \frac{120,000}{250 + 25} = 436원$$

(2) 시너지효과와 프리미엄이 없는 경우 주당이익기준 주식교환비율

A기업의 주당이익 : $EPS_A = \frac{100,000}{250} = 400$

B기업의 주당이익 : $EPS_B = \frac{20,000}{100} = 200$

$$ER = \frac{EPS_B}{EPS_A} = \frac{200}{400} = 0.5$$ ➡ 교부주식수 $m = 0.5 \times 100$주 $= 50$주

합병 후 기업의 주가

$$P_{AB} = \frac{V_{AB}}{n_A + m} = \frac{1,100,000}{250 + 50} = 3,667원$$

합병 후 기업의 주당이익

$$EPS_{AB} = \frac{NI_{AB}}{n_A + m} = \frac{120,000}{250 + 50} = 400원$$

(3) 시너지효과는 없지만 프리미엄이 있는 경우 주가기준의 교환비율

$$ER = \frac{P_B + premium}{P_A} = \frac{1,000 \times 1.20}{4,000} = 0.3$$

➡ 교부주식수 $m = 0.3 \times 100$주 $= 30$주

2. 합병 시너지효과가 있는 경우 주식교환비율

(1) EPS 기준 교환비율

인수대가를 주식으로 교부한 경우 합병 후 기업의 주식수는 $n_A + n_B \times ER$이 되며, 합병 후 기업(AB)의 주당이익은 다음과 같이 계산한다.

$$EPS_{AB} = \frac{NI_{AB}}{n_{AB}} = \frac{NI_{AB}}{n_A + n_B \times ER} = \frac{NI_{AB}}{n_A + m} \tag{14.10}$$

NI_{AB} : 시너지효과를 포함한 합병 후 기업의 순이익

① 합병기업(A)의 최대교환비율

합병기업의 주주는 합병 후 기업의 주당 이익이 합병 전 주당이익보다 커야 합병에 동의한다.

$$EPS_{AB} \geq EPS_A \tag{14.11}$$

식 (14.10)을 식 (14.11)에 대입하여 정리하면 인수대가로 교부하는 주식교환비율의 최대값이 결정된다.

합병기업 주주입장에서의 합병으로 인한 EPS변화는 다음과 같다.

$$\triangle EPS = EPS_{AB} - EPS_A$$

② 피합병기업(B)의 최소교환비율

피합병기업의 주주는 합병 후 기업의 주당이익에 ER을 곱한 값이 합병 전 주당이익보다 커야 합병에 동의한다. 왜냐하면 피합병기업의 주주가 보유하고 있는 합병전의 주식 1주는 합병 후에는 ER주가 되기 때문이다.

$$EPS_{AB} \times ER \geq EPS_B \tag{14.12}$$

식 (14.10)을 식 (14.12)에 대입하여 정리하면 인수대가로 교부하는 주식교환비율의 최소값이 결정된다.

피합병기업 주주입장에서의 합병으로 인한 EPS변화는 다음과 같다.

$$\triangle EPS = EPS_{AB} \times ER - EPS_B$$

(2) 주가 기준 교환비율

인수대가를 주식으로 교부한 경우 합병 후 기업(AB)의 주가는 제3장에서 설명한 주식평가방법과 마찬가지로 아래의 3가지 방법 중 하나로 계산한다.

(방법1) 잉여현금흐름접근법

$$P_{AB} = \frac{S_{AB}}{n_{AB}} = \frac{S_{AB}}{n_A + n_B \times ER} = \frac{S_{AB}}{n_A + m} \tag{14.13}$$

S_{AB} : 시너지효과를 포함한 합병 후 기업의 자기자본의 시장가치

무부채기업인 경우 : $S_{AB} = V_{AB}$

(방법2) 주가배수모형

$$P_{AB} = EPS_{AB} \times PER_{AB} \tag{14.14}$$

PER_{AB} : 시너지효과를 반영한 합병 후 기업의 주가수익비율(PER)

(방법3) 배당평가모형

$$P_{AB} = \frac{D_1}{k_e - g} \tag{14.15}$$

g : 시너지효과를 반영한 합병 후 기업의 배당성장률

① 합병기업(A)의 최대교환비율

합병기업의 주주는 합병 후 기업의 주가가 합병 전 주가보다 커야 합병에 동의한다.

$$P_{AB} \geq P_A \tag{14.16}$$

합병 후 기업의 주가를 식 (14.16)에 대입하여 정리하면 인수대가로 교부하는 주식교환비율의 최대값이 결정된다.

합병기업 주주입장에서의 합병으로 인한 주가변화는 다음과 같다.

$$\Delta P = P_{AB} - P_A$$

② 피합병기업(B)의 최소교환비율

피합병기업의 주주는 합병 후 기업의 주가에 ER을 곱한 값이 합병 전 주가보다 커야 합

병에 동의한다. 왜냐하면 피합병기업의 주주가 보유하고 있는 합병전의 주식 1주는 합병 후에는 *ER*주가 되기 때문이다.

$$P_{AB} \times ER \geq P_B \tag{14.17}$$

식 (14.10)을 식 (14.12)에 대입하여 정리하면 인수대가로 교부하는 주식교환비율의 최소값이 결정된다.

피합병기업 주주입장에서의 합병으로 인한 주가변화는 다음과 같다.

$$\triangle P = P_{AB} \times ER - P_B$$

(3) 합병*NPV*와 인수프리미엄을 이용하는 방법

인수대가를 주식으로 교부한 경우 교환비율의 결정은 합병기업의 주주입장에서는 합병NPV로 결정하며, 피합병기업의 주주입장에서는 인수프리미엄으로 결정한다. 합병 후 기업(AB)의 각 주주들의 지분율은 다음과 같다.

$$\text{합병기업의 주주} : \frac{n_A}{n_A + n_B \times ER}$$

$$\text{피합병기업의 주주} : \frac{n_B \times ER}{n_A + n_B \times ER}$$

① 합병기업(A)의 최대교환비율

합병기업의 주주는 합병 NPV > 0인 경우에 합병에 동의한다. 합병NPV는 무부채기업을 가정하면 다음과 같이 계산한다.

$$NPV = V_{AB} \times \frac{n_A}{n_A + n_B \times ER} - V_A \geq 0 \tag{14.18}$$

식 (14.18)을 정리하면 인수대가로 교부하는 주식교환비율의 최대값이 결정된다.

② 피합병기업(B)의 최소교환비율

피합병기업의 주주는 인수프리미엄 > 0인 경우에 합병에 동의한다. 인수프리미엄은 무부채기업을 가정하면 다음과 같이 계산한다.

$$premium = V_{AB} \times \frac{n_B \times ER}{n_A + n_B \times ER} - V_B \geq 0 \qquad (14.19)$$

식 (14.19)을 정리하면 인수대가로 교부하는 주식교환비율의 최소값이 결정된다.

예제 14-5

<예제 14-1>의 기초자료를 이용하여 다음 물음에 답하시오.

(1) 합병대가로 현금을 지급한다면 합병대가의 범위를 결정하시오.
(2) 합병대가로 A주식을 교부한다면 주식교환비율의 범위를 결정하시오.
(3) 합병후의 당기순이익이 130,000원으로 예상되며, 합병대가로 A주식을 교부한다면 주당이익기준 주식교환비율의 범위를 결정하시오.

풀이

(1) 시너지효과를 고려하는 경우 현금 인수대가의 범위

$$V_B \leq C_0 \leq V_{AB} - V_A$$

$$100{,}000 \leq C_0 \leq 1{,}150{,}000 - 1{,}000{,}000$$

$$\Rightarrow 100{,}000 \leq C_0 \leq 150{,}000$$

(2) 주가기준 최대교환비율은 A주주입장에서 결정한다.

$$P_{AB} \geq P_A \Rightarrow \frac{1{,}150{,}000}{250 + 100 \times ER} \geq 4{,}000 \Rightarrow ER \leq 0.375$$

주가기준 최소교환비율은 B주주입장에서 결정한다.

$$P_{AB} \times ER \geq P_B \Rightarrow \frac{1{,}150{,}000}{250 + 100 \times ER} \times ER \geq 1{,}000 \Rightarrow ER \geq 0.238$$

(3) 주당이익기준 최대교환비율은 A주주입장에서 결정한다.

$$EPS_{AB} \geq EPS_A \Rightarrow \frac{130{,}000}{250 + 100 \times ER} \geq 400 \Rightarrow ER \leq 0.750$$

주당이익기준 최소교환비율은 A주주입장에서 결정한다.

$$EPS_{AB} \times ER \geq EPS_B \Rightarrow \frac{130{,}000}{250 + 100 \times ER} \times ER \geq 200 \Rightarrow ER \geq 0.455$$

예제 14-6

A기업은 기업가치 300억원의 우량회사로 기업가치가 100억원인 B기업을 흡수합병하려고 한다. 무위험수익률은 5%, 시장포트폴리오 기대수익률은 8%이며, 법인세율은 40%이다.

	합병 전 A 기업	합병 전 B 기업
부채/자기자본(시장가치기준)	2	1
주식 베타	1.6	1.2

단, 합병 후 기업의 목표자본구조는 B/S=1.5이다.

(1) 합병으로 인한 증분현금흐름을 피합병기업의 위험을 반영한 할인율를 이용하여 시너지 효과를 구하는 경우 적절한 할인율을 계산하라.

(2) 합병으로 인한 증분현금흐름을 합병 후 기업의 위험을 반영한 할인율를 이용하여 시너지 효과를 구하는 경우 적절한 할인율을 계산하라.

풀이

(1) 피합병기업의 위험을 반영한 할인율

① 피합병기업(B)의 영업베타 (하마다모형)

피합병기업의 주식베타와 자본구조를 이용하여 피합병기업의 영업베타를 결정한다.

$$\beta_U^B = \frac{\beta_L^B}{1+(1-t)\times\dfrac{B}{S}} = \frac{1.2}{1+(1-0.4)\times 1} = 0.75$$

② 목표자본구조를 반영한 피합병기업(B)의 주식베타 (하마다모형)

피합병기업의 영업베타와 합병 후 목표자본구조를 이용하여 주식베타를 결정한다.

$$\beta_L^B = \beta_U^B \times \left[1+(1-t)\times\frac{B}{S}\right] = 0.75\times[1+(1-0.4)\times 1.5] = 1.425$$

③ 피합병기업(B)의 자기자본비용 (SML)

피합병기업(B)의 주식베타를 SML에 대입하여 자기자본비용을 결정한다.

$$k_e^B = R_f + [E(R_m)-R_f]\times\beta_L^B = 5+(8-5)\times 1.425 = 9.28$$

④ 피합병기업(B)의 가중평균자본비용

합병 후 목표자본구조를 이용하여 피합병기업의 가중평균본비용을 결정한다.

$$wacc_B = k_d\times(1-t)\times\frac{B}{V} + k_e^B\times\frac{S}{V} = 5\times(1-0.4)\times 0.6 + 9.28\times 0.4 = 5.50\,\%$$

(2) 합병 후 기업의 위험을 반영한 할인율

① 합병기업(A)과 피합병기업(B)의 영업베타 (하마다모형)

두 기업의 현재 주식베타와 현재 자본구조를 이용하여 두 기업의 영업베타를 각각 결정한다.

$$\beta_U^A = \frac{\beta_L^A}{1+(1-t)\times\dfrac{B}{S}} = \frac{1.6}{1+(1-0.4)\times 2} = 0.7272$$

$$\beta_U^B = \frac{\beta_L^B}{1+(1-t)\times\dfrac{B}{S}} = \frac{1.2}{1+(1-0.4)\times 1} = 0.75$$

② 합병기업과 피합병기업의 무부채기업가치 (MM 제1명제)

두 기업의 기업가치에서 부채사용효과를 차감한 무부채 기업가치를 각각 결정한다.

$$V_U = V_L - B\times t$$

합병기업 : $V_U = 300 - 300\times 2/3\times 0.4 = 220$

피합병기업 : $V_U = 100 - 100\times 1/2\times 0.4 = 80$

③ 합병후 기업(AB)의 영업베타 (베타의 가산원리)

두 기업의 무부채 기업가치를 가중치로 하여 합병 후 기업의 영업베타를 결정한다.

$$\beta_{AB}^U = \beta_A^U\times\frac{V_A^U}{V_A^U+V_B^U} + \beta_B^U\times\frac{V_B^U}{V_A^U+V_B^U}$$

$$= 0.7272\times\frac{220}{220+80} + 0.75\times\frac{80}{220+80} = 0.7332$$

④ 목표자본구조를 반영한 합병후기업(AB)의 주식베타 (하마다모형)

합병후 기업의 영업베타와 합병 후 목표자본구조를 이용하여 주식베타를 결정한다.

$$\beta_{AB}^L = \beta_{AB}^U\times\left[1+(1-t)\times\frac{B}{S}\right] = 0.7333\times[1+(1-0.4)\times 1.5] = 1.3930$$

⑤ 합병후기업(AB)의 자기자본비용 (SML)

합병후기업(AB)의 주식베타를 SML에 대입하여 자기자본비용을 결정한다.

$$k_e^{AB} = R_f + [E(R_m) - R_f]\times\beta_L^{AB} = 5+(8-5)\times 1.393 = 9.18\ \%$$

⑥ 합병후기업(AB)의 가중평균자본비용

합병 후 목표자본구조를 이용하여 합병후기업(AB)의 가중평균본비용을 결정한다.

$$wacc_{AB} = k_d\times(1-t)\times\frac{B}{V} + k_e^{AB}\times\frac{S}{V} = 5\times(1-0.4)\times 0.6 + 9.18\times 0.4 = 5.47\ \%$$

연습문제 14-1

동해기업이 남해기업을 흡수합병하려고 한다. 두 기업은 모두 100% 자기자본으로만 구성되어 있는 기업이며 합병 전 재무자료는 다음과 같다.

	동해기업	남해기업
1주당 주가	10,000원	8,000원
발행주식수	50만주	35만주

합병 후의 기업가치는 100억원으로 예상된다. 만약 동해기업이 남해기업 주주에게 45억원의 현금을 지불하고 합병한다면, 동해기업 입장에서 합병의 순현가(NPV)는 얼마인가?

해설

동해기업=A, 남해기업=B

합병기업의 가치 : V_A=10,000원×50만주=50억원

피합병기업의 가치 : V_B=8,000원×35만주=28억원

$Synergy = V_{AB} - (V_A + V_B)$=100억원−(50억원+28억원)=22억원

$Premium = C_0 - V_B$=45억원−28억원=17억원

$NPV = synergy - premium$ =22억원−17억원=5억원

연습문제 14-2

A사는 B사와의 인수합병을 추진 중이며, 두 회사의 현재 재무자료는 다음의 표와 같다. 피인수기업인 B사의 현재 이익성장률 및 배당성장률은 매년 5%로 일정하나, 합병의 효과로 인해 추가적인 자본투자 없이 합병 후 배당성장률은 매년 7%로 높아질 것으로 기대된다. A사가 B사의 주식에 대해 주당 1,350원을 지급한다면 A사가 합병으로부터 얻을 수 있는 순현가(NPV)는 얼마인가?

	A사	B사
발행주식수	1,000주	650주
순이익	150,000원	58,500원
배당금	50,000원	29,250원
주 가	1,500원	900원

해설

(1) 합병 전 피합병기업가치

$$S_B^{before} = 585{,}000\text{원}(=650\text{주}\times 900\text{원}) = \frac{29{,}250\text{원}\times 1.05}{k-0.05} \rightarrow k=0.1025$$

(2) 합병 후 피합병기업가치

$$S_B^{after} = \frac{29{,}250\text{원}\times 1.07}{0.1025-0.07} = 963{,}000$$

(3) $Synergy = (2) - (1) = 963{,}000 - 585{,}000 = 378{,}000$원

(4) $NPV - synergy - premium = 378{,}000 - (650\text{주}\times 450\text{원}) = 85{,}500$원

연습문제 14-3

㈜설악의 주식베타는 1.4, 주당순이익은 1,500원, 발행주식수는 100주, 주가수익비율(PER)은 12배이다. ㈜태백의 주식베타는 1.2, 주당순이익은 1,000원, 발행주식수는 50주, 주가수익비율(PER)은 8배이다. 한편 ㈜설악과 ㈜태백이 합병한다면 시너지효과로 인하여 당기순이익이 40,000원 증가하고 합병 후 주가수익비율은 10이 될 것으로 예상한다.

(1) ㈜설악의 주주들은 주가기준으로 주식교환비율을 계산하려 한다. ㈜설악이 ㈜태백을 흡수합병하기 위하여 ㈜태백에게 제시할 수 있는 최대주식교환비율은 얼마인가?

(2) ㈜설악의 주주들은 주가기준으로 주식교환비율을 계산하려 한다. ㈜태백의 주주들이 요구하는 최소주식교환비율은 얼마인가?

(3) ㈜설악의 주주들은 주당이익으로 주식교환비율을 계산하려 한다. ㈜설악이 ㈜태백을 흡수합병하기 위하여 ㈜태백에게 제시할 수 있는 최대주식교환비율은 얼마인가?

(4) ㈜설악의 주주들은 주당이익으로 주식교환비율을 계산하려 한다. ㈜태백의 주주들이 요구하는 최소주식교환비율은 얼마인가?

해설

㈜설악=A, ㈜태백=B

(1) 주가기준 최대교환비율

합병기업의 주가 : $P_A = EPS \times PER = 1{,}500\text{원} \times 12 = 18{,}000\text{원}$

합병 후 기업 이익: $NI_{AB} = 1{,}500\text{원} \times 100\text{주} + 1{,}000\text{원} \times 50\text{주} + 40{,}000\text{원} = 240{,}000\text{원}$

합병 후 기업의 자기자본가치 : $S_{AB} = 240{,}000\text{원} \times 10(\text{PER}) = 2{,}400{,}000\text{원}$

$$P_A \le P_{AB}\left(=\frac{S_{AB}}{n_A + n_B \times R}\right) \Rightarrow 18{,}000 \le \frac{2{,}400{,}000}{100 + 50 \times R} \Rightarrow R \le 0.667$$

(2) 주가기준 최소교환비율

목표기업의 주가 : $P_B = EPS \times PER = 1{,}000\text{원} \times 8 = 8{,}000\text{원}$

$$P_B \le P_{AB} \times ER\left(=\frac{S_{AB}}{n_A + n_B \times R} \times R\right) \Rightarrow 8{,}000 \le \frac{2{,}400{,}000}{100 + 50 \times R} \times R \Rightarrow R \ge 0.4$$

(3) 주당이익기준 최대교환비율

합병 후 기업 이익: $NI_{AB} = 1{,}500\text{원} \times 100\text{주} + 1{,}000\text{원} \times 50\text{주} + 40{,}000\text{원} = 240{,}000\text{원}$

$$EPS_A \le EPS_{AB}\left(=\frac{NI_{AB}}{n_A + n_B \times R}\right) \Rightarrow 1{,}500 \le \frac{240{,}000}{100 + 50 \times R} \Rightarrow R \le 1.2$$

(4) 주당이익기준 최소교환비율

$$EPS_B \le EPS_{AB} \times ER\left(=\frac{NI_{AB}}{n_A + n_B \times R} \times R\right) \Rightarrow 1{,}000 \le \frac{240{,}000}{100 + 50 \times R} \times R \Rightarrow R \ge 0.526$$

연습문제 14-4

다음은 합병논의가 있기 전 개별기업 ㈜산라와 ㈜가야에 대한 정보이다.

	㈜산라	㈜가야
시장가치	80,000원	20,000원
발행주식수	40주	20주
주가	2,000원	1,000원

㈜산라와 ㈜가야는 모두 부채가 없이 자기자본만으로 구성되어 있다. ㈜산라가 (주)가야를 합병하면 20,000원의 시너지가 발생하여 합병 후 기업의 시장가치는 120,000원이 될 것이다.

(1) ㈜산라가 ㈜가야에 인수 제의를 하자 ㈜가야는 ㈜산라에게 현금으로 30,000원을 지급해 줄 것을 제안했다. 이 제안을 받아들인다면 ㈜산라의 주주 입장에서 합병의 순현가(NPV)는 얼마인가?

(2) ㈜산라가 ㈜가야를 인수하기 위해 현금대신 30,000원에 해당하는㈜산라의 주식으로 교환해 주려고 한다. ㈜산라가 ㈜가야에게 합병 논의 전 ㈜산라의 주가인 2,000원을 적용해 ㈜가야의 주식20주와 새로 발행한 ㈜산라의 주식 15주를 교환한다면 ㈜산라의 주주 입장에서 합병의 NPV는 얼마인가?

(3) ㈜산라가 ㈜가야에게 현금 30,000원을 주는 것과 동일한 순현가(NPV) 효과가 있기 위해서는 ㈜가야 주식 1주에 대해 ㈜산라 주식 몇 주를 발행해 교환해 주어야 하는가?

해설

㈜산라=A, ㈜기야=B

(1) 인수대금을 현금으로 지급하는 경우의 합병의 NPV

$$NPV = synergy - premiun = (V_{AB} - V_A - V_B) - (C_o - V_B)$$
$$= (120{,}000 - 100{,}000) - (30{,}000 - 20{,}000) = 10{,}000\text{원}$$

(2) 인수대금을 주식으로 교부하는 경우의 합병의 NPV

$$NPV = V_{AB} \times \frac{n_A}{n_A + ER \times n_B} - V_A = 120{,}000\text{원} \times \frac{40\text{주}}{40 + 15\text{주}} - 80{,}000\text{원} = 7{,}273\text{원}$$

(3) 인수대금을 주식으로 교부하는 경우의 교환비율

$$NPV = V_{AB} \times \frac{n_A}{n_A + ER \times n_B} - V_A$$

$$10{,}000 = 120{,}000 \times \frac{40\text{주}}{40\text{주} + 20\text{주} \times ER} - 80{,}000 \quad \rightarrow ER = 0.67$$

연습문제 14-5

기업A는 기업B를 주식교환방식으로 흡수합병하고자 하며 주주는 주당순이익(EPS)에 근거하여 의사결정을 행한다. 두 기업은 모두 무부채기업이며 합병후에도 무부채기업이다. 다음 자료에 근거하여 물음에 답하시오.

	기업 A	기업 B
당기순이익	30억원	5억원
주식수	1,000,000주	500,000주

규모의 경제로 인한 시너지효과로 합병 후 당기순이익이 합병 전 두 기업의 당기순이익의 합보다 10억원이 증가한다.

(1) 최대교환비율은 얼마인가?

(2) 최소교환비율은 얼마인가?

해설

시너지효과를 고려하는 경우 주당이익기준 주식교환비율

A기업의 주당이익 : $EPS_A = \dfrac{30\text{억}}{100\text{만주}} = 3,000$

B기업의 주당이익 : $EPS_B = \dfrac{5\text{억}}{50\text{만주}} = 1,000$

(1) 주당이익기준 최대교환비율은 A주주입장에서 결정한다.

$$EPS_{AB} \geq EPS_A \Rightarrow \frac{45\text{억}}{100\text{만} + 50\text{만} \times ER} \geq 3,000 \Rightarrow ER \leq 1$$

(2) 주당이익기준 최소교환비율은 A주주입장에서 결정한다.

$$EPS_{AB} \times ER \geq EPS_B \Rightarrow \frac{45\text{억}}{100\text{만} + 50\text{만} \times ER} \times ER \geq 1,000 \Rightarrow ER \geq 0.25$$

연습문제 14-6

㈜온조와 ㈜비류의 재무자료는 다음과 같다.

항목	㈜온조	㈜비류
주당순이익(EPS)	500원	300원
발행주식수	70주	50주
주가수익비율(PER)	14	10

두 회사의 합병에 의한 시너지 효과로 당기순이익이 10,000원 증가하며 합병 후 주가수익비율(PER)은 12가 될 것으로 예상된다. 두 기업은 모두 무부채기업이며 합병 후에도 무부채기업이다.

(1) ㈜온조가 ㈜비류를 흡수합병하기 위한 최대 주식교환비율은 얼마인가?

(2) ㈜온조가 ㈜비류를 흡수합병하기 위한 최소 주식교환비율은 얼마인가?

해설

㈜온조=A, ㈜비류=B

시너지효과를 고려하는 경우 주가기준 주식교환비율

☞ 특별한 언급이 없으면 주가기준으로 주식교환비율을 계산한다.

A기업의 주가 : $P_A = EPS_A \times PER_A = 500 \times 14 = 7{,}000$ 원

B기업의 주가 : $P_B = EPS_B \times PER_B = 300 \times 10 = 3{,}000$원

합병후 기업의 순이익 $= 500 \times 70 + 300 \times 50 + 10{,}000 = 60{,}000$

합병후 기업의 주가 : $P_{AB} = EPS_{AB} \times PER_{AB} = \dfrac{60{,}000}{70 + 50 \times ER} \times 12$

(1) 주가기준 최대교환비율은 A주주입장에서 결정한다.

$$P_{AB} \geq P_A \Rightarrow \frac{720{,}000}{70 + 50 \times ER} \geq 7{,}000 \Rightarrow ER \leq 0.65$$

(2) 주가기준 최소교환비율은 B주주입장에서 결정한다.

$$P_{AB} \times ER \geq P_B \Rightarrow \frac{720{,}000}{70 + 50 \times ER} \times ER \geq 3{,}000 \Rightarrow ER \geq 0.368$$

연습문제 14-11 (22년 기출)

A기업은 신주를 발행해서 주식교환방식으로 B기업을 합병할 예정이다. 다음은 두 기업의 합병 전 자료이다.

구분	A기업	B기업
주당순이익	2,500원	2,000원
주가수익비율(PER)	20	15
총발행주식수	10,000주	10,000주

합병 후 합병기업의 당기순이익은 합병 전 두 기업의 당기순이익의 합과 같으며, 합병 후 PER은 20으로 예상된다. 주가 기준으로 주식교환비율이 결정된다면 B기업 주주가 수용할 수 있는 최소 주식교환비율에 가장 가까운 것은?

① 0.50 ② 0.45 ③ 0.40
④ 0.35 ⑤ 0.30

해설

주가 기준 최소교환비율

$P_{AB} \times ER \geq P_B$

$$\frac{2500 \times 10{,}000\text{주} + 2000 \times 10{,}000\text{주}}{10{,}000\text{주} + 10{,}000\text{주} \times ER} \times 20 \times ER \geq 2{,}000 \times 15$$

➡ $ER \geq 0.50$

정답 : ①

연습문제 14-12 (23년 기출)

M&A 시장에 관한 다음 설명 중 가장 적절하지 않은 것은?

① 인수대상기업의 주식을 대량 매입하기 이전에 일부의 주식을 매입하는 것을 발판매입(toehold acquisitions)이라고 한다.

② 인수기업 입장에서 합병의 성과가 좋게 나타날 가능성이 높을 경우 현금에 의한 인수가 보통주에 의한 인수보다 유리하다.

③ 공개매수(tender offer) 시 피인수기업 주주들의 무임승차문제(free riding problem)가 발생할 수 있다.

④ 적대적 M&A는 지분의 대리인문제를 완화시키는 수단으로 사용될 수 있다.

⑤ 인수를 시도하는 투자자들로부터 프리미엄이 붙은 높은 가격으로 자사주식을 재매입하는 것을 LBO(leveraged buyout)라고 한다.

해설

LBO(leveraged buyout)
기업매수자금을 매수대상기업의 자산을 담보로 한 차입금으로 조달하는 방법.

그린메일(green mail)
경영권을 담보로 보유주식을 시가보다 비싸게 되파는 행위.

그린메일(greenmail)지급
자사 주식을 매입한 특정주주로부터 시장가격보다 높은 프리미엄 가격으로 매입하는 것

정답 : ⑤

연습문제 14-13 (23년 기출)

㈜알파는 ㈜감마를 주식교환방식으로 흡수합병하고자 하며, 두 기업의 합병 전 재무자료는 다음과 같다.

항목	㈜알파	㈜감마
주당순이익	1,000원	400원
발행주식수	100주	50주
주가수익비율(PER)	10	20

두 기업은 모두 자기자본만을 사용하며, 합병에 의한 시너지효과는 없다. 자본시장이 효율적이고 주식교환비율이 합병 전 주가를 기준으로 정해질 경우, 합병 후 PER에 가장 가까운 것은?

① 14.89 ② 13.65 ③ 12.43
④ 11.67 ⑤ 10.66

해설

시너지가 없는 경우 주가기준 교환비율

$$ER = \frac{P_A}{P_B} = \frac{1,000 \times 10}{400 \times 20} = 1.25$$

합병 후 PER

$$PER_{AB} = \frac{P_{AB}}{EPS_{AB}} = \frac{S_{AB}}{NI_{AB}} = \frac{10,000\text{원} \times 100\text{주} + 8,000\text{원} \times 50\text{주}}{1,000\text{원} \times 100\text{주} + 400\text{원} \times 50\text{주}} = \frac{1,400,000}{120,000} = 11.67$$

정답 : ④

기업재무의 기타사항 제15장

제 1 절 재무제표분석

1. 재무제표

기업경영분석의 기초자료로 이용되는 재무제표는 기업의 일정시점 재무상태를 나타내는 재무상태표, 일정 기간 동안의 경영성과를 보여주는 포괄 손익계산서, 일정기간 중의 현금흐름에 관한 정보를 제공하는 현금흐름표, 배당이나 증자 등 자본의 처분내용을 나타내는 자본변동표 및 주석 등이 있다.

재무상태표는 일정시점 현재 기업이 보유하고 있는 자산과 부채, 그리고 자본에 대한 정보를 제공하는 재무보고서이다. 재무상태표의 대변에 기록되어 있는 자본과 부채는 자금의 조달원천을, 차변에 기록되어 있는 자산은 자금의 운용상태를 나타낸다. 그리고 복식부기 원칙에 따라 대변항목인 자본과 부채를 합한 금액(총자본)과 차변항목인 자산총액(총자산)은 항상 일치하도록 되어 있다.

손익계산서는 회계기간 중 기업의 경영성과를 나타내는 재무보고서이다. 재무제표를 작성하는 중요한 목적 중 하나는 기업이 일정기간 동안에 얼마나 이익을 남겼거나 손실을 보았는지 정확하게 산출하는 데 있다. 손익계산서는 수익에서 비용을 차감하여 매출총손익, 영업손익 및 영업외손익 등으로 구분하여 산출함으로써 그 손익이 어떤 경영활동에서 발생하였는지를 설명해준다.

영업손익이란 생산이나 판매 등 기업의 고유한 영업활동의 결과로 발생한 손익을 말한다. 영업손익에 이자손익, 외환관련손익, 자산처분손익, 지분법평가손익 등 영업외적인 활동의 결과로 발생한 손익을 가감하면 법인세비용차감전순손익(이하 세전순손익)이 산출된다. 여기에서 법인세 비용을 차감하면 순수하게 기업의 이익으로 남는 당기순손익이 산출된다.

현금흐름표는 일정기간 동안 기업이 조달한 현금 내역과 조달된 현금의 운용 내역을 영업활동, 투자활동 및 재무활동으로 나누어 정리한 재무보고서이다. 현금흐름표 작성을 통해 기업의 실제 자금사정과 유동성을 파악할 수 있어 발생주의 회계기준을 따르고 있는 재무상태표 및 손익계산서의 단점을 보완하고 있다.

한편 현금흐름표상의 '영업활동으로 인한 현금흐름'에는 제품의 생산과 상품의 구매・판매 등 기업의 주된 수익창출활동으로 인한 현금의 유출입을 기록한다. '투자활동으로 인한 현금흐름'에는 현금의 대여・회수, 투자자산・유형자산 및 무형자산의 취득・처분 등과 관련된 현금의 유출입을 기록한다. 그리고 '재무활동으로 인한 현금흐름'에는 장단기 차입금의 증가 · 감소, 주식발행이나 배당금지급 등 자본과 부채에 영향을 끼치는 현금의 유출입을 기록한다.

2. 재무제표 분석

(1) 시계열 분석(Time-Series Analysis)

시계열 분석이란 두 기간 이상에 걸쳐 재무제표를 분석하는 기법으로, 미래에 대한 추세를 예측하는 데도 유용한 정보를 제공하는 방법이다.

(2) 횡단면 분석(Cross-Sectional Analysis)

횡단면 분석이란 특정시점에서 동일업종내의 다른 기업과 재무제표의 금액을 비교하는 방법으로, 주로 동종업종의 유사기업이나 산업평균과 비교한다.

(3) 수평적 분석(Horizontal Analysis)

기준연도의 각 항목을 100%로 놓고 그 이후 년도의 항목을 기준년도에 대한 비율로 표시한다. 예를 들면 기준년도의 매출액이 150억이고 비교년도의 매출액이 250억이라면 기준년도의 매출액을 100%로 놓으면 비교년도의 매출액은 167%가 된다.

(4) 수직적 분석(Vertical Analysis)

수직적 분석은 구성비분석이라고도 하며, 특정기간에 있어서의 각 항목 간의 관계에 관한 분석이다. 손익계산서에 있는 각 항목은 일반적으로 순매출액의 백분율로 나타내고, 대차대조표에 있는 각 항목은 흔히 총자산의 백분율로 나타낸다. 수직적 분석의 주목적은 재무제표의 구성요소관계를 강조하는 것이고, 또 시간에 따른 이들 관계의 변화는 유용한 정보가 될 수 있다.

(5) 비율분석(Ratio analysis)

비율분석은 재무제표 등과 같은 수치화된 자료를 이용하여 항목 사이의 비율을 산출, 기준이 되는 비율이나 과거의 실적 그리고 다른 기업과의 비교 등을 통하여 그 의미나 특징, 추세 등을 분석평가하는 것이다.

3. 재무제표분석의 한계

재무제표분석은 주로 재무제표상에 나타나는 금액 또는 비율 등을 분석함으로써 기업의 재무상태 또는 경영성과를 판단하는 것이다. 그러나 재무제표상의 수치 및 비율은 기업의 경영실태에 대한 부분적인 정보로서 다음과 같은 한계가 있다.

(1) 계량화의 한계

기업의 평가에 매우 중요한 요소가 되는 경영자의 능력, 종업원의 사기, 조직의 효율성, 기업의 신용도 등은 수치화하기 어려우므로 재무제표를 이용한 기업경영분석이 해당 기업의 경영상태를 모두 반영한다고 보기는 어렵다.

(2) 회계처리방법의 차이

기업별로 실무적인 회계처리방법에 차이가 있는 경우에는 재무제표의 비교가능성이 저해될 수 있다. 예를 들어 자산에 대한 감가상각의 경우 비교기업 간에 정액법 및 정률법 등 서로 다른 감가상각법을 채택하고 있다면 동일한 영업내용에도 불구하고 이익이 다르게 나타나게 된다.

(3) 기타

재무제표 중 재무상태표는 일정시점의 재무상태를 표시하므로 기업 활동의 계절적 변동을 제대로 고려하기 어렵다. 예를 들어, 음식료품, 의복 등 계절적 변동이 심한 상품을 취급하는 경우 총자산에 대한 재고자산, 매출채권 및 매입채무 등의 구성이 크게 바뀌게 되므로 회계정보가 과장되어 전달되기 쉽다. 또한 물가상승률이 지속적으로 높은 수준을 유지하는 경우 역사적 원가인 장부가액과 실세 가치 간에 큰 차이가 발생할 수 있으므로 재무제표는 기업의 실상을 정확히 반영하지 못한다.

제2절 비율분석

기업의 재무상태나 영업성과를 분석평가하기 위한 재무분석에서 사용되는 재무비율은 다음과 같다.

(1) 유동성 비율(Liquidity ratio)
(2) 레버리지 비율(Leverage ratio)
(3) 활동성 비율(Activity ratio)
(4) 수익성 비율(Profitability ratio)
(5) 시장가치비율(Market value ratio)

비율분석을 위한 기초자료인 재무상태표는 다음과 같다.

재무상태표

(단위: 백만원)

	20X1	20X2
현금 및 예금	84	98
매출채권	165	188
재고자산	393	422
유동자산	642	708
비유동자산(유형자산)	2,731	2,880
자산 총계	**3,373**	**3,588**
매입채무	312	344
단기차입금	231	196
유동부채	543	540
비유동부채(장기차입금)	531	457
부채 총계	**1,074**	**997**
납입자본	500	550
이익잉여금	1,799	2,041
자본 총계	**2,299**	**2,591**
부채 및 자본 총계	**3,373**	**3,588**

비율분석을 위한 기초자료인 손익계산서는 다음과 같다.

손익계산서

(단위: 백만원)

매출액	2,311
매출원가	1,144
매출총이익	1,167
판매비와 관리비	476
영업이익(EBIT)	691
이자비용	141
세전이익(EBT)	550
법인세비용(34%)	187
당기순이익	363

<추가정보>
총배당금 : 121백만 원
유통주식수 : 33백만 주
기말주가 : 88원

1. 유동성 비율

유동성 비율(liquidity ratios)은 기업의 단기 채무를 상환할 수 있는 능력을 측정하는 재무비율로 단기 안정성(short-term solvency)라고도 한다. 유동성 비율이 높을수록 단기적인 채무지급능력은 뛰어나지만 수익성은 낮아지기 때문에 적정수준은 기업의 상황에 따라 달라진다.

(1) 순운전자본

순운전자본(working capital)은 유동자산에서 유동부채를 차감한 잔액으로 일상적인 영업활동에 필요한 자금을 말하며, 단기부채를 지급하기 위해 단기자산의 여력이 얼마나 되는가를 판단하는 지표로 활용된다.

$$순운전자본 = 유동자산 - 유동부채 \tag{15.1}$$

20×2 순운전자본 = 708 − 540 = 168백만원

20×1 순운전자본 = 642 − 543 = 99백만원

(2) 유동비율

유동비율(current ratio)은 유동자산을 유동부채로 나눈 비율이다. 회사의 지불능력을 판단하기 위해서 사용하는 분석지표로 유동부채의 몇 배의 유동자산을 가지고 있는가를 나타내며 이 비율이 높을수록 지불능력이 커진다.

$$유동비율 = 유동자산 \div 유동부채 \tag{15.2}$$

20×2 유동비율 = 708/540 = 1.31 = 131%

※ 재무비율 > 1인 경우 분자와 분모가 동일금액으로 증가하면 비율은 감소하며, 분자와 분모가 동일금액으로 감소하면 비율은 증가한다.

※ 재무비율 < 1인 경우 분자와 분모가 동일금액으로 증가하면 비율은 증가하며, 분자와 분모가 동일금액으로 감소하면 비율은 감소한다.

예) 유동비율 > 1인 상황에서 재고자산을 외상매입하면 유동비율은 감소하며, 매입채무를 지급하면 유동비율은 증가한다.

(3) 당좌비율

당좌비율(quick ratio)은 당좌자산을 유동부채로 나눈 비율이다. 당좌자산은 유동자산에서 재고자산을 제외한 자산으로 단기간에 환금할 수 있는 자산만을 포함한다. 당좌비율을 계산하는 데 있어서 재고자산을 제외하는 이유는 재고자산은 판매과정을 거쳐야 현금화할 수 있으므로 현금, 예금 또는 외상매출금 등과 같은 당좌자산과 비교할 때 유동성이 낮으며, 재고자산은 평가방법에 따라 그 가치가 다르게 나타나는 경우가 있기 때문이다.

$$당좌비율 = 당좌자산 \div 유동부채 \tag{15.3}$$

20×2 당좌자산 = 708 − 422 = 286백만원

20×2 당좌비율 = 286/540 = 0.53 = 53%

예제 15-1

(1) 가나기업의 유동자산은 3,000,000원이다. 가나기업의 유동비율은 1.5이고, 당좌비율은 1.0이다. 가나기업의 재고자산은 얼마인가?

(2) 가나기업의 유동자산은 1,400,000원이고, 유동부채는 500,000원 이다. 현재 재고자산은 500,000원이며, 단기차입을 하여 재고자산을 구입하려고 한다. 가나기업의 유동비율이 2 미만이 되지 않도록 하려면 조달할 수 최대 단기차입금은 얼마인가?

풀이

(1) 유동부채=3,000,000/1.5=2,000,000
당좌자산=2,000,000×1=2,000,000
재고자산=3,000,000−2,000,000=1,000,000원

(2) 단기차입금 및 재고자산 구입액을 A라고 하면
1,400,000+A ≥ 2×(500,000+A) ➡ A ≤ 400,000
조달할 수 있는 최대차입금은 400,000원이다.

2. 레버리지 비율

레버리지 비율(leverage ratio, gearing ratio)은 기업의 장기채무지급능력의 측정치로 장기안정성 비율이라고도 한다.

(1) 부채비율

부채비율(debt ratio)은 타인자본과 자산 또는 자기자본 간의 관계를 나타내는 대표적인 안정성 지표로서 이 비율이 낮을수록 재무구조가 건전하다고 판단할 수 있다.

부채비율 = 부채 ÷ 자기자본 (15.4)

자기자본비율 = 자기자본 ÷ 총자산 (15.5)

20×2 부채비율=997 ÷ 2,591=0.38=38%

20×2 자기자본비율=2,591 ÷ 3,588=0.72=72%

(2) 이자보상비율

이자보상비율(times-interest-earned ratio, interest coverage ratio)은 이자지급에 필요한 수익의 창출능력을 측정하기 위한 지표로 이자부담능력을 판단하는 데 유용하게 쓰인다.

$$이자보상비율 = 영업이익 \div 이자비용 \qquad (15.6)$$

20×2 이자보상비율 = 691 ÷ 141 = 4.9 = 490%

(3) 비유동장기적합률

비유동장기적합률은 비유동자산을 비유동부채와 자기자본의 합으로 나눈 값이다. 중화학공업과 같이 대규모 설비가 필요한 산업에서는 자기자본만으로 고정설비를 마련하는 데 필요한 자금을 조달하기란 사실상 불가능하기 때문에 소요자금의 일부를 외부에서 빌려와야 한다. 이 경우 차입자금은 가급적 상환기간이 1년 이상인 장기자금(비유동부채)이어야 안전하다. 따라서 이와 같은 산업의 경우에는 비유동부채를 감안한 비율인 비유동장기적합률은 100%를 넘지 않는 것이 바람직하다.

$$비유동장기적합률 = 비유동자산 \div (자기자본 + 비유동부채) \qquad (15.7)$$

20×2 비유동장기적합률 = 2,880 ÷ (457 + 2,591) = 94.5%

3. 활동성 비율

활동성 비율(activity ratio)은 기업에 투하된 자본이 기간 중 얼마나 활발하게 운용되었는가를 나타내는 비율로서 회전율(turnover ratio) 또는 자산 이용률(asset utilization ratios)이라고도 한다. 활동성 분석의 재무상태표 항목은 일반적으로 평균금액을 기준으로 구한다.

(1) 총자산 회전율

총자산회전율(total asset turnover)은 총자산이 1년 동안 몇 번 회전하였는가를 나타내는 비율로서 기업에 투하한 총자산의 운용효율을 총괄적으로 표시하는 지표이다.

$$총자산회전율 = 매출액 \div 평균\ 총자산 \qquad (15.8)$$

20×2 평균 총자산=(3,373+3,588) ÷ 2=3,480

20×2 총자산회전율=2,311 ÷ 3,480=0.66 times

(2) 매출채권 회전율

매출채권 회전율(receivable turnover)은 매출채권의 현금화 속도를 측정하는 비율로서 높을수록 매출채권의 현금화속도가 빠르다는 것을 의미한다. 매출채권회전율의 역수를 취하여 365일을 곱하면 평균회수기간(days sales outstanding)을 계산할 수 있는데 이 기간이 짧을수록 매출채권이 효율적으로 관리되어 판매자금이 매출채권에 오래 묶여 있지 않음을 뜻하며, 반대의 경우에는 가공매출 또는 고객의 지급불능의 신호가 된다.

$$\text{매출채권 회전율} = \text{매출액} \div \text{평균 매출채권} \quad (15.9)$$

$$\text{매출채권 회전기간} = 365 \div \text{매출채권 회전율} \quad (15.10)$$

20×2 평균 매출채권=(165+188) ÷ 2=177

20×2 매출채권 회전율=2,311 ÷ 177=13.1

20×2 매출채권 회전기간=365 ÷ 13.1=28일

(3) 재고자산 회전율

재고자산회전율(inventory turnover)은 매출원가를 재고자산으로 나눈 비율로서 재고자산의 회전속도, 즉 재고자산이 현금 등 당좌자산으로 변화하는 속도를 나타낸다. 일반적으로 이 비율이 높을수록 상품의 재고손실 방지 및 보험료, 보관료의 절약 등 재고자산의 관리가 효율적으로 이루어지고 있음을 의미한다. 이 비율이 낮다는 것은 재고자산이 과다하다는 것을 의미하며, 이 비율이 높다는 것은 생산 및 판매활동이 효율적으로 수행되고 있다는 의미이다. Just-in-time(JIT) system을 도입한 기업은 재고자산 회전율은 높아지고, 재고자산 회전기간은 짧아진다.

$$\text{재고자산 회전율} = \text{매출원가} \div \text{평균 재고자산} \quad (15.11)$$

$$\text{재고자산 회전기간} = 365 \div \text{재고자산 회전율} \quad (15.12)$$

20×2 평균 재고자산=(393+422) ÷ 2=408

20×2 재고자산 회전율=1,144 ÷ 408=2.8

20×2 재고자산 회전기간=365 ÷ 2.8=130일

(4) 매입채무 회전율

매입채무회전율(payable turnover)은 매입채무의 지급속도를 측정하는 지표로서 기업의 부채 중에서도 특히 매입채무가 원활히 결제되고 있는가의 여부를 나타낸다. 매입채무회전율을 측정하는 기본항목은 매출원가 또는 매입금액이다. 매입채무회전율이 높을수록 결제속도가 빠름을 의미하나 회사의 신용도가 저하되어 신용 매입기간을 짧게 제공받는 경우에도 이 비율이 높게 나타날 수 있기 때문에 운전자본의 압박가능성 등을 보다 정확하게 분석하기 위해서는 매출채권회전율도 함께 비교・검토하는 것이 요구된다.

매입채무 회전율 = 매출원가(매입) ÷ 평균 매입채무 (15.13)

매입채무 회전기간 = 365 ÷ 매입채무 회전율 (15.14)

20×2 평균 매입채무=(312+344) ÷ 2=328

20×2 매입채무 회전율=1,144 ÷ 328=3.5

20×2 매입채무 회전기간=365 ÷ 3.5=104일

(5) 현금전환주기

현금전환주기(cash conversion cycle)는 기업이 원재료를 구입하는 데 현금을 투입하여, 이 재료를 이용하여 제품을 제조한 뒤 매각하여 현금이 다시 기업으로 들어오는 데까지 걸리는 시간을 말한다. 현금전환주기가 짧을수록, 운전자본소요액이 감소하며, 차입의 필요성이 감소한다. 이 주기는 기업의 생산성, 신용정책 등에 의해서 영향을 받는다.

현금전환주기 =
재고자산 회전기간 + 매출채권 회전기간 − 매입채무 회전기간 (15.15)

20×2 현금전환주기=130+28−104=54일

4. 수익성 비율

수익성 비율(profitability ratio)은 일정기간 동안의 기업의 경영성과를 측정하는 비율로서 투자된 자본 또는 자산, 매출수준에 상응하여 창출한 이익의 정도를 나타내므로 자산이용의 효율성, 이익창출능력 등에 대한 평가는 물론 영업성과를 요인별로 분석·검토하기 위한 지표로 이용된다.

(1) 매출액이익률

매출액이익률(profit margin ratio)은 일정기간 동안의 기업의 경영성과를 측정하는 비율로서 매출수준에 상응하여 창출한 이익의 정도를 나타낸다.

매출총이익률 = 매출총이익 ÷ 매출액 (15.16)

매출액영업이익률 = 영업이익 ÷ 매출액 (15.17)

매출액순이익률 = 당기순이익 ÷ 매출액 (15.18)

20×2 매출총이익률=1,167 ÷ 2,311=50.5%

20×2 매출액영업이익률=691 ÷ 2,311=29.9%

20×2 매출액순이익률=363 ÷ 2,311=15.7%

(2) 총자산순이익률

총자산순이익률(return on assets, ROA)은 당기순이익의 총자산에 대한 비율로, 기업 관점에서의 투자수익률을 의미한다. 기업의 계획과 실적 간 차이 분석을 통한 경영활동의 평가나 경영전략 수립 등에 많이 활용된다.

총자산순이익률 = 당기순이익 ÷ 평균 총자산 (15.19)

20×2 평균 총자산=(3,373+3,588) ÷ 2=3,481

20×2 총자산순이익률=363 ÷ 3,481=10.43%

(3) 자기자본순이익률

자기자본순이익률(return on equity, ROE)은 자기자본에 대한 당기순이익의 비율로서, 주주 관점에서의 투자수익률을 의미한다. 자본조달 특성에 따라 동일한 자산구성 하에서도 서로 다른 결과를 나타낼 수 있으므로 자본구성과의 관계도 동시에 고려해야 한다.

$$\text{자기자본순이익률} = \text{당기순이익} \div \text{평균 자기자본} \qquad (15.20)$$

20×2 평균 자기자본=(2,299+2,591) ÷ 2=2,445

20×2 자기자본순이익률=363 ÷ 2,445=14.85%

※ Du Pont identity(듀퐁항등식)

화학업체 듀퐁에서 근무하던 Donaldson Brown이 1920년대 고안한 재무분석기법이다.

$$\text{ROE} = \frac{\text{순이익}}{\text{자기자본}} = \frac{\text{순이익}}{\text{매출액}} \times \frac{\text{매출액}}{\text{총자산}} \times \frac{\text{총자산}}{\text{자기자본}}$$

$$= \underset{(\text{수익성})}{\text{매출액순이익률}} \times \underset{(\text{활동성})}{\text{총자산회전율}} \times \underset{(\text{레버리지})}{\text{자기자본비율의 역수}} \qquad (15.21)$$

예제 15-2

(1) 가나기업의 매출액순이익률은 7%, 총자산회전율은 1.09, 자기자본순이익률이 23.7%인 경우 가나기업의 부채비율은 얼마인가?

(2) 가나기업의 부채비율은 110%이며, 총자산순이익률이 8.4%이며, 자기자본이 440,000만원인 경우 자기자본순이익률과 당기순이익은 각각 얼마인가?

풀이

(1) 23.7%=7%×1.09×자기자본비율의 역수 ➠ 자기자본비율의 역수=3.1
자기자본비율의 역수=총자산/자기자본=1+부채비율=2.1(210%)

(2) 자기자본비율의 역수=총자산/자기자본=1+부채비율=1+1.10=2.10
ROE=총자산순이익률×자기자본비율의 역수=8.4%×2.10=17.64%
당기순이익=440,000×0.1764=77,616만원

5. 시장가치비율

시장가치비율(market value ratio)은 기업의 경영 활동으로 얻은 성과를 기초로 하여 시장에서 평가된 주식의 가치를 나타내는 재무 비율로 주가, 주당 순이익, 장부가치 등의 관계를 통하여 기업의 과거 성과와 미래 전망이 어떻게 평가되고 있는지 보여주는 지표이다.

(1) 주가수익률(PER, P/E)

주가수익률(price-to-earnings ratio, P/E ratio, PER)은 주가를 주당이익(EPS)으로 나눈 값을 말하며, 이는 기업의 주당순이익이 증권시장에서 몇 배의 주가로 평가되고 있는가를 나타낸다. 예를 들어, 주당이익이 1,000원이고 주가가 12,000원이라면 PER는 12이다. 현재의 이익이 지속된다는 가정으로 PER는 회수기간의 개념이 되며, PER의 역수는 순이익수익률(earnings yield)이 된다.

$$\text{주가수익률}(PER) = \text{주가}(P) \div \text{주당이익}(EPS) \qquad (15.22)$$
$$= \text{자기자본시장가치}(S) \div \text{당기순이익}(NI)$$

20×2 EPS = 363 ÷ 33 = 11

20×2 P/E = 88 ÷ 11 = 8

$$\text{순이익수익률}(1/PER) = \text{주당이익}(EPS) \div \text{주가}(P) \qquad (15.23)$$

20×2 순이익수익률 = 1/8 = 12.5%

(2) 주가순자산비율(PBR, P/B)

주가순자산비율(price-to-book ratio, P/B ratio, PBR)은 주가를 주당순자산(book value per share, BPS)으로 나눈 값을 말하며, 이는 기업의 주당순자산이 증권시장에서 몇 배의 주가로 평가되고 있는가를 나타낸다.

$$\text{주가순자산비율}(PBR) = \text{주가}(P) \div \text{주당순자산}(BPS) \qquad (15.24)$$
$$= \text{자기자본시장가치}(S) \div \text{자기자본장부금액}(E)$$

20×2 BPS = 2,591 ÷ 33 = 78.5

20×2 P/B = 88 ÷ 78.5 = 1.12

(3) 주가매출비율(PSR, P/S)

주가매출비율은(price-to-sales ratio, P/S ratio, PSR)은 주가를 주당매출액(sales per share, SPS)으로 나눈 값을 말하며, 이는 기업의 주당매출액이 증권시장에서 몇 배의 주가로 평가되고 있는가를 나타낸다.

$$주가매출비율(PSR) = 주가(P) \div 주당매출액(SPS) \qquad (15.25)$$

20×2 SPS＝2,311 ÷ 33＝70.0

20×2 P/S＝88 ÷ 70＝1.26

(4) 주가현금흐름비율(P/CF)

주가현금흐름비율은(price-to-cash flows, P/CF ratio)은 주가를 주당영업현금흐름으로 나눈 값을 말하며, 이는 기업의 주당영업현금흐름이 증권시장에서 몇 배의 주가로 평가되고 있는가를 나타낸다.

(5) Tobin's Q ratio

Tobin의 q비율은 자산의 대체원가(replacement costs)를 주식시장에서 평가된 기업의 시장가치로 나누어 준 값으로, q가 1보다 작으면 저평가된 기업이라고 할 수 있다.

$$\text{Q ratio} = 기업의\ 시장가치(V) \div 자산의\ 대체원가(\text{Assets}) \qquad (15.26)$$

제 3 절 CVP분석

1. 개 요

CVP(cost-volume-profit)분석은 원가, 조업도, 이익을 연계하여 분석하는 기법으로 경영계획과 의사결정에 유용한 분석도구이다. CVP분석은 모든 원가를 변동원가 고정원가로 구분하여 조업도가 변함에 따라 원가와 이익이 어떻게 변하는 지를 분석한다. CVP분석을 위하여 다음과 같이 symbol을 정의한다.

- 판매량(quantity): Q
- 매출액(sales): S
- 판매가격(price): P
- 단위당 변동원가(unit variable cost): UVC
- 단위당 공헌이익(unit contribution margin) : UCM
- 변동원가(variable cost): VC
- 고정원가(fixed cost): FC
- 공헌이익(contribution margin): CM
- 공헌이익률(contribution margin ratio): CMR
- 영업이익(operating income): OI 또는 $EBIT$
- 법인세율(tax rate): t

2. 공헌이익

공헌이익은 매출액에서 변동원가를 차감한 것으로, 공헌이익이 고정원가를 초과하면 영업이익이 (+)가 된다. 따라서 공헌이익은 고정원가와 영업이익의 합계금액과 일치한다. 단위당 공헌이익은 판매가격에서 단위당 변동원가를 차감하며, 공헌이익률은 공헌이익이 매출액에서 차지하는 비율을 의미한다.

공헌이익＝매출액－변동원가 ➠ $CM = S - VC$

단위당 공헌이익＝판매가격－단위당 변동원가 ➠ $UCM = P - UVC$

공헌이익률＝단위당 공헌이익÷판매가격 ➠ $CMR = UCM \div P$

영업이익＝공헌이익－고정원가 ➠ $EBIT = CM - FC$

공헌이익＝판매량×단위당 공헌이익 ➠ $CM = Q \times UCM$

공헌이익＝매출액×공헌이익률 ➠ $CM = S \times CMR$

3. 손익분기점

손익분기점(break-even point: BEP)이란 영업활동에 따른 이익이나 손실이 발생하지 않는 점, 즉 영업이익이 0이 되는 점이 되는 판매량 또는 매출액을 의미한다. 판매량이나 매출액이 손익분기점을 초과하면 영업이익은 (＋)가 된다.

손익분기점 판매량 = 고정원가 ÷ 단위당 공헌이익 ➠ $BEPQ = FC \div UCM$

손익분기점 매출액 = 고정원가 ÷ 공헌이익률 ➠ $BEPS = FC \div CMR$

4. PV 차트(chart)

PV(profit-volume) graph는 조업도의 변동에 따른 이익의 변동을 그림으로 나타낸 것이다.

[그림 15-1] PV(profit-volume) 그래프

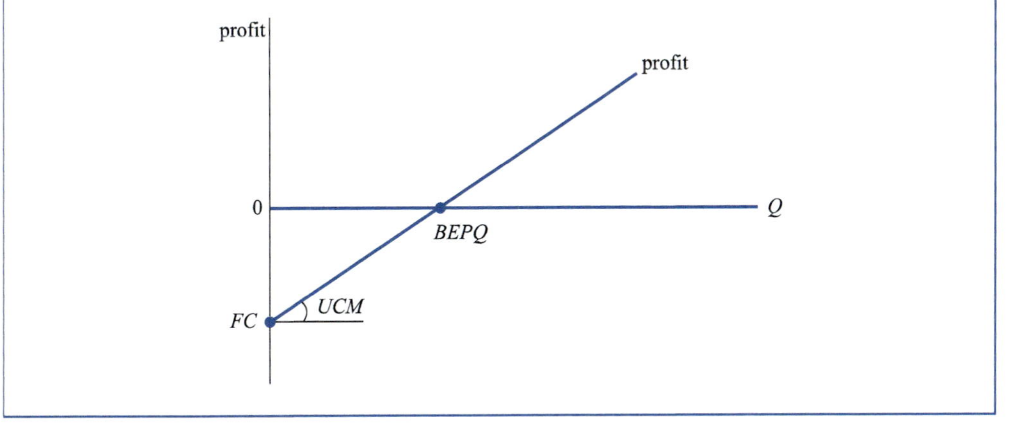

이익선은 음(−)의 고정원가에서 출발하며, 기울기가 단위당 공헌이익인 직선이다. 이익선의 X축과 만나는 점이 손익분기점이므로, 손익분기점 오른쪽에서는 이익이 발생하며, 손익분기점 왼쪽에서는 손실이 발생한다.

예제 15-3

㈜미래는 한 가지 제품만을 생산하며 매월 생산한 제품은 당해 월에 모두 판매한다. ㈜미래의 법인세율은 40%의 단일세율이며, 20×1년과 20×2년의 원가자료는 다음과 같다.

(단위: 원)

	20×1	20×2
단위당 판매가격	500	450
단위당 변동원가	300	270
고정원가	500,000	600,000

㈜미래의 20×1년과 20×2년의 당기순이익이 각각 ₩60,000과 ₩72,000이었다.

(1) 20×1년의 매출액, 손익분기점 매출액 및 영업레버리지도는 각각 얼마인가?
(2) 20×2년의 매출액, 손익분기점 매출액 및 영업레버리지도는 각각 얼마인가?

풀이

(1) $UCM=500-300=200$ ➠ $CMR=200/500=0.4$

$EBIT=60,000 \div (1-0.4)=100,000$원

$CM=EBIT+FC=100,000+500,000=600,000$원

$EBIT=CMR\times S-FC$

$100,000=0.4\times S-500,000$ ➠ 매출액(S)$=1,500,000$원

$BEPS=FC \div CMR=500,000 \div 0.4=1,250,000$원

$DOL=CM/EBIT=600,000/100,000=6$

(2) $UCM=450-270=180$ ➠ $CMR=180/450=0.4$

$EBIT=72,000 \div (1-0.4)=120,000$원

$CM=EBIT+FC=120,000+600,000=720,000$원

$EBIT=CMR\times S-FC$

$120,000=0.4\times S-600,000$ ➠ 매출액(S)$=1,800,000$원

$BEPS=FC \div CMR=600,000 \div 0.4=1,500,000$원

$DOL=CM/EBIT=720,000/120,000=6$

제4절 리스의 경제성 평가

1. 리스의 기초개념

리스는 많은 기업에서 중요한 활동이다. 리스는 자산에 접근하고, 자금을 조달하며, 자산 소유권 위험에 대한 기업의 익스포저(노출)를 줄이는 수단이다. '리스'는 리스제공자가 자산의 사용권을 합의된 기간 동안 리스이용자에게 이전하고 리스이용자는 그 대가로 사용료를 리스제공자에게 지급하는 계약을 말한다.

리스제공자(리스회사)는 대가와 교환하여 기초자산 사용권을 일정 기간 제공하는 기업을 말하며, 리스이용자는 대가와 교환하여 기초자산의 사용권을 일정 기간 얻게 되는 기업을 말한다. 리스이용자의 회계처리는 한국채택국제회계기준과 일반기업회계기준의 차이가 크기 때문에 리스의 경제성평가를 이해하기 위해서는 회계기준의 차이를 파악하는 것은 중요하다.

2. 리스이용자의 회계처리

(1) K-IFRS

한국채택회계기준은 2019년부터 리스이용자의 회계처리를 규정하고 있다.

"리스기간이 12개월을 초과하고 기초자산이 소액이 아닌 모든 리스에 대하여 리스이용자는 리스 기초자산의 사용권을 나타내는 사용권자산과 리스료 지급의무를 나타내는 리스부채를 인식해야 한다. 리스이용자는 사용권자산의 감가상각비와 리스부채에 대한 이자를 인식하고, 리스부채의 현금 상환액을 원금 부분과 이자 부분으로 분류한다."

(2) 일반기업회계기준

리스자산의 소유에 따른 위험과 보상의 대부분을 이전하는 리스는 금융리스로 분류한다. 리스자산의 소유에 따른 위험과 보상의 대부분을 이전하지 않는 리스는 운용리스로 분류한다.

① 운용리스

운용리스에서 리스료는 다른 체계적인 인식기준이 없다면 리스기간에 걸쳐 균등하게 배분된 금액을 손익계산서에 비용으로 인식한다. 운용리스에서는 매 회계기간에 이자비용 및 감가상각비가 발생하지 않는다.

② 금융리스

리스이용자는 리스실행일에 금융리스자산과 금융리스부채로 각각 인식한다. 매기의 리스료는 이자비용과 리스부채의 상환액으로 배분하며 이자비용은 유효이자율법으로 계산한다. 금융리스에서는 매 회계기간에 이자비용뿐만 아니라 금융리스자산의 감가상각비가 발생한다.

3. 리스제공자(리스회사)의 회계처리

리스제공자의 회계처리는 한국채택국제회계기준과 일반기업회계기준의 큰 차이가 없이 다음과 같이 회계처리한다.

리스제공자는 각 리스를 운용리스 아니면 금융리스로 분류한다. 기초자산의 소유에 따른 위험과 보상의 대부분(substantially all)을 이전하는 리스는 금융리스로 분류한다. 기초자산의 소유에 따른 위험과 보상의 대부분을 이전하지 않는 리스는 운용리스로 분류한다.

① 운용리스

리스제공자는 정액 기준이나 다른 체계적인 기준으로 운용리스의 리스료를 수익으로 인식하며, 리스료 수익 획득 과정에서 부담하는 원가 및 감가상각비를 비용으로 인식한다.

② 금융리스

리스제공자는 금융리스의 리스순투자와 동일한 금액을 금융리스채권으로 인식한다. 금융리스에서 리스료는 리스제공자의 투자와 용역에 대한 회수와 보상으로서 채권의 원금회수액과 이자수익으로 구분하여 회계처리한다.

4. 균형리스료

(1) 리스제공자(리스회사)

☞ 아래의 내용은 운영리스를 기준으로 설명하며 한국채택국제회계기준과 일반기업회계기준 모두 적용된다.

리스제공자가 리스자산을 임대해주고 리스기간동안 매년 받는 리스료를 L이라고 할 때 리스제공자의 리스제공으로 인한 연간 증분영업현금흐름은 다음과 같이 측정된다.

$$OCF_t = L_t \times (1-t) + Dep \times t$$

따라서 리스제공자 입장에서의 리스의 NPV는 다음과 같다.

C_0 ; 리스자산의 구입가격

SV ; 리스종료시점의 리스자산 잔존가치

k_o ; 리스제공자의 가중평균자본비용

$$NPV = \sum_{t=1}^{n} \frac{L_t \times (1-t) + Dep \times t}{(1+k_0)^t} + \frac{SV}{(1+k_0)^n} - C_0 \qquad (15.27)$$

리스제공자 입장에서의 균형리스료는 식(15.27)의 NPV=0이 되도록 해주는 리스료이다.

(2) 리스이용자

☞ 아래의 내용은 운영리스를 기준으로 설명하며 일반기업회계기준에만 적용된다.

리스이용자가 리스자산을 이용하여 영업활동을 하고 벌어들인 연간 현금유입액을 EBITDAR(Earnings before interest, taxes, depreciation, amortization, and rent costs)라고 하고 리스기간동안 매년 지급하는 리스료를 L이라고 할 때 리스이용자의 연간 증분영업현금흐름은 다음과 같이 측정된다.

$$OCF_t = (EBITDAR_t - L_t) \times (1-t)$$

따라서 리스이용자 입장에서의 리스의 NPV는 다음과 같다.

k_o ; 리스이용자의 가중평균자본비용

$$NPV = \sum_{t=1}^{n} \frac{(EBITDAR_t - L_t) \times (1-t)}{(1+k_0)^t} \quad (15.28)$$

리스이용자 입장에서의 균형리스료는 식(15.28)의 NPV=0이 되도록 해주는 리스료이다.

5. 리스의 경제성 평가

☞ 아래의 내용은 운영리스를 기준으로 설명하며 일반기업회계기준에만 적용된다.

리스의 경제성 평가란 리스이용자(기업)이 리스자산을 리스 할 경우의 가치와 직접 구입할 경우의 가치를 비교하여 리스와 직접구입 중 어느 것이 유리한지를 결정하는 것이다. 이러한 의사결정은 투자의사결정이 아닌 자본조달에 대한 의사결정이기 때문에 리스와 비교대상인 직접구입은 전액 차입금(부채)으로 자금을 조달하는 것을 전제로 한다.

(1) 리스 경제성 평가의 현금흐름

① 리스자산을 리스하는 경우 (운용리스)

리스이용자가 리스자산을 리스 하는 경우 시점별 현금흐름은 다음과 같다.

투자시점 : 0

리스기간 : $EBITDAR_t \times (1-t) - L_t \times (1-t)$

종료시점 : 0

② 차입금으로 리스자산을 직접 구입하는 경우

리스이용자가 차입금으로 자본을 조달하여 리스자산을 직접 구입한 경우 시점별 현금흐름은 다음과 같다.

투자시점 : $-C_0$

리스기간 : $EBITDAR_t \times (1-t) + Dep \times t$

종료시점 : $+SV$

③ 리스 경제성 평가의 증분현금흐름

리스 경제성 평가의 현금흐름은 리스의 시점별 현금흐름에서 직접구입의 시점별 현금흐름을 차감하여 계산하며 다음과 같다.

투자시점 : $+C_0$

리스기간 : $-L_t \times (1-t) - Dep \times t$

종료시점 : $-SV$

(2) 리스 경제성 평가의 할인율

리스 경제성 평가는 리스와 차입금으로 리스자산을 직접 구입하는 경우를 비교하는 것이므로 리스의 기회비용은 차입금에 대한 타인자본비용이다. 따라서 리스 경제성 평가의 할인율인 리스이용자의 가중평균자본비용이 아닌 세후타인자본비용(k_i)을 사용하여야 한다.

$$k_i = k_d \times (1-t)$$

(3) 리스경제성 평가의 NPV

리스 경제성 평가의 NPV는 리스 경제성 평가의 증분현금흐름을 리스이용자의 세후타인자본비용으로 할인하여 다음과 같이 측정한다.

$$NPV_L = +C_0 - \sum_{t=1}^{n} \frac{[L_t \times (1-t) + Dep \times t]}{(1+k_i)^t} - \frac{SV}{(1+k_i)^n} \qquad (15.29)$$

- NPV>0 ➠ 리스가 직접구입보다 더 유리
- NPV<0 ➠ 직접구입이 리스보다 더 유리

연습문제 15-1

다음의 서술 중 옳지 않은 것은?

① 매출채권회전율을 알고 있으면 매출채권 평균회수기간을 구할 수 있다
② PER은 일종의 회수기간 개념이다.
③ 당기순이익이 0보다 클 때 주당순이익의 변화율 위험은 매출액의 변화율 위험보다 작다.
④ ROI는 활동성 비율과 수익성 비율을 결합한 비율이다.
⑤ 유동비율과 당좌비율은 유동성 비율에 속한다.

해설

① 매출채권회전기간=365/매출채권 회전율
② $\frac{1}{PER}=\frac{EPS}{P}$ ➠ 회수기간 개념
③ 당기순이익이 > 0 ➠ DCL > 1 ➠ 주당순이익의 변화율 > 매출액의 변화율
④ ROI=매출액이익률(수익성)×자산회전율(활동성)
⑤ 유동성 비율 : 유동비율, 당좌비율

정답: ③

연습문제 15-2

유동성비율이 120%일 때 이 비율을 감소시키는 상황은?

① 현금으로 단기차입금을 상환할 경우
② 외상매출금을 현금으로 상환할 경우
③ 현금으로 재고자산을 구입할 경우
④ 재고자산을 외상매입 할 경우
⑤ 사채로 유형자산을 구입할 경우

해설

① 유동비율 > 1 ➠ 유동자산 감소, 유동부채 감소 ➠ 유동비율 증가
② ③ 유동자산 감소+유동자산 증가 ➠유동비율 일정
④ 유동비율 > 1 ➠ 유동자산 증가, 유동부채 증가 ➠ 유동비율 감소
⑤ 사채와 유형자산은 모두 비유동항목이므로 유동비율에 영향이 없다.

정답: ④

연습문제 15-3

매출채권에 관한 설명으로 부적절한 것은?

① 매출채권이 증가하더라도 추가적인 자금부담은 없다.
② 매출채권회전율이 높을수록 기업은 유리하다.
③ 단기성 매출채권이 항상 기업에게 유리한 것만은 아니다.
④ 비용-효익 분석에 입각하여 적절한 매출채권을 유지한다.
⑤ 매출채권의 회수정책 고려시에는 기업의 이미지에 손상이 없도록 할 필요가 있다.

해설

① 매출채권이 증가하면 매출채권회전기간이 증가하여 현금유동성이 감소한다.

정답: ①

연습문제 15-4

갑을기업의 전년도 자기자본순이익률(ROE)은 6%로 업계 평균 10%에 비해 상대적으로 저조하다. 내부 검토결과, 매출액순이익률은 1%, 총자산회전율은 2.0으로 업계 평균과 비슷한 것으로 나타나 이 부분에서의 개선보다는 자본구조의 변경을 통해 현재 ROE를 업계 평균 수준으로 끌어 올리려고 한다. 이 목표를 달성하기 위한 갑을기업의 적정 부채비율은 얼마인가?

① 200% ② 300% ③ 400% ④ 500% ⑤ 600%

해설

$$ROE = \frac{NI}{E} = \frac{\text{순이익}}{\text{매출액}} \times \frac{\text{매출액}}{\text{총자산}} \times \frac{\text{총자산}}{\text{자기자본}}$$

$$10\% = 1\% \times 2 \times \frac{\text{자산}}{\text{자기자본}} \Rightarrow \frac{\text{자산}}{\text{자기자본}} = 5 \Rightarrow \frac{\text{부채}}{\text{자기자본}} = 4$$

정답: ③

연습문제 15-5

다음 자료에서 당좌비율(quick ratio; Q)을 계산했을 때 가장 적절한 것은? 단, 1년은 365일이고 회전율은 매출액에 대하여 계산한다.

·매출채권 120억원	·재고자산회전율 10회	
·유동부채 140억원	·매출채권회수기간 60일	·유동비율 150%

① Q ≤ 50% ② 50% < Q ≤ 75% ③ 75% < Q ≤ 100%
④ 100% < Q ≤ 125% ⑤ Q > 125%

해설

$$\text{유동비율} = \frac{\text{유동자산}}{\text{유동부채}} \rightarrow 1.50 = \text{유동자산}/140\text{억} \rightarrow \text{유동자산} = 210\text{억}$$

$$\text{매출채권회전기간} = \frac{365}{\text{매출채권회전율}} \rightarrow 60\text{일} = 365/\text{매출채권 회전율} \rightarrow \text{매출채권회전율} = 6.08$$

$$\text{매출채권회전율} = \frac{\text{매출}}{\text{매출채권}} \rightarrow 6.08 = \text{매출}/120\text{억} \rightarrow \text{매출} = 730\text{억}$$

$$\text{재고자산회전율} = \frac{\text{매출(원가)}}{\text{재고자산}} \rightarrow 10\text{회} = 730\text{억}/\text{재고자산} \rightarrow \text{재고자산} = 73\text{억}$$

$$\text{당좌비율} = \frac{\text{당좌자산}}{\text{유동부채}} = \frac{210 - 73}{140} = 0.97$$

정답: ③

연습문제 15-6

재무비율과 경제적 의미를 짝 지운 내용이 가장 적절하지 않은 것은?

① 주가수익비율 – 수익성
② 매입채무회전율 – 활동성
③ 이자보상비율 – 레버리지
④ 당좌비율 – 유동성
⑤ 총자본투자효율 – 생산성

해설

주가수익비율(PER)은 수익성이 아닌 시장가치비율이다.

정답: ①

연습문제 15-7

명도기업은 특정 자동차부품을 보다 저렴하게 생산할 수 있는 기계설비의 도입에 리스를 이용할 것인지, 차입 구매할 것인지를 검토하고 있다. 이 기계설비의 구입가격은 1,200억원이고 내용연수는 10년이다. 10년 후 잔존가치와 매각가치는 없으며, 명도기업은 설비의 도입으로 매년 250억원의 비용이 절약될 것으로 기대한다. 리스료는 10년 동안 매년 연말에 지불하며 법인세율은 35%이고 감가상각은 정액법을 따르며 시장에서의 차입이자율은 9%이다. 명도기업 입장에서, 차입 구매 대비 리스의 증분현금흐름의 순현가가 0이 되는 리스료에 가장 가까운 것은? 단, 리스는 일반기업회계기준에 의한 운용리스를 가정한다. (10년 연금의 현가요소는 이자율 9%의 경우 6.4177이고 5.85%의 경우 7.4127이다.)

① 183.67억원　② 184.44억원　③ 185.23억원
④ 185.95억원　⑤ 186.98억원

해설

리스
차입 구매 대비 리스의 증분현금흐름의 순현가

$$NPV = C_0 - \sum_{t=1}^{n} \frac{L \times (1-t)}{(1+k_i)^t} - \sum_{t=1}^{n} \frac{Dep \times t}{(1+k_i)^t}$$

C_0 = 리스자산의취득원가, L = 리스료, $k_i = k_d \times (1-t)$

(1) 차입 구매 대비 리스의 증분현금흐름
= 리스료 × (1 − 세율) + 감가상각비 × 세율
$= L \times 0.65 + 120 \times 0.35$

(2) 리스 의사결정의 할인율 = 9% × (1 − 0.35) = 5.85%

(3) NPV = 0 = 1,200억 − (0.65 × L + 42억) × 7.4127 ⇒ L = 184.44억

정답: ②

연습문제 15-8

기계설비 투자안에 대한 자료가 다음과 같다. 자본비용은 10%이고 세금은 고려하지 않으며 연간 판매수량은 동일하다. 감가상각은 정액법을 따르며 투자종료시점에서 잔존가치와 매각가치는 없다고 가정한다.

▪기계 구입가격: 3,000만원	▪단위당 판매가격: 10만원
▪기계 내용연수: 3년	▪단위당 변동비: 5만원
▪감가상각비를 제외한 연간 고정비: 1,000만원	

다음 설명 중 가장 적절하지 않은 것은? (단, 회계손익분기점, 현금손익분기점, 재무손익분기점은 각각 영업이익, 영업현금흐름, 순현가를 0으로 하는 연간 판매수량을 의미한다. 3년 연금의 현가요소는 이자율이 10%일 때 2.4869이다.)

① 회계손익분기점에서 회수기간은 투자안의 내용연수와 동일하다.
② 재무손익분기점에서 내부수익률은 자본비용과 같다.
③ 현금손익분기점에서 내부수익률은 0%이다.
④ 순현가를 양(+)으로 하는 최소한의 연간 판매수량은 442개이다.
⑤ 세 가지 손익분기점을 큰 순서대로 나열하면 재무손익분기점, 회계손익분기점, 현금손익분기점이다.

해설

(1) 회계손익분기점

감가상각비=3,000/3년 =1,000만원

영업이익=5만원×Q−2,000만원=0 ⇒ Q=400개

(2) 현금손익분기점

영업현금=5만원×Q−1,000만원=0 ⇒ Q=200개

현금손익분기점에서는 내부수익률은 −100%이다.

(3) 재무손익분기점

NPV=0 ⇒ $FCFF$=3,000만원/2.4869=5만원×Q−1,000만원 ⇒ Q=441.3개

정답: ③

연습문제 15-9

다음 설명 중 틀린 것은?

① 가중평균자본비용이 신규 투자안의 경제성을 평가하는 할인율로 사용되기 위해서는 투자안의 경영위험이 기존 기업의 경영위험과 동일해야 할 뿐만 아니라 신규 투자안의 수행을 위해 조달한 자금의 구성이 기존 기업의 재무위험과도 동일해야 한다.

② CAPM(capital asset pricing model)은 Markowitz의 포트폴리오 이론에 필요한 가정뿐만 아니라 세금과 거래비용 등이 없는 완전한 시장의 존재라는 가정과 무위험이자율로 무제한 차입과 대출이 가능하다는 가정을 전제로 한다.

③ 자본시장과 실물생산기회가 동시에 존재할 경우 최적투자는 효용곡선과는 관계없이 시장에서의 이자율과 생산기회에 의해서만 결정되고, 최적소비는 효용곡선과 최적투자에 의해 결정된 자본시장선과의 관계에 의해 결정된다는 것이 Fisher의 분리정리이다.

④ Tobin의 q비율은 자산의 대체원가(replacement costs)를 주식시장에서 평가된 기업의 시장가치로 나누어 준 값으로, q가 1보다 작으면 저평가된 기업이라고 할 수 있다.

⑤ 매출액이 1% 변화할 때의 영업이익의 변화율을 영업레버리지도(degree of operating leverage)라고 하고, 영업이익이 1% 변화할 때의 순이익의 변화율을 재무레버리지도(degree of financial leverage)라고 한다.

해설

$$\text{토빈의 } q\text{비율} = \frac{\text{자산의시장가치}}{\text{자산의대체원가}}$$

정답: ④

제 4 편

파생상품

제16장 옵 션

제 1 절 파생상품과 위험관리

1. 파생상품

파생금융상품(financial derivatives)은 그 가치가 통화, 채권, 주식 등 기초금융자산(underlying asset)의 가치변동에 의해 결정되는 금융상품으로서 계약형태에 따라 크게 선도계약, 선물, 옵션, 스왑 등으로 구분된다. 또한 기초자산의 유형에 따라서는 통화, 금리, 주식, 신용관련 상품 등으로, 거래방법에 따라 장내 및 장외거래로 구분할 수 있다.

계약형태별 파생금융상품의 주요 특징을 살펴보면, 먼저 선도계약(forward contracts)과 선물(futures)은 기초금융자산을 미래 특정시점에 특정가격으로 사고 팔기로 약정하는 계약이라는 점에서 동일한 성격을 가지나 일반적으로 선도계약은 장외시장에서 거래당사자간에 직접 거래되거나 딜러나 브로커를 통해 거래가 이루어지는데 비해 선물은 정형화된 거래소를 통해 거래된다는 점에서 차이가 있다.

옵션(options)은 기초자산을 미래의 특정시점 또는 특정기간 동안 특정 행사가격으로 매입(call)하거나 매각(put)할 수 있는 권리를 사고 파는 계약으로서 기초자산 가격의 변화에 대해 비대칭적 손익구조(asymmetric payoffs)를 가진다. 옵션계약은 거래시점에 프리미엄을 지급한다는 점에서도 선도계약이나 선물과 차이점이 있다.

스왑(swaps)은 일반적으로 두 개의 금융자산 또는 부채에서 파생되는 미래의 현금흐름(cash flows)을 교환하기로 하는 계약으로서 서로 다른 통화표시 채무의 원리금 상환을 교환하기로 약정하는 통화스왑(currency swaps)과 변동금리채무와 고정금리채무간의 이자지급을 교환하기로 약정하는 금리스왑(interest rate swaps) 등이 있다.

2. 파생상품의 거래유형

파생금융상품의 거래유형은 크게 헤지거래, 투기거래 및 차익거래로 나눌 수 있다.

① 헤지거래(위험회피)

현물시장에서 투자포지션에 따라 발생하는 기초자산의 가격변동위험으로부터 파생상품을 이용하여 투자의 가치를 보전하는 거래를 말한다. 헤지거래는 현물시장에서 취하고 있는 투

현물	파생상품	거래유형
농산물	옥수수 선물/옵션	헤지거래 투기거래 차익거래
에너지	원유 선물	
주가지수	KOSPI200 선물/옵션	
채권	국채 선물/옵션, 금리스왑	
통화	통화 선물/옵션, 통화스왑	

자포지션과 반대포지션을 취한다.

② 차익거래

차익거래는 현물가격과 파생상품가격의 일시적인 불균형을 이용하여 상대적으로 저평가된 것을 매수하고, 고평가된 것을 매도하여 순투자비용과 위험의 부담 없이 이익을 얻는 거래이다. 차익거래는 파생상품의 균형가격을 계산할 수 있는 능력이 필요하다.

③ 투기거래

투기거래는 파생상품가격 자체의 변동을 예측하여 가격변동에 따른 시세차익의 획득을 목적으로 위험을 감수하고 이익을 추구하는 거래를 말한다. 파생상품의 가격이 예상한 대로 변동하면 상당한 이익을 얻을 수 있지만, 예상과 반대로 파생상품의 가격이 변동하면 큰 손실을 보게 된다.

3. 파생상품의 기능

① 위험전가 기능 (Risk shifting)

파생상품 시장의 구조 자체가 가격변동의 위험을 원하지 않는 헤저(hedger)로부터 가격변동위험을 감수하면서 보다 높은 이익을 추구하려는 투기자(speculator)로의 이전을 가능하게 한다.

② 가격 예시의 기능 (Price discovery)

파생상품 시장에서 결정되는 파생상품 가격은 해당상품의 수요와 공급에 관련된 각종 정보가 집약되어 결정되므로 현재시점에서 미래 현물가격에 대한 수많은 시장 참가자들의 공통된 예측을 나타낸다.

③ 자원배분의 효율성 증대

장기보관이 가능한 농산물의 출하시기의 시차를 적절히 조절함으로써 수급을 안정시키고 이를 통해 적절한 시기에 자원배분의 효율성을 증대 시킨다고 볼 수 있다.

④ 자본형성의 기능

파생상품 시장은 헤저(위험 회피자)에게는 가격변동위험을 조절할 수 있는 위험조절의 장으로서, 투기자에게는 파생 상품거래가 갖는 투자 레버리지의 효과로 인해 높은 수익을 얻을 수 있는 기회를 제공한다. 파생상품 시장은 이러한 투기자의 부동자금을 흡수하여 기업을 안정적으로 경영 하고자 하는 헤저들의 효율적인 자금관리와 자본형성에 도움을 준다.

4. 위험관리

(1) 위험관리란?

위험관리(risk management)란 경영활동 또는 투자활동에서 발생하는 불확실성의 원인을 파악하고 이에 따라 기업 또는 투자자가 손해를 줄이거나 방지하기 위한 사전적인 활동이라고 할 수 있다. 위험관리는 기업이나 투자자가 목표로 하는 위험수준에 맞추어 포지션의 위험을 낮추거나 높이는 활동을 말한다.

선물, 옵션, 스왑 등의 파생상품은 이러한 위험관리에 매우 효과적인 수단이다. 위험관리 기법에는 분산투자, 헤지, 보험, 투기가 있다.

(2) 분산투자

투자자금을 한 종류의 자산에 집중하여 투자하지 않고 여러 자산에 골고루 투자하여 위험을 줄이거나 없애는 전략을 분산투자라고 한다. 이렇게 함으로써 위험이 줄어드는 현상을 분산효과라고 한다.

분산효과는 상관관계가 낮은 자산을 결합할수록 크게 나타나며, 포트폴리오를 구성하는 자산의 수가 많을수록 크게 나타난다.

분산투자를 통해 줄일 수 있는 위험을 비체계적 위험이라고 하고, 분산효과의 한계로 인하여 더 이상 줄일 수 없는 위험을 체계적 위험이라고 한다.

(3) 헤지(hedge)

헤지(hedge)는 분산투자와 마찬가지로 가격변동으로부터 발생하는 위험을 줄이거나 없애려는 투자전략이다. 헤지 전의 포지션을 '헤지대상'이라고 하고, 또 헤지 대상의 위험을 없애기 위한 수단을 '헤지수단'이라고 한다.

헤지대상과 헤지수단의 포지션은 반대가 되어야 하며, 가격변동의 상관관계가 +1에 가까울수록 헤지는 효과적이다.

(4) 보험(insurance)

보험(insurance)은 가격변동으로 인해 포지션의 가치가 하락할 때 입게 되는 손실을 일정 수준에서 막아 주면서, 가격변동으로 인한 포지션의 가치가 상승할 때 얻을 수 있는 이익의 기회를 추구하는 전략이다. 헤지가 모든 위험을 없애고자 하는 전략이라면, 보험은 하방위험을 없애고자 하는 전략이다. 보험 전의 포지션을 '보험대상'이라고 하고, 또 보험대상의 위험을 없애기 위한 수단을 '보험수단'이라고 한다.

보험은 헤지에 비해 손실이 발생하는 위험만을 없애 준다는 점에서 매우 매력적인 위험관리수단이다. 그러나 보험은 헤지보다 비용이 많이 든다는 단점이 있다.

(5) 투기(speculation)

투기(speculation)은 미래의 가격움직임을 예측하고 이를 이용하여 이익을 얻으려는 거래행위를 말한다. 가격움직임에 대한 예상이 맞을 경우 큰 이익을 얻을 수 있으나. 예상이 틀릴 경우 큰 손실을 입을 수 있다.

제2절 옵션의 기초

1. 옵션의 기초개념

옵션(option)이란 특정한 기초자산을 정해진 기간 동안 미리 정해진 가격으로 사거나 팔 수 있는 계약이다. 살 수 있는 권리를 콜옵션(Call), 팔 수 있는 권리를 풋옵션(Put) 이라 한다.

"삼성전자의 주식을 기초자산으로 하고 만기 1년, 행사가격이 50,000원인 콜옵션과 풋옵션이 각각 시장에서 7,000원과 4,000원에 거래되고 있다."

위의 사례를 토대로 옵션의 기초개념들을 살펴보자.

① 기초자산(S)

기초자산(underlying assets)은 옵션행사시 매수 또는 매도대상이 되는 특정자산으로 옵션의 가치를 산정하는 기초가 된다. 옵션은 기초자산의 종류에 따라 금, 은, 곡물 등 일반상품을 대상으로 하는 상품옵션(commodity option)과 주식, 채권, 주가지수, 통화 등을 대상으로 하는 금융옵션(financial option)으로 구분된다. 위의 사례에서는 '삼성전자주식'이 기초자산이므로 삼성전자 주가의 변동에 따라 옵션의 가격도 변동한다.

➡ $S=$ 삼성전자주식

② 행사가격(X)

행사가격(excercise price or striking price)은 옵션 거래시 미리 정해진 권리를 행사할 수 있는 가격을 말한다. 위의 사례에서 행사가격은 50,000원이다.

➡ $X=$ 50,000원

③ 만기(t)

옵션에서 기초자산을 거래할 수 있도록 미리 정해진 기간을 만기(time to expiration date)라고 한다. 위의 사례에서 만기는 1년이다.

➡ $t=$ 1년

④ 옵션보유자(+)와 옵션발행자(−)

콜옵션(call option)은 기초자산을 행사가격으로 살 수 있는 권리이며, 풋옵션(put option)은 기초자산을 행사가격으로 팔 수 있는 권리이다. 옵션보유자(옵션매수자)는 옵션계약에 대한 권리만 있고 의무는 없으며, 옵션발행자(옵션매도자)는 옵션계약에 대한 의무만 있고 권리는 없다.

+C : 콜옵션 보유자(콜옵션 매수자) ➠ 기초자산을 매수할 권리를 갖는다.
−C : 콜옵션 발행자(콜옵션 매도자) ➠ 기초자산을 매도할 의무를 갖는다.
+P : 풋옵션 보유자(풋옵션 매수자) ➠ 기초자산을 매도할 권리를 갖는다.
−P : 풋옵션 발행자(풋옵션 매도자) ➠ 기초자산을 매수할 의무를 갖는다.

⑤ 옵션가격 또는 옵션프리미엄

옵션가격은 옵션프리미엄(premium)이라고도 불리며, 보험료와 유사한 성격을 지닌다. 옵션은 권리를 사고 파는 계약이기 때문에 거래시점에서 옵션매수자는 옵션매도자에게 권리의 대가로 옵션프리미엄을 지급하여야 한다.

➠ $C=$ 7,000원 (콜옵션가격 또는 콜옵션 프리미엄)
➠ $P=$ 4,000원 (풋옵션가격 또는 풋옵션 프리미엄)

2. 옵션의 종류

(1) 행사선택권의 종류에 따라

옵션은 행사선택권의 종류에 따라 콜옵션과 풋옵션으로 나누어진다.

① 콜옵션

콜옵션(call option)은 옵션거래에서 특정한 기초자산을 만기일이나 만기일 이전에 미리 정한 행사가격으로 살 수 있는 권리이다.

② 풋옵션

풋옵션(put option)은 옵션거래에서 특정한 기초자산을 만기일이나 만기일 이전에 미리 정한 행사가격으로 팔 수 있는 권리이다.

(2) 권리행사시기에 따라

옵션은 옵션보유자가 만기전에 권리를 행사할 수 있느냐의 여부에 따라 유럽형 옵션과 미국형 옵션으로 나누어진다.

① 유럽형 옵션

유럽형 옵션(european option)은 만기일에서만 권리를 행사할 수 있는 옵션이다.

② 미국형 옵션

미국형 옵션(american option)은 만기일 또는 만기일 이전에 언제든지 권리를 행사할 수 있는 옵션이다.

(3) 거래장소에 따라

① 거래소 옵션(장내옵션)

정규 거래소에 상장되어 거래되는 옵션으로 계약의 내용은 거래소에 의해 표준화되어 있다는 점에서 선물계약과 비슷하다.

② 장외옵션

거래당사자끼리 전화나 텔렉스 등을 통해 거래하는 옵션으로 계약당사자들 간에 자유롭게 계약조건을 정한다는 점에서 선도계약과 비슷하다.

(4) 기초자산에 따라

① 주식옵션(stock option)

옵션 중 가장 흔한 형태로 개별 주식이 기초자산이 되는 옵션이다.

② 주가지수옵션(stock index option)

주가지수선물과 마찬가지로 주가지수 자체가 기초자산이 되는 옵션을 말한다. KOSPI200 주가지수 옵션이 가장 대표적이다.

③ 통화옵션(currency option)

외국통화가 기초자산이 되는 옵션으로서 미국달러옵션이 가장 대표적이다.

④ **금리옵션(interest rate options)**

이자율에 연계된 금리상품을 기초자산으로 하는 옵션으로, 금리를 기초로 수익이 결정되며 주로 금리 위험을 관리하고자 활용된다.

⑤ **선물옵션(options on futures)**

옵션의 기초자산이 현물이 아닌 선물계약 자체를 기초자산으로 하는 옵션이다.

3. 만기일의 옵션의 가치

옵션의 만기가치(payoff)는 옵션의 만기시점에서의 가치로 옵션 보유자의 만기시점의 현금흐름이 된다. 기초자산 및 옵션의 가치와 관련된 용어는 다음과 같이 정의한다.

- S_t : 기초자산의 만기가치
- C_t : 콜옵션의 만기가치
- P_t : 풋옵션의 만기가치
- S : 기초자산의 현재가격
- C : 콜옵션의 현재가격(프리미엄)
- P : 풋옵션의 현재가격(프리미엄)

(1) 콜옵션의 만기가치

콜옵션 보유자(매입자)는 기초자산의 만기가치가 행사가격보다 높은 경우에만 행사하므로 콜옵션 보유자(매입자)의 만기가치는 다음과 같다.

$$S_t \geq X \ : \ C_t = S_t - X \ (\text{콜옵션을 행사함})$$

$$S_t < X \ : \ C_t = 0 \ (\text{콜옵션을 행사하지 않음})$$

위의 상황을 하나의 식으로 표현하면 다음과 같다.

$$C_t = \max[0,\ S_t - X] \tag{16.1}$$

식 (16.1)을 그림으로 표시하면 [그림 16-1]의 (a)와 같다.

[그림 16-8] 방비콜 $(+S-C)$

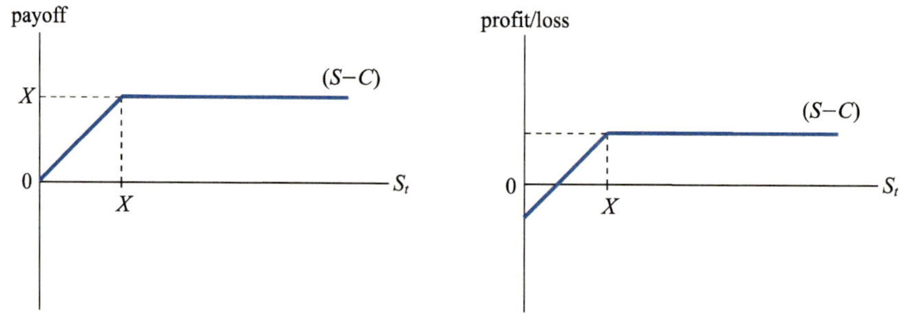

(a) 만기가치 (b) 만기손익

위의 식을 정리하면 다음과 같이 콜옵션 현재가격의 하한이 주식의 현재가격에서 행사가격의 현재가치를 차감한 값임을 알 수 있다.

$$C \geq S - PV(X) \tag{16.7}$$

이 조건이 충족되지 않는 경우, 투자자는 콜옵션을 매입하고 주식을 공매도하여 얻은 자금을 무위험이자율로 투자하여 차익을 얻을 수 있다.

(2) 보호풋(protective put)

보호풋 전략은 기초자산을 1개 매입하고 풋옵션을 1개 매입하는 전략이다.

$$\text{보호풋 포지션} : +S+P$$

이 전략은 주식을 가지고 있는 투자자가 주가가 하락할 경우 발생하는 손실을 풋옵션매입의 이익으로 상쇄시키려는 목적의 전략이다.

투자전략	현재시점의 현금흐름	만기시점의 현금흐름	
		$S_t \leq X$	$S_t > X$
주식 1개 매입	$-S$	$+S_t$	$+S_t$
풋옵션 1개 매입	$-P$	$X-S_t$	0
합 계	$-S-P$	$+X$	$+S_t$

[그림 16-9] 보호풋 ($+S+P$)

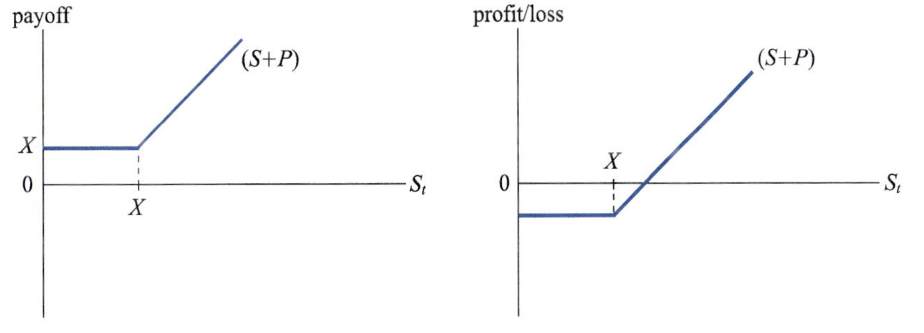

(a) 만기가치 (b) 만기손익

[그림 16-9 (a)]는 보호풋 전략의 만기가치(수익)를 나타내며, [그림 16-9 (b)]는 보호풋 전략의 만기손익구조를 나타낸 것이다. 그림에서 알 수 있듯이 보호풋 전략은 주가하락의 손실을 막아주는 동시에 주가상승의 이익을 얻을 수 있는 기회를 주기 때문에 보험전략이다.

보호풋의 만기가치는 액면금액이 옵션의 행사가격(X)인 무이표채 매입의 만기가치보다 크기 때문에 보호풋의 현재가격은 행사가격의 현재가치보다 커야 한다.

$$S+P \geq PV(X)$$

위의 식을 정리하면 다음과 같이 풋옵션 현재가격의 하한이 행사가격의 현재가치에서 주식의 현재가격을 차감한 값임을 알 수 있다.

$$P \geq PV(X)-S \tag{16.8}$$

이 조건이 충족되지 않는 경우, 투자자는 풋옵션을 매입하고 무위험이자율로 차입한 자금을 주식에 투자하여 차익을 얻을 수 있다.

(3) 헤지포트폴리오(hedge portfolio)

헤지포트폴리오 전략은 기초자산을 1개 매입하고 콜옵션을 1개 발행하며, 풋옵션을 1개 매입하는 전략이다.

헤지포트폴리오 포지션 : $+S-C+P$

이 전략은 주가가 하락할 경우 발행하는 손실을 동일한 크기의 옵션의 이익으로 상쇄하

[그림 16-10] 헤지포트폴리오 $(+S-C+P)$

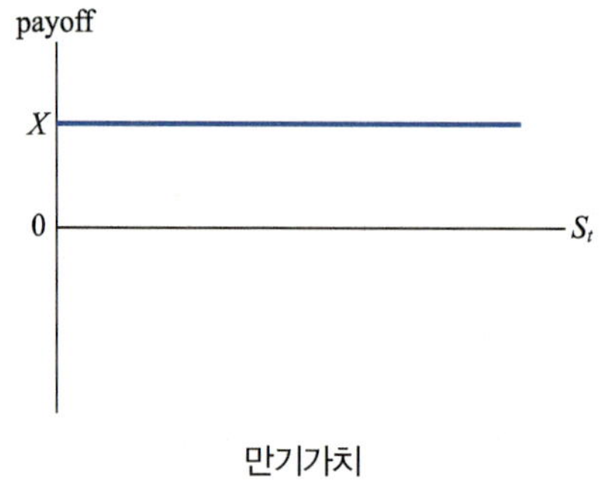

며, 주가가 상승할 경우 발행하는 이익을 동일한 크기의 옵션의 손실로 상쇄하는 완전 헤지 전략이다.

투자전략	현재시점의 현금흐름	만기시점의 현금흐름	
		$S_t \leq X$	$S_t > X$
주식 1개 매입	$-S$	$+S_t$	$+S_t$
콜옵션 1개 발행	$+C$	0	$-(S_t-X)$
풋옵션 1개 매입	$-P$	$X-S_t$	0
합 계	$-S+C-P$	$+X$	$+X$

[그림 16-10]은 헤지포트폴리오 전략의 만기가치(수익)를 나타낸 것이며, 시장이 균형상태에서 헤지포트폴리오 전략의 만기손익은 0이다.

헤지포트폴리오의 만기가치는 액면금액이 옵션의 행사가격(X)인 무이표채 매입의 만기가치와 동일하기 때문에 일물일가의 법칙에 의하여 헤지포트폴리오의 가격은 다음과 같이 행사가격의 현재가치와 동일하여야 한다.

$$S-C+P=PV(X)=\frac{X}{(1+R_f)^t} \tag{16.9}$$

만약 위의 균형식이 성립되지 않으면 차익거래의 기회가 존재하고 차익거래로 인해 결국 균형식이 성립하게 된다. 균형식이 성립하지 않은 경우 다음과 같은 차익거래를 한다.

$S-C+P<PV(X)$ ➡	주식매입, 콜옵션 발행, 풋옵션 매입, 무위험이자율 차입
$S-C+P>PV(X)$ ➡	주식공매, 콜옵션 매입, 풋옵션 매도, 무위험이자율 대출

위의 균형식을 이용하여 다음과 같이 옵션이나 주식의 복제포트폴리오를 구성할 수 있다.

$C=S+P-PV(X)$ ➡	콜옵션 매입 = 주식매입 + 풋옵션 매입 + 무위험이자율 차입
$P=-S+C+PV(X)$ ➡	풋옵션 매입 = 주식공매 + 콜옵션 매입 + 무위험이자율 대출
$S=C-P+PV(X)$ ➡	주식 매입 = 콜옵션매입 + 풋옵션 발행 + 무위험이자율 대출

(4) 풋－콜 패리티

풋-콜 패리티(put-call parity)는 동일한 기초자산에 대해 만기와 행사가격이 같은 콜 옵션과 풋 옵션의 가격 사이의 관계를 나타내며 이 식은 헤지포트폴리오에서 도출된다. 식 (16.9)를 풋옵션의 가격에 대해서 정리하면 다음과 같다.

$$P=C-S+PV(X) \tag{16.10}$$

콜옵션의 가격을 알면 식 (16.10)을 이용하여 만기와 행사가격이 같은 풋옵션의 균형가격을 알 수 있다.

식 (16.10)을 이용하면 현재주가와 행사가격이 같은 등가격에서는 콜옵션 가격이 풋옵션 가격보다 더 크다는 것을 알 수 있다.

$$\text{등가격} : S=X \ \Rightarrow\ S>PV(X) \ \Rightarrow\ -S+PV(X)<0 \ \Rightarrow\ P<C$$

예제 16-3

K회사는 만기가 1년이고 행사가격이 10,000원인 유럽형 콜옵션과 풋옵션을 발행하였다. K 회사의 현재주가는 10,000원, 액면이 1,000원인 1년 만기 무위험채권의 가격은 900원이다. 현재 콜옵션의 가격이 2,000원이라면, 풋옵션의 가격은 얼마인가?

풀이

풋-콜 패러티를 이용하여 풋옵션의 균형가격을 산출한다.

$S-C+P=PV(X)$

$10{,}000 + P - 2{,}000 = 9{,}000$ ➠ $P = 1.000$원

☞ 현재주가와 행가가격이 동일한 등가격 상태이기 때문에 콜옵션과 풋옵션의 내재가치는 0이다. 따라서 콜옵션의 시간가치는 2,000원이며 풋옵션의 시간가치는 1,000원이다.

☞ 등가격 상태에서는 유럽형 콜옵션의 가격이 조건이 동일한 유럽형 풋옵션의 가격보다 더 크다.

예제 16-4

배당을 지급하지 않는 ㈜미래 주식에 대해 투자자는 다음과 같은 정보를 가지고 있다.

- 현재주가 : 11,000원
- 유럽형 콜옵션가격(행사가격 : 10,500원, 만기까지 남은 기간 : 1년) : 1,700원
- 유럽형 풋옵션가격(행사가격 : 10,500원, 만기까지 남은 기간 : 1년) : 500원
- 무위험이자율 : 연 5%

현재 상황에서 차익(arbitrage profit)을 얻기 위해 투자자가 취할 수 있는 거래전략을 설명하시오. 또한 차익거래에서 현재시점의 차익은 얼마인가?

풀이

$S-C+P=11{,}000-1{,}700+500=9{,}800$

$PV(X)=10{,}500/1.05=10{,}000$

$S-C+P<PV(X)$이므로 차익거래는 다음과 같다.

주식 1주 매입, 콜옵션 1개 발행, 풋옵션 1개 매입, 무위험이자율로 10,000원 차입

차익거래의 현재투자금액과 만기가치는 다음과 같다.

투자전략	현재시점 현금흐름	만기시점의 현금흐름	
		$S_t \le X$	$S_t > X$
주식 1개 매입	−11,000	$+S_t$	$+S_t$
콜옵션 1개 발행	+1,700	0	$-(S_t-10{,}500)$
풋옵션 1개 매입	−500	$10{,}500-S_t$	0

차 입	+10,000	−10,500	−10.500
합 계	+200	0	0

차익거래의 현재시점의 차익은 200원이다.

4. 스프레드 전략

스프레드 전략(spread strategy)은 기초자산이 동일한 동일 종류의 옵션 중에서 행사가격이나 만기가 서로 다른 옵션을 하나는 매입하고 다른 하나는 매도하는 전략이다. 스프레드 전략에는 수직스프레드와 수평스프레드가 있다.

스프레드 전략의 설명을 위하여 다음과 같이 용어를 정의한다.

- X_1 : 낮은 행사가격
- X_2 : 높은 행사가격
- C_1 : 행사가격이 낮은 콜옵션
- C_2 : 행사가격이 높은 콜옵션
- P_1 : 행사가격이 낮은 풋옵션
- P_2 : 행사가격이 높은 풋옵션

(1) 수직스프레드

수직스프레드(vertical spread)는 기초자산, 옵션유형, 만기일은 같으나 행사가격이 서루 다른 옵션을 하나는 매수하고 동시에 다른 하나는 매도하는 전략으로 가격스프레드(price spread)라고도 한다.

수직 스프레드의 유형은 다음과 같다.

- 강세스프레드(bull spread)
- 약세스프레드(bear spread)
- 나비스프레드(butterfly spread)
- 박스스프레드(box spread)

강세 스프레드 및 약세 스프레드 전략은 대표적인 방향성 전략이다. 방향성 전략은 기초자산의 가격이 어느 방향으로 움직일지는 예상이 되지만 확신이 서지 않을 때 이익과 손실을 일정한 수준으로 한정하는 전략이다.

나비스프레드는 대표적인 변동성 전략이다. 변동성전략은 기초자산 가격의 방향과 관계없이 가격의 변동이 크거나 가격이 일정한 범위 내에 머물러 있는 경우 이익을 얻을 수 있는 전략이다.

박스스프레드는 대표적인 헤지 전략이다. 기초자산의 가격의 방향이나 변동성과 관계없이 만기가치를 일정하게 확정할 수 있는 전략이다.

(2) 강세스프레드

강세 스프레드 전략은 기초자산시장의 강세가 예상되나 확신이 서지 않을 때 상승 이익과 하락 손실을 일정한 수준으로 한정하는 전략이다. 이 전략은 행사가격이 낮은(X_1) 옵션을 매수하고 행사가격이 높은(X_2) 옵션을 매도하는 전략으로 주가가 상승하는 경우 이익이 발생한다.

① 콜옵션 강세스프레드 ($C_1 - C_2$)

행사가격이 낮은 콜옵션을 매수하고 행사가격이 높은 콜옵션을 매도하는 전략으로 콜옵션 강세스프레드의 투자금액과 만기가치는 다음과 같다.

투자전략	현재시점의 현금흐름	만기시점의 현금흐름		
		$S_t \le X_1$	$X_1 < S_t < X_2$	$S_t \ge X_2$
C_1 매수	$-C_1$	0	$S_t - X_1$	$S_t - X_1$
C_2 매도	$+C_2$	0	0	$-(S_t - X_2)$
합 계	$-C_1 + C_2 < 0$	0	$S_t - X_1$	$X_2 - X_1$

콜옵션은 행사가격이 낮을수록 옵션의 가격이 커지기 때문에 콜옵션 강세스프레드는 현재시점에서 프리미엄을 지불한다. 따라서 만기손익은 다음과 같다.

만기손익 = ① 만기가치 − ② 시간가치를 고려한 프리미엄

② 시간가치를 고려한 프리미엄 $= (C_1 - C_2) \times (1 + R_f)^t$

[그림 16-11]은 콜옵션 강세스프레드의 만기가치와 만기손익구조를 나타낸 것이다.

[그림 16-11] 콜옵션 강세스프레드 $(+C_1 - C_2)$

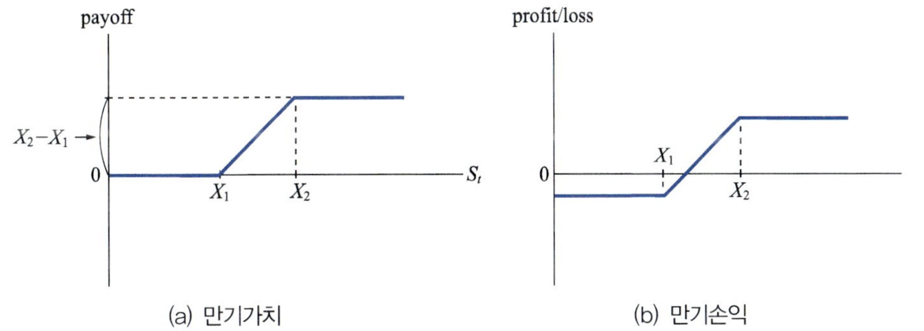

(a) 만기가치 (b) 만기손익

콜옵션 강세스프레드의 만기손익 다음과 같다.

손익분기점 : $S_t = X_1 +$ ②

이익 구간 : $S_t > X_1 +$ ②

손실 구간 : $S_t < X_1 +$ ②

최대이익 : $X_2 - X_1 -$ ②

최대손실 : ②

콜옵션 강세스프레드 만기가치는 행사가격의 차이$(X_2 - X_1)$보다 작기 때문에 스프레드의 프리미엄은 행사가격의 차이$(X_2 - X_1)$의 현재가치보다 작아야 한다.

$$C_1 - C_2 < \frac{X_2 - X_1}{(1 + R_f)^t}$$

② 풋옵션 강세스프레드 $(P_1 - P_2)$

행사가격이 낮은 풋옵션을 매수하고 행사가격이 높은 풋옵션을 매도하는 전략으로 풋옵션 강세스프레드의 발행금액과 만기가치는 다음과 같다.

투자전략	현재시점의 현금흐름	만기시점의 현금흐름		
		$S_t \le X_1$	$X_1 < S_t < X_2$	$S_t \ge X_2$
P_1 매수	$-P_1$	$X_1 - S_t$	0	0
P_2 매도	$+P_2$	$-(X_2 - S_t)$	$-(X_2 - S_t)$	0
합 계	$-P_1 + P_2 > 0$	$X_1 - X_2$	$S_t - X_2$	0

[그림 16-12] 풋옵션 강세스프레드 $(+P_1 - P_2)$

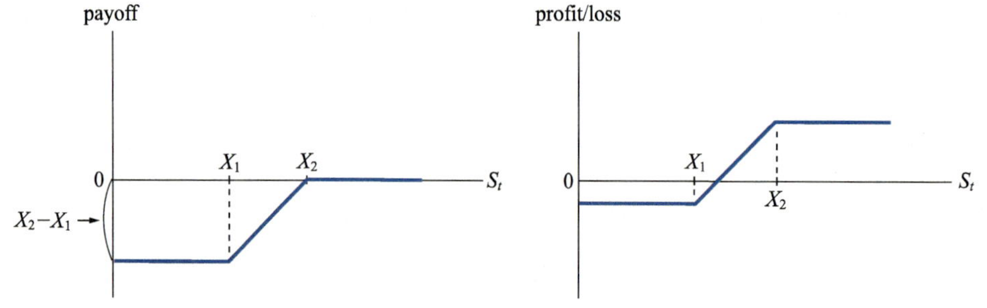

(a) 만기가치 (b) 만기손익

풋옵션은 행사가격이 클수록 옵션의 가격이 커지기 때문에 풋옵션 강세스프레드는 현재 시점에서 프리미엄을 받는다. 따라서 만기손익은 다음과 같다.

만기손익 = ① 만기가치 + ② 시간가치를 고려한 프리미엄

② 시간가치를 고려한 프리미엄 $= (P_2 - P_1) \times (1 + R_f)^t$

[그림 16-12]는 풋옵션 강세스프레드의 만기가치와 만기손익구조를 나타낸 것이다.
풋옵션 강세스프레드의 만기손익 다음과 같다.

손익분기점 : $S_t = X_2 -$ ②

이익 구간 : $S_t > X_2 -$ ②

손실 구간 : $S_t < X_2 -$ ②

최대이익 : ②

최대손실 : $X_2 - X_1 -$ ②

(3) 약세스프레드

약세 스프레드 전략은 기초자산시장의 약세가 예상되나 확신이 서지 않을 때 하락 이익과 상승 손실을 일정한 수준으로 한정하는 전략이다. 이 전략은 행사가격이 낮은(X_1) 옵션을 매도하고 행사가격이 높은(X_2) 옵션을 매입하는 전략으로 주가가 하락하는 경우 이익이 발생한다. 따라서 약세스프레드의 만기손익은 강세스프레드의 만기손익과 zero-sum이 된다.

[그림 16-13] 콜옵션 약세스프레드 $(-C_1+C_2)$

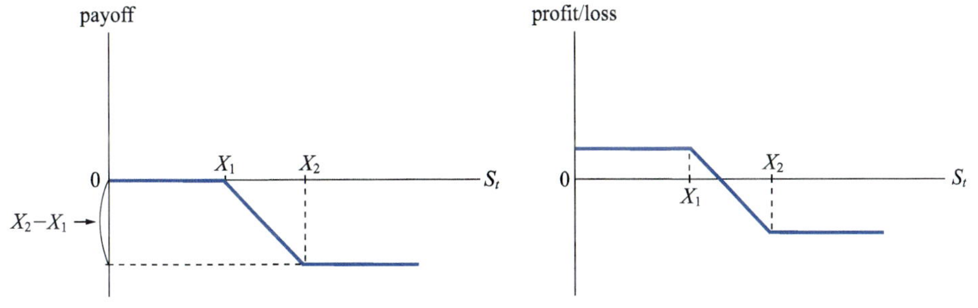

(a) 만기가치 (b) 만기손익

① **콜옵션 약세스프레드** $(-C_1+C_2)$

행사가격이 낮은 콜옵션을 매도하고 행사가격이 높은 콜옵션을 매입하는 전략이다. 이 전략은 현재시점에서 프리미엄을 받으며 만기손익은 다음과 같다.

> 만기손익 = ① 만기가치 + ② 시간가치를 고려한 프리미엄
>
> ② 시간가치를 고려한 프리미엄 $= (C_1 - C_2)\times(1+R_f)^t$

[그림 16-13]은 콜옵션 약세스프레드의 만기가치와 만기손익구조를 나타낸 것이다.

콜옵션 약세스프레드 만기손익 = −콜옵션 강세스프레드 만기손익

② **풋옵션 약세스프레드** $(-P_1+P_2)$

행사가격이 낮은 풋옵션을 매도하고 행사가격이 높은 풋옵션을 매입하는 전략이다. 이 전략은 현재시점에서 프리미엄을 지불하며 만기손익은 다음과 같다.

> 만기손익 = ① 만기가치 − ② 시간가치를 고려한 프리미엄
>
> ② 시간가치를 고려한 프리미엄 $= (P_2 - P_1)\times(1+R_f)^t$

[그림 16-14]는 풋옵션 약세스프레드의 만기가치와 만기손익구조를 나타낸 것이다.

풋옵션 약세스프레드 만기손익 = −풋옵션 강세스프레드 만기손익

풋옵션 약세스프레드 만기가치는 행사가격의 차이$(X_2 - X_1)$보다 작기 때문에 스프레드의 프리미엄은 행사가격의 차이$(X_2 - X_1)$의 현재가치보다 작아야 한다.

[그림 16-14] 풋옵션 약세스프레드 $(-P_1+P_2)$

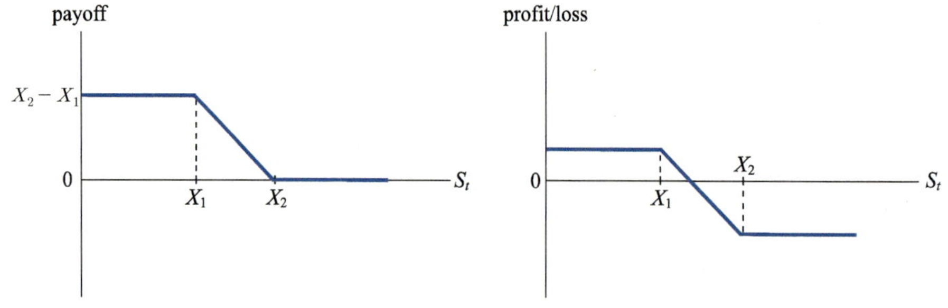

(a) 만기가치　　(b) 만기손익

$$P_2-P_1<\frac{X_2-X_1}{(1+R_f)^t}$$

예제 16-5

현재 옵션시장에서는 미래기업 주식에 대하여 만기가 1년 남은 콜옵션과 풋옵션이 행사가격에 따라 다음과 같이 가격이 형성되어 있다. 무위험이자율은 연간 10%이다.

행사가격	콜옵션가격	풋옵션가격
3,000원(X_1)	500원	200원
4,000원(X_2)	350원	900원

(1) 행사가격이 3,000원인 콜옵션을 1개 구입하고 행사가격이 4,000원인 콜옵션을 1개 발행한 투자자가 얻을 수 있는 최대이익과 최대손실은 얼마인가? 또한 이익을 얻기 위한 만기시점의 주가의 범위를 구하시오.

(2) 행사가격이 3,000원인 풋옵션을 1개 구입하고 행사가격이 4,000원인 풋옵션을 1개 발행한 투자자가 얻을 수 있는 최대이익과 최대손실은 얼마인가? 또한 이익을 얻기 위한 만기시점의 주가의 범위를 구하시오.

풀이

(1) 콜옵션 강세스프레드

투자금액은 150원이며, 투자금액의 미래가치는 165원(=150×1.10)이므로 만기손익은 만기가치에서 165원을 차감한다.

투자전략	현재시점 현금흐름	1년 후의 현금흐름		
		$S_t \leq 3{,}000$	$3{,}000 < S_t < 4{,}000$	$S_t \geq 4{,}000$
C_1 매수	−500	0	$S_t - 3{,}000$	$S_t - 3{,}000$
C_2 매도	+350	0	0	$-(S_t - 4{,}000)$
합 계	−150	0	$S_t - 3{,}000$	1,000
만기손익		−165	$S_t - 3{,}165$	+835

① 최대이익 = 835원

1년 후에 주가가 4,000원 이상이면 이익의 크기는 835원으로 일정하게 된다.

② 최대손실 = 165원

1년 후에 주가가 3,000원 이하이면 손실의 크기는 165원으로 일정하게 된다.

③ 이익범위 : $S_t - 3{,}165 > 0$ ➠ $S_t > 3{,}165$

1년 후에 주가가 3,165원보다 커야 이익이 발생한다.

(2) 풋옵션 강세스프레드

발행금액은 700원이며, 발행금액의 미래가치는 770원(=700×1.10)이므로

만기손익은 만기가치에서 770원을 더한다.

투자전략	현재시점 현금흐름	1년 후의 현금흐름		
		$S_t \leq 3{,}000$	$3{,}000 < S_t < 4{,}000$	$S_t \geq 4{,}000$
P_1 매수	−200	$3{,}000 - S_t$	0	0
P_2 매도	+900	$-(4{,}000 - S_t)$	$-(4{,}000 - S_t)$	0
합 계	+700	−1,000	$S_t - 4{,}000$	0
만기손익		−230	$S_t - 3{,}230$	+770

① 최대이익 = 770원

1년 후에 주가가 4,000원 이상이면 이익의 크기는 770원으로 일정하게 된다.

② 최대손실 = 230원

1년 후에 주가가 3,000원 이하이면 손실의 크기는 230원으로 일정하게 된다.

③ 이익범위 : $S_t - 3{,}230 > 0$ ➠ $S_t > 3{,}230$

1년 후에 주가가 3,230원보다 커야 이익이 발생한다.

(4) 나비스프레드

나비스프레드(butterfly spread)는 대표적인 변동성 투자전략으로 변동성이 작아질 것으로 예상되는 경우에는 버터플라이 매입포지션, 변동성이 커질 것으로 예상되는 경우에는 버

터플라이 매도포지션을 취하는 전략이다.

① 나비스프레드 매입

나비스프레드 매입전략은 행사가격이 가장 낮은(X_1) 옵션과 행사가격이 가장 높은 (X_3) 옵션을 매수하고, 행사가격이 중간(X_2)인 옵션을 2개 매도하는 전략으로 기초자산의 가격이 중간행사가격 근처에 있을 때 이익을 얻을 수 있다. (단, $X_2 = \frac{X_1 + X_3}{2}$)

- 콜옵션을 이용한 버트플라이 스프레드 매수: $+C_1 - 2 \times C_2 + C_3$
- 풋옵션을 이용한 버트플라이 스프레드 매수: $+P_1 - 2 \times P_2 + P_3$

콜옵션을 이용한 버터플라이 스프레드 매수의 투자금액과 만기가치는 다음과 같다.

투자전략	현재시점의 현금흐름	만기시점의 현금흐름			
		$S_t \le X_1$	$X_1 < S_t < X_2$	$X_2 < S_t < X_3$	$S_t \ge X_3$
C_1 1개 매수	$-C_1$	0	$+S_t - X_1$	$+S_t - X_1$	$+S_t - X_1$
C_2 2개 매도	$+2C_2$	0	0	$2(X_2 - S_t)$	$2(X_2 - S_t)$
C_3 1개 매수	$-C_3$	0	0	0	$S_t - X_3$
합 계	$-C_1 + 2C_2 - C_3 < 0$	0	$+S_t - X_1$	$X_3 - S_t$	0

버터플라이 매입은 현재시점에서 프리미엄을 지불하며 만기손익은 다음과 같다.

만기손익 = ① 만기가치 − ② 시간가치를 고려한 프리미엄

② 시간가치를 고려한 프리미엄 = $(C_1 + C_3 - 2 \times C_2) \times (1 + R_f)^t$

풋옵션을 이용한 버터플라이 스프레드 매수의 투자금액과 만기가치는 다음과 같다.

투자전략	현재시점의 현금흐름	만기시점의 현금흐름			
		$S_t \le X_1$	$X_1 < S_t < X_2$	$X_2 < S_t < X_3$	$S_t \ge X_3$
P_1 1개 매수	$-P_1$	$X_1 - S_t$	0	0	0
P_2 2개 매도	$+2P_2$	$2(S_t - X_2)$	$2(S_t - X_2)$	0	0
P_3 1개 매수	$-P_3$	$X_3 - S_t$	$X_3 - S_t$	$X_3 - S_t$	0
합 계	$-P_1 + 2P_2 - P_3 < 0$	0	$+S_t - X_1$	$X_3 - S_t$	0

[그림 16-15] 버터플라이 매입

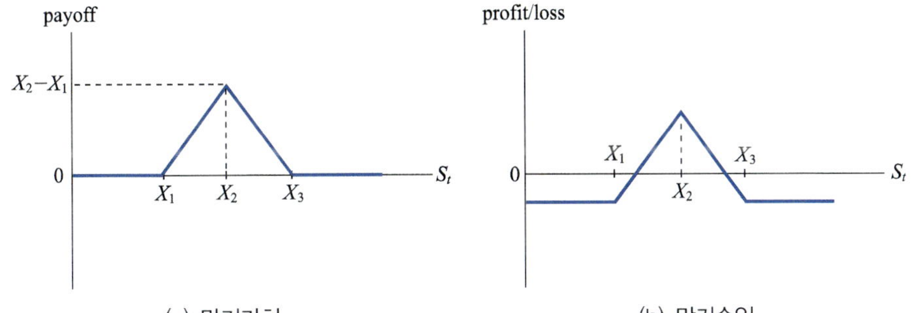

(a) 만기가치 (b) 만기손익

버터플라이 매입은 현재시점에서 프리미엄을 지불하며 만기손익은 다음과 같다.

만기손익 = ① 만기가치 − ② 시간가치를 고려한 프리미엄

② 시간가치를 고려한 프리미엄 = $(P_1 + P_3 - 2 \times P_2) \times (1 + R_f)^t$

[그림 16-15]는 버터플라이 매입의 만기가치와 만기손익구조를 나타낸 것이다.

➠ 버터플라이 매입은 콜옵션과 풋옵션의 만기가치가 동일하므로 일물일가의 법칙에 의하여 프리미엄도 동일하여야 한다.

나비스프레드매입의 만기손익 다음과 같다.

손익분기점 : $S_t = X_1 +$ ② 또는 $S_t = X_3 -$ ②

이익 구간 : $X_1 +$ ② $< S_t < X_3 -$ ②

손실 구간 : $S_t < X_1 +$ ② 또는 $S_t > X_3 -$ ②

최대이익 : $X_2 - X_1 -$ ② or $X_3 - X_2 -$ ②

최대손실 : ②

나비스프레드매입의 만기가치는 행사가격의 차이$(X_2 - X_1)$보다 작기 때문에 스프레드의 프리미엄은 행사가격의 차이$(X_2 - X_1)$의 현재가치보다 작아야 한다.

$$C_1 - 2C_2 + C_3 < \frac{X_2 - X_1}{(1 + R_f)^t}$$

$$P_1 - 2P_2 + P_3 < \frac{X_2 - X_1}{(1 + R_f)^t}$$

[그림 16-16] 버터플라이 매도

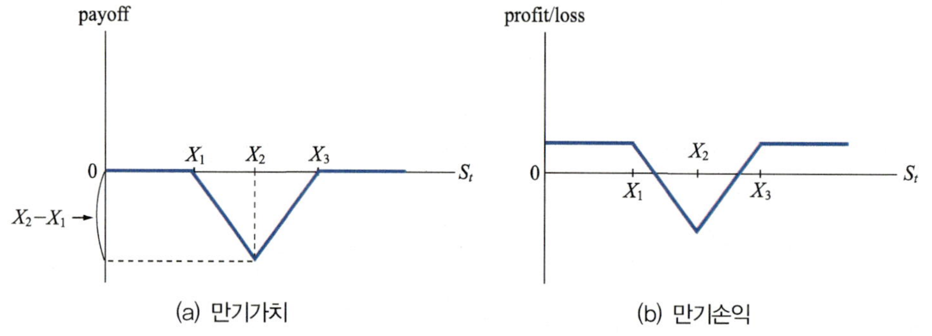

② 나비스프레드 매도

나비스프레드 매도전략은 행사가격이 가장 낮은(X_1) 옵션과 행사가격이 가장 높은(X_3) 옵션을 매도하고, 행사가격이 중간(X_2)인 옵션을 2개 매수하는 전략으로 기초자산 가격의 변동성이 높아질 가능성이 높을 때 이용하는 전략이다. 기초자산의 시장가격의 방향과 관계없이 변동성 크면 이익을 얻을 수 있다. 나비스프레드 매도전략은 샌드위치 스프레드(sandwich spread)라고도 한다.

- 콜옵션을 이용한 버트플라이 스프레드 매도 : $-C_1+2\times C_2-C_3$
- 풋옵션을 이용한 버트플라이 스프레드 매도 : $-P_1+2\times P_2-P_3$

나비스프레드 매도전략의 만기가치와 만기손익은 나비스프레드 매입전략의 만기가치와 만기손익과 zero-sum이 되며, 현재시점에서 프리미엄을 받는다.

[그림 16-16]는 버터플라이 매도의 만기가치와 만기손익구조를 나타낸 것이다.

버터플라이 매도 만기손익 = − 버터플라이 매입 만기손익

예제 16-6

현재 옵션시장에서는 가나기업 주식에 대하여 만기가 1년 남은 콜옵션과 풋옵션이 행사가격에 따라 다음과 같이 가격이 형성되어 있다. 무위험이자율은 연간 10%이다.

행사가격	콜옵션가격	풋옵션가격
3,000원(X_1)	600원	200원
4,000원(X_2)	450원	900원
5,000원(X_3)	400원	1,700원

(1) 행사가격이 4,000원인 콜옵션을 2개 발행하고, 행사가격이 3,000원, 5,000원인 콜옵션을 1개씩 매입한 투자자가 얻을 수 있는 최대이익과 최대손실은 얼마인가? 또한 이익을 얻기 위한 만기시점의 주가의 범위를 구하시오.

(2) 행사가격이 4,000원인 풋옵션을 2개 발행하고, 행사가격이 3,000원, 5,000원인 풋옵션을 1개씩 매입한 투자자가 얻을 수 있는 최대이익과 최대손실은 얼마인가? 또한 이익을 얻기 위한 만기시점의 주가의 범위를 구하시오.

풀이

(1) 콜옵션 나비 스프레드

투자금액은 100원이며, 투자금액의 미래가치는 110원(=100×1.10)이므로

만기손익은 만기가치에서 100원을 차감한다.

투자전략	현재시점 현금흐름	만기시점의 현금흐름			
		$S_t \le X_1$	$X_1 < S_t < X_2$	$X_2 < S_t < X_3$	$S_t \ge X_3$
C_1 1개 매수	−600	0	$+S_t-3{,}000$	$+S_t-3{,}000$	$+S_t-3{,}000$
C_2 2개 매도	+2×450	0	0	$2(4{,}000-S_t)$	$2(4{,}000-S_t)$
C_3 1개 매도	−400	0	0	0	$S_t-5{,}000$
합 계	−100	0	$+S_t-3{,}000$	$5{,}000-S_t$	0
만기손익		−110	$+S_t-3{,}110$	$4{,}890-S_t$	−110

① 최대이익 = 890원

1년 후에 주가가 4,000원이면 이익의 크기는 890원이 된다.

② 최대손실 = 110원

1년 후에 주가가 3,000원 이하이거나 5,000원 이상이면 손실의 크기는 110원으로 일정하게 된다.

③ 이익범위: $S_t-3{,}110 > 0$ ➡ $S_t > 3{,}110$

$4{,}890-S_t > 0$ ➡ $S_t < 4{,}890$

1년 후에 주가가 3,110원 초과, 4,890원 미만이어야 이익이 발생한다.

(2) 풋옵션 나비 스프레드

투자금액은 100원이며, 투자금액의 미래가치는 110원(=100×1.10)이므로

만기손익은 만기가치에서 100원을 차감한다.

투자전략	현재시점 현금흐름	만기시점의 현금흐름			
		$S_t \le X_1$	$X_1 < S_t < X_2$	$X_2 < S_t < X_3$	$S_t \ge X_3$
P_1 1개 매수	−200	$3{,}000 - S_t$	0	0	0
P_2 2개 매도	$+2 \times 900$	$2(S_t - 4{,}000)$	$2(S_t - 4{,}000)$	0	0
P_3 1개 매도	−1,700	$5{,}000 - S_t$	$5{,}000 - S_t$	$5{,}000 - S_t$	0
합　계	−100	0	$+S_t - 3{,}000$	$5{,}000 - S_t$	0
만기손익		−110	$+S_t - 3{,}110$	$4{,}890 - S_t$	−110

① 최대이익 = 890원

1년 후에 주가가 4,000원이면 이익의 크기는 890원이 된다.

② 최대손실 = 110원

1년 후에 주가가 3,000원 이하이거나 5,000원 이상이면 손실의 크기는 110원으로 일정하게 된다.

③ 이익범위 : $S_t - 3{,}110 > 0$ ➠ $S_t > 3{,}110$

$4{,}890 - S_t > 0$ ➠ $S_t < 4{,}890$

1년 후에 주가가 3,110원 초과, 4,890원 미만이어야 이익이 발생한다.

(5) 박스스프레드

박스 스프레드는 콜옵션을 이용한 강세스프레드와 풋옵션을 이용한 약세스프레드를 결합한 전략이다. 즉, 낮은 행사가격(X_1)의 콜옵션을 매입하고 풋옵션을 매도하며, 높은 행사가격(X_2)의 콜옵션을 매도하고 풋옵션을 매입하는 전략으로 만기에 일정한 현금흐름($X_2 - X_1$)을 갖는 전략이다.

박스 스프레드의 투자금액과 만기가치는 다음과 같다.

투자전략	현재시점의 현금흐름	만기시점의 현금흐름		
		$S_t \le X_1$	$X_1 < S_t < X_2$	$S_t \ge X_2$
C_1 매수	$-C_1$	0	$S_t - X_1$	$S_t - X_1$
C_2 매도	$+C_2$	0	0	$-(S_t - X_2)$
P_1 매도	$+P_1$	$-(X_1 - S_t)$	0	0
P_2 매수	$-P_2$	$X_2 - S_t$	$X_2 - S_t$	0
합　계	$-C_1 + C_2 + P_1 - P_2 < 0$	$X_2 - X_1$	$X_2 - X_1$	$X_2 - X_1$

박스 스프레드는 현재시점에서 프리미엄을 지불하며 이 프리미엄은 다음과 같이 만기시점의 현금흐름의 현재가치이며, 만기손익은 0이다.

$$C_1 - C_2 - P_1 + P_2 = PV(X_2 - X_1) = \frac{X_2 - X_1}{(1 + R_f)^t}$$

예제 16-7

옵션은 모두 1년 만기 유럽형이고 기초자산은 동일하다. 무위험이자율은 연간 7%이다. 단, 두 행사가격의 차이는 4,000원이다.

행사가격	콜옵션	풋옵션
K1	4,640원	2,950원
K2	2,470원	4,490원

차익거래 기회가 있는지의 여부를 확인하고, 만약 있다면 차익거래 포지션을 구체적으로 기술하시오.

풀이

박스 스프레드의 균형가격

$$+C_1 - C_2 - P_1 + P_2 = \frac{X_2 - X_1}{(1 + R_f)^t} \rightarrow 4{,}640 - 2{,}470 - 2{,}950 + 4{,}490 < \frac{4{,}000}{1.07^1}$$

∴ 박스스프레드의 시장가격(3,710원) < 균형가격(3,738.32원)

차익거래 : 박스 스프레드 매수, 무위험이자율 차입
→ 행사가격 K1이 콜옵션 매수, 행사가격 K2의 풋옵션 매수,
행사가격 K2의 콜옵션 매도, 행사가격 K1의 풋옵션 매도,
무위험이자율로 3,738.32원을 차입
→ 차익거래이익 : 28.32원

(6) 수평스프레드

수평스프레드(horizontal spread)는 기초자산, 옵션유형, 행사가격은 같으나 만기일이 서로 다른 옵션을 하나는 매입하고 동시에 하나는 발행하는 전략으로 시간 스프레드(time spread) 또는 캘린더 스프레드(calendar spread)라고도 한다. 이 전략은 기간이 짧은 옵션을

발행하고 그보다 기간이 긴 옵션을 매입하여 시간가치의 감소의 차이에서 이익을 얻으려는 목적이다.

기초자산 가격변동에 따른 손익이 수직스프레드는 두 옵션의 만기가 동일하기 때문에 직선의 형태로 실현되지만 수평스프레드는 두 옵션의 만기가 다르기 때문에 곡선의 형태로 실현된다.

5. 콤비네이션 전략

콤비네이션(combination)전략은 만기일과 기초자산이 동일한 콜옵션과 풋옵션을 동시에 매입하거나 매도하는 전략이다. 콤비네이션은 변동성 전략으로 기초자산 가격의 방향과 관계없이 가격의 변동이 크거나 가격이 일정한 범위 내에 머물러 있는 경우 이익을 얻을 수 있는 전략이다. 콤비네이션 전략은 스트래들, 스트랩, 스트립 및 스트랭글 전략이 있다.

(1) 스트래들

① 스트래들 매입 ($C+P$)

스트래들(straddle) 매입은 기초주식, 행사가격, 만기일이 동일한 콜옵션과 풋옵션을 각각 1개씩 동시에 매입하는 전략이다. 기초자산의 변동성이 커질 것으로 예상하는 경우에 이용하는 전략으로 기초자산의 시장가격의 방향과 관계없이 변동성 크면 이익을 얻을 수 있다.

스트래들 매입은 현재시점에서 프리미엄을 지불하며 만기손익은 다음과 같다.

만기손익 = ① 만기가치 − ② 시간가치를 고려한 프리미엄

① 만기가치 $= C_t + P_t = \max[0, S_t - X] + \max[0, X - S_t]$

② 시간가치를 고려한 프리미엄 $= (C+P) \times (1+R_f)^t$

[그림 16-17]은 스트래들 매입의 만기가치와 만기손익구조를 나타낸 것이다.

스트래들 매입의 만기손익 다음과 같다.

[그림 16-17] 스트래들 매입

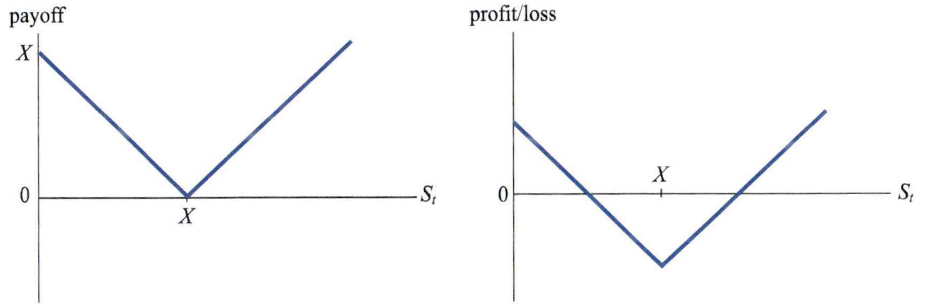

(a) 만기가치 (b) 만기손익

손익분기점 : $S_t = X -$ ② 또는 $S_t = X +$ ②

이익 구간 : $S_t < X -$ ② 또는 $S_t > X +$ ②

손실 구간 : $X -$ ② $< S_t < X +$ ②

최대이익 : 무한

최대손실 : ②

② 스트래들 매도 ($-C-P$)

스트래들(straddle) 매도는 기초주식, 행사가격, 만기일이 동일한 콜옵션과 풋옵션을 각각 1개씩 동시에 매도하는 전략이다. 기초자산의 변동성이 작아질 것으로 예상하는 경우에 이용하는 전략으로 기초자산의 시장가격이 일정한 범위 내에 머물러 있는 경우에 이익을 얻을 수 있다.

스트래들 매도전략의 만기가치와 만기손익은 스트래들 매입전략의 만기가치와 만기손익과 zero-sum이 되며, 현재시점에서 프리미엄을 받는다.

[그림 16-18]은 스트래들 매도의 만기가치와 만기손익구조를 나타낸 것이다.

스트래들 매도의 만기손익 = −스트래들 매입의 만기손익

(2) 스트랩과 스트립

스트랩(strap)은 기초주식, 행사가격, 만기일이 동일한 2개의 콜옵션과 1개의 풋옵션을 동시에 매입하는 전략이다.➠ ($2C+P$)

[그림 16-18] 스트래들 매도

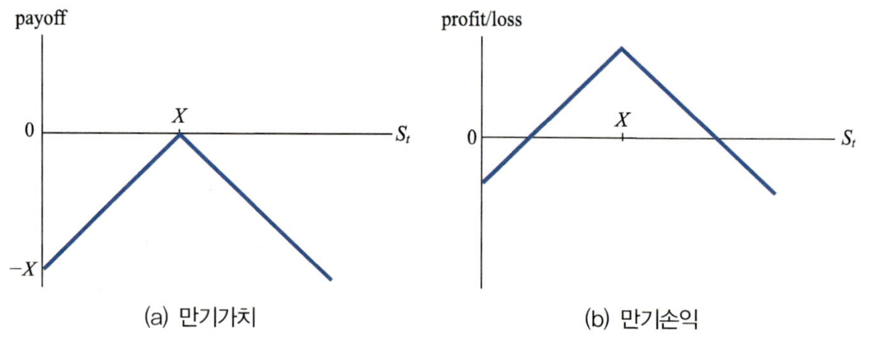

이 전략은 방향성 매매와 변동성 매매를 결합한 전략으로 기초자산의 가격변동성 확대를 대비하면서도 기초자산 가격 상승가능성에 비중을 둔 투자전략이다. 스트랩은 현재시점에서 프리미엄을 지불하며 만기손익은 다음과 같다

만기손익 = ① 만기가치 − ② 시간가치를 고려한 프리미엄

① 만기가치 $= 2C_t + P_t = 2\times\max[0, S_t - X] + \max[0, X - S_t]$

② 시간가치를 고려한 프리미엄 $= (2C + P)\times(1 + R_f)^t$

스트립(strip)은 기초주식, 행사가격, 만기일이 동일한 1개의 콜옵션과 2개의 풋옵션을 동시에 매입하는 전략이다.➠ $(C + 2P)$

이 전략은 방향성 매매와 변동성 매매를 결합한 전략으로 기초자산의 가격변동성 확대를 대비하면서도 기초자산 가격 하락가능성에 비중을 둔 투자전략이다. 스트립은 현재시점에서 프리미엄을 지불하며 만기손익은 다음과 같다

만기손익 = ① 만기가치 − ② 시간가치를 고려한 프리미엄

① 만기가치 $= C_t + 2P_t = \max[0, S_t - X] + 2\times\max[0, X - S_t]$

② 시간가치를 고려한 프리미엄 $= (C + 2P)\times(1 + R_f)^t$

[그림 16-19]는 스트랩과 스트립의 만기손익구조를 나타낸 것이다.

스트랩 만기손익 다음과 같다.

손익분기점 : $S_t = X -$ ② 또는 $S_t = X +$ ② $\times 0.5$

[그림 16-19] 스트랩과 스트립

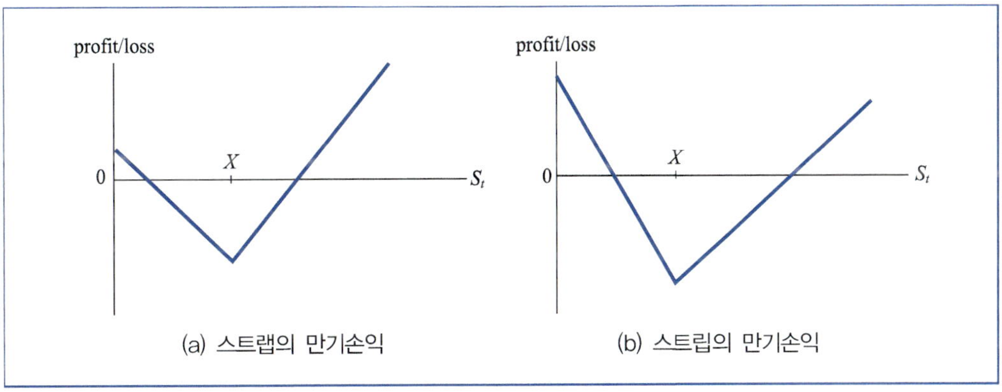

(a) 스트랩의 만기손익 (b) 스트립의 만기손익

이익 구간 : $S_t < X -$ ② 또는 $S_t > X +$ ② $\times 0.5$

손실 구간 : $X -$ ② $< S_t < X +$ ② $\times 0.5$

최대이익 : 무한

최대손실 : ②

스트립 만기손익 다음과 같다.

손익분기점 : $S_t = X -$ ② $\times 0.5$ 또는 $S_t = X +$ ②

이익 구간 : $S_t < X -$ ② $\times 0.5$ 또는 $S_t > X +$ ②

손실 구간 : $X -$ ② $\times 0.5 < S_t < X +$ ②

최대이익 : 무한

최대손실 : ②

(3) 스트랭글

① 스트랭글 매입 ($C_2 + P_1$ or $C_1 + P_2$)

스트랭글(strangle)매입은 기초주식 및 만기일이 동일하며 행사가격이 다른 콜옵션과 풋옵션을 각각 1개씩 동시에 매입하는 전략이다. 기초자산의 변동성이 커질 것으로 예상하는 경우에 이용하는 전략으로 기초자산의 시장가격의 방향과 관계없이 변동성 크면 이익을 얻을 수 있다.

행사가격이 높은 콜옵션과 행사가격이 낮은 풋옵션을 결합한 스트랭글 매입 ($C_2 + P_1$)은 현재시점에서 프리미엄을 지불하며 만기손익은 다음과 같다.

[그림 16-20] 스트랭글 매입

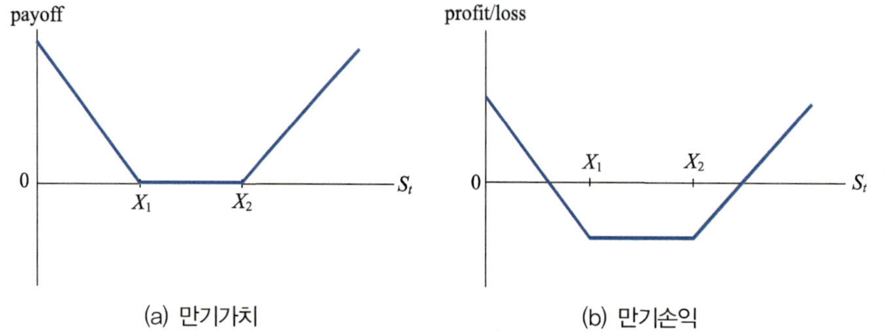

만기손익 = ① 만기가치 − ② 시간가치를 고려한 프리미엄

① 만기가치 $= C_t + P_t = \max[0, S_t - X_2] + \max[0, X_1 - S_t]$

② 시간가치를 고려한 프리미엄 $= (C_2 + P_1) \times (1 + R_f)^t$

[그림 16-20]는 스트랭글 매입의 만기가치와 만기손익구조를 나타낸 것이다.
스트랭글 매입의 만기손익 다음과 같다.

손익분기점 : $S_t = X_1 -$ ② 또는 $S_t = X_2 +$ ②

이익 구간 : $S_t < X_1 -$ ② 또는 $S_t > X_2 +$ ②

손실 구간 : $X_1 -$ ② $< S_t < X_2 +$ ②

최대이익 : 무한

최대손실 : ②

② 스트랭글 매도($-C_2 - P_1$or $-C_1 - P_2$)

스트랭글(strangle)매도는 기초주식 및 만기일이 동일하며 행사가격이 다른 콜옵션과 풋옵션을 각각 1개씩 동시에 매도하는 전략이다. 기초자산의 변동성이 작아질 것으로 예상하는 경우에 이용하는 전략으로 기초자산의 시장가격이 일정한 범위 내에 머물러 있는 경우에 이익을 얻을 수 있다.

스트랭글 매도전략의 만기가치와 만기손익은 스트랭글 매입전략의 만기가치와 만기손익과 zero-sum이 되며, 현재시점에서 프리미엄을 받는다.

[그림 16-21]은 스트랭글 매도의 만기가치와 만기손익구조를 나타낸 것이다.

[그림 16-21] 스트랭글 매도

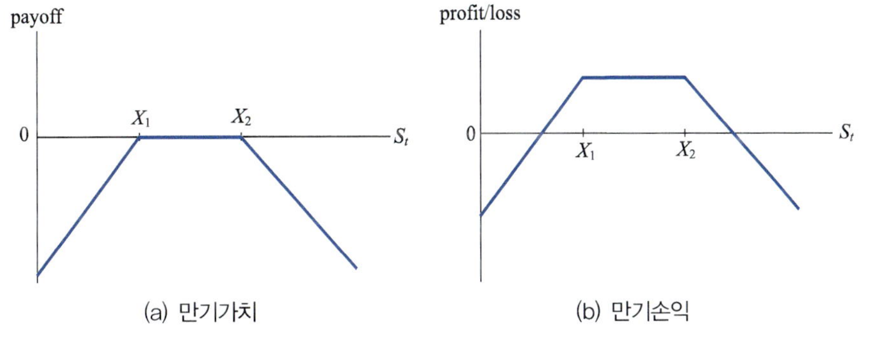

스트랭글 매도의 만기손익 = −스트랭글 매입의 만기손익

예제 16-8

현재 옵션시장에서는 가나기업 주식에 대하여 만기가 1년 남은 콜옵션과 풋옵션이 행사가격에 따라 다음과 같이 가격이 형성되어 있다. 무위험이자율은 연간 10%이다.

행사가격	콜옵션가격	풋옵션가격
3,000원(X_1)	600원	200원
4,000원(X_2)	450원	900원

(1) 행사가격이 3,000원인 콜옵션과 풋옵션을 각각 1개 매입한 투자자가 만기에 이익을 볼 수 있는 만기시점의 주가의 범위를 구하시오.

(2) 행사가격이 3,000원인 콜옵션과 풋옵션을 각각 1개 발행한 투자자가 만기에 이익을 볼 수 있는 만기시점의 주가의 범위를 구하시오.

(3) 행사가격이 4,000원인 콜옵션을 1개 매입하고, 행사가격 3,000원인 풋옵션을 1개 매입한 투자자가 만기에 이익을 볼 수 있는 만기시점의 주가의 범위를 구하시오.

(4) 행사가격이 4,000원인 콜옵션을 1개 발행하고, 행사가격 3,000원인 풋옵션을 1개 발행한 투자자가 만기에 이익을 볼 수 있는 만기시점의 주가의 범위를 구하시오.

(5) 행사가격이 3,000원인 콜옵션을 2개 매입하고, 행사가격 3,000원인 풋옵션을 1개 매입한 투자자가 만기에 이익을 볼 수 있는 만기시점의 주가의 범위를 구하시오.

(6) 행사가격이 3,000원인 콜옵션을 1개 매입하고, 행사가격 3,000원인 풋옵션을 2개 매입한 투자자가 만기에 이익을 볼 수 있는 만기시점의 주가의 범위를 구하시오.

풀이

(1) 스트래들 매수

투자금액은 800원이며, 투자금액의 미래가치는 880원(=800×1.10)이므로 만기손익은 만기가치에서 880원을 차감한다.

- 만기가치가 양(+)인 범위 : S_t < 3,000 또는 S_t > 3,000
- 만기손익의 이익 범위 : S_t < 2,120(=3,000−880) 또는 S_t > 3,880(=3,000+880)

(2) 스트래들 매도

스트래들 매수의 손익과 반대로 결정한다.

2,120 < S_t < 3,880

(3) 스트랭글 매수

투자금액은 650원이며, 투자금액의 미래가치는 715원(=650×1.10)이므로 만기손익은 만기가치에서 715원을 차감한다.

- 만기가치가 양(+)인 범위 : S_t < 3,000 또는 S_t > 4,000
- 만기손익의 이익 범위 : S_t < 2,285(=3,000−715) 또는 S_t > 4,715(=4,000+715)

(4) 스트랭글 매도

스트랭글 매수의 손익과 반대로 결정한다.

2,285 < S_t < 4,715

(5) 스트랩 매수

투자금액은 1,400원이며, 투자금액의 미래가치는 1,540원(=1,400×1.10)이므로 만기손익은 만기가치에서 1,540원을 차감한다.

- 만기가치가 양(+)인 범위 : S_t < 3,000 또는 (S_t > 3,000)×2
- 만기손익의 이익 범위 : S_t < 1,460(=3,000−1,540) 또는 S_t > 3,770(=3,000+1,540/2)

(6) 스트립 매수

투자금액은 1,000원이며, 투자금액의 미래가치는 1,100원(=1,000×1.10)이므로 만기손익은 만기가치에서 1,100원을 차감한다.

- 만기가치가 양(+)인 범위 : (S_t < 3,000)×2 또는 S_t > 3,000
- 만기손익의 이익 범위 : S_t < 2,450(=3,000−1,100/2) 또는 S_t > 4,100(=3,000+1,100)

(4) 칼라(Collar)

옵션 칼라전략은 콤비네이션 전략과는 달리 높은 행사가격(X_2)의 콜옵션을 매도하고 낮은 행사가격(X_1)의 풋옵션을 매입하는 전략이다. ➡ $(P_1 - C_2)$

[그림 16-22] 옵션칼라의 만기가치

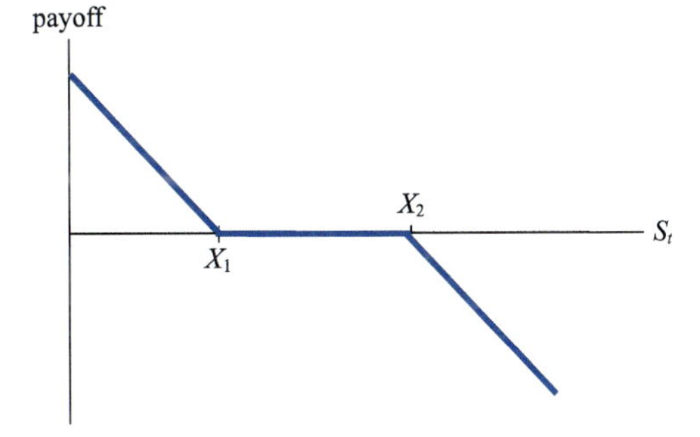

이 전략은 기초자산의 가격이 하락하면 이익을 얻을 수 있는 방향성전략이다. 칼라전략의 투자금액과 만기가치는 다음과 같다.

투자전략	현재시점의 현금흐름	만기시점의 현금흐름		
		$S_t \le X_1$	$X_1 < S_t < X_2$	$S_t \ge X_2$
P_1 매수	$-P_1$	$X_1 - S_t$	0	0
C_2 매도	$+C_2$	0	0	$-(S_t - X_2)$
합 계	$-P_1 + C_2$	$X_1 - S_t$	0	$X_2 - S_t$

옵션칼라전략의 프리미엄 지불 또는 수취여부는 콜옵션의 가격과 풋옵션의 가격에 따라 달라진다.

[그림 16-22]은 옵션칼라의 만기가치구조를 나타낸 것이다.

6. 옵션전략의 활용

옵션을 이용한 투자전략은 기초자산 가격의 방향성 및 변동성에 대한 예상에 따라 다음과 같은 다양한 형태의 투자수단을 활용할 수 있다.

[그림 16-23] 옵션전략의 유형과 효과

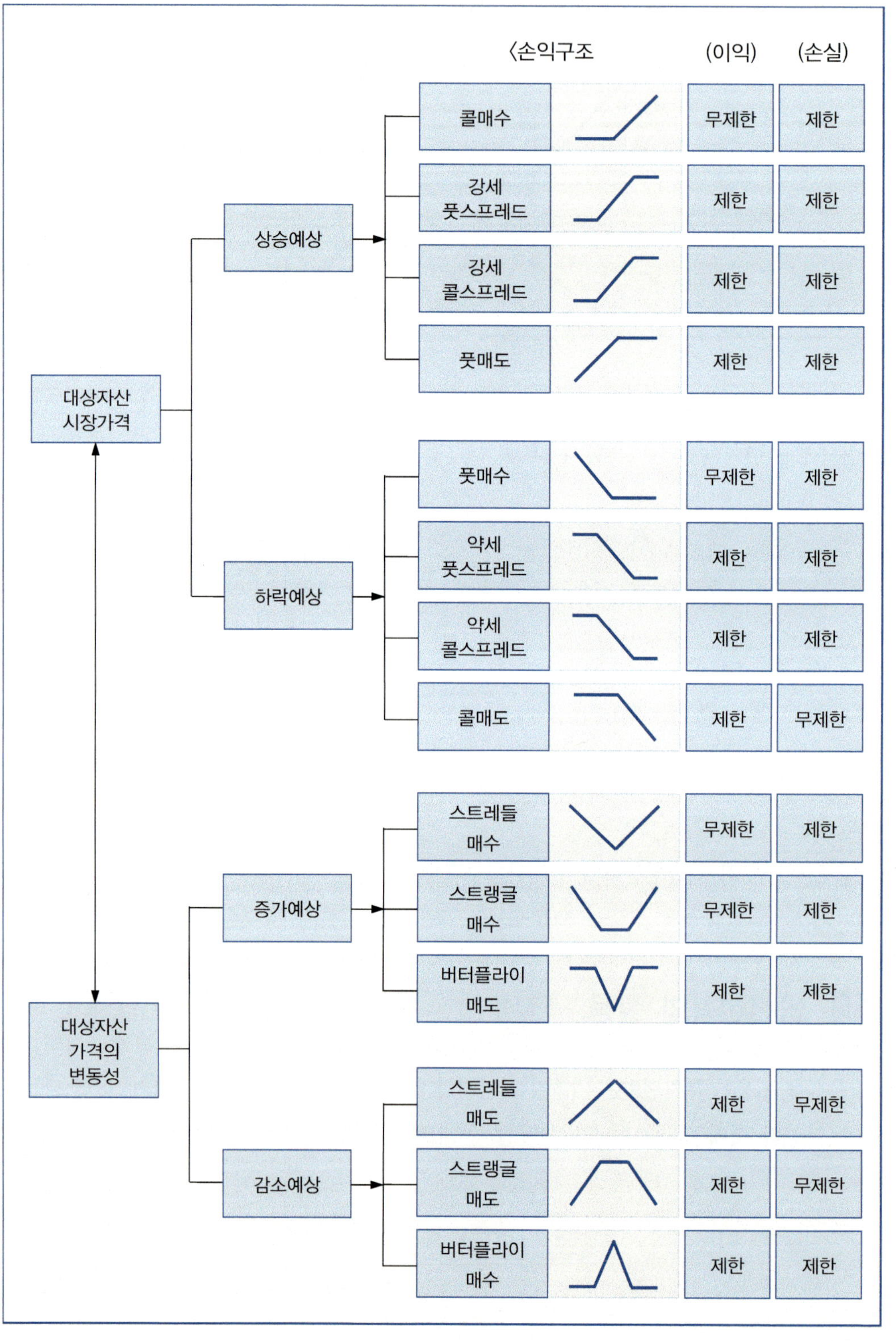

제4절 옵션가격의 결정요인과 범위

1. 옵션가격의 결정범위

(1) 유럽형콜옵션(C_E)

① $C \geq 0$

옵션은 유리할 때 행사하는 권리이므로 옵션의 가격은 0보다 작을 수 없다.

② $C \leq S$

식 (16.5)에서 설명한 것처럼 콜옵션의 가격은 기초자산의 가격보다 높을 수 없다.

③ $C \geq S - PV(X)$

식 (16.7)에서 설명한 것처럼 콜옵션의 가격은 기초자산의 가격에서 행사가격의 현재가치를 차감한 값보다 작을 수 없다.

①, ②, ③의 조건에 따라 유럽형 콜옵션(C_E)가격의 범위는 다음과 같다.

$$Max\,[0,\ S - PV(X)] \leq C_E \leq S$$

위의 식을 그림으로 나타내면 [그림 16-24]로 나타난다.

[그림 16-24] 유럽형 콜옵션의 가격 범위

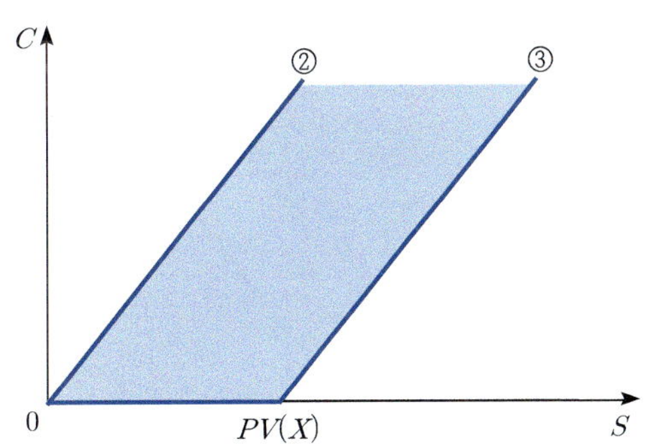

(2) 미국형콜옵션(C_A)

미국형 콜옵션은 만기 전에 조기행사가 가능하기 때문에 유럽형 콜옵션의 가격범위 ①, ②, ③에 추가로 ④의 조건을 만족하여야 한다.

④ $C \geq S-X$

미국형 콜옵션의 가격은 기초자산의 가격에서 행사가격을 차감한 값보다 작을 수 없다.

①, ②, ③, ④의 조건에 따라 미국형 콜옵션(C_A)가격의 범위는 다음과 같다.

$$Max\,[0,\ S-X] \leq Max\,[0,\ S-PV(X)] \leq C_A \leq S$$

위의 식을 그림으로 나타내면 [그림 16-25]로 나타난다. ③의 가격하한이 ④의 가격하한보다 더 크기 때문에 배당을 지급하지 않는 주식을 기초자산으로 하는 미국형 콜옵션의 가격은 유럽형 콜옵션의 가격과 크기가 같다. 이는 기초자산에 배당이 없는 경우 미국형 콜옵션은 만기 전에 조기행사 되지 않는 것을 의미한다. 왜냐하면 만기 전 미국형 콜옵션의 매도가격(③)이 행사로부터의 이득(④)보다 더 크기 때문이다.

무배당주식을 기초자산하는 하는 경우 : $C_A = C_E$
유배당주식을 기초자산으로 하는 경우 : $C_A \geq C_E$

[그림 16-25] 미국형 콜옵션의 가격 범위

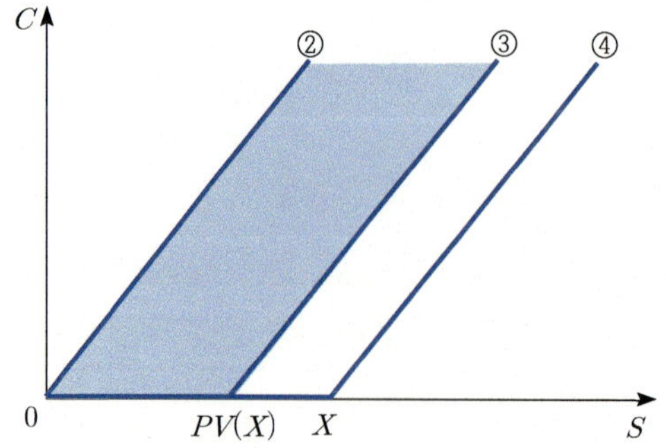

(3) 유럽형 풋옵션(P_E)

① $P \geq 0$

옵션은 유리할 때 행사하는 권리이므로 옵션의 가격은 0보다 작을 수 없다.

② $P \leq PV(X) \leq X$

식 (16.6)에서 설명한 것처럼 풋옵션의 가격은 행사가격의 현재가치 보다 높을 수 없다. 또한 풋옵션을 보유하여 얻을 수 있는 최대가치는 행사가격이므로 풋옵션의 가격이 행사가격보다 높을 수 없다.

③ $P \geq PV(X) - S$

식 (16.8)에서 설명한 것처럼 풋옵션의 가격은 행사가격의 현재가치에서 기초자산의 가격을 차감한 값보다 작을 수 없다.

①, ②, ③의 조건에 따라 유럽형 풋옵션(P_E)가격의 범위는 다음과 같다.

$$Max\,[0,\ PV(X) - S] \leq P_E \leq PV(X)$$

위의 식을 그림으로 나타내면 [그림 16-26]으로 나타난다. 단, 여기서 점선표시부분은 풋옵션의 내재가치를 나타낸다.

[그림 16-26] 유럽형 풋옵션의 가격 범위

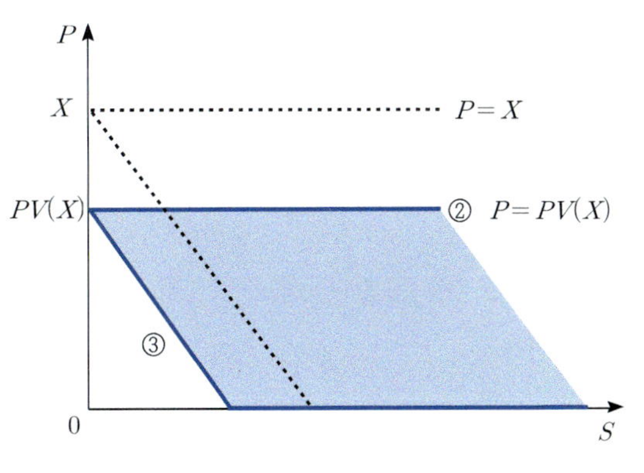

(4) 미국형 풋옵션(P_A)

미국형 풋옵션은 만기 전에 조기행사가 가능하기 때문에 유럽형 풋옵션의 가격범위 ①, ②, ③에 추가로 ④, ⑤의 조건을 만족하여야 한다.

④ $P \geq X - S$

미국형 풋옵션의 가격은 행사가격에서 기초자산의 가격을 차감한 값보다 작을 수 없다.

⑤ $P \leq X$

미국형 풋옵션은 만기 전에 조기 행사하여 얻을 수 있는 최대가치는 행사가격이므로 풋옵션의 가격이 행사가격보다 높을 수 없다.

①, ②, ③, ④, ⑤의 조건에 따라 미국형 풋옵션(P_A)가격의 범위는 다음과 같다.

$$Max\,[0,\ PV(X) - S] \leq Max\,[0,\ X - S] \leq P_A \leq PV(X) \leq X$$

위의 식을 그림으로 나타내면 [그림 16-27]로 나타난다. ④의 가격하한이 ③의 가격하한보다 더 크고, ⑤의 가격상한이 ②의 가격상한보다 더 크기 때문에 미국형 풋옵션의 가격은 유럽형 풋옵션의 가격보다 더 크거나 같다. 이는 미국형 풋옵션은 만기일 이전에 조기행사 가능성을 의미한다.

무배당주식을 기초자산하는 하는 경우 : $P_A \geq P_E$

유배당주식을 기초자산으로 하는 경우 : $P_A \geq P_E$

[그림 16-27] 미국형 콜옵션의 가격 범위

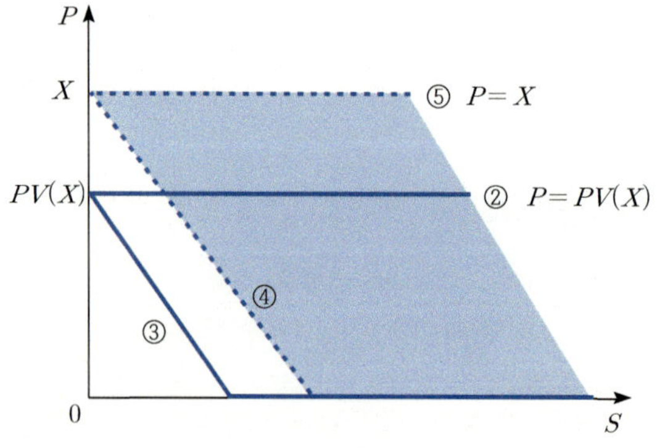

2. 내재가치와 시간가치

옵션가격(프리미엄)은 내재가치와 시간가치로 구성된다.

$$옵션가격 = 내재가치 + 시간가치$$

(1) 내재가치

내재가치(intrinsic value)는 옵션을 현재시점에서 행사한 경우의 가치로 콜옵션과 풋옵션의 내재가치는 다음과 같다.

$$콜옵션의\ 내재가치 = Max\,[0,\ S-X]$$
$$풋옵션의\ 내재가치 = Max\,[0,\ X-S]$$

외가격이나 등가격에서 옵션의 내재가치는 0이며, 내가격에서 옵션의 내재가치는 양(+)이 된다.

(2) 시간가치

옵션의 시간가치(time value)는 기초자산의 가격이 유리한 방향으로 변동할 가능성에 대한 가치로 시간가치는 옵션의 가격에서 내재가치를 차감하여 구한다.

$$시간가치 = 옵션가격 - 내재가치$$

옵션의 시간가치는 내재가치가 없는 등가격이나 외가격에서도 양(+)의 값을 갖는다. [그림 16-24]에서 콜옵션의 가격과 점선으로 표시된 내재가치의 차이인 시간가치는 항상 양(+)의 값을 갖는다. [그림 16-26]에서 풋옵션의 가격과 점선으로 표시된 내재가치의 차이인 시간가치는 대부분 양(+)의 값을 갖지만, 0보다 작을 가능성도 있다.

시간가치의 크기는 기초자산의 현재가격, 기초자산 가격의 변동성 및 옵션의 만기에 영향을 받는다.

① 기초자산의 현재가격

[그림 16-24]와 [그림 16-26]에서 옵션의 가격과 점선으로 표시된 내재가치의 차이인 시간가치는 기초자산의 가격과 행사가격이 비슷할수록 큰 것을 알 수 있다. 즉 등가격 옵션

의 시간가치가 내가격 옵션이나 외가격 옵션의 시간가치보다 크다. 따라서 옵션의 시간가치는 등가격에서 가장 크며, 외가격 또는 내가격에서 그 크기가 줄어든다.

➠ 옵션의 내재가치는 내가격에서 가장 크며, 시간가치는 등가격에서 가장 크다.

② 기초자산의 변동성 (+)

기초자산 가격의 분산이 클수록 시간가치는 증가한다. 기초자산 가격의 변동성이 클수록 유리한 방향으로 변동할 가능성이 크기 때문이다.

③ 옵션의 만기 (+)

시간가치는 만기가 많이 남아 있을수록 크다. 만기가 많이 남아 있을수록 기초자산의 시장가격이 유리한 방향으로 변동할 가능성이 크기 때문이다. 따라서 옵션 만기일에 가까워질수록 시간가치는 줄어들게 된다. 만기일이 되면 시간가치는 0이 되고 만기시점의 옵션의 가치는 내재가치만이 남게 된다.

3. 옵션가격의 결정요인

옵션의 가격(프리미엄)은 기초자산의 현재가격(S), 옵션의 행사가격(X), 옵션의 만기(t), 기초자산 가격의 분산(σ^2), 무위험이자율 및 기초자산(주식)에 대한 배당(D)의 영향을 받는다.

(1) 콜옵션

1) 기초자산의 현재가격(S)

다른 조건이 일정한 경우, 기초자산의 가격이 커지면 콜옵션의 가치는 커진다.

∵ 콜옵션의 내재가치 $= Max\,[0,\ S-X]$

2) 행사가격(X)

다른 조건이 일정한 경우, 행사가격이 클수록 콜옵션의 가치는 작아진다.

∵ 콜옵션의 내재가치 $= Max\,[0,\ S-X]$

3) 만기(t)

다른 조건이 일정한 경우, 잔존만기가 길수록 콜옵션의 가치는 커진다.

∵ 잔존만기가 길수록 콜옵션의 시간가치가 커지며, 행사가격의 현재가치가 감소하여 가격하한이 커진다.

4) 기초자산가격의 분산(σ^2)

다른 조건이 일정한 경우, 기초자산 가격의 분산이 클수록 콜옵션의 가치는 커진다.

∵ 잔존만기가 길수록 콜옵션의 시간가치가 커진다.

4) 무위험이자율(R_f)

다른 조건이 일정한 경우, 무위험이자율이 클수록 콜옵션의 가치는 커진다.

∵ 무위험이자율이 클수록 행사가격의 현재가치가 감소하여 콜옵션 가격하한이 커진다.

6) 기초자산에 대한 배당(D)

다른 조건이 일정한 경우, 예상배당이 클수록 콜옵션의 가치는 작아진다.

∵ 배당을 많이 지급할수록 기초자산(주식)의 가격이 더 많이 하락한다.

☞ 배당은 기초자산이 주식인 경우이며, 일반적으로는 기초자산을 보유하여 얻게 되는 현금수입을 말한다.

(2) 풋옵션

1) 기초자산의 현재가격(S)

다른 조건이 일정한 경우, 기초자산의 가격이 커지면 풋옵션의 가치는 작아진다.

∵ 풋옵션의 내재가치 = $Max\,[0,\ X-S]$

2) 행사가격(X)

다른 조건이 일정한 경우, 행사가격이 클수록 풋옵션의 가치는 커진다.

∵ 풋옵션의 내재가치 = $Max\,[0,\ X-S]$

3) 만기(t)

다른 조건이 일정한 경우, 잔존만기가 풋옵션의 가격에 미치는 효과는 명확하지 않다.

∵ 잔존만기가 길수록 풋옵션의 시간가치가 커지지만, 행사가격의 현재가치가 감소하여 가격하한이 작아진다.

4) 기초자산가격의 분산(σ^2)

다른 조건이 일정한 경우, 기초자산 가격의 분산이 클수록 풋옵션의 가치는 커진다.

∵ 잔존만기가 길수록 콜옵션의 시간가치가 커진다.

5) 무위험이자율(R_f)

다른 조건이 일정한 경우, 무위험이자율이 클수록 풋옵션의 가치는 작아진다.

∵ 무위험이자율이 클수록 행사가격의 현재가치가 감소하여 풋옵션 가격하한이 작아진다.

6) 기초자산에 대한 배당(D)

다른 조건이 일정한 경우, 예상배당이 클수록 풋옵션의 가치는 커진다.

∵ 배당을 많이 지급할수록 기초자산(주식)의 가격이 더 많이 하락한다.

제5절 옵션가격결정모형(OPM)

옵션가격결정모형(OPM: option pricing model)은 옵션가격이 어떻게 결정되는지를 보여주는 모형으로 이항옵션가격결정모형과 블랙-숄즈 옵션가격결정모형이 있다. 이항옵션가격결정모형은 기초자산의 가격이 이산적으로 변하는 이항분포를 가정하며, 블랙-숄즈(Black-Scholes)옵션가격결정모형은 기초자산의 가격이 연속적으로 변하는 것을 가정한다. 옵션가격결정모형에서는 배당을 지급하지 않는 주식을 기초자산으로 하여 설명한다.

1. 이항옵션가격결정모형

(1) 이항분포

이항옵션가격결정모형(binomial OPM)은 Cox & Rubinstein(1976)에 의해서 제시된 모형으로 기초자산의 가격변동이 이항분포를 따른다고 가정한다. 이항모형 가정은 기초자산의 가격이 단일기간 동안 상승하거나 하락하는 두 개의 가격 중 하나로 나타난다는 가정이다.

1기간 이항분포모형에서는 다음과 같이 용어를 정의한다.

u : 주가상승계수

d : 주가하락계수

q : 주가상승확률

$1-q$: 주가하락확률

주가상승시 주식의 만기가치 : $S_u = uS$

주가하락시 주식의 만기가치 : $S_d = dS$

주가상승시 콜옵션의 만기가치 : $C_u = \max[S_u - X, 0]$

주가하락시 콜옵션의 만기가치 : $C_d = \max[S_d - X, 0]$

주가상승시 풋옵션의 만기가치 : $P_u = \max[X - S_u, 0]$

주가하락시 풋옵션의 만기가치 : $P_d = \max[X - S_d, 0]$

[그림 16-28] 1기간 이항분포에서 주식과 콜옵션의 가치

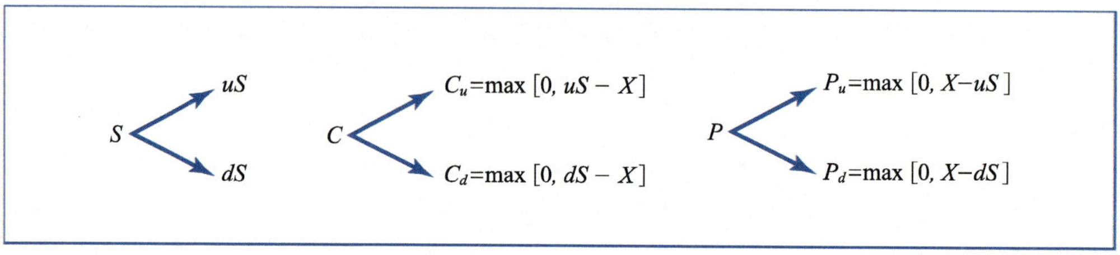

1기간 후에 주가는 q의 확률로 uS가 되고 $(1-q)$의 확률로 dS가 되며, 이에 따른 콜옵션과 풋옵션의 1기간 후 가치는 [그림 16-28]와 같은 분포를 보인다. 상승계수와 하락계수는 1기간 동안의 '1+수익률'을 의미한다. 예를 들어, 현재주가가 100원인 경우 1년 후 주가가 20% 상승하여 주가가 120원이 되는 경우 주가상승계수(u)는 1.20이 되며, 1년 후 주가가 20% 하락하여 주가가 800원이 되는 경우 주가하락계수(d)는 0.80이 된다.

$$S_u = uS = 1.20 \times 100 = 120\text{원}$$
$$S_d = dS = 0.80 \times 100 = 80\text{원}$$

주가의 변동금액을 알 수 있으면 1기간 후의 콜옵션과 풋옵션의 만기가치를 구할 수 있다. 예를 들어, 만기가 1년이고 행사가격이 90원인 콜옵션과 풋옵션의 만기가치는 다음과 같다.

주가상승시 콜옵션의 만기가치: $C_u = \max[S_u - X, 0] = \max[120-90,\ 0] = 30$
주가하락시 콜옵션의 만기가치: $C_d = \max[S_d - X, 0] = \max[80-90,\ 0] = 0$

주가상승시 풋옵션의 만기가치: $P_u = \max[X - S_u, 0] = \max[90-120, 0] = 0$
주가하락시 풋옵션의 만기가치: $P_d = \max[X - S_d, 0] = \max[90-80, 0] = 10$

균형상태에서는 주가상승계수, 주가하락계수, 무위험이자율의 관계는 다음과 같다.

$$d \leq 1 + R_f \leq u$$

이는 상승시의 주식수익률이 무위험수익률보다 높으며, 하락시의 주식수익률이 무위험수익률보다 낮아야 함을 의미한다.

[그림 16-29] 주식과 콜옵션을 결합한 헤지포트폴리오의 이항분포

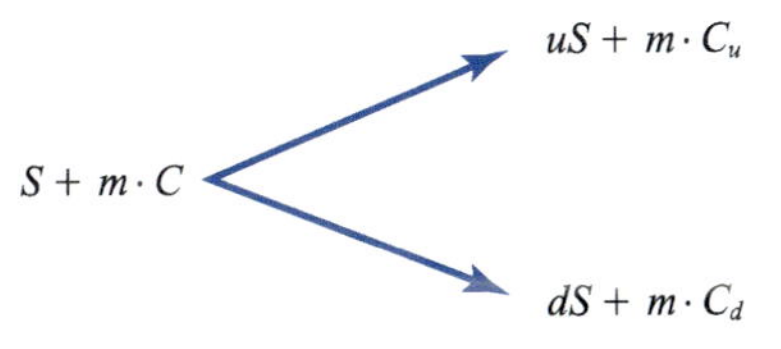

이항옵션가격결정모형으로 옵션의 균형가격을 산출하는 방법은 다음과 같이 3가지 접근방법이 있다.

- 헤지포트폴리오 접근법
- 위험중립접근법
- 복제포트폴리오 접근법

이항분포모형이나 Black-Scholes모형은 모두 3가지 방법 중에서 헤지포트폴리오를 구성하여 모형을 도출하며, 실제계산은 위험중립확률 접근법으로 하는 것이 편리하다.

(2) 헤지포트폴리오 접근법

헤지포트폴리오는 주식과 옵션을 결합하여 미래의 주식가격의 변동과 관계없이 일정한 수익을 얻는 포트폴리오이다. 따라서 헤지포트폴리오의 미래현금흐름은 위험이 없기 때문에 현재가치는 무위험이자율로 할인하여 계산한다. 옵션의 현재가치를 계산할 때 적용할 위험조정할인율을 산출할 수가 없기 때문에 무위험이자율로 현재가치를 계산하는 헤지포트폴리오 접근방법은 옵션가격결정모형에 매우 유용하다.

① 콜옵션의 균형가격

기초주식 1개를 매입하고 이 주식에 대해 m개의 콜옵션을 구입한 헤지포트폴리오(H)를 다음과 같이 구성한다.

$$H = S + mC$$

m : 헤지비율(HR: hedge ratio)

헤지포트폴리오의 1기간 후 가치는 [그림 16-29]와 같은 분포를 이루게 된다.

주가상승시 헤지포트폴리오의 만기가치: $H_u = S_u + mC_u$

주가하락시 헤지포트폴리오의 만기가치: $H_d = S_d + mC_d$

이때 1기간 후의 두 가지 상황에서의 만기가치가 동일해야 할 것이다. 왜냐하면 주가변동과는 무관한 헤지포트폴리오를 구성하였다고 하였으므로 상황과 무관하게 일정한 값을 가져야 하기 때문이다. 따라서 다음 식을 통해서 헤지포트폴리오를 구성하기 위하여 기초주식 1주에 대해서 매입해야 할 콜옵션의 개수 **m**을 구할 수 있다.

$$H_u = H_d \quad \Rightarrow \quad S_u + mC_u = S_d + mC_d \quad \Rightarrow \quad m = -\frac{S_u - S_d}{C_u - C_d}$$

$m < 0$ 이므로 m은 기초주식 1주에 대해서 매도해야 할 콜옵션의 개수이다.

균형상태에서 헤지포트폴리오의 현재가치는 다음과 같이 1기간 후의 가치를 무위험이자율로 할인한다.

$$S + mC = \frac{H_u}{(1+R_f)^1} = \frac{H_d}{(1+R_f)^1}$$

위의 식에 $m = -\dfrac{S_u - S_d}{C_u - C_d}$을 대입한 후 콜옵션 가격에 대해서 정리하면 다음과 같다.

$$C = \left[C_u \left(\frac{(1+R_f) - d}{u - d} \right) + C_d \left(\frac{u - (1+R_f)}{u - d} \right) \right] \div (1+R_f)$$

$p = \dfrac{(1+R_f) - d}{u - d}$라고 놓으면 위의 식은 다음과 같다.

$$C = \frac{C_u \times p + C_d \times (1-p)}{1+R_f}$$

$$d \le 1 + R_f \le u \quad \Rightarrow \quad 0 \le p \le 1$$

p는 헤지확률(hedge probability) 또는 위험중립확률이라고 하며, 이는 주가상승확률인 q와는 다른 것이다. 위험중립확률의 의미 및 이를 이용한 계산은 위험중립접근법에서 설명한다.

옵션 델타는 기초자산의 가격이 1원 변동할 때 옵션가격의 변동하는 크기를 말한다.

콜옵션의 델타 : $\Delta_C = \dfrac{\partial C}{\partial S}$ ➡ 이항모형의 콜옵션의 델타 : $\Delta_C = \dfrac{C_u - C_d}{S_u - S_d}$
풋옵션의 델타 : $\Delta_P = \dfrac{\partial P}{\partial S}$ ➡ 이항모형의 풋옵션의 델타 : $\Delta_P = \dfrac{P_u - P_d}{S_u - S_d}$

이항모형의 콜옵션의 델타와 헤지비율(m)을 비교하면 다음의 관계가 있다.

$$m = -\frac{S_u - S_d}{C_u - C_d} = -\frac{1}{\Delta_C} \qquad (16.11)$$

헤지비율(m)과 옵션의 델타는 '−역수'의 관계가 성립한다.

② 풋옵션의 균형가격

기초주식 1개를 매입하고 이 주식에 대해 m개의 풋옵션을 구입한 헤지포트폴리오(H)를 다음과 같이 구성한다.

$$H = S + mP$$

그러면 이의 1기간 후 가치는 다음과 같은 분포를 이루게 된다.

주가상승시 헤지포트폴리오의 만기가치: $H_u = S_u + mP_u$

주가하락시 헤지포트폴리오의 만기가치: $H_d = S_d + mP_d$

이때 1기간 후의 두 가지 상황에서의 만기가치가 동일해야 할 것이다. 따라서 다음 식을 통해서 헤지포트폴리오를 구성하기 위하여 기초주식 1주에 대해서 매입해야 할 풋옵션의 개수 m을 구할 수 있다.

$$H_u = H_d \;\Rightarrow\; S_u + mP_u = S_d + mP_d \;\Rightarrow\; m = -\frac{S_u - S_d}{P_u - P_d}$$

$m > 0$이므로 m은 기초주식 1주에 대해서 매입해야 할 풋옵션의 개수이다.

m을 아래의 식에 대입하면 풋옵션의 균형가격을 구할 수 있다.

$$S + mP = \frac{H_u}{(1+R_f)^1} = \frac{H_d}{(1+R_f)^1}$$

(3) 위험중립접근법

기초자산인 주식의 균형가격(S)은 기대현금흐름을 위험조정할인율로 할인한 값이며 확실성등가(CEQ)를 무위험이자율로 할인한 값과도 일치한다. 기대현금흐름을 계산할 때에는 주가상승확률(q)과 주가하락확률($1-q$)을 사용하며, 확실성등가를 계산할 때에는 위험중립확률을 사용한다. 이항분포모형에서는 위험중립확률을 다음과 같이 정의한다.

p : 주가상승 위험중립확률(주가상승 헤지확률)
$1-p$: 주가하락 위험중립확률(주가하락 헤지확률)

기초자산인 주식의 위험중립확률은 다음과 같이 도출할 수 있다.

- 1년 후 주식의 기대현금흐름 $= S_u \times q + S_d \times (1-q)$
- 1년 후 주식의 확실성등가 $= S_u \times p + S_d \times (1-p)$

$$S = \frac{S_u \times q + S_d \times (1-q)}{1+k_e} = \frac{S_u \times p + S_d \times (1-p)}{1+R_f} \tag{16.12}$$

위의 식에 $S_u = uS$, $S_d = dS$을 대입하여 정리하면 다음과 같다.

$$S = \frac{uS \times p + dS \times (1-p)}{1+R_f} \quad \Rightarrow \quad 1 = \frac{u \times p + d \times (1-p)}{1+R_f}$$

위의 식을 정리하면 주가상승 위험중립확률은 다음과 같이 계산된다.

$$p = \frac{1+R_f-d}{u-d} \tag{16.13}$$

옵션의 균형가격도 주식과 마찬가지로 기대현금흐름을 위험조정할인율로 할인하거나 확실성등가(CEQ)를 무위험이자율로 할인하여 구할 수 있다. 이때 기초자산의 위험조정할인율(k)는 옵션의 위험조정할인율로 사용할 수가 없기 때문에 옵션의 균형가격은 확실성등가(CEQ)를 무위험이자율로 할인한다. 헤지포트폴리오 접근법에서 증명이 된 헤지확률과 기초자산의 위험중립확률이 동일하기 때문에 옵션의 확실성등가를 결정할 때의 위험중립확률을 기초자산의 위험중립확률을 사용한다.

- 1년 후 콜옵션의 확실성등가 $= C_u \times p + C_d \times (1-p)$
- 1년 후 풋옵션의 확실성등가 $= P_u \times p + P_d \times (1-p)$
- 주가상승 위험중립확률 : $p = \dfrac{1+R_f-d}{u-d}$

콜옵션의 균형가격 : $C = \dfrac{C_u \times p + C_d \times (1-p)}{1+R_f}$ (16.14)

풋옵션의 균형가격 : $P = \dfrac{P_u \times p + P_d \times (1-p)}{1+R_f}$ (16.15)

예제 16-9

㈜마바의 현재 주당 가격은 10,000원이다. 주가변동은 이항분포를 따르는데 1년후 주가가 상승하여 12,000원이 될 확률은 90%, 주가가 하락하여 7,000원이 될 확률은 10%이다. 무위험이자율은 10%이며 ㈜마바 주식을 기초자산으로 하는 1년 만기 유럽형 콜옵션과 풋옵션의 행사가격은 10,000원으로 동일이다.

(1) 헤지포트폴리오 접근법으로 유럽형 콜옵션의 가격을 구하시오.
(2) 위험중립접근법으로 유럽형 콜옵션의 가격을 구하시오.
(3) 헤지포트폴리오 접근법으로 유럽형 풋옵션의 가격을 구하시오.
(4) 위험중립접근법으로 유럽형 풋옵션의 가격을 구하시오.
(5) 풋-콜 패러티가 성립함을 보이시오.

풀이

(1) 헤지포트폴리오 접근법으로 계산한 콜옵션의 가격
주식가격의 이항분포는 다음과 같다.
$u = 1.20$ ➡ $S_u = 10{,}000 \times 1.20 = 12{,}000$
$d = 0.70$ ➡ $S_d = 10{,}000 \times 0.70 = 7{,}000$

콜옵션의 만기가치를 이항분포로 나타내면 다음과 같다.
$C_u = \max[S_u - X,\ 0] = \max[12{,}000 - 10{,}000,\ 0] = 2{,}000$
$C_d = \max[S_d - X,\ 0] = \max[7{,}000 - 10{,}000,\ 0] = 0$

주식 1주를 매입하면서 m개의 콜옵션을 매입하는 헤지포트폴리오를 구성한다.
$H = S + mC$

헤지포트폴리오의 만기가치를 이항분포로 나타내면 다음과 같다.

$H_u = S_u + mC_u = 12,000 + m \times 2,000$

$H_d = S_d + mC_d = 7,000 + m \times 0$

헤지포트폴리오가 되기 위해서는 이항분포의 만기가치가 동일하여야 한다.

$H_u = H_d$ ➡ $12,000 + m \times 2,000 = 7,000 + m \times 0$ ➡ $m = -2.5$

헤지포트폴리오의 가치는 헤지포트폴리오 만기가치의 현재가치와 같아야 한다.

$$S + mC = \frac{H_u}{1+R_f} = \frac{H_d}{1+R_f}$$

$10,000 - 2.5 \times C = 7,000/1.10$ ➡ $C = 1,455$원

(2) 위험중립접근법으로 계산한 콜옵션의 가격

위험중립확률을 구하면 다음과 같다.

$$p = \frac{1+R_f-d}{u-d} = \frac{1.10-0.7}{1.2-0.7} = 0.8$$

콜옵션의 균형가격은 다음과 같다.

$$C = \frac{C_u \times p + C_d \times (1-p)}{1+R_f} = \frac{2,000 \times 0.8 + 0 \times 0.2}{1.10} = 1,455\text{원}$$

☞ 콜옵션의 내재가치 = max[10,000 − 10,000, 0] = 0원

콜옵션의 시간가치 = 1,455 − 0 = 1,455원

(3) 헤지포트폴리오 접근법으로 계산한 풋옵션의 가격

풋옵션의 만기가치를 이항분포로 나타내면 다음과 같다.

$P_u = \max[X - S_u,\ 0] = \max[10,000 - 12,000,\ 0] = 0$

$P_d = \max[X - S_d,\ 0] = \max[10,000 - 7,000,\ 0] = 3,000$

주식 1주를 매입하면서 m개의 풋옵션을 매입하는 헤지포트폴리오를 구성한다.

$H = S + mP$

헤지포트폴리오의 만기가치를 이항분포로 나타내면 다음과 같다.

$H_u = S_u + mP_u = 12,000 + m \times 0$

$H_d = S_d + mP_d = 7,000 + m \times 3,000$

헤지포트폴리오가 되기 위해서는 이항분포의 만기가치가 동일하여야 한다.

$H_u = H_d$ ➡ $12,000 + m \times 0 = 7,00 + m \times 3,000$ ➡ $m = +1.667$

헤지포트폴리오의 가치는 헤지포트폴리오 만기가치의 현재가치와 같아야 한다.

$$S+mP=\frac{H_u}{1+R_f}=\frac{H_d}{1+R_f}$$

$10{,}000+1.667\times P=12{,}000/1.10$ ➠ $P=545$원

(4) 위험중립접근법으로 계산한 풋옵션의 가격

풋옵션의 균형가격은 다음과 같다.

$$P=\frac{P_u\times p+P_d\times(1-p)}{1+R_f}=\frac{0\times 0.8+3{,}000\times 0.2}{1.10}=545\text{원}$$

☞ 풋옵션의 내재가치 = max[10,000 − 10,000, 0] = 0원

풋옵션의 시간가치 = 545 − 0 = 545원

(5) 풋-콜 패리티 성립

콜옵션 가격 1,455원과 풋옵션 가격 545원은 다음과 같이 풋-콜 패리티가 성립한다.

$S-C+P=PV(X)$

$$10{,}000-1{,}455+545=\frac{10{,}000}{1.10^1}$$

위에서 도출된 옵션 가격은 다음과 같은 특징을 갖는다.

① 주가 상승확률(q)이나 하락확률($1-q$)은 옵션가격에 영향을 미치지 않는다. 이는 투자자들의 주가변동에 대한 동질적 예측의 가정이 필요 없다는 것을 의미한다.

② 옵션가격은 투자자들의 위험에 대한 태도와 무관하다. 이는 투자자의 위험에 대한 태도가 위험회피적이라는 가정이 필요 없다는 것을 의미한다.

③ 옵션가격을 결정하는 유일한 확률변수는 기초주식의 가격이다.

(4) 복제포트폴리오 접근법

옵션의 균형가격은 기초주식과 채권으로 구성한 복제포트폴리오를 이용하여 계산할 수도 있다. 주식 a개를 매입하고 채권을 구입한 복제포트폴리오(R)는 다음과 같이 구성한다.

$$R=aS+B$$

그러면 이의 1기간 후 가치는 아래의 그림과 같은 분포를 이루게 된다.

주가상승시 복제포트폴리오의 만기가치 : $R_u = aS_u + B(1+R_f)^1$

주가하락시 복제포트폴리오의 만기가치 : $R_d = aS_d + B(1+R_f)^1$

① 콜옵션의 균형가격

콜옵션의 복제포트폴리오는 1기간 후의 두 가지 상황에서의 만기가치가 콜옵션과 동일해야 할 것이다. 따라서 다음 식을 통해서 복제포트폴리오를 구성하기 위하여 기초주식의 구입개수 a와 채권구입액 B를 구할 수 있다.

$$R_u = C_u \Rightarrow aS_u + B(1+R_f)^1 = C_u$$

$$R_d = C_d \Rightarrow aS_d + B(1+R_f)^1 = C_d$$

위의 두 식을 연립방정식으로 풀면 a와 B를 구할 수 있다.

일물일가의 법칙에 의하여 복제포트폴리오의 투자비용과 콜옵션의 가격은 동일하여야 하므로 콜옵션의 균형가격은 다음과 같다.

$$C = a \times S + B \tag{16.16}$$

위의 식을 콜옵션에 대해서 주식으로 1차 편미분을 하면 a가 콜옵션의 델타임을 알 수 있다.

$$\frac{\partial C}{\partial S} = a = \Delta_C = a$$

② 풋옵션의 균형가격

풋옵션의 복제포트폴리오는 1기간 후의 두 가지 상황에서의 만기가치가 풋옵션과 동일해야 할 것이다. 따라서 다음 식을 통해서 복제포트폴리오를 구성하기 위하여 기초주식의 구입개수 a와 채권구입액 B를 구할 수 있다.

$$R_u = P_u \Rightarrow aS_u + B(1+R_f)^1 = P_u$$

$$R_d = P_d \Rightarrow aS_d + B(1+R_f)^1 = P_d$$

위의 두 식을 연립방정식으로 풀면 a와 B를 구할 수 있다.

일물일가의 법칙에 의하여 복제포트폴리오의 투자비용과 풋옵션의 가격은 동일하여야 하므로 풋옵션의 균형가격은 다음과 같다.

$$P = a \times S + B \tag{16.17}$$

위의 식을 풋옵션에 대해서 주식으로 1차 편미분을 하면 a가 풋옵션의 델타임을 알 수 있다.

$$\frac{\partial P}{\partial S} = a = \Delta_P = a$$

예제 16-10

(1) <예제 16-9>에서 콜옵션의 균형가격을 복제포트폴리오 접근법으로 계산하시오.
(2) <예제 16-9>에서 풋옵션의 균형가격을 복제포트폴리오 접근법으로 계산하시오.

풀이

(1) 주식 a개를 매입하고 채권을 구입하여 콜옵션을 복제한 포트폴리오(R)는 다음과 같이 구성한다.

$$R = aS + B$$
$$R_u = C_u \Rightarrow a \times 12{,}000 + B \times 1.10 = 2{,}000$$
$$R_d = C_d \Rightarrow a \times 7{,}000 + B \times 1.10 = 0$$

위의 식을 연립방정식으로 풀면 $a = 0.4$, $B = -2{,}545$
즉, 주식을 0.4개 매입하고 2,545원의 채권을 공매(차입)하면 1기간 후에 콜옵션과 동일한 만기가치를 갖는다.
일물일가의 법칙에 의하여 복제포트폴리오의 투자비용이 콜옵션의 균형가격이다.

$$C = a \times S + B \Rightarrow C = 0.4 \times 10{,}000 - 2{,}545 = 1{,}455\text{원}$$

(2) 주식 a개를 매입하고 채권을 구입하여 풋옵션을 복제한 포트폴리오(R)는 다음과 같이 구성한다.

$$R = aS + B$$
$$R_u = P_u \Rightarrow a \times 12{,}000 + B \times 1.10 = 0$$
$$R_d = P_d \Rightarrow a \times 7{,}000 + B \times 1.10 = 3{,}000$$

위의 식을 연립방정식으로 풀면 $a = -0.6$, $B = 6{,}545$
즉, 주식을 0.6개 공매하고 6,545원의 채권을 매입(대출)하면 1기간 후에 풋옵션과 동일한 만기가치를 갖는다.

일물일가의 법칙에 의하여 복제포트폴리오의 투자비용이 풋옵션의 균형가격이다.

$$P = a \times S + B \Rightarrow P = -0.6 \times 10{,}000 + 6{,}545 = 545\text{원}$$

(5) 2기간 모형

이항분포모형의 가정에 의하면 2기간 후 주가 및 옵션의 이항분포는 다음과 같다.

$$S_{uu}=uS_u=u^2S \;➠\; C_{uu}=\max[S_{uu}-X,\ 0] \qquad P_{uu}=\max[X-S_{uu},\ 0]$$
$$S_{ud}=dS_u=udS \;➠\; C_{ud}=\max[S_{ud}-X,\ 0] \qquad P_{ud}=\max[X-S_{ud},\ 0]$$
$$S_{du}=uS_d=duS \;➠\; C_{du}=\max[S_{du}-X,\ 0] \qquad P_{du}=\max[X-S_{du},\ 0]$$
$$S_{dd}=dS_d=d^2S \;➠\; C_{dd}=\max[S_{dd}-X,\ 0] \qquad P_{dd}=\max[X-S_{dd},\ 0]$$

단일기간 이항옵션가격결정모형의 식 (16.14)를 이용하면 1기 후 옵션가치인 C_u와 C_d를 구할 수 있다.

$$C_u=\frac{[pC_{uu}+(1-p)C_{ud}]}{1+R_f},\quad C_d=\frac{[pC_{du}+(1-p)C_{dd}]}{1+R_f} \tag{16.18}$$

위의 식을 식 (16.14)에 대입하면 만기가 2기간인 콜옵션의 균형가격은 다음과 같다.

$$C=\frac{[p^2C_{uu}+2p(1-p)C_{ud}+(1-p)^2C_{dd}]}{(1+R_f)^2} \tag{16.19}$$

식 (16.19)를 응용하면 만기가 2기간인 풋옵션의 균형가격은 다음과 같다.

$$P=\frac{[p^2P_{uu}+2p(1-p)P_{ud}+(1-p)^2P_{dd}]}{(1+R_f)^2} \tag{16.20}$$

(6) 다기간 모형

2기간 모형을 n기간으로 확장하여 일반화화면 다음과 같다.

$$C=\frac{\sum_{n=0}^{T}{}_TC_np^n(1-p)^{T-n}\max[0,\ u^nd^{T-n}S-X]}{(1+R_f)^T} \tag{16.21}$$

식 (16.21)을 3기간으로 응용하면 유럽형 콜옵션의 균형가격은 다음과 같다.

$$C_0 = \frac{p^3 \times C_{uuu} + 3 \times p^2 \times (1-p) \times C_{uud} + 3 \times p \times (1-p)^2 \times C_{udd} + (1-p)^3 \times C_{ddd}}{(1+R_f)^3} \quad (16.22)$$

$$C_{uuu} = \max[0, u^3S - X]$$

$$C_{uud} = C_{udu} = C_{duu}\max[0, u^2dS - X]$$

$$C_{udd} = C_{ddu} = C_{dud} = \max[0, ud^2S - X]$$

$$C_{ddd} = \max[0, d^3S - X]$$

예제 16-11

㈜마바의 현재 주당 가격은 10,000원이다. 주가변동은 이항분포를 따르는데 1년후 주가가 상승하여 12,000원이 될 확률은 90%, 주가가 하락하여 7,000원이 될 확률은 10%이다. 무위험이자율은 10%이며 ㈜마바 주식을 기초자산으로 하는 만기가 2년, 행사가격이 10,000원인 유럽형 콜옵션과 풋옵션의 가격을 구하시오.

풀이

(1) 위험중립확률

$$p = \frac{1+R_f-d}{u-d} = \frac{1.10-0.7}{1.2-0.7} = 0.8$$

(2) 1기간 주식의 이항분포

$u = 1.20$ ➡ $S_u = 10,000 \times 1.20 = 12,000$

$d = 0.70$ ➡ $S_d = 10,000 \times 0.70 = 7,000$

(3) 2기간 주식 및 옵션의 이항분포

1) $S_{uu} = 12,000 \times 1.20 = 14,400$

➡ $C_{uu} = \max[S_{uu} - X,\ 0] = \max[14,400 - 10,0000,\ 0] = 4,400$

➡ $P_{uu} = \max[X - S_{uu},\ 0] = \max[10,000 - 14,400,\ 0] = 0$

2) $S_{ud} = 12,000 \times 0.70 = 8,400$

➡ $C_{ud} = \max[S_{ud} - X,\ 0] = \max[8,400 - 10,000,\ 0] = 0$

➡ $P_{ud} = \max[X - S_{ud},\ 0] = \max[10,000 - 8,400,\ 0] = 1,600$

3) $S_{du} = 7,000 \times 1.20 = 8,400$

➡ $C_{du} = \max[S_{du} - X,\ 0] = \max[8,400 - 10,000,\ 0] = 0$

➡ $P_{du} = \max[X - S_{du},\ 0] = \max[10,000 - 8,400,\ 0] = 1,600$

4) $S_{dd} = 7,000 \times 0.70 = 4,900$

➡ $C_{dd}=\max[S_{dd}-X,\ 0]=\max[4{,}900-10{,}000,\ 0]=0$

➡ $P_{dd}=\max[X-S_{dd},\ 0]=\max[10{,}000-4{,}900,\ 0]=5{,}100$

(4) 유럽형 콜옵션 가격

<방법1>

① 1기간 시점의 콜옵션의 가치를 구한다.

$$C_u=\frac{C_{uu}\times p+C_{ud}\times(1-p)}{(1+R_f)^1}=\frac{4{,}400\times0.8+0\times0.2}{1.10^1}=3{,}200$$

$$C_d=\frac{C_{du}\times p+C_{dd}\times(1-p)}{(1+R_f)^1}=\frac{0\times0.8+0\times0.2}{1.10^1}=0$$

② 현재시점의 콜옵션 가격을 구한다.

$$C=\frac{C_u\times p+C_d\times(1-p)}{(1+R_f)^1}=\frac{3{,}200\times0.8+0\times0.2}{1.10^1}=2{,}327$$

<방법2>

현재시점의 콜옵션 가격을 구한다.

$$C=\frac{(4{,}400\times0.8^2)+(2\times0\times0.8\times0.2)+(0\times0.2^2)}{1.10^2}=2{,}327$$

(5) 유럽형 풋옵션 가격

<방법 1>

① 1기간 시점의 풋옵션의 가치를 구한다.

$$P_u=\frac{P_{uu}\times p+P_{ud}\times(1-p)}{(1+R_f)^1}=\frac{0\times0.8+1{,}600\times0.2}{1.10^1}=291$$

$$P_d=\frac{P_{du}\times p+P_{dd}\times(1-p)}{(1+R_f)^1}=\frac{1{,}600\times0.8+5{,}100\times0.2}{1.10^1}=2{,}091$$

② 현재시점의 풋옵션 가격을 구한다.

$$P=\frac{P_u\times p+P_d\times(1-p)}{(1+R_f)^1}=\frac{291\times0.8+2{,}091\times0.2}{1.10^1}=592$$

<방법 2>

현재시점의 풋옵션 가격을 구한다.

$$P=\frac{(0\times0.8^2)+(2\times1{,}600\times0.8\times0.2)+(5{,}100\times0.2^2)}{1.10^2}=592$$

☞ 풋-콜 패리티 성립

$S-C+P=PV(X)$

$$10{,}000-2{,}327+592=\frac{10{,}000}{1.10^2}$$

(7) 정적헤지와 동적헤지

복제포트폴리오는 특정 자산과 동일한 현금흐름을 갖는 정적복제(static replication)와 특정자산과 동일한 현금흐름을 갖지 않는 동적복제(dynamic replication)가 있다. 동적복제는 특정자산과 복제포트폴리오는 단일지점에서만 유사하게 작동한다고 가정하므로 지속적인 재조정(rebalancing)이 필요하다.

풋-콜 패리티에서 기초주식을 1개 매입하고 행사가격이 동일한 풋옵션을 매입하고 행사가격의 현재가치를 차입하면 콜옵션의 정적복제이다.$(C = S + P - PV(X))$ 정적복제포트폴리오를 이용하여 특정자산을 위험회피대상으로 하고 정적복제포트폴리오를 위험회피수단으로 하는 헤지를 정적헤지(static hedge)라고 하며, 이는 지속적인 재조정(rebalancing)이 필요없다.

풋-콜 패리티의 정적헤지포트폴리오를 이용하면 콜옵션의 델타와 풋옵션의 델타와의 관계를 알 수 있다. 정적헤지포트폴리오를 다음과 같이 구성한다.

$$H = S - C + P$$

정적헤지포트폴리오를 기초주식에 대하여 편미분하면 다음과 같이 0이 되어야 한다.

$$\frac{\partial H}{\partial S} = \frac{\partial S}{\partial S} - \frac{\partial C}{\partial S} + \frac{\partial P}{\partial S} = 0$$

$$\Rightarrow \quad 1 - \Delta_c + \Delta_p = 0 \qquad (16.23)$$

2기간 이항분포에서 주식 a개를 매입하고 채권을 구입하여 콜옵션을 복제한 포트폴리오는 동적복제이다.$(C = aS + B)$ 동적복제포트폴리오를 이용하여 특정자산을 위험회피대상으로 하고 동적복제포트폴리오를 위험회피수단으로 하는 헤지를 동적헤지(dyna- mic hedge)라고 하며, 이는 지속적인 재조정(rebalancing)이 필요하다. 특히, 동적헤지는 헤지포트폴리오의 기울기인 델타를 0인 상태(델타 중립)로 만들기 때문에 델타 헤지(Delta Hedge)라고도 한다.

예제 16-12

(1) <예제 16-11>에서 주식 100주를 보유한 투자자의 풋옵션을 이용한 동적헤지전략을 제시하시오,

(2) <예제 16-11>에서 주식 100주를 보유한 투자자의 정적헤지전략을 제시하시오, 단, 콜옵션과 행사가격과 만기가 동일한 풋옵션이 존재한다고 가정한다.

풀이

(1) 현재시점에서의 동적헤지포트폴리오는 다음과 같다.

$$H=S+mP$$

동적헤지포트폴리오를 기초주식에 대하여 편미분하면 다음과 같이 0이 되어야 한다.

$$\frac{\partial H}{\partial S}=\frac{\partial S}{\partial S}-m\frac{\partial P}{\partial S}=0 \ \Rightarrow\ m=-\frac{1}{\Delta_p}$$

풋옵션은 유럽형이기 때문에 1년 후의 풋옵션의 가격을 다음과 같이 구한다.

$$P_u=\frac{P_{uu}\times p+P_{ud}\times(1-p)}{(1+R_f)^1}=\frac{0\times0.8+1,600\times0.2}{1.10^1}=291$$

$$P_d=\frac{P_{du}\times p+P_{dd}\times(1-p)}{(1+R_f)^1}=\frac{1,600\times0.8+5,100\times0.2}{1.10^1}=2,091$$

현재시점에서 1년 후까지 풋옵션의 델타와 헤지비율은 다음과 같다.

$$\Delta_p=\frac{P_u-P_d}{S_u-S_d}=\frac{291-2,091}{12,000-7,000}=-0.36 \ \Rightarrow\ \mathrm{m}=+2.78$$

따라서 주식 100주를 보유한 투자자는 현재시점에 풋옵션 278개를 매입한다.

① 1년 후 주가가 상승한 경우의 재조정

1년 후의 풋옵션의 델타와 헤지비율은 다음과 같다.

$$\Delta_p=\frac{P_{uu}-P_{ud}}{S_{uu}-S_{ud}}=\frac{0-1,600}{14,400-8,400}=-0.267 \ \Rightarrow\ m=+3.75$$

따라서 주식 100주를 보유한 투자자는 1년 후에 풋옵션 375개의 매수가 필요하므로 추가로 풋옵션 97개를 매입한다.

1년 후에 재조정을 하지 않으면 2년 후 헤지포트폴리오의 만기가치는 다음과 같다.

주가가 상승한 경우: 100주×14,400 + 278×0=1,440,000원

주가가 하락한 경우: 100주×8,400 + 278×1,600=1,284,800원

② 1년 후 주가가 하락한 경우의 재조정

1년 후의 풋옵션의 델타와 헤지비율은 다음과 같다.

$$\triangle_p = \frac{P_{du} - P_{dd}}{S_{du} - S_{dd}} = \frac{1,600 - 5,100}{8,400 - 4,900} = -1 \Rightarrow m\ +1$$

따라서 주식 100주를 보유한 투자자는 1년 후에 풋옵션 100개 매수가 필요하므로 기존의 풋옵션 178개를 매도한다.

1년 후에 재조정을 하지 않으면 2년 후 헤지포트폴리오의 만기가치는 다음과 같다.

주가가 상승한 경우: 100주×8,400 + 278 × 1,600＝1,284,800원

주가가 하락한 경우: 100주×4,900 + 278 × 5,100＝1,907,800원

(2) 현재시점에서의 정적헤지포트폴리오는 다음과 같다.

$$H = S - C + P$$

주식 100주를 보유한 투자자는 현재시점에 콜옵션 100개를 매도하며, 콜옵션과 만기와 행사가격이 동일한 풋옵션 100개를 매입한다.

2년 후의 주식 1주에 대한 헤지포트폴리오의 만기가치는 다음과 같다.

$$H_{uu} = 14,400 - 4,400 + 0 = 10,000$$

$$H_{ud} = 8,400 - 0 + 1,600 = 10,000$$

$$H_{du} = 8,400 - 0 + 1,600 = 10,000$$

$$H_{dd} = 4,900 - 0 + 5,100 = 10,000$$

따라서 주식 100주를 보유한 투자자는 현재시점의 정적헤지포트폴리오를 재구성하지 않고 2년 후에 아무런 위험 없이 10,000×100주＝1,000,000원을 얻게 된다.

2. 블랙-숄즈모형

(1) 개요

블랙-숄즈 옵션가격결정모형은 1973년에 Black & Scholes에 의해 제시된 모형으로 이항분포모형과 마찬가지로 주식과 옵션을 결합한 헤지포트폴리오를 이용하여 도출한다. 이 모형은 위너 확률 과정(Wiener stochastic process)을 가정하는 등 복잡한 수학모형을 사용하므로 도출과정을 이해하기 위해서는 고도의 수학적 지식이 필요하며 이는 본서의 범위를 벗어나므로 모형의 도출과정은 생략한다. 블랙-숄즈 모형은 다음과 같은 가정을 하고 있다.

- 주가는 위너과정(Wiener process)을 따른다. 주가는 연속적(continuous)으로 변동하고, 정규분포를 이룬다.
- 주식시장과 옵션시장은 완전자본시장이며, 차익거래의 기회가 존재하지 않는다.
- 배당을 지급하지 않는 주식을 기초자산으로 하는 유럽형 옵션을 가정한다.
- 주식이나 옵션의 공매에 제한이 없다.
- 무위험이자율은 옵션 만기동안 일정하다.

(2) 옵션가격결정모형

블랙-숄즈 옵션가격결정모형은 콜옵션의 균형가격은 다음과 같이 결정된다.

$$C = S \cdot N(d_1) - X \times e^{-R_f t} \times N(d_2) \tag{16.24}$$

$$d_1 = \frac{\ln\left(\frac{S}{X}\right) + \left(R_f + \frac{\sigma^2}{2}\right)t}{\sigma\sqrt{t}}, \quad d_2 = d_1 - \sigma\sqrt{t}$$

단, C: 콜옵션의 가격
S: 주식의 가격
X: 행사가격
t: 옵션의 만기
R_f: 연속복리 무위험이자율
$N(\cdot)$: 표준정규분포의 z=d까지의 누적확률
σ : 주식수익률의 표준편차
e : 자연대수(2.71818...)

식 (16.24)를 풋-콜 패리티에 대입하면 풋옵션의 균형가격은 다음과 같이 결정된다.

$$P = \frac{X}{e^{R_f t}} \cdot N(-d_2) - S \cdot N(-d_1) \tag{16.25}$$

(3) 계산절차

블랙-숄즈 OPM으로 옵션가격을 구하는 절차는 다음과 같다.

① 식 (16.24)의 공식을 이용하여 d_1, d_2를 구한다.

② 표준정규분포표를 이용하여 $N(d_1)$, $N(d_2)$를 구한다. $N(d)$는 표준정규분포표에서 $z=d$까지의 누적확률을 의미한다. 따라서 $1-N(d)=N(-d)$이 된다.
예를 들어 제10장에서 설명한 것처럼 신뢰구간 90%일 때 $z=1.65$이므로 $d=1.65$인 경우 $N(d)=N(1.65)=0.95$가 된다. 또한 $1-N(1.65)=N(-1.65)=0.05$가 된다.

③ $N(d_1)$, $N(d_2)$을 식 (16.24) 또는 식 (16.25)의 공식에 대입하여 옵션가격을 산출한다.

예제 16-13

㈜마바의 현재 주당 가격은 12,500원이며, 주가의 표준편차는 0.4이다. 무위험이자율은 10%이며 ㈜마바 주식을 기초자산으로 하는 4년 만기 유럽형 콜옵션의 행사가격은 10,000원이다. 다음의 자료를 이용하여 콜옵션의 현재가치를 구하시오. (단, $e^{-0.1}=0.90483$)

S/X	1.0	1.15	1.2	1.25	1.3
ln S/X	0	0.1300	0.1823	0.2231	0.2624

d	1.10	1.12	1.14	1.18	1.20
$N(d)$	0.8643	0.8686	0.8729	0.8810	0.8849

d	0.30	0.32	0.34	0.38	0.40
$N(d)$	0.6179	0.6255	0.6331	0.6480	0.6554

단, $N(d)$는 표준정규분포에서 d까지의 확률이다.

풀이

(1) d_1, d_2를 계산한다.

$S = 12{,}500,\ X = 10{,}000$

$\ln(S/X) = \ln(12{,}500/10{,}000) = 0.2231$

$\sigma = 0.4,\ t = 4,\ R_f = 0.1$을 공식에 대입한다.

$$d_1 = \frac{\ln(\frac{S}{X}) + (R_f + \frac{1}{2}\sigma^2) \times t}{\sigma \times \sqrt{t}} = \frac{0.2231 + (0.1 + \frac{1}{2} \times 0.4^2) \times 4}{0.4 \times \sqrt{4}} = 1.18$$

$$d_2 = d_1 - \sigma\sqrt{t} = 1.18 - 0.4 \times \sqrt{4} = 0.38$$

(2) 표준정규분포표에서 $N(d_1)$과 $N(d_2)$을 구한다.

$N(d_1) = N(1.18) = 0.8810$

$N(d_2) = N(0.38) = 0.6480$

(3) 콜옵션의 가격을 구한다.

$$C = S \times N(d_1) - \frac{X}{e^{R_f t}} \times N(d_2)$$

$$= 12{,}500\text{원} \times 0.8810 - 10{,}000\text{원} \times 0.90483^4 \times 0.6480 = 6{,}669\text{원}$$

☞ 콜옵션의 내재가치 = max[12,500 − 10,000, 0] = 2,500원
콜옵션의 시간가치 = 6,669 − 2,500 = 4,169원

(4) 모형의 의미

① 옵션가격의 결정요인

블랙-숄즈 OPM에서 옵션의 가격(프리미엄)의 구성요소를 보면 기초자산의 현재가격(S), 옵션의 행사가격(X), 옵션의 만기(t), 기초자산 가격의 분산(σ^2), 무위험이자율 등 5가지 결정요인이 있는 것을 알 수 있다. 블랙-숄즈 OPM 공식을 각 요인에 대해서 1차 편미분하면 옵션가격의 결정요인에 변화에 따른 옵션가격의 민감도를 측정할 수 있다.

② $N(d_1)$ 의 경제적 의미

$N(d_1)$은 주가의 변화에 대한 옵션가격의 민감도(옵션의 델타)를 의미한다. 식 (16.24) 및 식 (16.25)의 공식을 기초자산인 주식의 가격에 대해서 옵션의 가격을 미분하면 다음과 같다.

- $\frac{\partial C}{\partial S} = N(d_1) = \Delta_C$ ➠ $N(d_1)$: 주가의 변화에 대한 콜옵션가격의 민감도
- $\frac{\partial P}{\partial S} = N(d_1) - 1 = \Delta_P$ ➠ $N(d_1) - 1$: 주가의 변화에 대한 풋옵션가격의 민감도

$N(d_1)$은 주식과 옵션으로 결합한 헤지포트폴리오의 헤지비율을 의미하기도 한다.

- $N(d_1)$: 콜옵션 1개 매수를 동적헤지하기 위해 매도해야 할 주식의 개수
- $1 - N(d_1)$: 풋옵션 1개 매수를 동적헤지하기 위해 보유해야 할 주식의 개수

③ $N(d_2)$ 의 경제적 의미

$N(d_2)$는 만기에 가서 주가가 행사가격보다 높게 형성될 위험중립확률이다.

- $N(d_2)$: 유럽형 콜옵션이 행사될 위험중립확률
- $1 - N(d_2)$: 유럽형 풋옵션이 행사될 위험중립확률

3. 옵션을 이용한 위험관리

(1) 민감도분석

민감도 분석은 옵션의 가격결정요인의 변화에 따른 옵션가격의 변화를 측정하는 것으로 기초자산의 현재가격(S), 옵션의 만기(t), 기초자산 가격의 분산(σ^2), 무위험이자율의 결정요인을 분석하며 이 중에서 기초자산의 현재가격(S)의 민감도가 가장 중요하다.

① 델타(delta: Δ)

옵션의 델타는 기초자산(주식)의 가격변화에 대한 옵션 가격변화를 말하며 다음과 같이 기초주식의 가격에 대한 옵션가격의 1차 편미분으로 측정한다.

- 콜옵션의 델타 $\Delta_C = \frac{\partial C}{\partial S} > 0$
- 풋옵션의 델타 $\Delta_P = \frac{\partial P}{\partial S} < 0$

기초자산(주식)의 가격이 커지면 콜옵션의 가치가 증가하므로 콜옵션의 델타는 양(+)의

값을 갖는다. 반면 기초자산(주식)의 가격이 커지면 풋옵션의 가치가 감소하므로 풋옵션의 델타는 음(−)의 값을 갖는다. 예를 들어 콜옵션의 델타가 0.6이면 기초주식가격이 1만원 오를 때 옵션가격은 6천원 오른다는 것을 의미한다. 풋옵션의 델타가 −0.4이면 기초주식가격이 1만원 오를 때 옵션가격은 4천원 내린다는 것을 의미한다.

옵션의 델타는 OPM에 따라 다음과 같이 구할 수 있다.

- 이항분포모형 : $\Delta_C = \dfrac{C_u - C_d}{S_u - S_d}$　　$\Delta_P = \dfrac{P_u - P_d}{S_u - S_d}$
- Black-Scholes 모형 : $\Delta_C = N(d_1) \rightarrow 0 \leq \Delta_C \leq 1$

  $\Delta_P = N(d_1) - 1 \rightarrow -1 \leq \Delta_P \leq 0$

풋-콜 패리티에 의하면 옵션델타와의 관계는 다음과 같다.

$$1 - \Delta_C + \Delta_P = 0$$

② 감마(gamma: Γ)

옵션의 감마는 기초자산(주식)의 가격변화에 대한 옵션델타의 변화를 말하며 다음과 같이 기초주식의 가격에 대한 옵션가격의 2차 편미분으로 측정한다.

- 콜옵션의 감마 : $\Gamma_C = \dfrac{\partial \Delta_C}{\partial S} = \dfrac{\partial^2 C}{\partial S^2} > 0$
- 풋옵션의 감마 : $\Gamma_P = \dfrac{\partial \Delta_P}{\partial S} = \dfrac{\partial^2 P}{\partial S^2} > 0$

옵션의 가격은 항상 볼록한 형태를 가지므로 콜옵션의 감마와 풋옵션의 감마 모두 양(+)의 값을 갖는다. 감마는 등가격일 때 가장 큰 값을 가지며 내가격나 외가격으로 갈수록 작아진다.

③ 세타(theta: θ)

옵션의 세타는 시간의 경과(잔존만기의 감소)에 대한 옵션 가격변화를 말하며 다음과 같이 잔존만기의 변동에 대한 옵션가격의 1차 편미분으로 측정하며 한다.

- 콜옵션의 세타 : $\theta_C = \dfrac{\partial C}{\partial t} > 0$
- 풋옵션의 세타 : $\theta_P = \dfrac{\partial P}{\partial t} ?$

잔존만기가 커지면 콜옵션의 가치가 증가하므로 콜옵션의 세타는 양(+)의 값을 갖는다. 반면 잔존만기가 커지면 풋옵션의 가치는 불분명하므로 풋옵션의 세타는 양(+) 또는 음(−)의 값을 갖는다.

세타는 등가격일 때 가장 큰 값을 가지며 내가격나 외가격으로 갈수록 작아진다.

④ 람다(lambda: Λ)

옵션의 람다는 기초자산 가격변동성(표준편차)에 대한 옵션 가격변화를 말하며 카파(kappa) 또는 베가(vega) 등으로 불린다. 람다는 다음과 같이 기초자산 가격변동성(표준편차)에 대한 옵션가격의 1차 편미분으로 측정하며 한다.

- 콜옵션의 람다 : $\Lambda_C = \dfrac{\partial C}{\partial \sigma} > 0$
- 풋옵션의 람다 : $\Lambda_P = \dfrac{\partial P}{\partial \sigma} > 0$

기초자산(주식)의 가격변동성(표준편차)이 증가하면 옵션의 시간가치가 커져서 옵션의 가격이 증가하므로 콜옵션과 풋옵션의 람다 모두 양(+)의 값을 갖는다.

람다는 등가격일 때 가장 큰 값을 가지며 내가격나 외가격으로 갈수록 작아진다.

⑤ 로우(rho: ρ)

옵션의 로우는 이자율변화에 대한 옵션 가격변화를 말하며 다음과 같이 무위험이자율의 변동에 대한 옵션가격의 1차 편미분으로 측정하며 한다.

- 콜옵션의 로우 : $\rho_C = \dfrac{\partial C}{\partial R_f} > 0$
- 풋옵션의 로우 : $\rho_P = \dfrac{\partial P}{\partial R_f} < 0$

무위험이자율이 커지면 콜옵션의 가치가 증가하므로 콜옵션의 로우는 양(+)의 값을 갖는다. 반면 무위험이자율이 커지면 풋옵션의 가치가 감소하므로 풋옵션의 로우는 음(−)의 값을 갖는다.

예제 16-14

다음 각 물음에 대해서 답하시오.

(1) 콜옵션의 감마가 0.03이고 델타가 0.6일 때 옵션기초자산의 가격이 3,000원 상승하였다면 새로운 콜옵션의 델타는 얼마인가? 또한 기초자산의 가격은 얼마가 변하는가?

(2) 풋옵션의 감마가 0.03이고 델타가 -0.4일 때 옵션기초자산의 가격이 3,000원 상승하였다면 새로운 풋옵션의 델타는 얼마인가? 또한 기초자산의 가격은 얼마가 변하는가?

풀이

(1) 새로운 델타 = 기존의 델타 + 감마 = 0.6 + 0.03 = 0.63
기초자산 가격의 변화 = +3,000 × 0.63 = 1,890
➡ 기초자산의 가격은 1,890원 상승한다.

(2) 새로운 델타 = 기존의 델타 + 감마 = −0.4 + 0.03 = −0.37
기초자산 가격의 변화 = +3,000 × −0.037 = −0.111
➡ 기초자산의 가격은 111원 하락한다.

(2) 옵션의 가격탄력성

옵션의 가격탄력성은 기초자산 가격의 변화율의 크기를 옵션 가격 변화율의 크기로 나눈 값으로 옵션가격 변화에 대한 기초자산 가격 변화의 민감도를 단위와 관계없이 측정하기 위한 수단으로 사용된다.

예들 들어 콜옵션의 탄력성이 4라면 기초자산의 가격이 1% 상승할 때 콜옵션의 가격은 4% 상승하며, 기초자산의 가격이 1% 하락할 때 콜옵션의 가격은 4% 하락한다. 풋옵션의 탄력성이 4라면 기초자산의 가격이 1% 상승할 때 풋옵션의 가격은 4% 하락하며, 기초자산의 가격이 1% 하락할 때 풋옵션의 가격은 4% 상승한다.

콜옵션의 가격탄력성은 다음과 같이 구한다.

$$\varepsilon_c = \frac{\partial C/C}{\partial S/S} = \frac{\partial C}{\partial S} \times \frac{S}{C} = \Delta_c \times \frac{S}{C} = N(d_1) \times \frac{S}{C} \qquad (16.26)$$

위 식에 블랙-숄즈 모형의 콜옵션을 대입하면 콜옵션의 가격탄력성이 항상 1이상인 것을 알 수 있다.

$$\varepsilon_c = \frac{N(d_1)\times S}{N(d_1)S - N(d_2)PV(X)} \geq 1$$

풋옵션의 가격탄력성은 다음과 같이 구한다.

$$\varepsilon_p = \frac{\partial P/P}{\partial S/S} = \frac{\partial P}{\partial S}\times\frac{S}{P} = \left|\Delta_p \times \frac{S}{P}\right| \qquad (16.27)$$

위 식에 블랙-숄즈 모형의 풋옵션을 대입하면 풋옵션의 가격탄력성은 일반적으로는 1 이상이지만 그렇지 않은 경우도 존재한다.

$$\varepsilon_p = \left|\frac{(N(d_1)-1)\times S}{(N(d_1)-1)S + (1-N(d_2))PV(X)}\right|$$

요약하면 옵션의 델타의 절대값은 1 이하이므로 옵션가격변화량은 기초자산 가격변화량 이하이어여야 하며, 일반적으로 옵션의 가격탄력성은 1 이상이므로 옵션가격변화율은 기초자산 가격변화율 이상이어야 한다.

예제 16-15

A회사의 주식이 10,000원에 거래되고 있다. 이 주식에 대해 행사가격이 11,000원이며 만기가 1년인 콜옵션의 가치는 블랙-숄즈 모형을 이용한 결과 2,000원이었으며, 콜옵션의 델타는 0.4였다. 무위험이자율은 10%이다.

(1) 콜옵션의 탄력성과 풋옵션의 가격탄력성을 구하시오.

(2) 주가가 10% 올라서 11,000원이 된다면 콜옵션은 얼마가 되는지 옵션델타와 가격탄력성을 이용하여 각각 구하시오.

(3) 주가가 10% 올라서 11,000원이 된다면 풋옵션은 얼마가 되는지 옵션델타와 가격탄력성을 이용하여 각각 구하시오.

풀이

(1) 콜옵션의 가격탄력성:

③ 미국형 풋옵션의 현재가격

$$P_A = \frac{P_u \times p + P_d \times (1-p)}{1+R_f} \tag{16.41}$$

(3) 유배당주식을 기초자산으로 하는 미국형 콜옵션

배당을 지급하는 주식을 기초자산으로 하는 미국형 옵션의 가격은 유럽형 옵션의 가격보다 더 크거나 같다. 따라서 미국형 옵션의 가격은 유럽형 옵션과 달리 다음과 같이 계산한다.

2기간 이항분포모형에서 2기간 시점의 미국형 옵션의 만기가치는 유럽형 옵션의 만기가치와 동일하다. 그러나 미국형 옵션은 유리할 경우 1기간 시점에서 권리를 행사할 수 있기 때문에 1기간 시점에서 다음의 두 값 중에서 큰 값을 구한다.

① 1기간 시점에서 이항옵션가격결정모형으로 계산한 콜옵션가치(C^{go})

$$C_u^{go} = \frac{C_{uu} \times p + C_{ud} \times (1-p)}{1+R_f} \qquad C_d^{go} = \frac{C_{du} \times p + C_{dd} \times (1-p)}{1+R_f}$$

② 1기간 시점에서 권리를 행사하여 얻을 수 있는 콜옵션가치(C^{stop})

$$C_u^{stop} = \max[0, S_u - X] \qquad C_d^{stop} = \max[0, S_d - X]$$

따라서 만기가 2기간 남아있는 미국형 콜옵션의 가격(C_A)은 다음과 같이 계산한다.

① 1기간 후 주가상승시 콜옵션의 가격 : $C_u = \max[C_u^{stop}, C_u^{go}]$

② 1기간 후 주가하락시 풋옵션의 가격 : $C_d = \max[C_d^{stop}, C_d^{go}]$

③ 미국형 콜옵션의 현재가격

$$C_A = \frac{C_u \times p + C_d \times (1-p)}{1+R_f} \tag{16.42}$$

① 확정배당금 모형

무배당 확정배당금 모형을 적용하여 C^{go}와 C^{stop}을 계산하며, 다음 사항을 추가로 고려한다.

미국형 콜옵션은 배당락 직전에 행사하는 것이 유리하므로 1기간 시점에서 권리를 행사하여 얻을 수 있는 콜옵션가치는 배당락 직전에 권리를 행사하여 얻을 수 있는 콜옵션가치로 다음과 같이 계산한다.

$$C_u^{stop} = \max[0, S_u - X] \qquad C_d^{stop} = \max[0, S_d - X]$$

② 배당수익률 모형

무배당 배당수익률 모형을 적용하여 C^{go}와 C^{stop}을 계산한다.

(4) 유배당주식을 기초자산으로 하는 미국형 풋옵션

배당을 지급하는 주식을 기초자산으로 하는 미국형 풋옵션 가격의 계산은 배당을 지급하지 않는 주식을 기초자산으로 하는 미국형 풋옵션 가격의 계산과정과 동일하며 다음의 사항을 추가로 고려한다.

① 확정배당금 모형

무배당 확정배당금 모형을 적용하여 P^{go}와 P^{stop}을 계산하며, 다음 사항을 추가로 고려한다.

미국형 풋옵션은 배당락 직후에 행사하는 것이 유리하므로 1기간 시점에서 권리를 행사하여 얻을 수 있는 풋옵션가치는 배당락 직후에 권리를 행사하여 얻을 수 있는 풋옵션가치로 다음과 같이 계산한다.

$$P_u^{stop} = \max[0, X - (S_u - D)] \qquad P_d^{stop} = \max[0, X - (S_d - D)]$$

② 배당수익률 모형

무배당 배당수익률 모형을 적용하여 P^{go}와 P^{stop}을 계산한다.

예제 16-20

<예제 16-18>에서 잔존기간이 2년이고, K주식을 기초자산으로 하는 등가격 미국형 콜옵션 및 풋옵션의 가격을 구하시오.

풀이

(1) 무배당주식을 기초자산으로 하는 미국형 옵션

1) 미국형 콜옵션 가격 ➠ 유럽형 콜옵션의 가격과 동일하다.

$$C=\frac{(0.5333^2\times 8{,}800)+2\times(0.5333\times 0.4667\times 1{,}600)+(0.4667^2\times 0)}{1.06^2}=2{,}936\text{원}$$

미국형 옵션의 계산절차를 적용하여 다음과 같이 계산을 하여도 위의 결과와 동일하다.

① 1기간 시점에서 이항옵션가격결정모형으로 계산한 콜옵션가치(C^{go})

$$C_u^{go}=\frac{C_{uu}\times p+C_{ud}\times(1-p)}{1+R_f}=\frac{8{,}800\times 0.5333+1{,}600\times 0.4667}{1.06}=5{,}231$$

$$C_d^{go}=\frac{C_{du}\times p+C_{dd}\times(1-p)}{1+R_f}=\frac{1{,}600\times 0.5333+0\times 0.4667}{1.06}=805$$

② 1기간 시점에서 권리를 행사하여 얻을 수 있는 콜옵션가치(C^{stop})

$$C_u^{stop}=\max[0,\ S_u-X]=\max[24{,}000-20{,}000{,}0]=4{,}000$$

$$C_d^{stop}=\max[0,\ S_d-X]=\max[18{,}000-20{,}000{,}0]=0$$

③ 1기간 후 주가상승시 콜옵션의 가격

$$C_u=\max[C_u^{stop},\ C_u^{go}]=5{,}213$$

④ 1기간 후 주가하락시 콜옵션의 가격

$$C_d=\max[C_d^{stop},\ C_d^{go}]=805$$

⑤ 미국형 콜옵션의 현재가격

$$C_A=\frac{C_u\times p+C_d\times(1-p)}{1+R_f}=\frac{5{,}132\times 0.5333+805\times 0.4667}{1.06}=2{,}936$$

2) 미국형 풋옵션 가격

① 1기간 시점에서 이항옵션가격결정모형으로 계산한 풋옵션가치(P^{go})

$$P_u^{go}=\frac{P_{uu}\times p+P_{ud}\times(1-p)}{1+R_f}=\frac{0\times 0.5333+0\times 0.4667}{1.06}=0$$

$$P_d^{go}=\frac{P_{du}\times p+P_{dd}\times(1-p)}{1+R_f}=\frac{0\times 0.5333+3{,}800\times 0.4667}{1.06}=1{,}673$$

② 1기간 시점에서 권리를 행사하여 얻을 수 있는 풋옵션가치(P^{stop})

$$P_u^{stop}=\max[0,X-S_u]=\max[20{,}000-24{,}000{,}0]=0$$

$$P_d^{stop}=\max[0,X-S_d]=\max[20{,}000-18{,}000{,}0]=2{,}000$$

③ 1기간 후 주가상승시 풋옵션의 가격

$$P_u=\max[P_u^{stop},\ P_u^{go}]=0$$

④ 1기간 후 주가하락시 풋옵션의 가격

$$P_d = \max[P_d^{stop},\ P_d^{go}] = 2,000$$

⑤ 미국형 풋옵션의 현재가격

$$P_A = \frac{P_u \times p + P_d \times (1-p)}{1+R_f} = \frac{0 \times 0.5333 + 2,000 \times 0.4667}{1.06} = 881\text{원}$$

(2) 배당조정 이항옵션가격결정모형 (확정배당금 모형)

1) 미국형 콜옵션 가격

① 1기간 시점에서 이항옵션가격결정모형으로 계산한 콜옵션가치(C^{go})

$$C_u^{go} = \frac{C_{uu} \times p + C_{ud} \times (1-p)}{1+R_f} = \frac{7,600 \times 0.5333 + 700 \times 0.4667}{1.06} = 4,132$$

$$C_d^{go} = \frac{C_{du} \times p + C_{dd} \times (1-p)}{1+R_f} = \frac{400 \times 0.5333 + 0 \times 0.4667}{1.06} = 201$$

② 1기간 시점에서 권리를 행사하여 얻을 수 있는 콜옵션가치(C^{stop})

➡ 배당락 직전에 권리를 행사하여 얻을 수 있는 콜옵션가치로 계산한다.

$$C_u^{stop} = \max[0, S_u - X] = \max[24,000 - 20,000, 0] = 4,000$$

$$C_d^{stop} = \max[0, S_d - X] = \max[18,000 - 20,000, 0] = 0$$

③ 1기간 후 주가상승시 콜옵션의 가격

$$C_u = \max[C_u^{stop},\ C_u^{go}] = 4,132$$

④ 1기간 후 주가하락시 콜옵션의 가격

$$C_d = \max[C_d^{stop},\ C_d^{go}] = 201$$

⑤ 미국형 콜옵션의 현재가격

$$C_A = \frac{C_u \times p + C_d \times (1-p)}{1+R_f} = \frac{4,132 \times 0.5333 + 201 \times 0.4667}{1.06} = 2,167$$

2) 미국형 풋옵션 가격

① 1기간 시점에서 이항옵션가격결정모형으로 계산한 풋옵션가치(P^{go})

$$P_u^{go} = \frac{P_{uu} \times p + P_{ud} \times (1-p)}{1+R_f} = \frac{0 \times 0.5333 + 0 \times 0.4667}{1.06} = 0$$

$$P_d^{go} = \frac{P_{du} \times p + P_{dd} \times (1-p)}{1+R_f} = \frac{0 \times 0.5333 + 3,800 \times 0.4667}{1.06} = 1,673$$

② 1기간 시점에서 권리를 행사하여 얻을 수 있는 풋옵션가치(P^{stop})

➡ 배당락 직후에 권리를 행사하여 얻을 수 있는 풋옵션가치로 계산한다.

$$P_u^{stop} = \max[0, X - (S_u - D)] = \max[20,000 - 23,000, 0] = 0$$

$$P_d^{stop} = \max[0, X - (S_d - D)] = \max[20,000 - 17,000, 0] = 3,000$$

③ 1기간 후 주가상승시 풋옵션의 가격

$$P_u = \max[P_u^{stop},\ P_u^{go}] = 0$$

④ 1기간 후 주가하락시 풋옵션의 가격

$P_d = \max[P_d^{stop},\ P_d^{go}] = 3{,}000$

⑤ 미국형 풋옵션의 현재가격

$$P_A = \frac{P_u \times p + P_d \times (1-p)}{1+R_f} = \frac{0 \times 0.5333 + 3{,}000 \times 0.4667}{1.06} = 1{,}321\text{원}$$

(3) 배당조정 이항옵션가격결정모형 (배당수익률 모형)

1) 미국형 콜옵션 가격

① 1기간 시점에서 이항옵션가격결정모형으로 계산한 콜옵션가치(C^{go})

$$C_u^{go} = \frac{C_{uu} \times p + C_{ud} \times (1-p)}{1+R_f} = \frac{8{,}800 \times 0.4 + 1{,}600 \times 0.6}{1.06} = 4{,}226$$

$$C_d^{go} = \frac{C_{du} \times p + C_{dd} \times (1-p)}{1+R_f} = \frac{1{,}600 \times 0.4 + 0 \times 0.6}{1.06} = 604$$

② 1기간 시점에서 권리를 행사하여 얻을 수 있는 콜옵션가치(C^{stop})

$C_u^{stop} = \max[0, S_u - X] = \max[24{,}000 - 20{,}000, 0] = 4{,}000$

$C_d^{stop} = \max[0, S_d - X] = \max[18{,}000 - 20{,}000, 0] = 0$

③ 1기간 후 주가상승시 콜옵션의 가격

$C_u = \max[C_u^{stop},\ C_u^{go}] = 4{,}226$

④ 1기간 후 주가하락시 콜옵션의 가격

$C_d = \max[C_d^{stop},\ C_d^{go}] = 604$

⑤ 미국형 풋옵션의 현재가격

$$C_A = \frac{C_u \times p + C_d \times (1-p)}{1+R_f} = \frac{4{,}226 \times 0.4 + 604 \times 0.6}{1.06} = 1{,}937$$

2) 미국형 풋옵션 가격

① 1기간 시점에서 이항옵션가격결정모형으로 계산한 풋옵션가치(P^{go})

$$P_u^{go} = \frac{P_{uu} \times p + P_{ud} \times (1-p)}{1+R_f} = \frac{0 \times 0.4 + 0 \times 0.6}{1.06} = 0$$

$$P_d^{go} = \frac{P_{du} \times p + P_{dd} \times (1-p)}{1+R_f} = \frac{0 \times 0.4 + 3{,}800 \times 0.6}{1.06} = 2{,}151$$

② 1기간 시점에서 권리를 행사하여 얻을 수 있는 풋옵션가치(P^{stop})

$P_u^{stop} = \max[0, X - S_u] = \max[20{,}000 - 24{,}000, 0] = 0$

$P_d^{stop} = \max[0, X - S_d] = \max[20{,}000 - 18{,}000, 0] = 2{,}000$

③ 1기간 후 주가상승시 풋옵션의 가격

$P_u = \max[P_u^{stop},\ P_u^{go}] = 0$

④ 1기간 후 주가하락시 풋옵션의 가격

$$P_d = \max[P_d^{stop},\ P_d^{go}] = 2{,}151$$

⑤ 미국형 풋옵션의 현재가격

$$P_A = \frac{P_u \times p + P_d \times (1-p)}{1+R_f} = \frac{0 \times 0.4 + 2{,}151 \times 0.6}{1.06} = 1{,}218$$

연습문제 16-1

동일한 만기에 상이한 행사가격을 갖는 주가지수 옵션의 가격이 각각 다음과 같이 형성되어 있다.

(1) 행사가격 35 콜옵션의 현재가격 = 1.4

(2) 행사가격 35 풋옵션의 현재가격 = 0.6

행사가격이 35인 콜옵션과 풋옵션을 각각 1단위씩 매도할 때, 이익이 발생하는 만기시점의 주가지수의 범위를 구하라. (단, 거래비용은 무시한다.)

해설

스트래들 매도전략으로 주가지수가 상승 또는 하락의 변동성이 적을 때 유효한 전략이다.

투자전략	현재시점 현금흐름	만기시점의 현금흐름	
		$S_t \le 35$	$S_t > 35$
X=35 콜옵션 매도	+1.4	0	$-(S_t-35)$
X=35 풋옵션 매도	+0.6	$-(35-S_t)$	0
합 계	+2.0	S_t-35	$35-S_t$
만기손익		S_t-33	$37-S_t$

∴ 이익이 발생하는 범위 : $33 < S_t < 37$

주가지수가 33보다 크거나 37보다 작은 경우 만기시점에 이익을 얻을 수 있다.

연습문제 16-2

동일한 만기에 상이한 행사가격을 갖는 주가지수 옵션의 가격이 각각 다음과 같이 형성되어 있다.

(1) 행사가격 35 콜옵션의 현재가격 = 1.4

(2) 행사가격 35 풋옵션의 현재가격 = 0.6

행사가격이 35인 콜옵션을 1단위 매입하고 풋옵션을 1단위 매도할 때, 이익이 발생하는 만기시점의 주가지수의 범위를 구하라. (단, 거래비용은 무시한다.)

해설

풋-콜 패러티를 이용하여 복제포트폴리오를 구성하면 주가지수가 상승하는 경우에 유효한 전략임을 알 수 있다.

$S-C+P=PV(X)$ ➠ $C-P=S-PV(X)$

투자전략	현재시점 현금흐름	만기시점의 현금흐름	
		$S_t \le 35$	$S_t > 35$
X=35 콜옵션 매입	−1.4	0	S_t-35
X=35 풋옵션 매도	+0.6	$-(35-S_t)$	0
합 계	−0.8	S_t-35	S_t-35
만기손익		$S_t-35.8$	$S_t-35.8$

∴ 이익이 발생하는 범위 : $S_t > 35.8$

주가지수가 35.8보다 큰 경우 만기시점에 이익을 얻을 수 있다.

풋-콜 패러티를 이용하면 현재 주가지수는 35.8이다.

$S=C-P+PV(X)=1.4-0.6+35=35.8$

거래비용은 무시하기 때문에 행사가격의 현재가치와 행사가격은 동일하다.

풋-콜 패러티를 이용하여 복제포트폴리오를 구성하면 위의 전략은 35를 차입하여 주가지수를 35.8에 매입한 것과 동일한 전략이므로 주가지수가 35.8보다 큰 경우 만기시점에 이익을 얻을 수 있다.

투자전략	현재시점 현금흐름	만기시점의 현금흐름	
		$S_t \le 35$	$S_t > 35$
주가지수 매입	−35.8	S_t	S_t
차입	+35	−35	−35
합 계	−0.8	S_t-35	S_t-35
만기손익		$S_t-35.8$	$S_t-35.8$

연습문제 16-3

동일한 만기에 상이한 행사가격을 갖는 주가지수 옵션의 가격이 각각 다음과 같이 형성되어 있다.

(1) 행사가격 32.5 풋옵션의 현재가격 = 0.5
(2) 행사가격 35 풋옵션의 현재가격 = 0.6
(3) 행사가격 37.5 풋옵션의 현재가격 = 1.8

행사가격이 35인 풋옵션을 2개를 매도하고 행사가격 32.5인 풋옵션과 행사가격 37.5인 풋옵션을 각각 1개씩 매수할 때, 이익이 발생하는 만기시점의 주가지수의 범위를 구하라. (단, 거래비용은 무시한다.)

해설

풋옵션 버터플라이 매수전략으로 주가지수가 중간행사가격 근처에 있을 때 유효한 전략이다.

투자전략	현재시점 현금흐름	만기시점의 현금흐름			
		$S_t \leq 32.5$	$32.5 < S_t \leq 35$	$35 < S_t \leq 37.5$	$37.5 < S_t$
X=32.5 풋옵션 매수	−0.5	$32.5 - S_t$	0	0	0
X=35 풋옵션 2개 매도	+1.2	$-2(35 - S_t)$	$-2(35 - S_t)$	0	0
X=37.5 풋옵션 매수	−1.8	$37.5 - S_t$	$37.5 - S_t$	$37.5 - S_t$	0
합 계	−1.1	0	$S_t - 32.5$	$37.5 - S_t$	0
만기손익		−1.1	$S_t - 33.6$	$36.4 - S_t$	-1.1

∴ 이익이 발생하는 범위 : $33.6 < S_t < 36.4$

주가지수가 33.6보다 크거나 36.4보다 작은 경우 만기시점에 이익을 얻을 수 있다.

연습문제 16-4

다음 각 물음에 대하여 차익거래(arbitrage) 전략을 제시하시오. 단, 매도포지션을 취하는 데 제약이 없으며 거래비용은 없다고 가정한다.

(1) 행사가격이 K_1, K_2, K_3이고 $K_3 - K_2 = K_2 - K_1$이 성립하는 경우, 풋옵션의 가격이 각각 800원, 1,300원, 1,700원이다.

(2) 행사가격이 K_1, K_2, K_3이고 $K_3 - K_2 = K_2 - K_1$이 성립하는 경우, 콜옵션의 가격이 각각 1,700원, 1,300원, 800원이다.

해설

(1) 풋옵션 버터플라이 스프레드 매수는 행사가격이 가장 낮은(X_1) 옵션과 행사가격이 가장 높은(X_3) 옵션을 매수하고, 행사가격이 중간(X_2)인 옵션을 2개 매도하는 전략으로 만기가치가 항상 0이상이지만 현재 시장가격으로 풋옵션 버터플라이 스프레드 매수의 투자시점의 현금흐름은 (+)100원이 된다.

$P_1 - 2 \times P_2 + P_3$ ➠ $-800 + 2 \times 1{,}300 - 1{,}700 = +100$ 원

따라서 차익거래전략은 행사가격이 K_1인 풋옵션 1개 매입, 행사가격이 K_3인 풋옵션 1개 매입, 그리고 행사가격이 K_2인 풋옵션 2개를 매도하는 것이다.

(2) 콜옵션 버터플라이 스프레드 매수는 행사가격이 가장 낮은(X_1) 옵션과 행사가격이 가장 높은(X_3) 옵션을 매수하고, 행사가격이 중간(X_2)인 옵션을 2개 매도하는 전략으로 만기가치가 항상 0이상이지만 현재 시장가격으로 콜옵션 버터플라이 스프레드 매수의 투자시점의 현금흐름은 (+)100원이 된다.

$C_1 - 2 \times C_2 + C_3$ ➠ $-1{,}700 + 2 \times 1{,}300 - 800 = +100$ 원

따라서 차익거래전략은 행사가격이 K_1인 콜옵션 1개 매입, 행사가격이 K_3인 콜옵션 1개 매입, 그리고 행사가격이 K_2인 콜옵션 2개를 매도하는 것이다.

연습문제 16-5

어느 투자자가 행사가격이 25,000원인 콜옵션을 개당 4,000원에 2개 매입하였고, 행사가격이 40,000원인 콜옵션을 2,500원에 1개 발행하였다. 옵션만기일에 기초주식가격이 50,000원이라고 할 때, 이러한 투자전략의 만기가치와 투자자의 만기손익을 각각 구하라. (단, 옵션의 기초주식과 만기는 동일하며 거래비용은 무시하라)

해설

(1) 투자전략의 투자비용

4,000원 × 2개 − 2,500원 × 1개 = 5,500원

(2) 투자전략의 만기가치

2개 × Max[0, 50,000 − 25,000] − 1개 × Max[0, 50,000 − 40,000] = 40,000원

(3) 투자전략의 만기손익

= 40,000원 − 5,500원 = 34,500원

연습문제 16-6

(1) 옵션 투자전략에 관한 설명으로 가장 적절하지 않은 것은?

① 순수포지션(naked position) 전략은 한 가지 상품에만 투자한 경우로 헤지가 되어있지 않은 전략이다.

② 보호풋(protective put) 전략은 기초자산을 보유한 투자자가 향후 자산가격이 하락할 경우를 대비하여 풋옵션을 매입하는 전략이다.

③ 방비콜(covered call) 전략은 기초자산을 보유한 투자자가 향후 자산가격이 하락하거나 상승하지 않을 경우를 대비하여 콜옵션을 매입하는 전략이다.

④ 기초자산을 1개 매입하고 풋옵션을 1개 매입하며 콜옵션을 1개 매도하는 풋-콜 패리티(put-call parity) 전략을 이용하면, 만기시점의 기초자산 가격과 관계없이 항상 행사가격만큼 얻게 되어 가격변동위험을 완전히 없앨 수 있다.

⑤ 강세 스프레드(bull spread) 전략은 행사가격이 낮은 옵션을 매입하고 행사가격이 높은 옵션을 매도하는 전략으로 기초자산의 가격이 상승할 때 이득을 얻는 전략이다.

(2) 옵션 투자전략에 관한 설명으로 가장 적절하지 않은 것은?

① 보호풋(protective put) 전략과 방비콜(covered call) 전략은 일종의 헤지(hedge)전략이다.

② 약세 스프레드(bear spread) 전략은 행사가격이 낮은 옵션을 매도하고 행사가격이 높은 옵션을 매입하는 전략이다.

③ 박스 스프레드(box spread) 전략은 콜옵션을 이용한 강세 스프레드와 풋옵션을 이용한 약세 스프레드를 결합한 전략이다.

④ 스트래들(straddle) 매입 전략은 만기와 행사가격이 동일한 콜옵션과 풋옵션을 동시에 매입하는 전략이다.

⑤ 스트립(strip) 전략은 만기와 행사가격이 동일한 콜옵션은 2개 매입하고 풋옵션을 1개 매입하는 전략이다.

해설

(1) 방비콜(covered call) 전략은 기초자산을 매입하고 향후 자산가격이 하락하거나 상승하지 않을 경우를 대비하여 콜옵션을 매도하는 전략이다. $(+S\ -C)$

정답: ③

(2) 스트립(strip) 전략은 만기와 행사가격이 동일한 콜옵션을 1개 매입하고 풋옵션을 2개 매입하는 전략이다.

정답: ⑤

연습문제 16-7

다음 표는 북해산 브렌트 원유를 기초자산으로 하는 만기 1년의 유럽형 콜옵션과 풋옵션의 프리미엄을 정리한 것이다. 행사가격은 1리터당 가격이고, 가격의 단위는 원이다. 다음 물음에 답하시오.

행사가격	콜프리미엄	풋프리미엄
1,500	104	70
1,600	60	125

(1) 위의 옵션을 이용하여 매수스트랭글(long strangle)을 취하는 두 가지 방법을 제시하고, 만기일의 현금흐름의 최소값을 각각 구하시오.

(2) 위의 옵션을 이용하여 강세스프레드(bull spread)의 매수 포지션을 취하는 두 가지 방법을 제시하고, 만기일의 현금흐름의 최대값을 각각 구하시오.

(3) 시장에 차익거래의 기회가 없기 위한 무위험이자율을 구하시오.

해설

(1) 방법1) 행사가격 1600 콜옵션 매수, 행사가격 1500 풋옵션 매수
→ 만기현금흐름 최소금액 = 0

방법2) 행사가격 1500 콜옵션 매수, 행사가격 1600 풋옵션 매수
→ 만기현금흐름 최소금액 = 100

(2) 방법1) 행사가격 1500 콜옵션 매수, 행사가격 1600 콜옵션 매도
→ 만기현금흐름 최대금액 = 1600 − 1500 = 100

방법2) 행사가격 1500 풋옵션 매수, 행사가격 1600 풋옵션 매도
→ 만기현금흐름 최대금액 = 0

(3) 박스스프레드: $C_1 - C_2 - P_1 + P_2 = \dfrac{X_2 - X_1}{(1+R_f)^t}$

행사가격 1500 콜옵션 매수, 행사가격 1600 콜옵션 매도,
행사가격 1500 풋옵션 매도, 행사가격 1600 풋옵션 매수

$104 - 60 - 70 + 125 = \dfrac{1600 - 1500}{1 + R_f} \rightarrow R_f = 1.01\%$

연습문제 16-8

AAA기업의 주식을 기초자산으로 하고 잔존만기가 1년으로 동일한 다음의 6가지 유럽형 옵션이 현재 시장에서 거래되고 있다. 단, 무위험이자율은 연 10%이다.

옵션종류	행사가격	옵션프리미엄
콜옵션	1,000원	100원
	1,150원	40원
	1,300원	15원
풋옵션	1,000원	20원
	1,150원	60원
	1,300원	105원

1년 후 옵션의 만기 시에 AAA기업의 주가의 변화에 따라 아래와 같은 만기 손익을 동일하게 복제하는 옵션 포트폴리오를 만들고자 한다.

단, 손익계산 시 옵션프리미엄은 고려하지 않는다. (S_T: 만기 시 AAA기업의 주가)

주가	만기손익
$S_T \leq 1{,}000$	0
$1{,}000 < S_T \leq 1{,}150$	$S_T - 1{,}000$
$1{,}150 < S_T \leq 1{,}300$	$1{,}300 - S_T$
$1{,}300 < S_T$	0

위에서 제시된 옵션들을 조합하여 만들 수 있는 거래전략을 두 가지 방법으로 나누어 제시하고 두 가지 거래 전략에 소요되는 현재 시점에서의 총 비용을 각각 계산하라.

해설

〈전략 1〉 $+C_1 - 2C_2 + C_3$

행사가격 1,000원 콜옵션 1개 매수,
행사가격 1,150원 콜옵션 2개 매도,
행사가격 1,300원 콜옵션 1개 매수
투자비용$=100-40\times2$개$+15=35$원

〈전략 2〉 $+P_1 - 2P_2 + P_3$

행사가격 1,000원 풋옵션 1개 매수,
행사가격 1,150원 풋옵션 2개 매도,
행사가격 1,300원 풋옵션 1개 매수
투자비용$=20-60\times2$개$+105=5$원

연습문제 16-9

배당지급이 없는 주식에 대한 옵션가격에 관한 설명으로 가장 적절하지 않은 것은? 단, C는 콜옵션의 가격, S는 주식의 현재가치, K는 옵션행사가격이고, $PV(K)$는 행사가격의 현재가치이다.

① 유럽식 콜옵션은 권리이므로 행사의 의무를 가지지 않으며, 만기일에 영(0) 아니면 양(+)의 수익을 얻는다.

② $C \geq \max[S-PV(K), 0]$이다. 이 조건이 충족되지 않는 경우, 투자자는 콜옵션을 매입하고 주식을 공매도하여 얻은 자금을 무위험이자율로 투자하여 차익을 얻을 수 있다.

③ 이자율이 양(+)이면, 만기 전 미국식 콜옵션의 매도가격은 행사로부터의 이득보다 크다.

④ 외가격(out of the money)이나 등가격(at the money) 옵션의 내재가치는 0이다.

⑤ 콜옵션가격의 상한선은 주식의 현재가치에서 콜옵션의 행사가격을 차감한 값이다(즉, $C \leq S-K$). 이 조건이 충족되지 않는 경우, 투자자는 콜옵션을 매도하고 주식을 매입하는 전략으로 차익을 얻을 수 있다.

해설

콜옵션 가격의 상한선: $C \leq S$
콜옵션 가격의 하한선: $C \geq \max[S-PV(K), 0]$

무배당 콜옵션의 경우에는 만기 이전에 권리를 행사하는 것이 만기에 권리를 행사하는 것보다 항상 불리하기 때문에 만기 전 미국식 콜옵션의 매도가격은 행사로부터의 이득보다 크다.

정답: ⑤

연습문제 16-10

옵션의 가치와 옵션가격결정요인들에 관한 설명으로 가장 적절하지 않은 것은?

① 일반적으로 콜옵션의 델타(delta)는 양(+)의 값, 풋옵션의 델타는 음(−)의 값을 갖는다.

② 옵션의 세타(theta)는 시간이 지남에 따라 옵션가치가 변하는 정도를 나타내는 지표이다.

③ 다른 조건이 동일하다면 등가격 상태에서 콜옵션의 시간가치는 풋옵션의 시간가치보다 작다.

④ 배당의 현금흐름이 없는 유럽형 콜옵션의 감마(gamma)는 일반적으로 양(+)의 값을 갖는다.

⑤ 옵션의 감마값은 등가격 부근에서 크고 외가격이나 내가격으로 갈수록 감소한다.

해설

델타

- 기초자산의 가격변화가 옵션의 가격에 미치는 민감도
- 콜옵션의 델타는 양수, 풋옵션의 델타는 음수.

감마

- 기초자산의 가격변화에 따른 옵션 델타의 변화속도로서 등가격에서 가장 크다.
- 콜옵션의 감마는 양수, 풋옵션의 감마는 양수

다른 조건이 동일하다면 등가격 상태에서 콜옵션과 풋옵션의 내재가치는 0이지만 균형가격은 콜옵션이 더 크기 때문에 시간가치는 콜옵션이 더 크다.

정답: ③

연습문제 16-11

동일한 주식을 기초자산으로 하고 만기도 동일하지만, 행사가격이 다른 두 유럽형 풋옵션의 현재가격이 다음과 같다.

행사가격 40의 풋옵션 프리미엄 1.46
행사가격 50의 풋옵션 프리미엄 11.15

한편 만기가 위의 옵션들과 동일하며 액면이 100인 무위험 할인채권의 현재가격은 95이다. 해당 투자자는 무위험 이자율로 차입(borrowing)과 대출(lending)을 할 수 있다고 가정한다. 이러한 경우 어떠한 포지션을 취하면 차익거래(arbitrage)를 만들어 낼 수 있는지 기술하라. 포지션을 구성함에 있어서, 차익(arbitrage profit)이 만기 시점에서만 발생하도록 할 것이며, 행사가격 40의 풋옵션 1단위를 기준으로 표현하라.

해설

(1) 스프레드 균형가격 범위

행사가격 50 풋옵션과 행사가격 40 풋옵션의 가격의 차이는 행사가격 차이의 현재가치보다 작아야 균형상태이지만 현재 시장가격은 더 크기 때문에 불균형이다.

$P_2 - P_1 \leq PV(X_2 - X_1)$

$11.15 - 1.46 > (50 - 40) \times \dfrac{95}{100}$ ➡ $9.69 > 9.5$

(2) 차익거래

풋옵션 약세스프레드 시장가격이 균형범위보다 크기 때문에 차익거래전략은 다음과 같다.

풋옵션 약세 스프레드 매도, 무위험 채권 매수 (대출)

∴ 행사가격이 40인 풋옵션 1개 매입, 행사가격이 50인 풋옵션 1개 매도(발행) 그리고 무위험 채권을 9.69원 매수(대출)한다.

(3) 차익거래 이익

투자전략	현재시점 현금흐름	만기시점의 현금흐름		
		$S_t < 40$	$40 < S_t < 50$	$S_t > 50$
X=40 풋옵션 매입	−1.46	$40 - S_t$	0	0
X=50 풋옵션 매도	+11.15	$-(50 - S_t)$	$-(50 - S_t)$	0
대 출	−9.69	+10.2*		
Total	0	+0.2	$S_t - 39.8$	+10.2

* 9.69 × 100 /95 = 10.2

∴ 만기시점의 차익거래이익의 최소값은 0.2이고 최대값은 10.2이다.

연습문제 16-12

배당을 지급하지 않는 주식을 기초자산으로 하는 옵션에 관한 다음 설명 중에 대한 다음 설명에 대하여 '옳다' 또는 '옳지 않다'라고 답하시오.

(1) 콜옵션의 가격은 주식(기초자산)의 주가보다 높을 수 없다.
(2) 풋옵션의 가격은 주식(기초자산)의 주가보다 높을 수 없다.
(3) 콜옵션의 가격이 행사가격보다 높을 수 있다.
(4) 풋옵션의 가격이 행사가격보다 높을 수 있다.
(5) 주식의 가격이 아무리 상승하더라도 미국형 콜옵션을 만기 전에 조기행사하는 것은 합리적인 행위가 아니다.

해설

(1) 옳다

$C \leq S$

콜옵션 가격은 주식을 구입할 수 있는 권리에 대한 가격이므로 주식가격보다 클 수는 없다.

(2) 옳지 않다

$P \leq PV(X)$

풋옵션은 행사가격 X에 특정 주식을 팔 수 있는 권리이므로 행사가격의 현재가치보다 클 수는 없다. 그러나 주식가격의 행사가격의 현재가치보다 작은 경우 풋옵션의 가격은 주식(기초자산)의 주가보다 높을 수 있다.

(3) 옳다

$C \leq S$

콜옵션의 가격은 주식(기초자산)의 주가보다 높을 수 없지만, 수식가격이 행사가격보나 큰 작은 경우 콜옵션의 가격이 행사가격보다 높을 수 있다.

(4) 옳지 않다

$P \leq PV(X)$

풋옵션은 행사가격 X에 특정 주식을 팔 수 있는 권리이므로 행사가격의 현재가치보다 클 수는 없기 때문에 풋옵션의 가격이 행사가격보다 높을 수 없다.

(5) 옳다

무배당 주식에 대한 미국형 콜옵션의 경우 만기일 전에 권리를 행사하지 않는 것이 최적이다.

연습문제 16-13

배당을 지급하지 않는 주식을 기초자산으로 하는 옵션에 관한 다음 설명 중에 대한 다음 설명에 대하여 '옳다' 또는 '옳지 않다'라고 답하시오.

(1) 다른 조건이 일정할 경우, 무위험이자율이 상승하면 콜옵션의 가격은 하락한다.
(2) 다른 조건이 일정할 경우, 무위험이자율이 상승하면 풋옵션의 가격은 하락한다.
(3) 다른 조건이 일정할 경우, 옵션의 기초자산인 주식의 변동성이 커지면 콜옵션의 가치는 커진다.
(4) 다른 조건이 일정할 경우, 옵션의 기초자산인 주식의 변동성이 커지면 풋옵션의 가치는 커진다.
(5) 다른 조건이 일정할 경우, 잔존만기가 길수록 콜옵션의 가격은 높게 형성된다.
(6) 다른 조건이 일정할 경우, 잔존만기가 길수록 풋옵션의 가격은 높게 형성된다.

해설

(1) 옳지 않다
무위험이자율이 상승하면 행사가격의 현재가치가 감소하여 콜옵션의 가격은 상승한다.

(2) 옳다
무위험이자율이 상승하면 행사가격의 현재가치가 감소하여 풋옵션의 가격은 하락한다.

(3) 옳다
기초자산인 주식의 변동성이 커지면 옵션의 시간가치가 증가하여 콜옵션의 가격은 상승한다.

(4) 옳다
기초자산인 주식의 변동성이 커지면 옵션의 시간가치가 증가하여 풋옵션의 가격은 상승한다.

(5) 옳다
잔존만기가 길수록 행사가격의 현재가치가 감소하며, 콜옵션의 시간가치가 증가하여 콜옵션의 가격은 높게 형성된다.

(6) 옳지 않다
잔존만기가 길수록 행사가격의 현재가치가 감소하며 풋옵션의 가격은 하락하지만, 풋옵션의 시간가치가 증가하여 풋옵션의 가격은 상승하므로 풋옵션의 가격에 미치는 효과는 알 수 없다.

연습문제 16-14

현재 가격이 31,000원인 무배당 주식(S)에 대해 콜옵션과 풋옵션이 거래되고 있다. 유럽형 콜옵션(c)의 가격은 3,000원이며 유럽형 풋옵션(p)의 가격은 2,200원이다. 이들 옵션의 행사가격(X)은 30,000원, 만기(T)는 1년, 무위험이자율(r)은 3%이다.

(1) 풋-콜 패리티(put-call parity)가 성립하는지 확인하시오.

(2) 공매가 가능하며 무위험이자율로 차입과 대출이 가능하다고 가정하고 차익거래를 위한 전략을 기술하시오. 또한 차익거래전략을 통해 만기일에 얻게 되는 순이익을 계산하시오.

해설

(1) 풋-콜 패리티(put-call parity)

$S-C+P=31,000-3,000+2,200=30,200$

$PV(X)=30,000/1.03=29,126$

$S-C+P>PV(X)$ 이므로 풋-콜 패리티는 성립하지 않는다.

(2) 차익거래

$S-C+P>PV(X)$ 이므로 차익거래는 다음과 같다.

주식1주 공매, 콜옵션 1개 매입, 풋옵션 1개 발행, 무위험이자율로 대출

포트폴리오	현재시점 현금흐름	만기시점의 현금흐름	
		$S_t<30,000$	$S_t>30,000$
주식 공매	+31,000	$-S_t$	$-S_t$
콜옵션 매입	−3,000	0	$S_t-30,000$
풋옵션 발행	+2,200	$-[30,000-S_t]$	0
대 출	−30,200*	+31,106	+31,106
Total	0	+1,106	+1,106

* 만기일의 차익거래이익을 계산하기 위해서 30,200원을 대출한다.

∴ 만기일의 차익은 1,106원이다.

연습문제 16-15

㈜태백의 무배당 주식의 현재가격은 2만원인데, 매년 주식가격이 10% 상승하거나 10% 하락하는 이항과정을 따른다고 가정한다. 또한 시장의 무위험이자율은 연 6%로 향후 변동이 없으며, 시장에는 어떠한 차익거래의 기회도 없다고 가정한다.

(1) ㈜태백의 주식을 기초자산으로 하고 행사가격이 19,000원이며, 잔존만기가 1년인 유럽식 표준형 풋옵션의 가치를 위험중립접근법으로 구하시오.

(2) ㈜태백의 주식을 100주 보유한 투자자가 이 주식을 기초자산으로 하고 행사가격이 19,000원이며, 잔존만기가 1년인 유럽식 표준형 풋옵션을 이용하여 무위험포트폴리오를 만들고자 한다. 풋옵션을 얼마나 매수 또는 매도해야 하는가?

(3) (2)에서 풋옵션의 가치를 헤지포트폴리오를 구성하여 구하시오.

해설

(1) 위험중립접근법

주식가격의 이항분포는 다음과 같다.

상승계수 $u=1.10$ ➡ $S_u = 20{,}000 \times 1.10 = 22{,}000$

하락계수 $d=0.90$ ➡ $S_d = 20{,}000 \times 0.90 = 18{,}000$

위험중립확률을 구하면 다음과 같다.

$$p=\frac{1+R_f-d}{u-d}=\frac{1.06-0.9}{1.10-0.9}=0.8$$

풋옵션의 만기가치를 이항분포로 나타내면 다음과 같다.

$P_u = \max[19{,}000-22{,}000,\ 0]=0$

$P_d = \max[19{,}000-18{,}000,\ 0]=1{,}000$

풋옵션의 균형가격은 다음과 같다.

$$P=\frac{P_u \times p+P_d \times (1-p)}{1+R_f}=\frac{(0.8\times 0)+(0.2\times 1{,}000)}{1.06}=189\text{원}$$

(2) 헤지포트폴리오 접근법

주식 1주를 매입하면서 m개의 풋옵션을 매입하는 헤지포트폴리오를 구성한다.

$H=S+mP$

헤지포트폴리오의 만기가치를 이항분포로 나타내면 다음과 같다.

$H_u = S_u + mP_u = 22{,}000 + m \times 0$

$H_d = S_d + mP_d = 18{,}000 + m \times 1{,}000$

헤지포트폴리오가 되기 위해서는 이항분포의 만기가치가 동일하여야 한다.

$22{,}000 + m\times 0 = 18{,}000 + m \times 1{,}000$ ➡ $m = +4$

∴ 주식100주를 보유한 투자자가 헤지포트폴리오를 구성하기 위해서는 풋옵션 400개를 매입하여야 한다.

(3) 헤지포트폴리오의 가치는 헤지포트폴리오 만기가치의 현재가치와 같아야 한다.

$$S+mP=\frac{H_u}{1+R_f}=\frac{H_d}{1+R_f}$$

$20{,}000+4\times P=22{,}000/1.06$ ➡ $P=189$원

연습문제 16-16

(1) ㈜가나의 현재 주가는 100,000원이다. ㈜가나의 주가는 1년 후 120,000원이 될 확률이 70%이고 80,000원이 될 확률이 30%인 이항모형을 따른다. ㈜가나의 주식을 기초자산으로 하는 만기 1년, 행사가격 90,000원의 유럽형 콜옵션과 풋옵션이 현재 시장에서 거래되고 있다. 무위험이자율이 연 10%일 때 콜옵션의 델타와 풋옵션의 델타는 각각 얼마인가?

(2) 기초자산의 현재가격이 10,000원이고 이에 대한 콜옵션의 현재가격은 2,000원이다. 콜옵션의 델타가 0.8일 때 기초자산의 가격이 9,000원이 되면 콜옵션의 가격은 얼마가 되겠는가?

해설

(1) 1년 후 주가 상승하는 경우 옵션의 만기가치

$S_u=120{,}000 \rightarrow C_u=\text{Max}[120{,}000-90{,}000,\ 0]=30{,}000$

$P_u=\text{Max}[90{,}000-120{,}000,\ 0]=0$

$S_d=80{,}000 \rightarrow C_d=\text{Max}[80{,}000-90{,}000,\ 0]=0$

$P_d=\text{Max}[90{,}000-80{,}000,\ 0]=10{,}000$

콜옵션 델타: $\Delta_c=\frac{\partial C}{\partial S}=\frac{30{,}000-0}{120{,}000-80{,}000}=0.75$

풋옵션 델타: $\Delta_p=\frac{\partial P}{\partial S}=\frac{0-10{,}000}{120{,}000-80{,}000}=-0.25$

(2) 콜옵션 델타 $\Delta_C=\frac{\Delta C}{\Delta S}\Rightarrow 0.8=\frac{\Delta C}{-1{,}000}=-800$

주가가 1,000원 하락하면 콜옵션의 가격은 800원이 하락하여 1,200원이 된다.

$C^{after}=C^{before}+\Delta C=2{,}000-800=1{,}200$원

연습문제 16-17

JKM㈜의 주식은 현재 16,000원에 거래되고 있고 1년 후(t=1) 주가가 50,000원으로 상승하거나 2,000원으로 하락할 것으로 예상된다. 투자자 A는 이 회사의 주식을 기초자산으로 하고 동일한 만기 및 행사가격을 갖는 한 개의 콜옵션을 매입하여 보유하고 있다. 이 옵션의 행사가격은 15,000원이며 만기는 1년이고, 무위험이자율은 8%이다.

(1) 콜옵션의 가치를 위험중립접근법으로 구하시오.
(2) 콜옵션의 가치를 헤지포트폴리오를 구성하여 구하시오.
(3) 콜옵션의 가치를 복제포트폴리오를 구성하여 구하시오.

해설

(1) 위험중립접근법

현재주가 S=16,000

S_u = 50,000이므로 상승계수 : u=50,000/16,000 = 3.125

S_d = 2,000이므로 하락계수 : d=2,000/16,000 = 0.125

위험중립확률을 구하면 다음과 같다.

$$p=\frac{1+R_f-d}{u-d}=\frac{1.08-0.125}{3.125-0.125}=0.3183$$

콜옵션의 만기가치를 이항분포로 나타내면 다음과 같다.

$$C_u=\max[50{,}000-15{,}000,\ 0]=35{,}000$$

$$C_d=\max[2{,}000-15{,}000,\ 0]=0$$

콜옵션의 균형가격은 다음과 같다.

$$C=\frac{C_u\times p+C_d\times(1-p)}{1+R_f}=\frac{35{,}000\times0.3183+0\times0.6817}{1.08}=10{,}315\text{원}$$

(2) 헤지포트폴리오 접근법

주식 1주를 매입하면서 개의 콜옵션을 매입하는 헤지포트폴리오를 구성한다.

$$H=S+mC$$

헤지포트폴리오의 만기가치를 이항분포로 나타내면 다음과 같다.

$$H_u=S_u+mC_u=50{,}000+m\times35{,}000$$

$$H_d=S_d+mC_d=2{,}000+m\times0$$

헤지포트폴리오가 되기 위해서는 이항분포의 만기가치가 동일하여야 한다.

$$50{,}000 + m \times 35{,}000 = 2{,}000 + m \times 0 \ \Rightarrow\ m = -1.3714$$

헤지포트폴리오의 가치는 헤지포트폴리오 만기가치의 현재가치와 같아야 한다.

$$S + mC = \frac{H_u}{1+R_f} = \frac{H_d}{1+R_f}$$

$$16{,}000 - 1.3714 \times C = 2{,}000/1.08 \ \Rightarrow\ C = 10{,}317\text{원}$$

☞ 위험중립접근법과의 차이금액 2원은 소숫점 절사에 따른 단수차이임

(3) 복제포트폴리오 접근법

주식 a주를 매입하면서 채권 B를 매입하여 콜옵션의 복제포트폴리오를 구성한다.

$$R = aS + B$$

복제포트폴리오의 만기가치의 이항분포는 콜옵션 만기가치의 이항분포와 같아야 한다.

$$R_u = aS_u + B(1+R_f) = C_u \ \Rightarrow\ a \times 50{,}000 + B \times 1.08 = 35{,}000$$

$$R_d = aS_d + B(1+R_f) = C_d \ \Rightarrow\ a \times 2{,}000 + B \times 1.08 = 0$$

위의 식을 연립방정식으로 풀면 $a = 0.7292,\ B = -1{,}350$ 원

주식을 0.7292개 매입하고 1,350원을 차입하면 콜옵션과 동일한 만기가치를 갖는다.

일물일가의 법칙에 따라 복제포트폴리오의 투자비용이 콜옵션의 균형가격이 되어야 한다.

$$C = 16{,}000 \times 0.7292 - 1{,}350 = 10{,}317\text{원}$$

☞ 위험중립접근법과의 차이금액 2원은 소숫점 절사에 따른 단수차이임

연습문제 16-18

JKM㈜의 주식은 현재 16,000원에 거래되고 있고 1년 후($t=1$) 주가가 50,000원으로 상승하거나 2,000원으로 하락할 것으로 예상된다. 투자자 A는 이 회사의 주식을 기초자산으로 하고 동일한 만기 및 행사가격을 갖는 한 개의 풋옵션을 매입하여 보유하고 있다. 이 옵션의 행사가격은 15,000원이며 만기는 1년이고, 무위험이자율은 8%이다.

(1) 풋옵션의 가치를 위험중립접근법으로 구하시오.
(2) 풋옵션의 가치를 헤지포트폴리오를 구성하여 구하시오.
(3) 풋옵션의 가치를 복제포트폴리오를 구성하여 구하시오.

해설

(1) 위험중립접근법

현재주가 $S=16,000$

$S_u=$ 50,000이므로 상승계수 : $u=50,000/16,000 = 3.125$

$S_d=$ 2,000이므로 하락계수 : $d=2,000/16,000 = 0.125$

위험중립확률을 구하면 다음과 같다.

$$p=\frac{1+R_f-d}{u-d}=\frac{1.08-0.125}{3.125-0.125}=0.3183$$

풋옵션의 만기가치를 이항분포로 나타내면 다음과 같다.

$P_u=\max[15,000-50,000,\ 0]=0$

$P_d=\max[15,000-2,000,\ 0]=13,000$

풋옵션의 균형가격은 다음과 같다.

$$P=\frac{P_u\times p+P_d\times(1-p)}{1+R_f}=\frac{0\times0.3183+13,000\times0.6817}{1.08}=8,206\text{원}$$

(2) 헤지포트폴리오 접근법

주식 1주를 매입하면서 m개의 풋옵션을 매입하는 헤지포트폴리오를 구성한다.

$H=S+mP$

헤지포트폴리오의 만기가치를 이항분포로 나타내면 다음과 같다.

$H_u=S_u+mP_u=50,000+m\times0$

$H_d=S_d+mP_d=2,000+m\times13,000$

헤지포트폴리오가 되기 위해서는 이항분포의 만기가치가 동일하여야 한다.

$$50{,}000 + m \times 0 = 2{,}000 + m \times 13{,}000 \;\Rightarrow\; m = +3.6923$$

헤지포트폴리오의 가치는 헤지포트폴리오 만기가치의 현재가치와 같아야 한다.

$$S + mP = \frac{H_u}{1+R_f} = \frac{H_d}{1+R_f}$$

$$16{,}000 + 3.6923 \times P = 50{,}000/1.08 \;\Rightarrow\; P = 8{,}205\text{원}$$

☞ 위험중립접근법과의 차이금액 1원은 소숫점 절사에 따른 단수차이임

(3) 복제포트폴리오 접근법

주식 a주를 매입하면서 채권 B를 매입하여 풋옵션의 복제포트폴리오를 구성한다.

$$R = aS + B$$

복제포트폴리오의 만기가치의 이항분포는 풋옵션 만기가치의 이항분포와 같아야 한다.

$$R_u = aS_u + B(1+R_f) = P_u \;\Rightarrow\; a \times 50{,}000 + B \times 1.08 = 0$$

$$R_d = aS_d + B(1+R_f) = P_d \;\Rightarrow\; a \times 2{,}000 + B \times 1.08 = 13{,}000$$

위의 식을 연립방정식으로 풀면 $a = -0.2708$, $B = 12{,}537$원

주식을 0.2708개 공매하고 12,537원을 대출하면 풋옵션과 동일한 만기가치를 갖는다.

일물일가의 법칙에 따라 복제포트폴리오의 투자비용이 풋옵션의 균형가격이 되어야 한다.

$$P = 16{,}000 \times (-0.2708) + 12{,}537 = 8{,}204\text{원}$$

☞ 위험중립접근법과의 차이금액 2원은 소숫점 절사에 따른 단수차이임

연습문제 16-19

㈜마바의 현재 주당 가격은 10,000원이다. 주가변동은 이항분포를 따르는데 1년 후 주가가 상승하여 12,000원이 될 확률은 60%, 주가가 하락하여 7,000원이 될 확률은 40%이다. 무위험이자율은 10%이며 ㈜마바 주식을 기초자산으로 하는 1년 만기 유럽형 콜옵션의 행사가격은 10,000원이다.

(1) 헤지포트폴리오를 구성하여 현재의 콜옵션 가치를 계산하라.

(2) 기초주식과 무위험채권을 이용하여 콜옵션을 보유한 것과 동일한 포트폴리오를 구성하고 현재 콜옵션 가격이 1,600원일 때 차익거래전략을 현재와 만기 두 시점별 현금흐름의 관점에서 제시하라.

해설

(1) 헤지포트폴리오 접근법

주식 1주를 매입하면서 m개의 콜옵션을 매입하는 헤지포트폴리오를 구성한다.

$$H = S + mC$$

콜옵션의 만기가치를 이항분포로 나타내면 다음과 같다.

$$C_u = \max[12{,}000 - 10{,}000,\ 0] = 2{,}000$$

$$C_d = \max[7{,}000 - 10{,}000,\ 0] = 0$$

헤지포트폴리오의 만기가치를 이항분포로 나타내면 다음과 같다.

$$H_u = S_u + mC_u = 12{,}000 + m \times 2{,}000$$

$$H_d = S_d + mC_d = 7{,}000 + m \times 0$$

헤지포트폴리오가 되기 위해서는 이항분포의 만기가치가 동일하여야 한다.

$$12{,}000 + m \times 2{,}000 = 7{,}000 + m \times 0 \ \Rightarrow\ m = -2.5$$

헤지포트폴리오의 가치는 헤지포트폴리오 만기가치의 현재가치와 같아야 한다.

$$S + mC = \frac{H_u}{1+R_f} = \frac{H_d}{1+R_f}$$

$$10{,}000 - 2.5 \times C = 7{,}000/1.10 \ \Rightarrow\ C = 1{,}455\text{원}$$

(2) 복제포트폴리오 접근법

주식 a주를 매입하면서 채권 B를 매입하여 콜옵션의 복제포트폴리오를 구성한다.

$$R = aS + B$$

복제포트폴리오의 만기가치의 이항분포는 콜옵션 만기가치의 이항분포와 같아야 한다.

$$R_u = aS_u + B(1+R_f) = C_u \quad ➠ \quad a \times 12{,}000 + B \times 1.10 = 2{,}000$$

$$R_d = aS_d + B(1+R_f) = C_d \quad ➠ \quad a \times 7{,}000 + B \times 1.10 = 0$$

위의 식을 연립방정식으로 풀면 $a = 0.40$, $B = -2{,}545.45$ 원

주식을 0.4개 매입하고 2,545원을 차입하면 콜옵션과 동일한 만기가치를 갖는다.

일물일가의 법칙에 따라 복제포트폴리오의 투자비용이 콜옵션의 균형가격이 되어야 한다.

$$C = 10{,}000 \times 0.4 - 2{,}545 = 1{,}455\text{원}$$

콜옵션 시장가격이 균형가격보다 크기 때문에 차익거래전략은 다음과 같다.

콜옵션 매도, 콜옵션 복제포트폴리오 매수

∴ 콜옵션 1개 매도, 주식 0.4개 매입하고 2,545원을 차입하여 차익포트폴리오를 구성한다.

- 차익포트폴리오의 현재시점 현금흐름

  $+1{,}600$원 $-$ 0,40 $\times$ 10,000원 $+$ 2,545원 $=$ 145원
- 주가상승시 차익포트폴리오의 만기가치

  $-2{,}000$원 $+$ 0.4 $\times$ 12,000원 $-$ 2,545 $\times$ 1.10 $=$ 0
- 주가하락시 차익포트폴리오의 만기가치

  -0원 $+$ 0.4 $\times$ 7,000원 $-$ 2,545 $\times$ 1.10 $=$ 0

∴ 차익거래의 이익은 현재시점으로 145원이다.

연습문제 16-20

옵션에 대한 자료가 다음과 같이 주어져 있을 때, 물음에 답하라.

- 현재 주식가격 : 10,000원
- 행사가격 : 11,000원
- 1기간 : 50일
- 옵션의 만기 : 100일(50일씩 2기간)
- 무위험 이자율 : 연 10%
- $e^{-0.1\frac{50}{365}} = 0.9864$
- 1기간 주가상승계수 : 1.1174
- 1기간 주가하락계수 : 0.8949

(1) 유럽형 풋옵션은 2기말에 행사가 가능하다. 배당이 없는 경우 만기가 100일인 유럽형 풋옵션의 현재가격은 얼마인가?

(2) 미국형 풋옵션은 1기말과 2기말에 행사가 가능하다. 배당이 없는 경우 만기가 100일인 미국형 풋옵션의 현재가격은 얼마인가?

해설

(1) 유럽형 풋옵션 균형가격

주식가격의 이항분포는 다음과 같다.

현재시점 : $S=10,000$

1기말 : $S_u = 10,000 \times 1.1174 = 11,174$

$S_d = 10,000 \times 0.8949 = 8,949$

2기말 : $S_{uu} = 11,174 \times 1.1174 = 12,486$

$S_{ud} = S_{du} = 11,174 \times 0.8949 = 10,000$

$S_{dd} = 8,949 \times 0.8949 = 8,008$

위험중립확률을 구하면 다음과 같다.

$$p = \frac{e^{R_f \times t} - d}{u-d} = \frac{e^{0.1 \times \frac{50}{365}} - 0.8949}{1.1174 - 0.8949} = \frac{\frac{1}{0.9864} - 0.8949}{1.1174 - 0.8949} = 0.5344$$

풋옵션의 만기가치를 이항분포로 나타내면 다음과 같다.

1기말 : $P_u = \max[11,000 - 11,174,\ 0] = 0$

$P_d = \max[11,000 - 8,949,\ 0] = 2,051$

2기말 : $P_{uu} = \max[11{,}000 - 12{,}486,\ 0] = 0$

$P_{ud} = \max[11{,}000 - 10{,}000,\ 0] = 1{,}000$

$P_{du} = \max[11{,}000 - 10{,}000,\ 0] = 1{,}000$

$P_{dd} = \max[11{,}000 - 8{,}008,\ 0] = 2{,}992$

만기가 100일(2기간)인 유럽형 풋옵션의 균형가격은 다음과 같다.

$$P = \frac{p^2 \times P_{uu} + 2 \times p \times (1-p) \times P_{ud} + (1-p)^2 \times P_{dd}}{(1+R_f)^2}$$

$$= [(0.5344^2 \times 0) + (2 \times 0.5344 \times 0.4656 \times 1{,}000) + (0.4656^2 \times 2{,}992)] \times (0.9864)^2$$

$= 1{,}115$원

(2) 미국형 풋옵션 균형가격

1기간말 주가상승 시 풋옵션의 가격

조기행사하는 경우 : $P_u^{stop} = \max[11{,}000 - 11{,}174,\ 0] = 0$원

조기행사하지 않는 경우 : $P_u^{go} = [(0.5344 \times 0) + (0.4656 \times 1{,}000)] \times 0.9864 = 459.27$

$\rightarrow P_u = \max[0, 459.27] = 459.27$

1기간말 주가하락 시 풋옵션의 가격

조기행사하는 경우 : $P_d^{stop} = \max[11{,}000 - 8{,}949,\ 0] = 2{,}051$

조기행사하지 않는 경우 : $P_d^{go} = [(0.5344 \times 1{,}000) + (0.4656 \times 2{,}992)] \times 0.9864 = 1{,}901.26$

$\rightarrow P_d = \max[1{,}901.26,\ 2{,}051] = 2{,}051$

만기가 100일(2기간)인 미국형 풋옵션의 균형가격은 다음과 같다.

$$P = \frac{p \times P_u + (1-p) \times P_d}{(1+R_f)^1}$$

$= [(0.5344 \times 459.27) + (0.4656 \times 2{,}051)] \times 0.9864 = 1{,}184$원

연습문제 16-21

통일증권거래소의 상장회사인 ㈜동남아의 현재주가는 20,000원(액면가 : 5,000원)이며, ㈜동남아의 주가는 6개월마다 20% 상승하거나 10% 하락하는 이항과정을 따른다고 한다. 그리고 무위험이자율은 연12%, 배당수익률은 연8%라고 한다.

(1) 잔존기간이 1년이고, ㈜동남아의 주식을 기초자산으로 하는 등가격(at-the-money) 유럽형 콜옵션의 가격은 얼마인가?

(2) 잔존기간이 1년이고, ㈜동남아의 주식을 기초자산으로 하는 등가격(at-the-money) 유럽형 풋옵션의 가격을 풋-콜 패리티(put-call parity)를 사용하여 구하시오.

해설

(1) 배당수익률을 반영한 콜옵션의 가격

주식가격의 이항분포는 다음과 같다.

현재시점 : $S=20{,}000$

1기말 : $S_u=20{,}000\times1.20=24{,}000$

$S_d=20{,}000\times0.90=18{,}000$

2기말 : $S_{uu}=24{,}000\times1.20=28{,}800$

$S_{ud}=S_{du}=24{,}000\times0.90=21{,}600$

$S_{dd}=18{,}000\times0.90=16{,}200$

위험중립확률을 구하면 다음과 같다.

$$p=\frac{\dfrac{1+R_f\times\dfrac{t}{12}}{1+q\times\dfrac{t}{12}}-d}{u-d}=\frac{\dfrac{1+0.12\times\dfrac{6}{12}}{1+0.08\times\dfrac{6}{12}}-0.9}{1.2-0.9}=0.3974$$

콜옵션의 만기가치를 이항분포로 나타내면 다음과 같다.

1기말 : $C_u=\max[24{,}000-20{,}000,\ 0]=4{,}000$

$C_d=\max[18{,}000-20{,}000,\ 0]=0$

2기말 : $C_{uu}=\max[28{,}800-20{,}000,\ 0]=8{,}800$

$C_{ud}=\max[21{,}600-20{,}000,\ 0]=1{,}600$

$C_{du}=\max[21{,}600-20{,}000,\ 0]=1{,}600$

$C_{dd}=\max[16{,}200-20{,}000,\ 0]=0$

만기가 1년(2기간)인 유럽형 콜옵션의 균형가격은 다음과 같다.

$$C=\frac{p^2\times C_{uu}+2\times p\times(1-p)\times C_{ud}+(1-p)^2\times C_{dd}}{(1+R_f)^2}$$

$$=\frac{(0.3974^2\times 8{,}800)+2\times(0.3974\times 0.6026\times 1{,}600)+(0.6026^2\times 0)}{1.06^2}=1{,}919\text{원}$$

(2) 배당수익률을 반영한 풋-콜 패러티

2기간 배당수익률 모형의 풋-콜 패러티를 이용한다.

$$\frac{S}{(1+q\times\frac{6}{12})^2}+P-C=\frac{X}{(1+R_f\times\frac{6}{12})^2}$$

$$\frac{20{,}000}{1.04^2}+P-1{,}919=\frac{20{,}000}{1.06^2}\quad\rightarrow\quad P=1{,}228\text{원}$$

연습문제 16-31 (22년 기출)

배당을 하지 않는 A기업의 현재 주식가격은 10,000원이다. A기업의 주식을 기초자산으로 하는 만기 1년, 행사가격 10,000원인 유럽형 옵션이 현재 시장에서 거래되고 있다. 1년 후 A기업의 주식가격이 12,000원이 될 확률은 40%, 8,000원이 될 확률은 60%이다. 현재 무위험이자율이 10%이며, 이 옵션의 가격결정은 1기간 이항모형을 이용한 무위험 헤지포트폴리오를 구성하여 구한다. 다음 중 가장 적절하지 않은 것은? (단, 소수점 아래 둘째자리에서 반올림하여 계산한다.)

① 풋옵션의 균형가격은 654.6원이다.

② 콜옵션의 균형가격은 1,363.6원이다.

③ 주식 1개 매입 시 콜옵션 2개 매도로 헤지한다.

④ 풋옵션의 델타는 (-)0.5이다.

⑤ 콜옵션의 델타는 0.5이다.

해설

Pu = max[10,000 − 12,000, 0] = 0

Pd = max[10,000 − 8,000, 0] = 2,000

위험중립확률 $p = \dfrac{1+R_f-d}{u-d} = \dfrac{1.1-0.8}{1.2-0.8} = 0.75$

풋옵션의 균형가격 : $P = \dfrac{p \times P_u + (1-p) \times P_d}{(1+R_f)^1} = \dfrac{0 \times 0.75 + 2000 \times 0.25}{1.10} = 454.5$

정답 : ①

연습문제 16-32 (24년 기출)

옵션에 관한 설명으로 가장 적절하지 않은 것은?

① 이항모형에 의한 옵션가격 산출 시 주가상승확률이나 위험프리미엄은 고려되지 않는다.
② 보호풋(protective put) 전략은 기초자산을 보유한 투자자가 향후 자산가격이 하락할 경우를 대비하여 풋옵션을 매입하는 전략이다.
③ 유럽형 콜옵션의 델타(delta)는 내가격에서보다 외가격에서 더 크다.
④ 무위험이자율이 높아지면 풋옵션의 가격은 하락하고 콜옵션의 가격은 상승한다.
⑤ 다른 조건이 같다고 할 때, 배당을 지급하는 주식을 기초자산으로 하는 유럽형 콜옵션의 가격은 무배당 주식을 기초자산으로 하는 유럽형 콜옵션 가격보다 낮거나 같다.

해설

옵션의 델타(delta)는 내가격 옵션일수록 델타의 절대값이 1에 가까워지고 외가격은 0에 가까워진다.

정답 : ③

연습문제 16-33 (24년 기출)

㈜W기업의 주식을 기초자산으로 하는 유럽형 콜옵션과 유럽형 풋옵션이 존재한다. 현재 이 콜옵션과 풋옵션은 각각 1년의 만기와 1,000원의 행사가격을 가지고 있다. ㈜W기업의 주식은 현재 시장에서 1,000원에 거래되고 있으며 ㈜W기업은 동 주식에 대하여 배당금을 지급하지 않는다. 1년 후 동 주식의 주가가 1,100원이 될 확률은 80%이고, 900원이 될 확률은 20%라고 한다. 현재 무위험이자율은 연 5%이다. 1기간 이항모형을 이용할 때, 동 콜옵션의 이론가격과 동 풋옵션의 이론가격에 가장 가까운 것은? (단, 풋-콜 등가식(put-call parity)이 성립한다.)

① 콜옵션: 71.43원, 풋옵션: 47.62원
② 콜옵션: 47.62원, 풋옵션: 23.81원
③ 콜옵션: 71.43원, 풋옵션: 23.81원
④ 콜옵션: 47.62원, 풋옵션: 47.62원
⑤ 콜옵션: 71.43원, 풋옵션: 19.62원

해설

$C_u = \max[1{,}100 - 1{,}000, 0] = 100$

$C_d = \max[900 - 1{,}000, 0] = 0$

$P_u = \max[1{,}000 - 1{,}100, 0] = 0$

$P_d = \max[1{,}000 - 900, 0] = 100$

$$p = \frac{1.05 - 0.9}{1.1 - 0.9} = 0.75$$

$$C = \frac{100 \times 0.75 + 0 \times 0.25}{1.05} = 71.43$$

$$P = \frac{0 \times 0.75 + 100 \times 0.25}{1.05} = 23.81$$

정답 : ③

옵션의 응용 제17장

제 1 절 자기자본가치와 부채가치

1. 자기자본의 만기가치

주식은 유한책임증권이기 때문에 부채 상환시점의 주주의 현금흐름은 다음과 같다.

부채 상환일의 기업가치(V_t) > 부채의 상환금액(D) ➠ $V_t - D$
부채 상환일의 기업가치(V_t) < 부채의 상환금액(D) ➠ 0

따라서 주주의 경제적 지위는 다음 조건의 콜옵션을 매입한 것과 같다.

- 기초자산 : 기업가치(자산)
- 행사가격 : 부채의 상환금액(액면금액)

[그림 17-1]에서 보는 것처럼 자기자본의 만기가치(S_t)는 다음과 같다.

$$S_t = Max\,[0,\ V_t - D] \tag{17.1}$$

2. 위험부채의 만기가치

부채 상환시점의 위험부채의 채권자 현금흐름은 다음과 같다.

[그림 17-1] 부채의 상환일에서의 자기자본의 가치

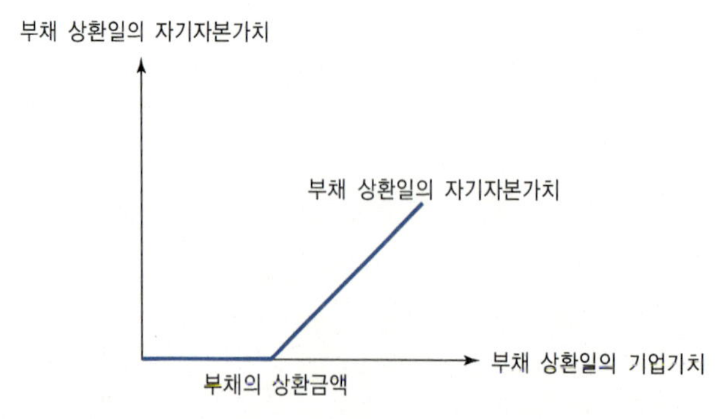

부채 상환일의 기업가치(V_t) > 부채의 상환금액(D) ➡ D
부채 상환일의 기업가치(V_t) < 부채의 상환금액(D) ➡ V_t

[그림 17-2]에서 보는 것처럼 위험부채의 만기가치(B_t)는 다음과 같으며, 이는 옵션 투자 전략의 방비콜과 같다.

$$B_t = Min\ [V_t,\ D]$$

기업가치(V)는 자기자본(S)과 부채(B)의 합이므로 $V = S + B$에서 주주의 경제적 지위를 적용하면 위험부채의 채권자 경제적 지위는 다음과 같다.

$V = B + S$ ➡ $B = V - S$ ➡ $B = V - C$
채권자의 경제적 지위 :
① 기업을 소유 + ② 기업자산에 대한 콜옵션을 주주에게 발행

위의 식을 풋-콜 패리티에 적용하면 채권자의 경제적 지위는 다음과 같다.

풋-콜 패리티 : $S - C + P = PV(X)$ ➡ $S - C = PV(X) - P$
풋-콜 패리티 응용 : $V - S + P = PV(D)$ ➡ $B = V - S = PV(D) - P$
채권자의 경제적 지위 :
① 무위험부채에 투자 + ② 기업자산에 대한 풋옵션을 주주에게 발행

주주는 기업자산에 대한 옵션을 보유한 입장이며, 채권자는 기업자산에 대한 옵션을 발행한 입장이기 때문에 경영자가 수익의 변동성이 큰 사업을 선택하게 되면 주주에게 유리하고 채권자에게는 불리하다.

[그림 17-2] 부채의 상환일에서의 위험부채의 가치

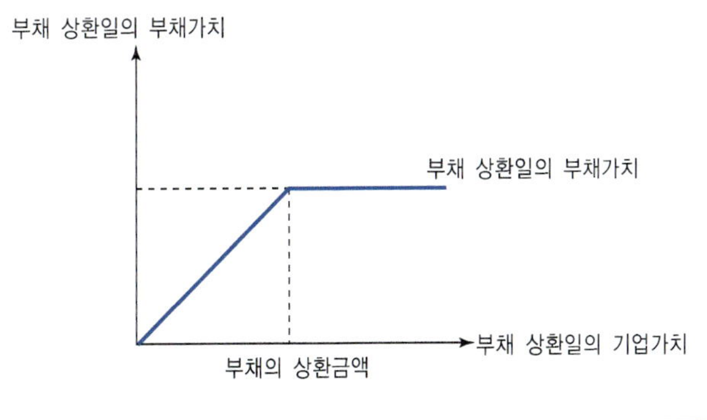

3. 지급보증의 가치

채권자의 경제적 지위에서 위험부채와 무위험부채의 관계는 다음과 같다.

$$\text{위험부채의 가치} = \text{무위험부채의 가치} - \text{풋옵션}$$

따라서 정부의 지급보증에 의해 위험부채가 무위험부채가 될 수 있다면 이때 지급보증의 가치는 풋옵션의 가치와 동일하다.

$$\text{무위험부채의 가치} = \text{위험부채의 가치} + \text{풋옵션} \tag{17.2}$$

4. 이항분포모형

자기자본의 만기가치는 콜옵션의 만기가치와 동일한 구조를 가지고 있기 때문에 이항분포모형을 적용하면 다음과 같이 자기자본(S)의 가치를 구할 수 있다.

(1) 1기간 이항분포

1기간 이항분포에서 주식과 콜옵션의 가치를 응용하여 기업자산과 자기자본의 가치를 결정한다.

[그림 17-3] (a) 1기간 이항분포에서 주식과 콜옵션의 가치

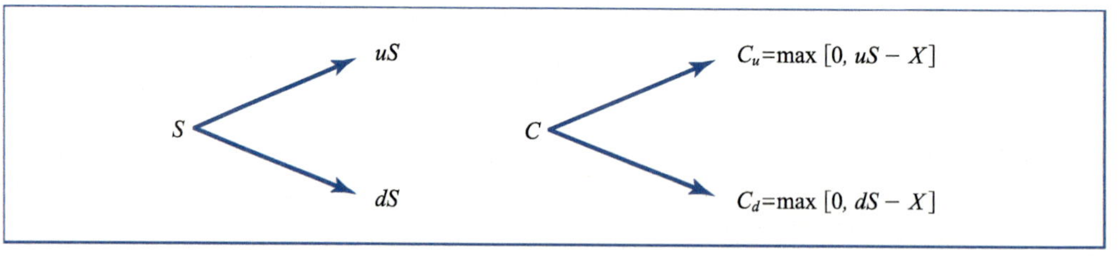

[그림 17-3] (b) 1기간 이항분포에서 기업자산과 자기자본의 가치

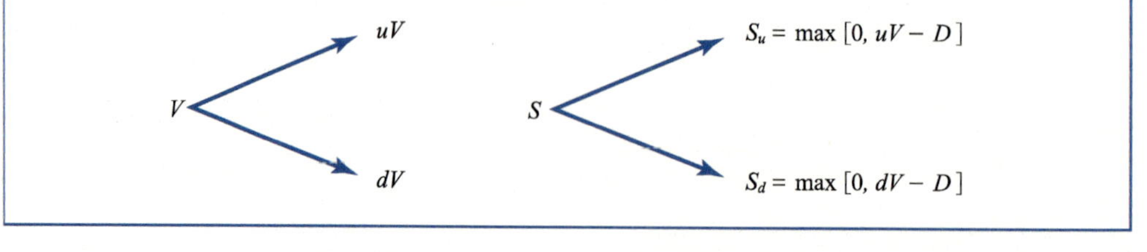

(2) 위험중립확률

기업자산의 상승계수(u)와 하락계수(d)를 이용하여 위험중립확률을 결정한다.

$$V \times (1+R_f) = V_u \times p + V_d \times (1-p) \quad \Rightarrow \quad p = \frac{1+R_f-d}{u-d}$$

Cox & Rubinstein은 기초자산의 위험중립확률은 기초자산에 대한 옵션의 위험중립확률과 동일함을 증명하였으므로 기업자산의 위험중립확률을 자기자본의 위험중립확률로 사용한다. 주의하여야 할 점은 기초자산에 적용된 위험조정할인율을 기초자산에 대한 옵션의 할인율로 사용할 수 없기 때문에 기업자산에 적용된 위험조정할인율을 자기자본의 할인율로 사용할 수 없다.

(3) 자기자본의 현재가치

콜옵션의 균형가격을 응용하여 자기자본의 균형가격을 결정한다.

콜옵션의 균형가격: $C = \dfrac{C_u \times p + C_d \times (1-p)}{1+R_f}$

$$\Rightarrow \text{자기자본의 균형가격: } S = \frac{S_u \times p + S_d \times (1-p)}{1+R_f} \qquad (17.3)$$

(4) 부채의 현재가치

기업가치(V)는 자기자본(S)과 부채(B)의 합이므로 $V=S+B$로부터 부채의 균형가격을 구한다.

$$B = V - S$$

기업자산의 위험중립확률을 이용하여 다음과 같이 부채의 균형가격을 도출할 수도 있다.

기업가치 상승시 부채의 만기가치: $B_u = \min[D,\ V_u]$

기업가치 하락시 부채의 만기가치: $B_d = \min[D,\ V_d]$

$$\text{부채의 균형가격: } B = \frac{B_u \times p + B_d \times (1-p)}{1+R_f} \qquad (17.4)$$

예제 17-1

단일기간에 걸쳐 단일사업을 하는 가나기업은 중도에 이자지급 없이 사업종료 시점에 50억원을 상환하기로 사업초기에 약정한 부채가 있다. 사업기간 중 무위험이자율은 10%이다. 사업종료 시점에 회사 자산의 시장가치가 80%의 확률로 60억원이 되고, 20%의 확률로 40억원이 되는 사업A에 투자하기로 했다. 자산의 현재 시장가치는 50억원이다. 시장은 현재 균형이며, 이항모형을 이용하여 다음에 답하시오.

(1) 현재 자기자본의 시장가치는 얼마인가?
(2) 현재 부채의 시장가치는 얼마인가?
(3) 가중평균자본비용, 자기자본비용 및 타인자본비용을 구하시오.
(4) 지급보증의 가치는 얼마인가?

풀이

(1) ① 1기간 말 자기자본의 만기가치 결정

$S_u = \max\ [0,\ 60억 - 50억] = 10억$

$S_d = \max\ [0,\ 40억 - 50억] = 0$

② 기업자산의 위험중립확률

$$u = 60/50 = 1.2,\quad d = 40/50 = 0.8 \Rightarrow p = \frac{1.1 - 0.8}{1.2 - 0.8} = 0.75$$

③ 기업자산의 위험중립확률을 이용하여 자기자본의 균형가격 계산

$$S = \frac{10 \times 0.75 + 0 \times 0.25}{1.10} = 6.82억$$

(2) ① 회계등식을 이용하는 방법

$V = B + S \Rightarrow 50억 = B + 6.82억 \Rightarrow B = 43.18억$

② 위험중립확률 접근법

1기간 말 부채의 만기가치를 결정한다.

$B_u = \min\ [60억,\ 50억] = 50억$

$B_d = \min\ [40억,\ 50억] = 40억$

기업자산의 위험중립확률을 이용하여 부채의 균형가격을 구한다.

$$B = \frac{50 \times 0.75 + 40 \times 0.25}{1.10} = 43.18억$$

(3) ① 가중평균자본비용

1기간 말 기업자산 기댓값 $= 60 \times 0.8 + 40 \times 0.2 = 56억$

$$V=\frac{V_u\times q+V_d\times(1-q)}{1+k_0} \Rightarrow 50=\frac{56}{1+k_0} \Rightarrow k_0=12\%$$

② 자기자본비용

1기간 말 자기자본 기댓값 $=10\times0.8+0\times0.2=8$억

$$S=\frac{S_u\times q+S_d\times(1-q)}{1+k_e} \Rightarrow 6.82=\frac{8}{1+k_e} \Rightarrow k_e=17.3\%$$

※ 기초자산의 위험조정할인율과 옵션의 위험조정할인율은 다르다는 것을 주의

③ 타인자본비용

1기간 말 부채 기댓값 $=50\times0.8+40\times0.2=48$억

$$B=\frac{B_u\times q+B_d\times(1-q)}{1+k_d} \Rightarrow 43.18=\frac{48}{1+k_d} \Rightarrow k_d=11.16\%$$

※ 위험부채 채무불이행 위험프리미엄 $=11.16\%-10\%=1.16\%$

(4) 무위험부채의 가치 $=50$억$/1.10=45.45$억

지급보증의 가치 = 무위험부채의 가치 − 위험부채의 가치

$=45.45-43.18=2.27$억

※ 지급보증의 가치는 풋옵션의 가치를 이용하여 구할 수도 있다.

1기간 말 풋옵션 만기가치: $P_u=\max[0,\ 50-60]=0$ $\quad P_d=\max[0,\ 50-40]=10$

$$P=\frac{0\times0.75+10\times0.25}{1.10}=2.27\text{억}$$

예제 17-2

K기업은 300억원의 가치를 갖는 토지만 자산으로 보유하고 있으며, 3년 후 토지가격은 800억원으로 예상된다. 현재 K기업은 무부채기업으로 발행주식수는 100만주이며 베타는 1.4이다. 현재 K기업은 소요자금이 150억원이며, NPV가 28억원 투자안을 투자하려고 한다. 소요자금은 12%의 이자율로 5년 만기 할인사채를 발행하여 조달할 예정이다. 현재 무위험이자율은 10%이며, 효율적 시장을 가정한다.

(1) 신규투자안의 공시시점의 1주당 가격은 얼마인가?

(2) K기업의 자산을 기초자산으로 하여 만기3년의 유럽형 콜옵션을 발행하는 경우 콜옵션의 가치와 행사가격은 얼마인가?

(3) (2)에서 구한 행사가격으로 풋옵션을 발행한다면 발행가격은 얼마인가?

풀이

(1) 공시시점의 K기업가치(자기자본가치) = 300억 + 28억 = 328억
공시시점의 주가 = 328억/100만주 = 32,800원

(2) 유럽형 콜옵션의 가치 = 자기자본의 가치 = 328억
행사가격 = 부채상환금액 = 150×1.12^3 = 211억

(3) 풋옵션의 가치 = 무위험부채의 가치 − 위험부채의 가치
= $211/1.10^3 - 150$ = 8.5억

5. Black-Scholes 모형

이항분포모형과 마찬가지로 콜옵션의 블랙-숄즈 모형을 이용하여 다음과 같이 자기자본의 가치를 구할 수 있다.

블랙-숄즈 모형에 의한 콜옵션의 가치

$$C = S \cdot N(d_1) - \frac{X}{e^{R_f t}} \cdot N(d_2)$$

$$d_1 = \frac{\ln\left(\frac{S}{X}\right) + \left(R_f + \frac{\sigma^2}{2}\right)t}{\sigma\sqrt{t}} \qquad d_2 = d_1 - \sigma\sqrt{t}$$

C : 콜옵션의 가격, S : 기초자산의 가격, X : 콜옵션의 행사가격,
t : 콜옵션의 만기, σ : 주식수익률의 표준편차

블랙-숄즈 모형에 의한 자기자본의 가치

$$S = V \cdot N(d_1) - \left(\frac{D}{e^{R_f t}}\right) \cdot N(d_2) \tag{17.5}$$

$$d_1 = \frac{\ln\left(\frac{V}{D}\right) + \left(R_f + \frac{\sigma^2}{2}\right)t}{\sigma\sqrt{t}}, \quad d_2 = d_1 - \sigma\sqrt{t}$$

S : 자기자본의 가치, V : 기업자산의 현재가격, D : 부채의 상환금액,
t : 부채의 만기, σ : 자산수익률의 표준편차

예제 17-3

K기업의 현재 자산의 가치는 125억원이며, 다음 조건의 부채를 발행한 상태이다.

- 잔존만기 : 4년
- 액면금액 : 100억원
- 액면이자 : 없음 (무이표채)

K기업 자산수익률의 표준편차는 0.4이며, 무위험이자율은 10%일 때 블랙-숄즈모형을 이용하여 K기업의 자기자본의 가치와 부채의 가치를 각각 구하시오. (단, 옵션평가와 관련된 자료는 <예제 16-13>을 이용하시오.)

풀이

(1) 자기자본의 가치

① $S = 125$억, $X = 100$억

$\ln(S/X) = \ln(125/100) = 0.2231$

$\sigma = 0.4,\ t = 4,\ R_f = 0.1$을 공식에 대입한다.

$$d_1 = \frac{\ln(\frac{S}{X}) + (R_f + \frac{1}{2}\sigma^2) \times t}{\sigma \times \sqrt{t}} = \frac{0.2231 + (0.1 + \frac{1}{2} \times 0.4^2) \times 4}{0.4 \times \sqrt{4}} = 1.18$$

$$d_2 = d_1 - \sigma\sqrt{t} = 1.18 - 0.4 \times \sqrt{4} = 0.38$$

② 표준정규분포표에서 $N(d_1)$과 $N(d_2)$을 구한다.

$N(d_1) = N(1.18) = 0.8810 \qquad N(d_2) = N(0.38) = 0.6480$

③ 콜옵션의 가격을 구한다.

$$S = V \times N(d_1) - \frac{D}{e^{R_f t}} \times N(d_2)$$

$$= 125\text{억} \times 0.8810 - 100\text{억} \times 0.90483^4 \times 0.6480 = 66.7\text{억원}$$

(2) 부채의 가치

$$B = V - S = 125\text{억} - 66.7\text{억} = 58.3\text{억원}$$

6. 담보부채권

담보부채권 투자자의 채권 만기의 현금흐름은 다음과 같다.

채권 만기시점 담보물의 가치(V_t) > 만기상환액(D) ➡ 만기상환액
채권 만기시점 담보물의 가치(V_t) < 만기상환액(D) ➡ 담보물

담보부채권 투자자의 경제적 지위는 담보물을 매입하고 이를 기초자산으로 하고 만기액면금액을 행사가격으로 콜옵션을 발행(매도)한 것과 동일하므로 만기가치(B_t)는 다음과 같다.

$$B_t = \min[V_t,\ D] \tag{17.6}$$

따라서 담보부채권의 현재가치는 기업자산을 이용한 부채의 현재가치와 같은 방법으로 계산한다.

제2절 옵션부 채권

1. 전환사채

(1) 전환사채의 기초개념

전환사채(CB: convertible bonds)는 일정한 조건 아래 발행회사의 보통의 주식으로 전환할 수 있는 선택권이 부여된 회사채이다. 일반채권과 똑같이 만기일이 정해져 있고 그때까지는 정기적으로 이자가 지급되는 채권이다. 투자자는 사채의 확실성과 주식의 투기성을 비교하여 선택할 수 있으며, 발행회사는 전환에 의한 사채상환의 효과를 누릴 수 있고 이자비용의 감소에 의한 자금조달상의 편의를 주는 의미를 지닌다. 전환사채의 소유자는 전환사채를 발행한 기업의 주가가 상승하는 경우 전환권을 행사하며, 주가가 하락하는 경우 전환권을 행사하지 않기 때문에 전환권(conversion privilege)은 콜옵션의 성격을 가지고 있다.

전환사채에서 사용되는 주요 용어는 다음과 같다.

- 전환비율(conversion ratio)
  전환사채 한 단위당 전환이 인정되는 주식의 수

- 전환가격(conversion price)
  주식 1주의 전환을 위해 포기하는 사채의 액면금액
  ➡ 전환가격 = 사채의 액면금액 ÷ 전환비율

- 전환가치(CV: conversion value)
  사채를 주식으로 전환하였을 때 주식의 가치
  ➡ 전환가치 = 헌재주가 × 전휜비율

- 전환프리미엄(conversion premium)
  전환사채가 전환가치를 상회하여 판매될 때의 초과액
  ➡ 전환프리미엄 = (전환가격 − 현재주가) ÷ 현재주가

예제 17-4

㈜한국은 자금조달을 위해 액면가 100,000원, 만기 1년, 표면이자율 2%의 회사채 10만 좌를 발행하려고 한다. 가나기업은 이 사채에 대해 전환사채 형태의 발행을 고려하고 있다. 전환사채는 1좌당 20주의 보통주로 전환할 수 있는 권리를 부여할 예정이며 만기에만 행사가 가능하다. 전환사채를 발행할 당시 ㈜한국의 주가는 4,000원이다.

(1) 전환비율과 전환가격은 각각 얼마인가?
(2) 전환프리미엄을 계산하시오.
(3) 전환가치를 계산하시오.

풀이

(1) 사채 1단위를 포기하는 대신 받게 되는 주식 수가 20주 이므로 전환비율 = 20
전환가격 = 사채액면금액 ÷ 전환비율
= 100,000원 ÷ 20 = 5,000원

(2) 전환프리미엄 = (전환가격 − 주가) ÷ 주가
= (5,000 − 4,000) ÷ 4,000 = 25%

(3) 전환가치 = 주가 × 전환비율
= 4,000 × 20 = 80,000원

(2) 전환권과 전환사채의 만기가치

전환권과 전환사채의 가치를 평가하기 위해서는 만기가치를 구하여야 한다. 전환권과 전환사채의 만기가치를 구하기 위해서 다음과 같이 용어를 정의한다.

- V_t : 전환사채 상환일의 기업가치
- D : 전환사채 액면금액으로 일반사채의 상환일의 가치
- a : 전환권 행사시 채권자의 지분비율

전환권은 콜옵션 성격을 가지고 있기 때문에 전환권의 만기가치(C_t)는 다음과 같다.

$$C_t = \max[0, a \cdot V_t - D] \qquad (17.7)$$

전환사채의 만기가치(CB_t)는 일반사채의 만기가치에 전환권의 만기가치를 합하여 구하며

[그림 17-4] 전환사채의 만기가치

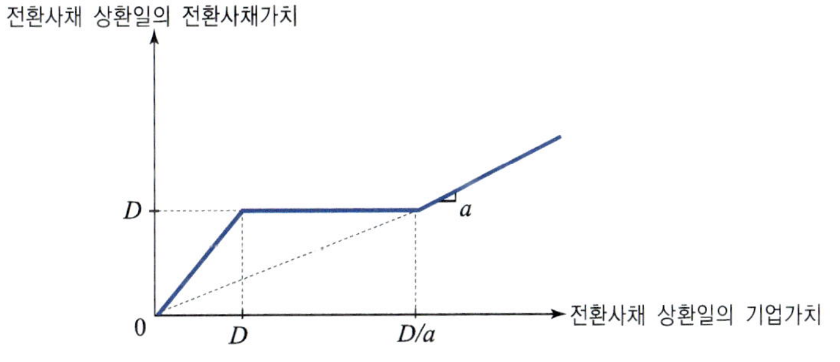

기업가치의 구간별로 살펴보면 다음과 같다.

- $V_t < D$ ➡ $CB_t = V_t$
- $D \leq V_t < \dfrac{D}{a}$ ➡ $CB_t = D$
- $V_t \geq \dfrac{D}{a}$ ➡ $CB_t = aV_t$

전환사채의 만기가치를 그림으로 나타내면 <그림 17-4>와 같다.

예제 17-5

㈜한국의 현재 자산가치는 40만원인데 전환사채와 보통주식 80주를 발행한 상태이다. 전환사채는 만기 1년, 액면가는 10만원이고 만기에 주식 20주로 전환이 가능하다.

(1) 1년 후 자산가치가 8만원인 경우 전환권과 전환사채의 만기가치를 구하시오.
(2) 1년 후 자산가치가 30만원인 경우 전환권과 전환사채의 만기가치를 구하시오.
(3) 1년 후 자산가치가 80원인 경우 전환권과 전환사채의 만기가치를 구하시오.

풀이

(1) 전환권 행사시 채권자의 지분비율 : $a = 20주/100주 = 0.2$

$V_t = 80{,}000, \quad D = 100{,}000$

전환권의 만기가치

$$C_t = \max[0, a \cdot V_t - D] - \max[0,\ 0.2 \times 80{,}000 - 100{,}000] = 0$$

전환사채의 만기가치

$$V_t < D \Rightarrow CB_t = V_t = 80,000$$

(2) $V_t = 300,000,\ D = 100,000$

전환권의 만기가치

$$C_t = \max[0, a \cdot V_t - D] = \max[0,\ 0.2 \times 300,000 - 100,000] = 0$$

전환사채의 만기가치

$$D \le V_t < \frac{D}{a} \Rightarrow CB_t = D = 100,000$$

(3) $V_t = 800,000,\ D = 100,000$

전환권의 만기가치

$$C_t = \max[0, a \cdot V_t - D] = \max[0,\ 0.2 \times 800,000 - 100,000] = 60,000$$

전환사채의 만기가치

$$V_t \ge \frac{D}{a} \Rightarrow CB_t = aV_t = 160,000$$

(3) 전환사채의 현재가치

옵션가격결정모형(OPM)을 이용하여 전환사채의 가치를 평가하는 방법은 다음과 같이 2가지 접근방법이 있다.

- 콜옵션의 기초자산을 주식으로 보는 경우
- 콜옵션의 기초자산을 기업자산으로 보는 경우

① 기초자산을 주식으로 보는 경우

이 방법은 전환권의 기초자산을 주식으로 보고 이항분포모형이나 블랙-숄즈 모형을 이용하여 전환권의 가치를 구하여 이를 이용하여 전환사채의 가치를 계산하는 방법이다.

전환사채의 가치 = 일반사채의 가치 + 전환권의 가치

예제 17-6

㈜한국은 자금조달을 위해 액면가 100,000원, 만기 1년, 표면이자율 2%의 회사채 10만

좌를 발행하려고 한다. ㈜한국은 이 사채에 대해 전환사채 형태의 발행을 고려하고 있다. 전환사채는 1좌당 10주의 보통주로 전환할 수 있는 권리를 부여할 예정이며 만기에만 행사가 가능하다. 이 사채와 모든 조건이 동일한 일반사채의 만기수익률은 6%이며 무위험이자율은 5%이다. ㈜한국의 발행주식수는 100만주이며 주가는 현재 10,000원이다. 주가는 사채발행 직후에도 변화가 없을 것이며 매년 20% 상승하거나 10% 하락할 것으로 예상된다. ㈜한국의 주식은 향후 1년간 주식에 대한 배당을 실시하지 않을 계획이다.

(1) 전환권 행사에 따른 전환권 1단위당 가치를 계산하시오.
(2) 전환사채의 가치를 계산하시오.

풀이

(1) 이 문제는 기초자산을 주가로 보는 가치평가방법을 사용한다.
전환권의 주식 1주당 행사가격
=만기일의 일반사채가치/전환비율=100,000/10=10,000원
주식의 위험중립확률

$$u=1.2,\ d=0.9 \Rightarrow p=\frac{1.05-0.9}{1.2-0.9}=0.5$$

1기간 말 이항분포

$$S_u=10{,}000\times1.2=12{,}000 \Rightarrow C_u=\max[0,\ 12{,}000-10{,}000]=2{,}000$$

$$S_d=10{,}000\times0.9=9{,}000 \Rightarrow C_d=\max[0,\ 9{,}000-10{,}000]=0$$

전환권의 현재가치

$$C=\frac{C_u\times p+C_d\times(1-p)}{1+R_f}=\frac{2{,}000\times0.5+0\times0.5}{1.05}=952.38\text{원}$$

※ 문제에서 주가는 사채발행 직후에도 변화가 없을 것이라고 하였기 때문에 현재주가 10,000원은 전환사채 발행 이후에도 희석화 효과가 없다고 가정한다.

(2) 일반사채의 가치=102,000/1.06×100,000=962,264만원
전환권의 가치=952.38원×100,000=9,524만원
전환사채=일반사채+전환권의 가치
=962,264만원+9,524만원=971,788만원

② 기초자산을 기업자산으로 보는 경우

이 방법은 전환권의 기초자산을 기업자산으로 보고 이항분포모형이나 블랙-숄즈 모형을 이용하여 전환사채의 가치를 구하여 이를 이용하여 전환권의 가치를 계산하는 방법이다.

전환권의 가치 = 전환사채의 가치 − 일반사채의 가치

예제 17-7

㈜한국의 현재 자산가치는 50만원인데 전환사채와 보통주식 80주를 발행하고 있는 상태이다. 전환사채는 만기 1년, 액면가는 10만원이고 만기에 주식 20주로 전환이 가능하다. ㈜한국의 자산가치는 매년 20% 상승하거나 10%하락하는 이항과정을 따른다고 가정한다. 이 사채와 모든 조건이 동일한 일반사채의 만기수익률은 6%이며 무위험이자율은 5%이다. 시장에는 어떠한 차익거래의 기회도 없다고 가정한다.

(1) 전환사채의 현재가치를 구하시오.
(2) 전환권의 가치를 구하시오.
(3) ㈜한국의 균형주가를 구하시오.

풀이

(1) 자료에 주어진 이항분포가 기업자산이므로 기초자산을 기업자산으로 보는 일반균형적 접근방법을 사용한다.

기울기 a=20주/100주=0.2

주식의 위험중립확률

$$u=1.2,\ d=0.9 \Rightarrow p=\frac{1.05-0.9}{1.2-0.9}=0.5$$

1기간 말 이항분포

$$V_u=500{,}000\times1.2=600{,}000 \Rightarrow CB_u=\max\,[0.2\times600{,}000,\ 100{,}000]=120{,}000$$

$$V_d=500{,}000\times0.9=450{,}000 \Rightarrow CB_d=\max\,[0.2\times450{,}000,\ 100{,}000]=100{,}000$$

전환사채의 현재가치

$$CB=\frac{CB_u\times p+CB_d\times(1-p)}{1+R_f}=\frac{120{,}000\times0.5+100{,}000\times0.5}{1.05}=104{,}762\text{원}$$

(2) 일반사채의 가치=100,000/1.06=94,340원
전환권의 가치=104,762−94,340=10,422원

(3) 자기자본의 가치=500,000−104,762=395,238원
주가=395,238/80주=4,940원

2. 신주인수권

(1) 기초개념

신주인수권부사채(BW: bond with warrants)는 신주를 살 수 있는 권리(신주인수권, warrant)가 붙은 사채이다. 약성된 기간이 지나면 약정된 가격으로 약정된 수량의 신주를 구입할 수 있는 회사채이므로 채권+콜옵션의 구조이다. 채권자 입장에서는 상황에 따라 저렴하게 주식을 구입해서 시세 차익을 얻을 수도 있다는 장점이 있고, 발행자 입장에서는 낮은 이자로 사채를 발행할 수 있다는 장점이 있다.

신주인수권의 성질은 콜옵션과 유사하므로 콜옵션 가격결정모형을 사용하여 신주인수권의 가치를 구한다. 그러나 신주인수권의 경우 행사시점에 신주가 발행되어 콜옵션과는 달리 주가가 희석(dilution)된다는 점을 유의하여야 한다.

(2) 신주인수권의 만기가치

신주인수권과 신주인수권부사채의 가치를 평가하기 위해서는 만기가치를 구하여야 한다. 신주인수권의 만기가치를 구하기 위해서 다음과 같이 용어를 정의한다.

- S_t : 신주인수권 행사 전 만기일의 주가
- S_t' : 신주인수권 행사 후 만기일의 주가
- X : 신주인수권의 행사가격
- n : 신주발행 전 주식 수
- m : 신주인수권의 행사에 의하여 발행하여야 하는 주식 수
- W_t : 신주인수권 1개의 만기일의 가치

신주인수권 행사 후 희석(dilution)된 만기일의 주가는 다음과 같다.

$$S_t' = \frac{n\,S_t + m\,X}{n+m}$$

따라서 신주인수권 1개의 만기일의 가치는 다음과 같이 구할 수 있다.

$$W_t = \max[0, S'_t - X]$$

$$= \max[0, \frac{nS_t + mX}{n+m} - X]$$

$$= \frac{n}{n+m}\max[0, S_t - X] \tag{17.8}$$

$$= \frac{n}{n+m} \times C_t$$

식 (17.8)에서 $\frac{n}{n+m}$는 신주발행의 희석효과를 반영하므로 신주인수권의 가치는 콜옵션의 가치보다 낮게 형성된다.

(3) 신주인수권의 현재가치

옵션가격결정모형(OPM)을 이용하여 신주인수권부사채의 가치를 평가하는 방법은 신주인수권의 기초자산을 주식으로 보고 이항분포모형이나 블랙-숄즈 모형을 이용하여 신주인수권의 가치를 구하여 이를 이용하여 신주인수권부사채의 가치를 계산한다. 이때 신주인수권의 가치는 콜옵션의 가치에 희석효과를 반영하여야 한다.

① 1단계 : 희석효과를 고려하지 않은 콜옵션의 가치 결정

기초자산을 주식으로 보고 이항분포모형이나 블랙-숄즈 모형을 이용하여 콜옵션의 균형가격을 결정한다.

② 2단계 : 희석효과를 고려한 신주인수권의 가치 결정

1단계의 콜옵션의 균형가격(C)에 $\frac{n}{n+m}$을 곱하여 희석효과를 고려한 신주인수권의 균형가격(W)를 결정한다.

$$W = \frac{n}{n+m} \times C \tag{17.9}$$

③ 3단계 : 신주인수권부사채의 가치 결정

일반사채의 가치에 2단계의 신주인수권의 가치를 더하여 신주인수권부사채의 가치를 결정한다.

신주인수권부사채의 가치 = 일반사채의 가치 + 신주인수권의 가치

예제 17-8

㈜한국은 자금조달을 위해 액면가 100,000원, 만기 1년, 표면이자율 2%의 회사채 10만좌를 발행하려고 한다. ㈜한국은 이 사채에 대해 신주인수권부 형태의 발행을 고려하고 있다. 신주인수권(warrants)은 사채 1좌당 신주 1주를 10,500원에 인수할 수 있는 권리를 부여할 예정이며 만기에만 행사가 가능하다. 이 사채와 모든 조건이 동일한 일반사채의 만기수익률은 6%이며 무위험이자율은 5%이다. ㈜한국 주식의 발행주식수는 100만주이며 주가는 현재 10,000원이다. 주가는 사채발행 직후에도 변화가 없을 것이며 매년 20% 상승하거나 10% 하락할 것으로 예상된다. ㈜한국 주식은 향후 1년간 주식에 대한 배당을 실시하지 않을 계획이다.

(1) 신주인수권 행사에 따른 희석효과가 존재하는 경우 신주인수권 1 단위당 가치를 계산하시오.
(2) 신주인수권부사채의 가치를 계산하시오.

풀이

(1) 주식의 위험중립확률

$$u=1.2,\ d=0.9 \Rightarrow p=\frac{1.05-0.9}{1.2-0.9}=0.5$$

1기간 말 이항분포

$$S_u=10{,}000\times1.2=12{,}000 \Rightarrow C_u=\max[0,\ 12{,}000-10{,}500]=1{,}500$$
$$S_d=10{,}000\times0.9=9{,}000 \Rightarrow C_d=\max[0,\ 9{,}000-10{,}500]=0$$

희석화효과를 고려하지 않은 신주인수권가치

$$C=\frac{C_u\times p+C_d\times(1-p)}{1+R_f}=\frac{1{,}500\times0.5+0\times0.5}{1.05}=714.29\text{원}$$

희석화효과를 고려한 신주인수권가치

$$W=714.29\times\frac{100\text{만주}}{100\text{만주}+10\text{만주}}=649.35\text{원}$$

(2) 일반사채의 가치=102,000/1.06×100,000=962,264만원
신주인수권의 가치=649.35원×100,000=6,494만원
신주인수권부사채=일반사채+신주인수권의 가치
=962,264만원+6,494만원=968,758원

3. 수의상환사채

(1) 기초개념

수의상환사채(callable bond)는 만기 이전이라도 발행회사가 투자자의 의사와는 상관없이 투자자에게 매도청구를 하여 임의로 채권을 상환할 수 있는 권리, 즉 투자자에게 채권을 팔라고 요구할 수 있는 권리인 콜옵션인 수의상환권(call provision)이 포함된 채권이다.

수의상환권은 사채의 발행자(기업)에게 유리한 옵션이므로 수의상환사채의 가격은 일반사채의 가격보다 낮으며 채권수익률은 더 크다.

수의상환사채의 가치 < 일반사채의 가치
수의상환사채의 수익률 > 일반사채의 수익률

(2) 만기가치

수의상환권과 수의상환권사채의 가치를 평가하기 위해서는 만기가치를 구하여야 한다. 수의상환권의 만기가치를 구하기 위해서 다음과 같이 용어를 정의한다.

- B_t : 수의상환일에서의 일반사채의 가치
- X : 수의상환가격(행사가격)
- CP_t : 수의상환권의 만기일의 가치
- CB_t : 수의상환사채의 만기일의 가치

수의상환권은 기초자산이 일반사채이고, 행사가격이 수의상환가격인 콜옵션으로 수의상환일에서의 수의상환권 가치는 다음과 같다.

$$CP_t = \max[0, B_t - X] \tag{17.10}$$

수의상환권은 사채발행자가 갖는 권리이므로 사채발행회사는 콜옵션을 매입하고 사채투자자는 콜옵션을 발행한 것이라 할 수 있다. 따라서 투자자의 입장에서 수의상환사채의 만기일의 가치는 일반사채의 만기일의 가치에서 수의상환권의 만기가치를 차감한 것으로 다음과 같다.

[그림 17-5] 수의상환사채의 만기가치

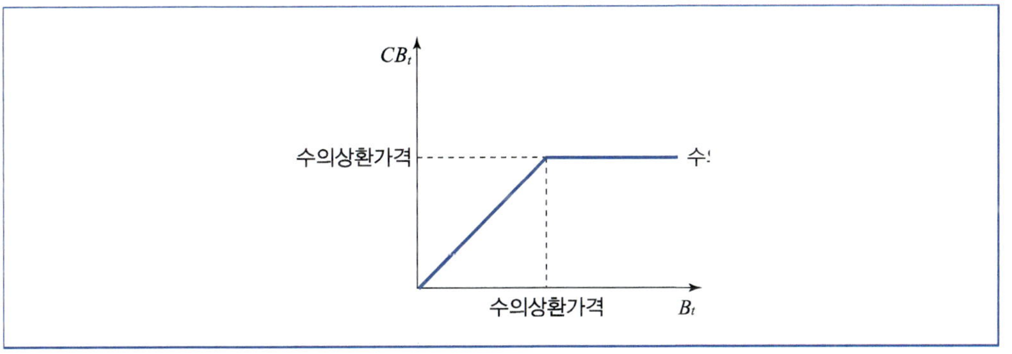

$$CB_t = \min[B_t, X] = B_t - \max[0, B_t - X] \qquad (17.11)$$

수의상환사채를 발행한 기업(발행자)과 매입한 투자자의 경제적 지위는 다음과 같다.

- 수의상환사채의 발행자 = 일반사채 발행 + 콜옵션 매입
- 수의상환사채의 투자자 = 일반사채 보유 + 콜옵션 매도

수의상환권의 기초자산이 일반사채이므로 수의상환사채의 투자자는 옵션 투자전략의 방비콜 매입($+S-C$)의 경제적 지위이며, 수의상환사채의 발행자는 옵션 투자전략의 방비콜 매도($-S+C$)의 경제적 지위이다.

(3) 현재가치

옵션가격결정모형(OPM)을 이용하여 수의상환사채의 가치를 평가하는 방법은 다음과 같이 2가지 접근방법이 있다.

① 이항분포모형이나 블랙-숄즈 모형을 이용하여 수의상환사채의 가치를 구하여 이를 이용하여 수의상환권의 가치를 계산하는 방법

수의상환권의 가치 = 일반사채의 가치 − 수의상환사채의 가치

② 이항분포모형이나 블랙-숄즈 모형을 이용하여 수의상환권의 가치를 구하여 이를 이용하여 수의상환사채의 가치를 계산하는 방법

수의상환사채의 가치 = 일반사채의 가치 − 수의상환권의 가치

예제 17-9

㈜한국은 투자자금을 마련하기 위하여 다음 조건의 수의상환사채를 발행하였다.

- 액면금액 : 10,000원
- 만기 : 2년
- 액면이자율 : 10%
- 수의상환권은 1년 후에 행사할 수 있으며, 수의상환가격은 10,000원이다.

현재 시장이자율은 10%이며, 매년 동일한 확률로 10%상승하거나 10%하락한다. 단, 위험중립적 시장과 채무불이행위험은 없다고 가정한다.

(1) 수의상환권이 없는 일반사채의 가치는 얼마인가?
(2) 수의상환사채의 가치는 얼마인가?
(3) 수의상환권의 가치는 얼마인가?

풀이

(1) 수의상환권이 없는 일반사채의 가치

1년 후 시장이자율이 상승한 경우 시장이자율

$$R_u = 10 \times 1.10 = 11\%$$

1년 후 시장이자율이 하락한 경우 시장이자율

$$R_d = 10 \times 0.9 = 9\%$$

시장이자율이 상승한 경우 일반사채의 1년 후 가치

$$B_u = \frac{10{,}000 + 1{,}000}{1.11} = 9{,}910$$

시장이자율이 하락한 경우 일반사채의 1년 후 가치

$$B_d = \frac{10{,}000 + 1{,}000}{1.09} = 10{,}092$$

일반사채의 현재가치

$$B = \frac{1{,}000 + B_u \times p + B_d \times (1-p)}{1+R_f} = \frac{1{,}000 + 9{,}910 \times 0.5 + 10{,}092 \times 0.5}{1.1} = 10{,}001$$

☞ 위험중립적 시장을 가정하기 때문에 주어진 확률 0.5는 위험중립확률이다.

(2) 수의상환사채의 가치

시장이자율이 상승한 경우 수의상환사채의 1년 후 가치

$$B_u = \min[9{,}910,\ 10{,}000] = 9{,}910$$

시장이자율이 하락한 경우 수의상환사채의 1년 후 가치

$$B_d - \min[10{,}092,\ 10{,}000] = 10{,}000$$

수의상환사채의 현재가치

$$B = \frac{1,000 + B_u \times p + B_d \times (1-p)}{1+R_f} = \frac{1,000 + 9,910 \times 0.5 + 10,000 \times 0.5}{1.1} = 9,959$$

(3) 수의상환권의 가치
= 일반사채의 가치 − 수의상환사채의 가치
= 10,001 − 9,959 = 42

(4) 콜 수익률

수의상환사채를 보유한 투자자는 만기수익률(YTM: yield to maturity)과 콜수익률(YTC: yield to call)을 비교하여 채권의 수익률을 평가한다. 콜수익률 (YTC: yield to call)은 기업이 채권을 매입할 것으로 기대되는 시점을 만기일로, 수의상환가격을 원금으로 간주하여 계산한 수익률이다 .

예를 들어 만기가 2년이고 액면이자율이 8%이고 원금이 10,000원인 수의상환사채가 현재 9,800에 거래되고 있고 발행기업이 1년 후에 액면가에 수의상환이 가능한 채권의 만기수익률과 콜수익률은 다음과 같다.

$$9,800 = \frac{800}{(1+YTM)^1} + \frac{10,800}{(1+YTM)^2} \quad ➠ \text{ YTM } = 10.92\%$$

$$9,800 = \frac{10,800}{(1+YTC)^1} \quad ➠ \text{ YTC } = 10.20\%$$

수의상환사채를 보유한 투자자는 만기수익률과 콜수익률 중에서 가장 낮은 수익률을 기대수익률로 간주하므로 위의 예에서 기대수익률은 10.20%이다.

4. 상환청구권부사채

(1) 기초개념

상환청구권부사채(Putable Bond)는 투자자가 발행회사의 의사와는 상관없이 발행회사에 매수(상환)청구를 하여 발행회사에게 팔 수 있는 권리, 즉 상환을 요구할 수 있는 풋옵션(Put Option)이 포함된 사채를 말합니다. 상환청구권부사채는 사채의 투자자에게 유리한 옵션이므로 상환청구권사채의 가격은 일반사채의 가격보다 더 비싸며, 채권수익률은 더 작다.

상환청구권부사채의 가치 > 일반사채의 가치
상환청구권부사채의 수익률 < 일반사채의 수익률

(2) 만기가치

상환청구권과 상환청구권부사채의 가치를 평가하기 위해서는 만기가치를 구하여야 한다. 상환청구권의 만기가치를 구하기 위해서 다음과 같이 용어를 정의한다.

- B_t : 상환청구일에서의 일반사채의 가치
- X : 상환청구가격(행사가격)
- PP_t : 상환청구권의 만기일의 가치
- PB_t : 상환청구권부사채의 만기일의 가치

상환청구권은 기초자산이 일반사채이고, 행사가격이 상환청구가격인 풋옵션으로 상환청구일에서의 상환청구권 가치는 다음과 같다.

$$PP_t = \max[0, X - B_t] \tag{17.12}$$

상환청구권은 사채투자자가 갖는 권리이므로 사채발행회사는 풋옵션을 발행하고 사채투자자는 풋옵션을 매입한 것이라 할 수 있다. 따라서 투자자의 입장에서 상환청구권부사채의 만기일의 가치는 일반사채의 만기일의 가치에서 상환청구권의 만기가치를 더한 것으로 다음과 같다.

$$PB_t = \max[B_t, X] = B_t + \max[0, X - B_t] \tag{17.13}$$

[그림 17-6] 상환청구권부사채의 만기가치

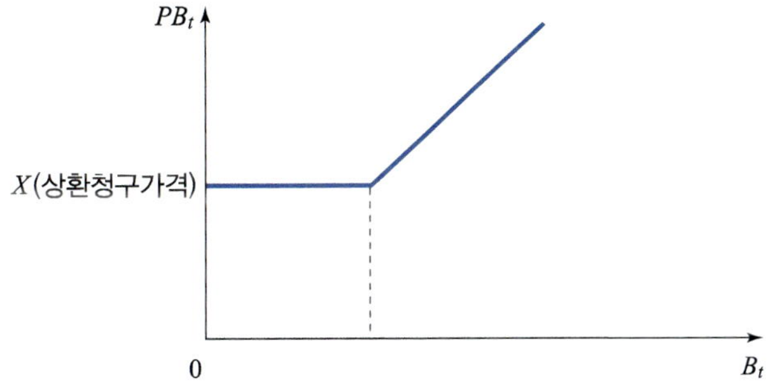

상환청구권부사채를 발행한 기업(발행자)과 매입한 투자자의 경제적 지위는 다음과 같다.

- 상환청구권부사채의 발행자 = 일반사채 발행 + 풋옵션 매도
- 상환청구권부사채의 투자자 = 일반사채 보유 + 풋옵션 매입

상환청구권의 기초자산이 일반사채이므로 상환청구권부사채의 투자자는 옵션 투자전략의 보호풋 매입($+S+P$)의 경제적 지위이며, 상환청구권부사채의 발행자는 옵션 투자전략의 보호풋 매도($-S-P$)의 경제적 지위이다.

(3) 현재가치

옵션가격결정모형(OPM)을 이용하여 상환청구권부사채의 가치를 평가하는 방법은 다음과 같이 2가지 접근방법이 있다.

① 이항분포모형이나 블랙-숄즈 모형을 이용하여 상환청구권부사채의 가치를 구하여 이를 이용하여 상환청구권의 가치를 계산하는 방법

상환청구권의 가치 = 상환청구권부사채의 가치 − 일반사채의 가치

② 이항분포모형이나 블랙-숄즈 모형을 이용하여 상환청구권의 가치를 구하여 이를 이용하여 상환청구권부사채의 가치를 계산하는 방법

상환청구권부사채의 가치 = 일반사채의 가치 + 상환청구권의 가치

예제 17-10

㈜한국은 투자자금을 마련하기 위하여 다음 조건의 상환청구권부사채를 발행하였다.

- 액면금액 : 10,000원
- 만기 : 2년
- 액면이자율 : 10%
- 상환청구권은 1년 후에 행사할 수 있으며, 상환청구가격은 10,000원이다.

현재 시장이자율은 10%이며, 매년 동일한 확률로 10%상승하거나 10%하락한다. 단, 위험중립적 시장과 채무불이행위험은 없다고 가정한다.

(1) 상환청구권이 없는 일반사채의 가치는 얼마인가?
(2) 상환청구권부사채의 가치는 얼마인가?
(3) 상환청구권의 가치는 얼마인가?

풀이

(1) 상환청구권이 없는 일반사채의 가치

1년 후 시장이자율이 상승한 경우 시장이자율

$$R_u = 10 \times 1.10 = 11\%$$

1년 후 시장이자율이 하락한 경우 시장이자율

$$R_d = 10 \times 0.9 = 9\%$$

시장이자율이 상승한 경우 일반사채의 1년 후 가치

$$B_u = \frac{10,000 + 1,000}{1.11} = 9,910$$

시장이자율이 하락한 경우 일반사채의 1년 후 가치

$$B_d = \frac{10,000 + 1,000}{1.09} = 10,092$$

일반사채의 현재가치

$$B = \frac{1,000 + B_u \times p + B_d \times (1-p)}{1 + R_f} = \frac{1,000 + 9,910 \times 0.5 + 10,092 \times 0.5}{1.1} = 10,001$$

☞ 위험중립적 시장을 가정하기 때문에 주어진 확률 0.5는 위험중립확률이다.

(2) 상환청구권부사채의 가치

시장이자율이 상승한 경우 상환청구권부사채의 1년 후 가치

$$B_u = \max[9,910,\ 10,000] = 10,000$$

시장이자율이 하락한 경우 상환청구권부사채의 1년 후 가치

$B_d = \max[10{,}092,\ 10{,}000] = 10{,}092$

상환청구권부사채의 현재가치

$$B = \frac{1{,}000 + B_u \times p + B_d \times (1-p)}{1+R_f} = \frac{1{,}000 + 10{,}000 \times 0.5 + 10{,}092 \times 0.5}{1.1} = 10{,}042$$

(3) 상환청구권의 가치

= 상환청구권부사채 가치 − 일반사채의 가치

= 10,042 − 10,001 = 41

예제 17-11

다음과 같은 상환요구사채(putable bond)와 일반사채(straight bond)가 거래되며 차익거래기회가 존재하지 않는다고 가정하자. 상환요구사채에 내재된 풋옵션의 가치는 상환요구사채 가격의 몇 퍼센트에 해당되는지 구하시오. 모든 채권의 만기, 이자지급방법 및 신용등급 등 기타 조건은 동일하며, 액면가는 10,000원이다.

채권	채권유형	액면이자율	가 격
A	상환요구사채	6.47%	12,000원
B	일반사채	5.45%	10,528원
C	일반사채	7.15%	12,350원

풀이

(1) 액면이자율을 이용한 채권A의 복제포트폴리오

$w \times 5.45\% + (1-w) \times 7.15\% = 6.47\%$ ➠ $w = 0.4$

(2) 채권A의 일반사채로서의 가격

$B = 0.4 \times 10{,}528 + 0.6 \times 12{,}350 = 11{,}621.2$원

(3) 풋옵션의 가치 및 비율

상환요구사채 = 일반사채 + 풋옵션

풋옵션 = 상환요구채권가격 − 일반채권가격

= 12,000 − 11,621.2원 = 378.8원

Put ratio = 378.8원 / 12,000원 = 3.1567%

(4) 풋 수익률

상환청구권부사채를 보유한 투자자는 만기수익률(YTM: yield to maturity)과 풋수익률 (YTP: yield to put)을 비교하여 채권의 수익률을 평가한다. 풋수익률 (YTP: yield to put)은 투자자가 채권의 상환을 요구할 것으로 기대되는 시점을 만기일로, 상환청구가격을 원금으로 간주하여 계산한 수익률이다 .

예를 들어 만기가 2년이고 액면이자율이 8%이고 원금이 10,000원인 상환청구권부사채가 현재 9,800에 거래되고 있고 투자자가 1년 후에 액면가에 상환청구가 가능한 채권의 만기수익률과 풋수익률은 다음과 같다.

$$9,800 = \frac{800}{(1+YTM)^1} + \frac{10,800}{(1+YTM)^2} \Rightarrow \text{YTM} = 10.92\%$$

$$9,800 = \frac{10,800}{(1+YTP)^1} \Rightarrow \text{YTP} = 13.68\%$$

상환청구권부사채를 보유한 투자자는 만기수익률과 풋수익률 중에서 가장 높은 수익률을 기대수익률로 간주하므로 위의 예에서 기대수익률은 13.68%이다.

[그림 17-7] 옵션부사채의 가격과 이자율

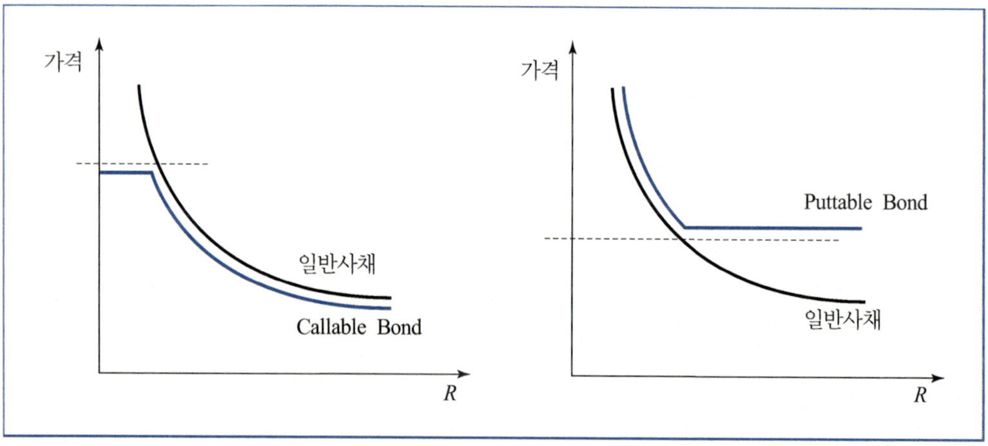

제3절 실물옵션

1. 실물옵션의 기초개념

NPV법은 미래에 발생할 현금흐름을 현재 가치로 환산한 후 투자금액과 비교해 투자안의 타당성을 검증하는, 미래의 현금흐름을 안정적으로 가정하고 예측하는 정적인(static) 사업의 투자안 평가에 유용한 방법론이다. 그러나 경쟁 심화, 기술 다양성 및 발전 속도 가속화, 새로운 시장 등장 등으로 인해 기업의 영업 환경에 대한 불확실성이 점증하는 상황에서 이런 전통적인 투자 의사결정 방법은 미래 변화를 적극적으로 수용하지 못한다는 단점이 있다.

이에 반해 실물옵션평가(Real Option Valuation)는 투자에 내재되어 있는 연기, 확장, 축소, 포기 등의 신택권의 가치를 금융시장에서 옵션 가치를 평가하는 방법을 이용하여 측정하는 것이다. 실물옵션평가는 전통적으로 사용되는 투자에 따른 미래 현금흐름의 가치, 투자비용 등과 같은 변수들뿐만 아니라, 사업의 변동성을 핵심적인 변수로 감안함으로써 보다 유연하고 동적(dynamic)으로 투자를 할 수 있는 전략적 도구를 제공해 준다. 실물투자안에 내재되어 있는 옵션적 특성을 실물옵션(real option)이라고 하며 이를 반영하여 투자안을 평가하면 다음과 같다.

$$\text{투자안의 NPV} = \text{전통적 NPV} + \text{실물옵션의 가치} \qquad (17.14)$$

2. 확장옵션(후속투자기회)

비록 현재 (−)NPV인 투자라 하더라도 향후 추가 투자로 인해 수익을 올릴 수 있는 확률이 높을 경우 투자를 감행하게 된다. 확장옵션은 이러한 가능성을 평가해 준다. 지금 현재의 투자가 다음과 같은 전략적 목표를 달성해 줄 수 있을 경우 이 투자는 확장옵션(expansion option) 또는 후속투자기회를 포함하고 있다고 간주할 수 있다.

- 시장규모가 커짐에 따라 추가적인 투자를 할 수 있다.
- 초기 기술에 투자함으로써 다음 세대 기술로 이전이 용이하다.
- 특정 사업구현 기술을 개발하여 서로 다른 사업으로 진출이 용이하다.

기업은 시장상황이 처음에 예상했던 것 보다 좋아질 경우 확장가능성은 증가하므로 확장옵션은 콜옵션으로 파악된다. 확장옵션의 가치는 다음의 방법으로 계산한다.

> 확장옵션의 가치
> = 확장기회가 있는 투자안의 NPV − 확장기회가 없는 투자안의 NPV
> = 콜옵션의 가치 (17.15)

예제 17-12

그동안 5억원을 들여 조사한 바에 의하면 현재($t=0$) 45억원을 들여 생산시설을 구축하면 미래현금흐름의 1년 후 시점($t=1$)의 현가(PV)는 수요가 많을 경우 60억원이며 수요가 적을 경우 40억원이다. 수요가 많을 확률은 80%이며 수요가 적을 확률은 20%이다. 투자안의 적절한 할인율은 12%이며, 사업기간 중 무위험이자율은 10%이다. 그런데 생산시설을 구축하고 수요가 확인된 1년 후 10억원을 추가로 투자해 생산시설을 확장할 수 있다고 하자. 이때 미래현금흐름의 1년 후 시점($t=1$)에서의 현가(PV)는 수요가 많을 경우 80억원이며 수요가 적을 경우 47억원이다. 1년 후 생산시설을 대규모시설로 확장할 수 있는 옵션의 가치는 얼마인가?

풀이

(1) 옵션이 없는 경우 투자안 순현가

$$NPV=\frac{0.8\times 60억+0.2\times 40억}{1.12}-45억=5억$$

※ 5억원은 매몰비용이므로 고려하지 않는다.

(2) 확장옵션이 있는 경우 투자안 가치

① 기초자산의 위험중립확률

기초자산의 상승계수와 하락계수는 시장가격 45억원이 아닌 균형가격 50억원을 기준으로 구한다. 옵션의 균형가격을 구하는 것이 목적이므로 기초자산의 가격은 시장가격이 아닌 균형가격을 사용하여야 한다.

$$u=60/50=1.2,\ d=40/50=0.8 \Rightarrow p=\frac{1.1-0.8}{1.2-0.8}=0.75$$

② 투자안 NPV의 이항모형

투자안의 가치가 상승한 경우 투자안의 가치: $V_u=60+\max[0,\ 20-10]=70$

투자안의 가치가 하락한 경우 투자안의 가치: $V_d=40+\max[0,\ 7-10]=40$

③ 확장기회가 있을 때의 투자안의 순현가

$$NPV=\frac{0.75\times70+0.25\times40}{1.1}-45=11.8\text{억}$$

④ 확장기회의 가치

=옵션이 있는 투자안의 NPV－옵션이 없는 투자안의 NPV

=11.8억－5억=6.8억원

※ 투자안의 할인율인 자본비용(12%)은 확장기회가 있는 경우 투자안의 위험조정할인율로 사용할 수 없다. 기초자산과 옵션은 위험이 다르기 때문에 기초자산의 위험조정할인율을 옵션의 위험조정할인율로 사용할 수 없다.

3. 연기옵션

연기옵션(option to delay)은 시장 상황이 투자안에 유리할 경우는 투자를 하지만 불리할 경우 유리할 때까지 투자를 지연시키는 옵션이다. 이는 시간이 경과함에 따라 불확실한 상황이 해소되거나 사업위험이 감소할 때까지 투자를 연기하거나 지연시키는 경영현실을 반영한 옵션이다.

긍정적인 상황이 확인될 때까지 투자결정을 연기(delay)하는 선택권은 일종의 콜옵션으로 생각할 수 있으며 연기옵션의 가치는 다음의 방법으로 계산한다.

연기옵션의 가치
= 연기하여 투자하는 경우 투자안의 NPV － 지금 투자하는 경우 투자안의 NPV
= 콜옵션의 가치 (17.16)

연기하여 투자하는 경우 투자안의 NPV를 계산에서 투자비용은 사업을 연기함에 따른 차입금에 대한 이자부분과 할인율만큼 상승하여야 한다.

4. 포기옵션

포기옵션(option to abandon)은 투자안의 사업을 일정기간 동안 운영 해 본 결과 수지타산이 맞지 않아 경영상의 어려움을 겪을 것으로 전망이 되면 사업의 가치를 포기하는 선택권을 의미한다. 따라서 포기옵션은 투자안 포기에 따른 처분가치를 행사가격으로 하는 풋옵션으로 다음의 방법으로 계산한다.

> 포기옵션의 가치
> = 처분기회가 있는 투자안의 NPV − 처분기회가 없는 투자안의 NPV
> = 풋옵션의 가치 (17.17)

예제 17-13

셀트리온 제약회사는 1기간 전에 신약품 연구업체에 50억원을 투자하였다. 그 투자는 1기간 후에 결과가 나오며, 400억원을 추가투자 할 경우 신약생산에 들어가 추가투자한 후 1기간 후에 투자안의 가치는 70%의 확률로 600억원이고, 30%의 확률로 100억원이다. 이항옵션모형을 이용하여 다음 물음에 답하라(단, 이 투자안의 할인율은 50%이고, 무위험이자율은 20%이며, 각 물음은 독립적이다).

(1) 현재시점에서 이 투자안의 NPV는 얼마인가?
(2) 제약회사는 이러한 신약생산을 1기간 연기할 수 있는 기회가 있을 때 신약생산 투자안에 투자하겠는가? 또한 이러한 연기옵션의 가치는 얼마인가? 단, 연기에 따른 기회비용은 없다고 가정한다.
(3) 제약회사는 이러한 신약생산 투자안을 1년 후에 360억원으로 처분할 수 있는 기회가 있을 때 신약생산 투자안에 투자하겠는가? 이 처분기회의 가격은 얼마인가?

풀이

(1) 옵션이 없는 경우 투자안 순현가

$$NPV = \frac{0.7 \times 600\text{억} + 0.3 \times 100\text{억}}{1.5} - 400\text{억} = -100\text{억}$$

※ 50억원은 매몰비용이므로 고려하지 않는다.

(2) 연기옵션이 있는 경우 투자안 가치

① 기초자산의 위험중립확률

기초자산의 상승계수와 하락계수는 시장가격 400억원이 아닌 균형가격 300억원을 기준으로 구한다.

$$u = 600/300 = 2,\ d = 100/300 = 1/3 \ \Rightarrow\ p = \frac{1.2 - 1/3}{2 - 1/3} = 0.52$$

② 투자안 NPV의 이항모형

투자안의 가치가 상승한 경우 NPV: $NPV_u = \max[0,\ 600-400] = 200$

투자안의 가치가 하락한 경우 NPV: $NPV_d = \max[0,\ 100-400] = 0$

③ 1기간 연기할 수 있는 기회가 있을 때의 투자안의 순현가

$$NPV = \frac{0.52 \times 200 + 0.48 \times 0}{1.2} = 86.67\text{억}$$

④ 연기옵션의 가치

= 옵션이 있는 투자안의 NPV − 옵션이 없는 투자안의 NPV

= 86.67억 − (−100억) = 186.67억원

(3) 처분기회가 있는 경우 투자안 가치

① 기초자산의 위험중립확률: $p = 0.52$

② 투자안의 이항모형

투자안의 가치가 상승한 경우 투자안의 가치: $V_u = \max[600,\ 360] = 600$

투자안의 가치가 하락한 경우 투자안의 가치: $V_d = \max[100,\ 360] = 360$

③ 처분기회가 있을 때의 투자안의 순현가

$$NPV = \frac{0.52 \times 600 + 0.48 \times 360}{1.2} - 400 = 4\text{억}$$

④ 처분기회의 가치

= 옵션이 있는 투자안의 NPV − 옵션이 없는 투자안의 NPV

= 4억 − (−100억) = 104억원

※ 투자안의 할인율인 자본비용(50%)은 연기옵션이 있는 경우와 처분기회가 있는 경우 투자안의 위험조정할인율로 사용할 수 없다. 기초자산과 옵션은 위험이 다르기 때문에 기초자산의 위험조정할인율을 옵션의 위험조정할인율로 사용할 수 없다.

제 4 절 포트폴리오 보험

1. 기초개념

포트폴리오 보험(PI: portfolio insurance)이란 약세 시장에서 기초자산 포트폴리오의 가치를 투자자가 설정한 수준(Floor) 이하로 하락 방지하고 강세 시장에서 포트폴리오의 가치 상승에 편승하여 이익을 얻고자 하는 적극적인 투자전략으로, 1970년대 말 M. Rubinstein과 H. Leland에 의해 개발되었다. 포트폴리오 보험은 보호풋전략, 동적 자산분배전략 및 동적 헤지전략으로 구분된다.

2. 보호풋 전략

포트폴리오 보험을 구성하는 기본적인 형태는 기초자산에 대해 유지하고자 하는 가치를 행사가격으로 하는 풋옵션을 구입하는 보호풋($S+P$)전략으로 비용은 풋옵션 매입시 지불하는 프리미엄이다. 이 전략의 만기가치는 [그림 17-8]과 같다.

보호풋 = 주식매입 + 풋옵션 매입

또한 풋-콜 패리티를 이용하면 콜옵션과 무위험채권의 투자를 통해서도 동일한 효과를 달성할 수 있다.

$$S-C+P=PV(X) \Rightarrow S+P=C+PV(X)$$

주식매입 + 풋옵션 매입 = 콜옵션매입 + 무위험채권 매입 (17.18)

보호풋 전략은 다음과 같은 현실적인 문제점이 있기 때문에 포트폴리오 보험전략은 동적 자산분배전략이나 동적 헤지전략이 주로 사용되고 있다.

① 옵션 거래량이 기초자산 투자규모에 비해 상대적으로 작기 때문에 옵션의 유동성에 제약을 받음.

② 기초자산의 투자기간은 장기인 반면에 옵션은 잔존만기가 단기이므로 옵션을 롤오버(roll-over)하는 방식을 사용하기가 현실적으로 어려움.

③ 원하는 행사가격을 맞추기가 어렵고 옵션의 프리미엄이 과대평가될 수 있음

[그림 17-8] 포트폴리오 보험전략의 투자수익

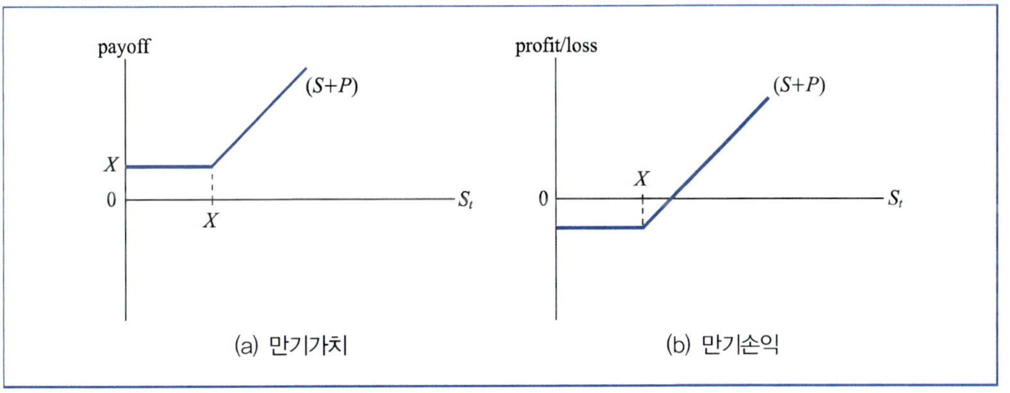

예제 17-14

㈜다라의 현재 주당 가격은 10,000원이다. ㈜다라의 주식을 기초자산으로 하는 행사가격 10,000원, 1년 만기 유럽형 풋옵션의 가격은 500원이고 무위험이자율은 연 10%이다.

(1) 현재 ㈜다라 주식 1,000주를 보유한 투자자 갑이 1년 후의 가격하락 위험을 제거하기 위하여 보호풋(protective put) 전략을 사용하려 할 때 필요한 풋옵션의 개수와 이 포트폴리오의 현재시점 가치를 각각 구하라.

(2) (1)과 같이 구성한 다음 1년 후 ㈜다라의 주가가 5,000원이 된 경우와 15,000원이 된 경우의 투자성과를 비교하라.

풀이

(1) 보호풋 전략

1) 보호풋 전략은 주식 1개에 풋옵션 1개를 매입하므로
주식 1,000주를 보유한 투자자가 필요한 풋옵션의 개수 = 1,000개

2) 포트폴리오의 현재시점 가치
= 1,000개 × (10,000원 + 500원) = 10,500,000원

(2) 보호풋 전략의 만기가치

$= S_t + Max[X - S_t, 0] = Max[X, S_t]$

주가 5,000원 경우 포트폴리오의 만기가치
= 1,000개 × max[10,000, 5,000] = 10,000,000원

주가 15,000원 경우 포트폴리오의 만기가치
= 1,000개 × max[10,000, 15,000] = 15,000,000원

예제 17-15

㈜다라의 현재 주당 가격은 10,000원이다. ㈜다라의 주식을 기초자산으로 하는 행사가격 10,000원, 1년 만기 유럽형 풋옵션의 가격은 500원이고 무위험이자율은 연 10%이다. 투자자 K는 현재 1,000만원을 보유하고 있다. 투자자 K가 ㈜다라 주식과 풋옵션 및 무위험대출을 이용하여 1년 후 최소한 1,000만원을 확보하기 위해 필요한 ㈜다라 주식의 개수, 풋옵션의 개수 및 대출액을 각각 계산하라.

풀이

1년 후 최소한 1,000만원을 확보하기 위해서 다음과 같이 포트폴리오를 조정한다.

(1) 투자금액 1,000만원의 포트폴리오

주식과 풋옵션에 N개를 투자하고 나머지 금액은 무위험 대출의 포트폴리오

$R_p = (S+P) \times N + B$

주식과 풋옵션의 투자금액 = 10,500원 × N

대출 투자금액 = 10,000,000 − 10,500 × N

(2) 1년 후 주가가 10,000원 이하인 경우 포트폴리오의 가치

10,000 × N + (10,000,000 − 10,500 × N) × 1.10 = 10,000,000원

⇒ N = 645.16

(3) 포트폴리오의 구성

주식의 개수 = 645.16개

풋옵션의 개수 = 645.16개

대출액 = 10,000,000 − 10,500 × 645.16 = 3,225,820원

3. 동적자산배분 전략

동적 자산배분전략(dynamic asset allocation strategy)은 주식과 무위험 채권의 적절한 구성으로 보호풋 포지션을 합성하는 포트폴리오 보험전략이다.

풋-콜 패리티를 이용하여 보호풋전략을 복제한 콜옵션과 무위험채권의 매입전략에 콜옵션 블랙-숄즈 OPM을 대입하면 다음과 같다.

$$C = S \cdot N(d_1) - PV(X) \cdot N(d_2)$$

$$S + P = C + PV(X)$$

$$= S \times N(d_1) + PV(X) \times [1 - N(d_2)]$$

$$= S \times N(d_1) + PV(X) \times N(-d_2) \quad (17.19)$$

$$\because \ N(d) + N(-d) = 1$$

주식매입 + 풋옵션 매입 = 일정비율 기초자산매입 + 무위험채권 매입

동적 자산배분전략은 주식과 무위험채권의 매입으로 구성된 포트폴리오에서 두 자산의 편입비율을 적절히 조절하여 투자함으로써 포트폴리오 보험효과를 창출할 수 있다. 즉, 이 전략은 주식과 무위험 채권의 구성비율을 통해 주식과 풋옵션을 합성하여 만든 포트폴리오의 델타와 일치시키는 기법인 것이다.

주식매입비율인 콜옵션 델타 $N(d_1)$에 크게 영향을 주는 요인은 기초자산 가격과 그 변동성이므로, 기초자산 가격이 변동함에 따라 $N(d_1)$도 값이 변한다. 따라서 주가의 변동에 따라 포트폴리오의 구성을 재조정해야 한다.

예제 17-16

현재 주가는 10,000원이고 매년 20%씩 상승하거나 또는 하락하는 이항분포를 따른다고 가정하자. 무위험이자율은 연간 5%이고 주식은 배당을 지급하지 않는다. 1기간 이항모형을 이용하여 답하시오.

(1) 만기가 1년이고 행사가격이 10,000원인 유럽형 풋옵션을 포함한 방어풋 포트폴리오를 구성하는데 들어가는 비용과 1년 후 시점에서 주가가 상승하였을 때와 하락하였을 때 포트폴리오의 가치를 구하시오.
(2) 방어풋 전략 대신 포트폴리오 보험전략을 시행하려고 한다. 현재시점에서의 주식의 개수와 무위험채권의 금액을 구하시오.
(3) 만기가 1년이고 행사가격이 10,000원인 콜옵션을 이용한 포트폴리오 보험전략이 구성에 대해서 설명하시오. 또, 1년 후 시점에서 주가가 상승하였을 때와 하락하였을 때 포트폴리오의 가치를 구하시오.

풀이

(1) 주식의 위험중립확률

$$u = 1.2,\ d = 0.8 \ \Rightarrow\ p = \frac{1.05 - 0.8}{1.2 - 0.8} = 0.625$$

1기간 말 이항분포

$$S_u = 10,000 \times 1.2 = 12,000 \ \Rightarrow\ P_u = \max[0,\ 10,000 - 12,000] = 0$$

$$S_d = 10{,}000 \times 0.8 = 8{,}000 \Rightarrow P_d = \max[0,\ 10{,}000 - 8{,}000] = 2{,}000$$

풋옵션의 현재가격

$$P = \frac{P_u \times p + P_d \times (1-p)}{1+R_f} = \frac{0 \times 0.625 + 2{,}000 \times 0.375}{1.05} = 714.29\text{원}$$

방어풋 투자금액

$$S + P = 10{,}000 + 714 = 10{,}714\text{원}$$

1년 후 방어풋의 가치

주가상승시: 12,000+0=12,000

주가하락시: 8,000+2,000=10,000

(2) 풋옵션의 델타를 이용한 포트폴리오 보험

포트폴리오 보험 R은 보호풋 복제포트폴리오이므로 1년 후 만기가치가 보호풋과 일치하여야 한다.

$$R = aS + B$$

$$S_u + P_u = R_u = aS_u + B(1+R_f) = \text{a} \times 12{,}000 + \text{B} \times 1.05 = 12{,}000$$

$$S_d + P_d = R_d = aS_d + B(1+R_f) = \text{a} \times 8{,}000 + \text{B} \times 1.05 = 10{,}000$$

위의 식을 연립방정식으로 풀면 $a = 0.5$, $B = 5{,}714$원

∴ 주식을 0.5개 매입하고 5,714원 채권을 매입한다.

(3) 1기간 말 이항분포

$$S_u = 10{,}000 \times 1.2 = 12{,}000 \Rightarrow C_u = \max[0,\ 12{,}000 - 10{,}000] = 2{,}000$$

$$S_d = 10{,}000 \times 0.8 = 8{,}000 \Rightarrow C_d = \max[0,\ 8{,}000 - 10{,}000] = 0$$

콜옵션의 현재가격

$$C = \frac{C_u \times p + C_d \times (1-p)}{1+R_f} = \frac{2{,}000 \times 0.625 + 0 \times 0.375}{1.05} = 1{,}190.48\text{원}$$

풋-콜 패리티를 이용하여 방어풋의 복제포트폴리오를 구성한다.

$$S + P = C + PV(X) = 1{,}190 + 10{,}000/1.05 = 10{,}714\text{원}$$

즉, 콜옵션을 1개 매입하고 9,524원 채권을 매입한다.

1년 후 포트폴리오 가치

주가상승시: 2,000+9,524×1.05=12,000

주가하락시: 0+9,524×1.05=10,000

4. 동적 헤지전략

동적 헤지전략(dynamic hedge strategy)은 기초자산에 대한 선물을 이용하여 포트폴리오 보험전략을 수행하는 방법이다. 기초자산을 보유하고 있는 투자자가 기초자산을 팔지 않고 선물에 적절히 매도포지션을 취함으로써 원하는 만큼의 기초자산을 매도하여 그 현금으로 무위험 자산에 투자한 것과 동일한 효과를 얻을 수 있다. 특히 선물은 기초자산의 거래에 비해 수수료가 저렴하고 유동성이 풍부하여 거래비용이 절감된다.

① 기초자산을 보유하지 않고 선물매입을 이용한 포트폴리오 보험전략

이 전략은 기초자산을 전혀 보유하지 않고 무위험 자산과 선물의 매입포지션을 이용하여 포트폴리오 보험이 가능한 전략이다. 식 (17.19)에 선물 균형을 대입하면 다음과 같다.

$$F = S\times(1+R_f)^{t} \Rightarrow S = F\times(1+R_f)^{\ \ t}$$

$$S + P = S\times N(d_1) + PV(X)\times N(-d_2)$$

$$= F\times(1+R_f)^{-t}\times N(d_1) + PV(X)\times N(-d_2) \qquad (17.20)$$

주식매입 + 풋옵션 매입 = 일정비율 선물매입 + 무위험채권 매입

위의 식은 기초자산을 전혀 보유하지 않고 무위험 자산과 선물의 매입포지션을 이용하여 포트폴리오 보험이 가능하다는 것을 보여주고 있다.

② 기초자산을 보유하고 선물매도를 이용한 포트폴리오 보험전략

이 전략은 기초자산과 무위험채권을 보유한 상태에서 선물매도포지션을 조정하여 포트폴리오 보험을 수행하는 전략이다. 식 (17.19)에 선물 균형을 대입하면 다음과 같다.

$$F = S\times(1+R_f)^{t} \Rightarrow S = F\times(1+R_f)^{-t}$$

$$N(d) + N(-d) = 1$$

$$S + P = S\times N(d_1) + PV(X)\times N(-d_2)$$

$$= S - S\times N(-d_1) + PV(X)\times N(-d_2)$$

$$= S - F\times(1+R_f)^{-t}\times N(-d_1) + PV(X)\times N(-d_2) \qquad (17.21)$$

주식매입 + 풋옵션 매입 = 주식매입 + 일정비율 선물매도 + 무위험채권 매입

연습문제 17-1

자기자본은 기업의 가치를 기초자산으로 한 유럽형 콜옵션으로 볼 수 있다. 현재 가나회사의 가치는 1,000억원으로 경쟁사인 다라회사의 가치와 동일하지만, 가나회사의 부채는 액면가 350억원의 1년 만기 순수할인채권이며 보통주는 무배당 주식이다. 가나회사의 기업가치 변동성은 80%, 무위험이자율은 연속복리로 5%일 때 블랙-숄즈 옵션가격결정모형을 사용해서 가나회사의 부채 및 자기자본의 현재 가치를 구하시오. 금액은 억원 단위로 표기하시오.

■ 힌트 블랙-숄즈의 옵션가격공식은 다음과 같다.

$$C = SN(d_1) - Ke^{-rT}N(d_2) \qquad d_1 = \frac{\ln(S/K) + (r + \frac{1}{2}\sigma^2)T}{\sigma\sqrt{T}} \qquad d_2 = d_1 - \sigma\sqrt{T}$$

$e^{0.04} = 0.9608, e^{0.05} = 0.9512, e^{0.06} = 0.9418$

ln(2.8571) = 1.0498, ln(2.0832) = 0.7339, ln(1.5385) = 0.4308,

N(0.9445) = 0.8275, N(0.9748) = 0.8352, N(0.9889) = 0.8386,

N(1.5686) = 0.9416, N(1.6583) = 0.9514, N(1.7748) = 0.9620.

해설

(1) $N(d_1)$의 결정

In(S/X) = In(1000억/350억) = 1.0498

$$d_1 = \frac{\ln\left(\frac{S}{X}\right) + \left(R_f + \frac{1}{2}\sigma^2\right) \times T}{\sigma \times \sqrt{T}} = \frac{1.0498 + \left(0.05 + \frac{1}{2} \times 0.8^2\right) \times 1}{0.8 \times \sqrt{1}} = 1.7748$$

$\Rightarrow N(d_1) = 0.9620$

(2) $N(d_2)$의 결정

$d_2 = d_1 - \sigma\sqrt{T} = 1.7748 - 0.8 \times \sqrt{1} = 0.9748 \quad \Rightarrow N(d_2) = 0.8352$

(3) 자기자본의 가치

$$C_0 = S \times N(d_1) - \frac{X}{e^{R_f T}} \times N(d_2)$$

= 1,000억 × 0.9620 − 350억 × 0.9512 × 0.8352 = 684억

(4) 부채의 가치

$B = V - S =$ 1,000억 − 684억 = 316억

연습문제 17-2

BBB기업이 만기 2년, 무이표 전환사채(convertible bond)를 발행할 예정이다. 채권의 액면가는 100만원이고 채권은 만기일에 주식 2주로 전환이 가능하다. 채권 발행 당시의 BBB기업 무배당 주식의 현재 가격은 50만원이며, 매년 주가가 15% 상승하거나 15% 하락하는 이항과정을 따른다고 가정한다. 위험중립하의 주가의 상승 확률은 55%이고 하락 확률은 45%이다. 무위험이자율은 연 1%로 향후 변동이 없으며, 시장에는 어떠한 차익거래의 기회도 없다고 가정한다. BBB기업이 발행하는 전환사채의 현재가치를 2기간 이항모형을 이용하여 계산하라.

해설

(1) 기초자산의 이항분포

1년 후 주가

$$S_u = 50 \times 1.15 = 57.5\text{만원}$$

$$S_d = 50 \times 0.85 = 42.5\text{만원}$$

2년 후 주가

$$S_{uu} = 57.5 \times 1.15 = 66.125\text{만원}$$

$$S_{ud} = S_{du} = 57.5 \times 0.85 = 48.875\text{만원}$$

$$S_{dd} = 42.5 \times 0.85 = 36.125\text{만원}$$

(2) 전환사채의 만기가치

$$CB_t = \max[2 \times S_{t,}\ 100\text{만원}]$$

$$CB_{uu} = \max[2 \times 66.125,\ 100] = 132.25\text{만원}$$

$$CB_{ud} = \max[2 \times 48.875,\ 100] = 100\text{만원}$$

$$CB_{dd} = \max[2 \times 36.125,\ 100] = 100\text{만원}$$

(3) 위험중립하의 주가상승확률 $= p = 0.55$

만기일에 행사하므로 전환사채의 가치는 2기간 유럽형 옵션의 가치이다.

$$CB = \frac{132.25 \times 0.55^2 + 2 \times 100 \times 0.55 \times 0.45 + 100 \times 0.45^2}{1.01^2} = 107.68\text{만원}$$

연습문제 17-3

만기가 4년인 신주인수권부사채의 발행가격은 20억원이고, 일반사채로서의 가치는 15억원이며, 무위험이자율은 10%이다. 신주인수권을 발행하기 전인 현재의 주가는 주당 12,000원이고, 총발행주식수는 100만주이며, 주가의 표준편차는 0.4이다. 신주인수권의 행사가격은 10,000원이고, 신주인수권은 4년 후의시점 만에 행사할 수 있으며, 신주인수권의 발행수는 10만주이다. 신주인수권의 행사시점까지 배당의 지급은 이루어지지 않으며, 블랙-숄즈모형을 이용하여 신주인수권의 가치를 평가한다고 할 때, 다음의 자료를 이용하여 희석화 효과를 고려하여 신주인수권의 총 가치를 구하라. (단, $e^{-0.1}=0.90483$)

(단, 옵션평가와 관련된 자료는 <예제 16-13>을 이용하시오.)

해설

(1) 신주인수권 발행후의 주가

= 신주인수권 발행전의 주가 + 주당 신주인수권대가

= 12,000원 + 5억원 / 100만주 = 12,500원

(2) $S=12{,}500,\ X=10{,}000$

$\text{In}(S/X) = \text{In}(12{,}500/10{,}000) = 0.2231$

$\sigma = 0.4,\ t = 4,\ R_f = 0.1$을 공식에 대입한다.

$$d_1 = \frac{\ln(\frac{S}{X})+(R_f+\frac{1}{2}\sigma^2)\times t}{\sigma\times\sqrt{t}} = \frac{0.2231+(0.1+\frac{1}{2}\times 0.4^2)\times 4}{0.4\times\sqrt{4}} = 1.18$$

$$d_2 = d_1-\sigma\sqrt{t} = 1.18-0.4\times\sqrt{4} = 0.38$$

(3) 표준정규분포표에서 $N(d_1)$과$N(d_2)$을 구한다.

$N(d_1)=N(1.18)=0.8810$

$N(d_2)=N(0.38)=0.6480$

(4) 콜옵션의 가격을 구한다.

$$C=S\times N(d_1)-\frac{X}{e^{R_f t}}\times N(d_2)=12{,}500\text{원}\times 0.8810-10{,}000\text{원}\times 0.90483^4\times 0.6480=6{,}669\text{원}$$

(5) 신주인수권의 가치

$$W=C\times\frac{N}{N+N_w}=6{,}669\text{원}\times 100\text{만주}/110\text{만주}=6{,}063\text{원}$$

신주인수권의 총가치 = 6,063원 × 10만주 = 606,300,000 원

연습문제 17-4

K기업은 1년 후의 현금흐름이 호황이 되면 152억원, 불황이 되면 90억원을 얻는 투자안에 100억원을 투자하려 한다. 앞으로의 상황은 불황과 호황의 두 가지 상황만 존재하며 각각의 확률은 0.3과 0.7이다. K기업은 이 투자안의 평가를 위해 주식시장의 자료를 사용하기로 하고, 영업위험과 재무위험이 동일한 ㈜미래를 대용기업으로 선정하였다. 균형상황에서, 대용기업의 수익률과 무위험수익률은 다음과 같다.

상 황	(주)미래의 수익률(%)	무위험수익률(%)
불 황	−10	10
호 황	30	10

옵션모형을 이용하여 이 투자안에 대한 적절한 할인율과 투자안의 NPV를 구하시오. (세금이나 거래비용 등은 존재하지 않는다.)

해설

(1) 대용기업을 이용한 위험중립확률의 결정

$u=1.3,\ d=0.9$이므로 $p=\dfrac{1+R_f-d}{u-d}=\dfrac{1.10-0.9}{1.30-0.9}=0.5$

투자안의 1년 후 확실성등가 = 152 × 0.5 + 90 × 0.5 = 121억

투자안의 1년 후 기대현금흐름 = 152 × 0.7 + 90 × 0.3 = 133.4억

$\dfrac{E(CF_1)}{1+k}=\dfrac{CEQ_1}{1+R_f}$ ➡ $\dfrac{133.4}{1+k}=\dfrac{121}{1.10}$ ➡ $k=21.27\%$

(2) 투자안의 NPV

$$NPV=\frac{152억\times 0.5+90억\times 0.5}{1.10}-100억=+10억$$

☞ 투자안과 대용기업은 영업위험과 재무위험이 동일하기 때문에 위험중립확률은 같다.

연습문제 17-5

㈜한국은 자금조달을 위해 액면가 100,000원, 만기 2년, 표면이자율 2%의 회사채 10만좌를 발행하려고 한다. ㈜한국은 이 사채에 대해 신주인수권부 또는 전환사채 형태의 발행을 고려하고 있다. 신주인수권(warrants)은 사채 1좌당 신주 1주를 10,500원에 인수할 수 있는 권리를, 전환사채는 1좌당 5주의 보통주로 전환할 수 있는 권리를 부여할 예정이며 둘 다 만기시에만 행사가 가능하다. 이 사채와 모든 조건이 동일한 일반사채의 만기수익률은 6%이며 무위험이자율은 5%이다.

㈜한국의 발행주식수는 100만주이며 주가는 현재 10,000원이다. 주가는 사채발행 직후에도 변화가 없을 것이며 매년 20% 상승하거나 10% 하락할 것으로 예상된다. ㈜한국은 향후 2년간 주식에 대한 배당을 실시하지 않을 계획이다.

(1) 신주인수권 행사에 따른 희석효과가 존재하는 경우 신주인수권 1단위당 가치를 계산하시오.
(2) 전환권 행사에 따른 희석효과가 존재하는 경우 전환권 1단위당 가치를 계산하시오.
(3) ㈜한국은 신주인수권부사채나 전환사채를 각각 95억원에 발행하려고 한다. 이 경우 두 사채 발행가격의 과대평가 또는 과소평가 여부를 판단하시오.

해설

(1) 위험중립확률

$$u=1.2,\ d=0.9,\ p=\frac{1.05-0.9}{1.2-0.9}=0.5$$

1년 후 이항분포

$$S_u=10{,}000\times1.20=12{,}000$$

$$S_d=10{,}000\times0.90=9{,}000$$

2년 후 이항분포

$$S_{uu}=\ 12{,}000\times1.20=14{,}400\ \rightarrow\ C_{uu}=\max[0,\ 14{,}400-10{,}500]=3{,}900$$

$$S_{ud}=S_{du}=12{,}000\times0.90=10{,}800\ \rightarrow\ C_{ud}=C_{du}=\max[0,\ 10{,}800-10{,}500]=300$$

$$S_{dd}=9{,}000\times0.90=8{,}100\ \rightarrow C_{dd}=\max[0,\ 8{,}100-10{,}500]=0$$

희석화효과를 고려하지 않은 신주인수권의 1단위당 가치

$$C_0=\frac{p^2\times C_{uu}+2\times p\times(1-p)\times C_{ud}+(1-p)^2\times C_{dd}}{(1+R_f)^2}$$

$$= \frac{0.5^2 \times 3,900 + 2 \times 0.5 \times 0.5 \times 300 + 0.5 \times 0}{(1.05)^2} = 1,020.41\text{원}$$

희석화효과를 고려한 신주인수권의 1단위당 가치

$$\text{신주인수권의 현재가치}(W) = OPM\text{으로 구한 콜옵션가격} \times \frac{\text{행사전 주식수}}{\text{행사후 주식수}}$$

$$= 1020.41 \times \frac{100\text{만주}}{100\text{만주} + 10\text{만주}}$$

$$= 927.64\text{원}$$

(2) 전환권의 주식 1주당 행사가격

$$\frac{\text{만기일의일반사채가치}}{\text{전환비율}} = \frac{100,000}{5} = 20,000\text{원}$$

2년 후 전환권의 만기가치

만기일의 주가가 모두 행사가격 20,000원보다 낮으므로 만기가치=0

→ 전환권의 현재가치= 0

(3) 일반사채의 가치$=(\frac{2,000}{1.06} + \frac{102,000}{1.06^2}) \times 10$만$=92.6664$억원

신주인수권부사채= 일반사채+ 신주인수권의 가치

=92.6664억원+927.64원×10만=93.594억원

∴ 발행가액 95억원은 1.406억원 과대평가

전환사채= 일반사채+ 전환권의 가치

=92.6664억원+0원×10만=92.6664억원

∴ 발행가액 95억원은 2.3336억원 과대평가

연습문제 17-6

㈜한강은 내용연수가 1년이고 현재 시점에서 60억원의 투자금액이 소요되는 투자안을 가지고 있다. 투자안의 1년 후 현금흐름에 대한 확률분포는 다음과 같다.

상 황	확률	투자안의 현금흐름
불 황	50%	30억원
호 황	50%	200억원

연간 무위험수익률은 5%이며. 투자안의 확실성등가는 100억원이다.

(1) 투자안의 위험조정할인율을 계산하시오.

(2) 경제상황이 호황이 될 위험중립확률을 구하시오.

(3) ㈜한강이 투자안을 1년 연기할 수 있는 기회를 갖는다면, 이 연기옵션의 가치를 이항옵션평가모형을 이용하여 계산하시오. 단, 1년을 연기해서 투자할 경우 투자금액은 물가상승 등의 영향으로 65억원으로 증가하며, 또한 첫 해가 호황(불황)이면 둘째 해도 호황(불황)이라고 가정하시오.

해설

(1) 위험조정할인율

투자안의 1년 후 기대현금흐름 = 30 × 0.5 + 200 × 0.5 = 115억

$$\frac{E(CF_1)}{1+k}=\frac{CEQ_1}{1+R_f} \Rightarrow \frac{115}{1+k}=\frac{100}{1.05} \Rightarrow k=20.75\%$$

(2) 위험중립확률

$$CEQ=CF_u\times p+CF_d\times(1-p)$$

100억 = 200억 × p + 30억 × (1 − p) ➠ p = 0.4118

(3) 연기기회가 없는 투자안의 NPV $=\dfrac{100}{1.05}-60=35.2381$억

연기기회가 있는 투자안의 NPV $=\dfrac{(\frac{200}{1.05}-65)\times0.4118+0\times0.5882}{1.05^1}=49.2106$억

연기옵션의 가치 = 49.2106 − 35.2381 = 13.9725억원

연습문제 17-7

㈜자원은 북태평양에서의 석유시추사업에 지금 당장 참여할 것인지 여부를 결정해야 한다. 사업을 지금 개시하게 되면 당장 100억원을 투자해야 하고 그로 인해 발생하는 미래 현금흐름의 현가(PV)는 100억원이다. 그런데 석유시추사업권을 매입하면 향후 3년까지 1년 단위로 사업개시 시점을 늦출 수 있다. 사업개시 시점을 늦추더라도 미래 현금흐름의 사업개시 시점에서의 현가(PV)는 100억원으로 동일하나 사업개시 시점에서의 투자액은 첫해에는 95억원, 둘째 해에는 90억원, 셋째 해에는 88억원이다. 할인율은 30%이다. ㈜자원이 석유시추사업권을 매입해 얻게 되는 실물옵션 즉, 연기옵션 가치는 얼마인가?

해설

첫해 연기옵션의 가치 $= \dfrac{100-95}{1.3^1} = 3.85$억

둘째 해 연기옵션의 가치 $= \dfrac{100-90}{1.3^2} = 5.92$억

셋째 해 연기옵션의 가치 $= \dfrac{100-88}{1.3^3} = 5.46$억

연기옵션의 가치가 가장 큰 둘째 해로 사업개시 시점을 연기하므로 연기옵션의 가치는 5.92억원이다.

연습문제 17-8

㈜한국건설은 주택을 건설한 후 임대할 예정이다. 주택건설에 소요되는 초기 투자비용은 600억원이며, 잔존가치 없이 향후 3년간 정액법으로 감가상각된다. 주택임대수요 가 향후 3년간 높을 확률은 60%이며, 낮을 확률은 40%로 예상된다. 임대수요가 높을 경우 향후 3년간 매년 임대소득 500억원, 매년 현금지출비용 120억원이 발생한다. 임대수요가 낮을 경우 매년 임대소득 350억원, 매년 현금지출비용 100억원이 발생한다. ㈜한국건설의 자본비용은 10%이며 법인세율은 40%이다. 현재 평균시장이자율은 연10%이다. 기간 3년, 할인율 10%인 연금의 현가이자요소는 2.4869이다.

(1) 주택임대수요가 높을 경우와 낮을 경우 연간 영업현금흐름을 각각 구하라.

(2) 현재시점에서 투자안의 기대NPV를 계산하라.

(3) ㈜한국건설은 임대수요를 정확히 파악할 수 있도록 주택건설을 1년간 연기할 수 있는 기회를 가지고 있다.

① 1년 후 주택건설을 시행할 경우 투자안의 기대NPV를 계산하라. 단, 주택건설의 초기 투자비용, 임대로 인한 현금흐름 및 임대수요의 확률분포는 투자시기와 관계없이 변하지 않는다고 가정한다.

② 1년간 임대수요조사를 위해 5억원의 추가 비용을 현재시점에서 지불해야 한다면, 주택건설을 당장 시행하는 방안과 1년간 연기하는 방안 중 어떤 방안이 유리한가?

해설

(1) $OCF_u = EBIT \times (1-t) + Dep = (500-120-200) \times 0.6 + 200 = 308$억원

$OCF_d = (350-100-200) \times 0.6 + 200 = 230$억원

(2) $E(OCF) = 308 \times 0.6 + 230 \times 0.4 = 276.8$

$NPV = -600 + 276.8 \times 2.4869 = 88.37$억원

(3) ① $NPV = \dfrac{(-600 + 308 \times 2.4869) \times 0.6}{1.10} = 90.53$억원

② 연기하는 방안의 $NPV = -5$억원$+ 90.53 - 88,37 = (-)2.84$억원

따라서 주택건설을 당장 시행하는 방안이 더 유리하다.

연습문제 17-9

㈜신생은 초기투자비용이 1,100만원인 사업에 대한 투자를 고려하고 있다. 이 사업의 1년 후 현금흐름은 다음과 같으며, 현재 무위험이자율은 10%이다.

상 황	확 률	1년 후 현금흐름
호황	60%	1,800만원
불황	40%	800만원

㈜신생은 이 투자안의 평가를 위해 주식시장의 자료를 사용하기로 하고, 재무위험이 동일한 ㈜벤치를 대용기업으로 선정하였다. ㈜벤치의 현재 주가는 24,560원이다. 이 주식의 1년 후 주가는 호황일 경우 36,000원이고 불황일 경우 16,000원이며, 그 가능성은 각각 60%와 40%이다. 단, 현재 주식시장은 효율적 시장이라고 가정한다.

(1) ㈜신생이 고려하고 있는 투자안에 대한 저절한 할인율과 투자안의 NPV를 구하시오.
(2) ㈜신생에게 투자결정을 1년 연기할 수 있는 옵션이 주어졌으며, 1년 후 현금흐름을 확실히 알 수 있다고 한다. 1년을 연기하여 투자하는 경우 투자비용은 10% 증가하며, 현금흐름 1,800만원 또는 800만원은 2년 후($t=2$) 발생한다. 위 옵션의 가치를 구하시오.
(3) 정부는 1년 후 불황일 경우 이 사업을 1,800만원에 인수할 것을 보증하였다. 정부보증의 가치를 구하시오.
(4) ㈜신생은 1년 후 다음과 같은 실물옵션들을 행사할 수 있다고 한다.

- 추가적으로 500만원을 투자하여 현금흐름을 30% 증가시킬 수 있음.
- 1년 후 이 투자안을 초기투자비용의 75%를 받고 처분할 수 있음.

이와 같은 실물옵션들을 고려할 경우 투자안의 NPV를 구하시오.

해설

(1) $k=\dfrac{36000\times0.6+16000\times0.4}{24560}-1=14\%$

$NPV=-1100+\dfrac{1800\times0.6+800\times0.4}{1.14^1}=128.07$만원

(2) 위험중립확률 $36000\times p+16000\times0(1-p)=24560\times1.10 \rightarrow p=0.5508$

1년 후 호황 $NPV=-1100\times1.1+\dfrac{1800}{1.10^1}=426.36$

$$NPV = \frac{426.36 \times 0.5508 + 0 \times 0.4492}{1.10^1} = 213.49\text{만원}$$

옵션의 가치=213.49−128.07=85.42만원

(3) 정부보증하의 $NPV = -1100 + \frac{1800}{1.10^1} = 536.46$

정부보증의 가치=536.46−128.07=408.29만원

(4) 호황인 경우 1년 후의 현금흐름

1) 확장옵션을 행사하는 경우: 1800×1.3−500=1840

2) 포기옵션을 행사하는 경우: 1100×0.75=825

3) 호황인 경우 1년 후의 현금흐름=max[1840, 825, 1800]=1840

불황인 경우 1년 후의 현금흐름

1) 확장옵션을 행사하는 경우: 800×1.3−500=540

2) 포기옵션을 행사하는 경우: 1100×0.75=825

3) 불황인 경우 1년 후의 현금흐름=max[540, 825, 800]=825

$$\therefore\ NPV = -1100 + \frac{1840 \times 0.5508 + 825 \times 0.4492}{1.10^1} = 158.24\text{만원}$$

연습문제 17-10

실물옵션을 이용한 투자평가 방법에 대한 설명 중 가장 적절하지 않은 것은?

① 연기옵션(option to wait)의 행사가격은 투자시점 초기의 비용이다.
② 연기옵션의 가치를 고려한 투자안의 순현재가치가 양의 값을 가지더라도, 지금 투자할 경우의 순현재가치보다 낮을 경우에는 투자를 연기하지 않는 것이 유리하다.
③ 확장옵션(expansion option)의 만기는 후속 투자안이 종료되는 시점이다.
④ 확장옵션에서 기초자산의 현재가격은 후속 투자안을 지금 실행할 경우 유입되는 현금흐름의 현재가치이다.
⑤ 포기옵션은 투자안 포기에 따른 처분가치를 행사가격으로 하는 풋옵션이다.

해설

정답 : ③

확장옵션(expansion option)의 만기는 후속 투자안에 투자하는 시점이다.

연습문제 17-11

현재 주가는 20,000원이고 매년 20%씩 상승하거나 또는 하락하는 이항분포를 따른다고 가정하자. 무위험이자율은 연간 5%이고 주식은 배당을 지급하지 않는다. 2기간 이항모형을 이용하여 답하시오.

(1) 만기가 2년이고 행사가격이 20,000원인 유럽형 풋옵션의 가격을 구하시오.

(2) 주식 1주를 소유하고 있는 투자자가 포트폴리오보험전략을 취하고자 한다. 이 투자자가 현재 시점에서 포지션 조정 후 보유하게 될 주식과 무위험 채권의 규모는 각각 얼마인가?

해설

(1) 유럽형 풋옵션의 현재가격

1) 주식가격의 이항분포는 다음과 같다.

<1년 후 주가>

$u=1.20$ ➡ $S_u=20{,}000\times 1.20=24{,}000$

$d=0.80$ ➡ $S_d=20{,}000\times 0.80=16{,}000$

<2년 후 주가>

$S_{uu}=24{,}000\times 1.20=28{,}800$

$S_{ud}=S_{du}=24{,}000\times 0.80=19{,}200$

$S_{dd}=16{,}000\times 0.80=12{,}800$

2) 풋옵션의 2년 후 만기가치를 이항분포로 나타내면 다음과 같다.

$P_t=\max[X-S_t,\ 0]$

$P_{uu}=\max[20{,}000-28{,}800,\ 0]=0$

$P_{ud}=P_{du}=\max[20{,}000-19{,}200,\ 0]=800$

$P_{dd}=\max[20{,}000-12{,}800,\ 0]=7{,}200$

3) 위험중립확률

$$p=\frac{1+R_f-d}{u-d}=\frac{1.05-0.8}{1.2-0.8}=0.625$$

4) 1년 후 유럽형 풋옵션 가격

$$P_u=\frac{P_{uu}\times p+P_{ud}\times(1-p)}{1+R_f}=\frac{0\times 0.625+800\times 0.375}{1.05}=286$$

$$P_d=\frac{P_{du}\times p+P_{dd}\times(1-p)}{1+R_f}=\frac{800\times 0.625+7{,}200\times 0.375}{1.05}=3{,}048$$

5) 현재 유럽형 풋옵션 가격

$$P = \frac{P_u \times p + P_d \times (1-p)}{1+R_f} = \frac{286 \times 0.625 + 3{,}048 \times 0.375}{1.05} = 1{,}259\text{원}$$

(2) 포트폴리오 보험 동적헤징

$N(d_1)$개의 주식과 $[1-N(d_2)]$개의 채권을 구입하는 전략

1) 풋옵션의 델타

$$\triangle_p = \frac{P_u - P_d}{S_u - S_d} = \frac{286 - 3{,}048}{24{,}000 - 16{,}000} = -0.345$$

2) 콜옵션의 델타

$$1 - \triangle_c + \triangle_p = 0$$

$$1 - \triangle_c + (-0.345) = 0 \rightarrow \triangle_c = 0.655 = N(d_1)$$

3) 보유하게 될 주식의 규모

$$S \times N(d_1) = 20{,}000 \times 0.655 = 13{,}100\text{원}$$

4) 보유하게 될 채권의 규모

= 보호풋 투자금액 − 보유하게 될 주식금액

= 20,000 + 1,259 − 13,100 = 8,159원

∴ 주식 13,000원을 구입하고 채권 8,159원을 구입한다.

연습문제 17-12

포트폴리오 보험(portfolio insurance)에 관한 설명으로 가장 적절하지 않은 것은?

① 보유하고 있는 포트폴리오의 가치가 일정수준 이하로 하락하는 것을 방지하면서 가치 상승시에는 이익을 얻도록 하는 전략이다.

② 기초자산을 보유한 투자자가 풋옵션을 매도하여 기초자산의 가치가 행사가격 이하가 되지 않도록 방지하는 포트폴리오 보험전략을 실행할 수 있다.

③ 주식포트폴리오에 대해 선물계약이 존재하는 경우 포트폴리오 보험은 선물계약과 무위험순수할인채권의 매입으로 합성될 수 있다.

④ 보유한 자산에 대한 풋옵션이 존재하지 않거나 투자기간과 풋옵션의 만기가 일치하지 않는 경우 풋옵션 대신 주식과 채권으로 복제된 합성풋옵션을 이용하여 보호풋전략을 실행할 수 있다.

⑤ 시간이 흐름에 따라 풋옵션 델타가 변하는 경우 기초자산 투자액과 무위험대출액을 계속적으로 조정해야 하므로 합성풋옵션을 이용한 포트폴리오 보험전략은 동적 헤지전략의 일종으로 볼 수 있다.

해설

포트폴리오 보험전략의 구성방법

(방법1) 보호풋 전략 → 주식매수 + 풋옵션 매수

(방법2) 무위험채권 매수 + 콜옵션 매수

(방법3) 동적 자산배분전략 → 주식과 무위험채권의 매입으로 구성된 포트폴리오에서 두 자산의 편입비율을 적절히 조절

(방법4) 동적 헤지전략 → 선물매수와 무위험채권의 매입으로 구성된 포트폴리오에서 두 자산의 편입비율을 적절히 조절

(방법5) 동적 헤지전략 → 주식과 무위험채권의 매입포지션을 고정시킨 상태에서 선물매도포지션을 조정

정답: ②

연습문제 17-13

주가지수를 추종하는 주식포트폴리오의 가치 하락시 하향손실(downside loss)을 일정 수준으로 한정시키면서 가치 상승시 상향이익(upside potential)을 얻을 수 있는 포트폴리오 운용전략으로 적절한 항목만을 모두 고르면? (단, 파생상품의 기초자산은 주가지수이다.)

(가) 주식포트폴리오를 보유한 상태에서 풋옵션을 매수한다.
(나) 무위험채권에 투자한 상태에서 콜옵션을 매수한다.
(다) 주식포트폴리오를 보유한 상태에서 선물을 매도하고, 헤지비율을 시장상황에 따라 동적으로 변화시킨다.
(라) 주식포트폴리오와 무위험채권을 매수하고, 무위험채권의 투자비율을 시장상황에 따라 동적으로 변화시킨다.

① (가), (나) ② (다), (라) ③ (가), (나), (다)
④ (나), (다), (라) ⑤ (가), (나), (다), (라)

해설

포트폴리오 보험전략의 구성방법
(가) 보호풋 전략 → 주식매수 + 풋옵션 매수
(나) 주식매수 + 풋옵션 매수 = 무위험채권 매수 + 콜옵션 매수
(다) 동적 헤지전략
(라) 동적 자산배분전략

정답: ⑤

연습문제 17-14 (23년 기출)

선택권부증권의 가치평가에 관한 설명으로 가장 적절한 것은?

① 신주인수권부사채의 경우 만기일에 신주 1주를 인수할 수 있는 신주인수권의 가치는 신주인수권 행사전 주가를 기초자산으로 하고 행사가격이 신주 1주당 인수가격인 일반 콜옵션의 만기가치와 같다.
② 수의상환사채의 가치는 일반사채의 가치에서 수의상환권 가치인 콜옵션의 가치를 뺀 것과 같다.
③ 전환사채의 만기일에 전환가치가 일반사채의 가치보다 크다면 전환권을 행사할 필요가 없으므로 전환사채의 가치는 일반사채의 가치와 같다.
④ 전환사채의 현재가치는 일반사채의 가치보다 작을 수 있다.
⑤ 상환청구권부사채의 가치는 일반사채의 가치에 상환청구권 가치인 풋옵션의 가치를 뺀 것과 같다.

해설

수의상환채권의 가격 = 일반채권의 가격 − 수의상환권의 가치(콜옵션)
상환청구권부채권의 가격 = 일반채권의 가격 + 상환청구권의 가치 (풋옵션)

정답 : ②

제18장 선물거래

제 1 절 선물거래의 개요

1. 선물거래

(1) 선물거래와 선도거래

현물거래(spot transaction)은 매매계약의 체결과 동시에 상품의 인도와 대금의 결제가 이루어지는 거래인 반면, 선도거래(forward transaction)은 매매계약 체결일로부터 일정기간 후에 거래대상물과 대금이 교환되는 매매예약거래의 일종이다.

선도계약(forward contracts)과 선물(futures)은 기초금융자산을 미래 특정시점에 특정가격으로 사고 팔기로 약정하는 계약이라는 점에서 동일한 성격을 가지나 일반적으로 선도계약은 장외시장에서 거래당사자간에 직접 거래되거나 딜러나 브로커를 통해 거래가 이루어지는 데 비해 선물은 정형화된 거래소를 통해 거래된다는 점에서 차이가 있다.

선물거래의 시초는 17C경 일본의 도쿠카와 막부시대에 오사카 근교의 도지마를 중심으로 한 미곡거래로 여겨지나, 오늘날의 거래소 형태를 갖춘 최초의 선물거래소는 1848년 미국의 시카고에 설립된 시카고상품거래소(CBOT)이다.

선물거래와 선도거래는 다음과 같은 차이점이 있다.

	선도거래(forward)	선물거래(futures)
거래장소	장외시장	거래소
거래단위	제한없음	표준화
가격형성	거래 당사자 간에 합의	시장에서 형성
신용위험	계약불이행 위험 존재	청산기관이 계약이행을 보증
증거금	기본적으로 불필요	필요
일일정산	기본적으로 불필요	필요
실물인수도	대부분 실물인수도	대부분 차액결제
만기일	거래 당사자 간에 합의	거래소가 정함

(2) 선물거래와 옵션

옵션(options)은 기초자산을 미래의 특정시점 또는 특정기간 동안 특정 행사가격으로 매입(call)하거나 매각(put)할 수 있는 권리를 사고 파는 계약이기 때문에 거래시점에 프리미엄을 지급하지만, 선도계약 및 선물의 경우 거래시점에는 단순히 계약만이 이루어지며 매매에 따른 프리미엄을 주고받지는 않는다. 다만 계약이행을 보증하기 위한 증거금을 납입하는 등 자금운용 제약에 따른 기회비용은 존재한다.

선물거래와 옵션은 다음과 같은 차이점이 있다.

	옵션(option)	선물(futures)
권리 또는 의무	매수자는 권리를 가짐 매도자는 의무를 가짐	매수자와 매도자 모두 계약이행 의무를 가짐
거래의 대가	매수자가 매도자에게 권리의 대가(프리미엄) 지급	계약의 대가를 지불할 필요가 없음
증거금	매수자는 없으며, 매도자에게 부과	매수자와 매도자 모두에게 부과
일일정산	매도자만 일일정산	매수자와 매도자 모두 일일정산
손익구조	비대칭	대칭

2. 선물거래의 구성요소

① 기초자산

선물계약의 만기일에 가서 인도되는 상품 또는 자산을 말한다. 선물가격은 이 기초자산가격에 연동되어 변한다. 선물계약의 거래대상이 되는 상품의 종류에 따라 크게 상품선물(commodity futures)과 금융선물(financial futures)로 구분된다. 전통적인 상품선물은 농축산물 및 임산물, 철금속, 귀금속, 에너지 상품 등을, 금융선물은 통화, 금리, 주가지수 등을 기초자산으로 가진다.

구분		대상상품
상품선물	농산물	면화, 고무, 옥수수, 콩, 팥, 밀, 감자 등
	축산물	소, 돼지, 닭 등
	에너지	원유, 난방유 등
	귀금속	금, 은, 백금, 구리, 주석, 알루미늄 등
금융선물	주가지수	KOSPI200, S&P500 등
	금리	T-Bond, T-Bill, 국채등
	통화	달러, 엔, 유로 등

② 선물만기일

각 선물상품에는 계약이 종료되어 인수도가 이루어지는 해당년도와 해당 월이 미리 정해져 표시되어 있다. 해당 선물종목의 인수도가 이루어지는 날을 최종결제일 또는 인수도일 이라 한다. 만기월이 가까운 선물계약을 근월물(near month), 만기일이 많이 남은 선물계약을 원월물(distant month)이라고 부른다.

③ 선물가격

선물만기일에 기초자산을 매입하거나 매도할 때 적용할 가격을 말한다. 선물가격은 만기일에 결제되는 가격이지 계약시점에 지급하는 금액이 아니라는 점을 유의하여야 한다.

④ 계약단위

거래소에서 거래되는 상품의 기본 거래단위로서 선물계약 1건의 규모를 말하며, 하나의 거래단위를 1계약 이라고 한다. 예를 들면 KOSPI200선물의 경우 지수에 거래단위 승수인 250,000원을 곱한 것이 된다.

선물거래와 관련된 용어는 다음과 같이 정의한다.

- S : 기초자산의 현재가격
- F : 선물가격
- t : 선물의 만기
- S_t : 선물 만기일의 기초자산의 가치
- $+S$: 기초자산(현물)의 매입 포지션
- $-S$: 기초자산(현물)의 매도(공매) 포지션

- $+f$: 선물 매입 포지션
- $-f$: 선물 매도 포지션

3. 선물거래의 특징

① 선물거래소(futures exchanges)

선물거래는 반드시 조직화된 거래소에서 자격이 있는 회원의 중개를 통하여 거래된다. 거래소 회원은 독점적인 중개권을 가지고 있으며, 장내에서 자기거래 또는 위탁거래를 수행한다.

② 청산소(clearing house)

선물거래는 불특정 다수가 참여하기 때문에 거래상대방의 신용을 파악 못한 상태에서 매매가 이루어진다. 선물거래의 참여자가 안심하고 매매하기 위해서는 모든 거래의 계약이행(결제)을 보증의 역할을 하는 기관이 청산소이다. 선물거래는 매수자와 매도자가 직접 거래하는 것이 아니라 매수자와 매도자 사이에 청산소가 개입하여 거래상대방이 되어 주는 것이다. 즉, 매도자에게는 거래 상대방인 매수자가 되어주고, 매수자에게는 매도자가 되어줌으로써 거래상대방의 신용상태(결제이행능력 여부)에 대하여 염려할 필요 없이 안심하고 매매를 할 수 있다.

③ 표준화된 계약조건

선물거래는 거래대상상품의 규격, 품질, 거래단위, 인수도방법, 시기 및 호가단위 등 계약조건이 거래소가 정한 표준화된 선물계약을 기준으로 정해진다.

④ 증거금제도

선물거래는 현재 시점에서 거래대상물과 대금이 필요 없는 대신 미래 특정시점에 계약을 이행하겠다는 약속의 보증이 필요하다. 증거금(margin)이란 계약불이행의 위험을 방지하기 위해 거래소가 매매 당사자로 하여금 계약과 동시에 납부하도록 하는 일정비율의 보증금을 말한다. 선물거래를 하기 위해서는 총 계약금액의 10% 정도의 증거금만 있으면 거래가 가능하므로 레버리지효과(leverage Effect)가 크다.

⑤ 일일정산제도(market-to-market)

청산소는 당일 장이 끝난 후 종가를 기준으로 하여 매일의 정산가격을 발표한다. 이 가격을 기준으로 모든 거래 참여자들의 잠정이익과 손실을 정산한다. 이러한 정산의 결과 증거금 계정의 수준이 유지증거금 이하의 수준으로 하락하면 추가증거금을 납부해야 하며, 반대로 기본증거금을 초과하는 이익에 대해서는 현금인출이 가능하다. 청산소는 일일정산 기능을 통하여 계약 당사자들로 하여금 일정수준의 증거금을 유지하도록 하여 계약불이행 위험을 미연에 방지한다.

⑥ 최종결제제도

최종결제일(만기일)까지 청산되지 않은 선물포지션을 결제하는 방식으로 실물인수도(physical delivery)방식과 현금정산(cash settlement)방식이 있다.

- 실물인수도(physical delivery)방식
  대부분의 선물계약에 적용되는 만기정산 방법으로 거래소가 지정한 창고를 통해 매도자와 매수자가 실물을 인수도 한다.

- 현금정산(cash settlement)방식
  계약을 체결한 당시의 가격과 최종 결제일(만기일)의 정산가격의 차액만큼을 수수함으로써 결제가 이루어진다.

4. 선물거래의 포지션과 손익

(1) 선물거래의 포지션

선물거래는 매입(long position)과 매도(short position)로 구분할 수 있다.

① 선물매입(+f)

만기일에 기초자산을 선물가격(F)으로 매입할 것을 약정하는 것으로 기초자산의 가격이 오를수록 이익을 보게 되며, 기초자산의 가격이 내릴수록 손실을 보게 된다.

② 선물매도(−f)

만기일에 기초자산을 선물가격(F)으로 매도할 것을 약정하는 것으로 기초자산의 가격이 내릴수록 이익일 보게 되며, 기초자산의 가격이 오를수록 손실을 보게 된다.

(2) 선물거래의 만기손익

선물은 현재시점에서 현금흐름이 발생하지 않기 때문에 만기가치와 만기손익이 동일하다. 선물매입자와 선물매도자의 현재시점과 만기시점의 현금흐름은 다음과 같다.

	현재시점 현금흐름	만기시점 현금흐름
선물 매입(+f)	0	$+S_t - F$
선물 매도(−f)	0	$-S_t + F$

S_t : 만기시점의 기초자산 가격, F : 선물가격

① 선물매입(+f)

선물매입자의 만기손익(=만기가치)는 다음과 같다.

$$\text{선물매입자의 만기손익} = S_t - F$$

예를 들어 1년 후에 삼성전자 주식을 60,000원에 매입하는 선물계약의 만기손익은 다음과 같다.

1년 후 삼성전자 주가가 65,000원인 경우 :

$$\text{선물매입자의 만기손익} = 65{,}000 - 60{,}000 = +5{,}000$$

1년 후 삼성전자 주가가 56,000원인 경우 :

$$\text{선물매입자의 만기손익} = 56{,}000 - 60{,}000 = -4{,}000$$

선물매입지의 손익을 [그림 18-1]의 (a)와 같이 나타낼 수 있다.

② 선물매도(−f)

선물매도자의 만기손익은 선물매입자와 반대의 손익을 보게 된다. 선물매도자의 만기손익(=만기가치)는 다음과 같다.

$$\text{선물매도자의 만기손익} = F - S_t$$

[그림 18-1] 선물거래의 만기손익

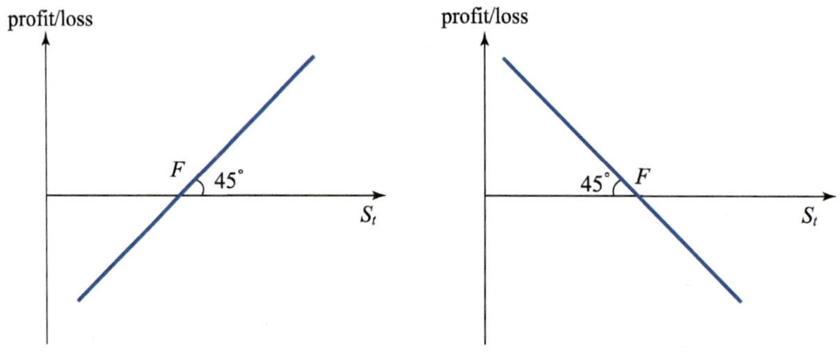

(a) 선물매입자의 손익 (b) 선물매도자의 손익

예를 들어 1년 후에 삼성전자 주식을 60,000원에 매도하는 선물계약의 만기손익은 다음과 같다.

1년 후 삼성전자 주가가 65,000원인 경우 :

$$선물매입자의\ 만기손익 = 60,000 - 65,000 = -5,000$$

1년 후 삼성전자 주가가 56,000원인 경우 :

$$선물매입자의\ 만기손익 = 60,000 - 56,000 = +4,000$$

선물매도자의 손익을 [그림 18-1]의 (b)와 같이 나타낼 수 있다.

예제 18-1

H자동차의 현재 주가는 40,000원이다. 이 주식을 기초자산으로 하여 만기가 1개월인 선물계약이 선물시장에서 40,000원에 거래되고 있다. 선물거래의 위탁증거금률은 20%이며, 무위험이자율은 0%이다.

(1) 만기시점의 주가가 50,000원인 경우 주식의 수익률과 선물매입자의 수익률은 각각 얼마인가?

(2) 만기시점의 주가가 30,000원인 경우 주식의 수익률과 선물매입자의 수익률은 각각 얼마인가?

풀이

(1) 만기시점의 주가가 50,000원인 경우

주식수익률 = 50,000/40,000 − 1 = 25%

선물 증거금 = 40,000 × 20% = 8,000

선물매입자의 만기손익 = $S_t - F$ = 50,000 − 40,000 = +10,000

선물매입자 수익률 = 10,000/8,000 = 125%

(2) 만기시점의 주가가 30,000원인 경우

주식수익률 = 30,000/40,000 − 1 = −25%

선물 증거금 = 40,000 × 20% = 8,000

선물매입자의 만기손익 = $S_t - F$ = 30,000 − 40,000 = −10,000

선물매입자 수익률 = −10,000/8,000 = −125%

이처럼 선물은 기초자산에 비하여 적은 금액을 투자하여 큰 효과를 올릴 수 있는데 이를 레버리지 기능이라고 한다.

(3) 선물거래유형

선물거래유형은 크게 헤지거래, 투기거래, 차익거래 및 스프레드 거래로 나눌 수 있다. 스프레드 거래는 만기일, 거래상품, 거래장소 등이 서로 다른 둘 이상의 선물계약에 대해 서로 반대되는 방향으로 포지션을 설정하는 거래형태다. 스프레드 거래는 고 평가된 선물을 매도하고 동시에 저 평가된 선물을 매수했다가 이것이 해소됐을 때 스프레드 포지션을 청산, 수익을 획득한다. 스프레드 거래의 기본개념은 차익거래와 유사하지만 차익거래는 선물 만기가 되면 현물가격과 선물가격이 같아지기 때문에 차익거래 실행 시점에 차익규모가 확정되는 반면, 스프레드 거래는 가격 일치상황이 발생하지 않으므로 이익규모는 확정되지 않는다.

5. 베이시스

선물의 계약시점에서 선물가격과 현물가격은 일반적으로 같지 않다. 최초 선물거래 이후 거래가 계속되는 과정에서 미래 경제상황의 변동을 반영하여 선물가격과 현물가격은 계속 변동한다. 선물가격과 현물가격의 차이를 베이시스(basis)라고 한다.

베이시스는 시간이 지남에 따라 변동하게 되는데 이처럼 베이시스가 변동하는 위험을 '베이시스 위험'이라고 한다. 투자가가 선물 포지션을 처음 취하는 시점에서의 베이시스와 선물 포지션을 청산하는 시점에서의 베이시스가 서로 다르게 되면 헤지의 결과에 중요한 영향을 미치게 된다.

만기일에 다가갈수록 베이시스는 점점 작아지며, 결국 만기일에는 현물가격과 선물가격이 같아져 베이시스는 0이 된다. 이를 수렴의 법칙(convergence property)라고 한다.

6. 선물가격과 기대현물가격과의 관계

(1) 기대가설

기대가설(expectation hypothesis)에 의하면 선물가격은 선물만기시점의 현물가격에 대한 기대치와 같아야 한다는 것이다.

$$F = E(S_t)$$

이 가설은 위험중립형 투자자를 전제로 한다. 투자자들은 선물가격에 어떤 위험프리미엄도 요구하지 않기 때문이다.

(2) 백워데이션

백워데이션(backwardation) 가설은 선물가격이 미래의 현물가격보다 낮게 형성된다는 것이다.

$$F < (S_t)$$

이 가설의 근거는 다음과 같다. 헤지목적 투자자가 매도헤지를 하기 위해서는 투기목적 투자자들의 매입포지션이 있어야 하며, 투기목적 투자자들의 위험에 대한 보상을 위해서 선물매입의 기대이익이 (+)이어야 한다. 따라서 선물가격이 기대현물가격보다 낮아야 한다는 것이다.

(3) 콘탱고

콘탱고(contango) 가설은 선물가격이 미래의 현물가격보다 높게 형성된다는 것이다.

$$F > (S_t)$$

이 가설의 근거는 다음과 같다. 헤지목적 투자자가 매입헤지를 하기 위해서는 투기목적 투자자들의 매도포지션이 있어야 하며, 투기목적 투자자들의 위험에 대한 보상을 위해서 선물매도의 기대이익이 (+)이어야 한다. 따라서 선물가격이 기대현물가격보다 높아야 한다는 것이다.

(4) CAPM

미래 예상되는 기대현물가격을 위험조정할인율로 할인한 현물가격은 다음과 같다.

$$S = \frac{E(S_t)}{(1+k_e)^t}$$

현물-선물 패리티 기본모형을 이용하면 현물가격은 다음과 같다.

$$S = \frac{F}{(1+R_f)^t}$$

현물시장과 선물시장이 균형상태라면 위의 두 식은 다음과 같이 성립하여야 한다.

$$S = \frac{E(S_t)}{(1+k_e)^t} = \frac{F}{(1+R_f)^t}$$

체계적 위험이 (+)인 경우 $k_e > R_f$이므로 선물가격은 미래현물가격보다 작다.

$$F < (S_t)$$

체계적 위험이 (−)인 경우 $k_e < R_f$이므로 선물가격은 미래현물가격보다 크다.

$$F > (S_t)$$

제 2 절 선물가격의 결정과 차익거래

1. 현물-선물 등가식

(1) 기본모형

차익거래의 기회가 존재하지 않는 균형상태에서 기초자산(현물)의 가격과 선물의 가격은 일정한 관계를 갖는데 이 관계식을 '현물-선물 등가식(spot-futures parity)'이라고 한다.

무위험이자율은 현물 매입에 대한 기회비용이며, 이를 고려한 현물-선물 등가식의 기본모형에 대해서 살펴보자. 선물만기인 t시점에서 현물 1단위를 확보하기 위한 전략으로 다음과 같은 2가지 대안을 비교하여 보자.

- 전략 I : t시점에 만기가 도래하는 선물계약 1단위 매입
- 전략 II : 현재의 현물가격에 해당하는 금액을 차입하여 현물 1단위를 매입한 후 t시점까지 보유

각 전략의 현금흐름은 다음과 같다.

전략 I	현재시점 현금흐름	만기시점 현금흐름
선물매입(+f)	0	$+S_t-F$

전략 II	현재시점 현금흐름	만기시점 현금흐름
현물매입(+S)	$-S$	$+S_t$
차입	$+S$	$-S\times(1+R_f)^t$
계	0	$S_t-S\times(1+R_f)^t$

두 전략 모두 현재시점에서 투자비용 없이 만기시점에 현물1단위를 확보하게 되므로 일물일가의 법칙에 의하여 두 전략의 현금유출 F와 $S\times(1+R_f)^t$은 같아야 하므로 다음의 관계가 성립한다.

선물만기가 1년 이상인 경우

$$F = S \times (1 + R_f)^t \tag{18.1}$$

선물만기가 1년 미만인 경우

$$F = S \times \left(1 + R_f \times \frac{t}{12}\right) \tag{18.2}$$

어떤 주식의 현재가격이 10,000원이고 연이자율이 10%인 경우 만기까지 1년 남은 선물계약의 균형가격은 11,000원(=10,000×1.10)이 된다. 또한 만기까지 6개월 선물계약의 균형가격은 10,500원(=10,000×1.05)이 되며, 만기까지 2년 남은 선물계약의 균형가격은 12,100원(=10,000×1.10^2)이 된다.

두 가지 전략이 미래시점에서 같은 수익을 가져다준다는 사실은 선물과 현물 간에 다음과 같은 관계가 성립한다는 것을 의미한다.

선물매입(+f) = 현물매입(+S) + 차입(−B) (18.3)

선물매도(−f) = 현물공매(−S) + 대출(+B) (18.4)

식 (18.3), (18.4)로부터 다음과 같은 관계식을 도출할 수 있다.

현물매입(+S) = 선물매입(+f) + 대출(+B)

현물공매(−S) = 선물매도(−f) + 차입(−B)

대　출(+B) = 현물매입(+S) + 선물매도(−f)

차　입(−B) = 현물공매(−S) + 선물매입(+f)

(2) 보유비용모형

상품선물의 가격결정은 기초자산(현물)의 보유비용에 의해 설명된다. 보유비용(Cost of Carry)은 선물의 기초자산인 현물을 선물의 만기시점까지 보유하는데 발생되는 비용을 의미한다. 실제로 이 보유비용에는 상품의 저장에 따르는 창고료, 보험료, 상품구매 자금조달로 발생하는 이자비용과 기타 기회비용 등이 포함되고, 상품을 실제로 보유했을 때 발생하는 수익인 보유편익을 차감하는데 이는 선물은 계약시점부터 선물계약만기까지 현물을 보유할 때 발생하는 비용이 들지 않고 현물보유에 따르는 수익을 가질 수 없으므로 이를 반영하기 때문이다.

순보유비용 = 이자비용 + 보관비용 − 현금수입 − 편의수익

- 이자비용 : 현물을 매수할 때 소요되는 자금조달비용
- 보관비용 : 현물을 보관하는 데에 따른 비용
- 현금수입 : 현물에서 발생하는 수입(주식의 배당금, 채권의 이자소득, 외화의 이자 수입)
- 편의수익 : 현물을 보유할 때 누릴 수 있는 비금전적인 혜택

보유비용모형을 식으로 나타내면 다음과 같다.

$$F = S \times (1 + R_f)^t + C - R \tag{18.5}$$

C : 보관비용의 만기가치
R : 현금수입과 편의수익의 만기가치

순보유비용이 (+)이면 선물가격 > 현물가격의 관계가 성립하며, 순보유비용이 (−)이면 선물가격 < 현물가격의 관계가 성립한다.

상품선물은 현금수입이 없기 때문에 상품선물의 현물-선물 등가식은 다음과 같다.

$$F = S \times (1 + R_f)^t + C - R \tag{18.6}$$

C : 보관비용의 만기가치
R : 편의수익의 만기가치

예제 18-2

금의 현재 현물가격은 온스당 400,000원이고 무위험이자율은 연 10%이다. 보관비용은 연간 온스당 30,000원이다. 금을 기초자산으로 하여 만기가 1년인 선물계약이 선물시장에서 거래되고 있다. 선물거래에 대해서는 만기에 가서 금 현물을 인수 또는 인도함으로써 계약을 이행한다.

(1) 보관비용이 만기에 지불되는 경우 금선물의 균형가격을 계산하시오.
(2) 보관비용이 선물계약시점에 지불되는 경우 금선물의 균형가격을 계산하시오.

풀이

(1) 보유비용 = 400,000 × 10% + 30,000 = 70,000원
  선물균형가격 = 현물가격 + 보관비용
        = 400,000 + 70,000 = 470,000원

(2) 보유비용 = 400,000 × 10% + 30,000 × 1.10 = 73,000원
  선물균형가격 = 현물가격 + 보유비용
        = 400,000 + 73,000 = 473,000원

금융선물은 보관비용과 편의수익이 없기 때문에 금융선물의 현물-선물 등가식은 다음과 같다.

$$F = S \times (1 + R_f)^t - R \qquad (18.7)$$

R : 현금수입의 만기가치

금융선물만기인 t시점에서 현물 1단위를 확보하기 위한 전략으로 다음과 같은 2가지 대안을 비교하여 보자.

- 전략 Ⅰ: t시점에 만기가 도래하는 금융선물계약 1단위 매입
- 전략 Ⅱ: 현재의 현물가격에 해당하는 금액을 차입하여 현물 1단위를 매입한 후 t시점까지 보유

각 전략의 현금흐름은 다음과 같다.

전략 Ⅰ	현재시점 현금흐름	만기시점 현금흐름
선물매입(+f)	0	$+S_t - F$

전략 Ⅱ	현재시점 현금흐름	만기시점 현금흐름
현물매입(+S)	$-S$	$+S_t + R$
차입	$+S$	$-S \times (1+R_f)^t$
계	0	$S_t - S \times (1+R_f)^t + R$

두 전략 모두 현재시점에서 투자비용 없이 만기시점에 현물 1단위를 확보하게 되므로 일물일가의 법칙에 의하여 두 전략의 현금유출은 같아야 하므로 다음의 관계가 성립한다.

$$F = S \times (1 + R_f)^t - R \qquad (18.7)$$

R : 현금수입의 만기가치

어떤 주식의 현재가격이 10,000원, 연 배당수익률이 3%, 연이자율이 10%인 경우 만기까지 1년 남은 선물계약의 균형가격은 10,700원[$= 10{,}000 \times (1 + 0.10 - 0.03)$]이 된다.

결국 현물가격과 선물가격의 차이란 현물자산을 구입해서 선물만기까지 가져가는데 소요되는 비용에서 수익을 차감한 값이므로 선물계약의 만기 이전에는 그 값이 양(+) 또는 음(−)일 수도 있다. 그러나 만기시점에서는 이 값이 0이 되므로 선물가격과 현물가격은 일치하게 된다.

예제 18-3

L전자의 현재 주가는 10,000원이며, 3개월 후에 400원의 배당이 지급될 예정이다. 무위험이자율은 연 12%이다. 이 주식을 기초자산으로 하는 선물계약이 선물시장에서 거래되고 있다

(1) 만기가 1년 남아있는 선물의 이론가격은 얼마인가?
(2) 만기가 6개월 남아있는 선물의 이론가격은 얼마인가?

풀이

(1) 3개월 후에 수령한 400원의 배당금의 1년 후의 가치는 다음과 같다.

$$R(\text{보유수익}) = = 400 \times \left(1 + 0.12 \times \frac{9}{12}\right) = 436$$

유배당 주식은 보유수익이 존재하므로 선물균형가격은 다음과 같다.

$$F = S \times (1 + R_f)^t - R$$

$$F = 10{,}000 \times 1.12 - 436 = 10{,}764\text{원}$$

☞ 무배당주식의 선물균형가격은 11,200원($= 10{,}000 \times 1.12$)이므로 배당금이 증가하면 선물균형가격은 감소한다.

(2) 3개월 후에 수령한 400원의 배당금의 6개월 후의 가치는 다음과 같다.

$$R = 400 \times \left(1 + 0.12 \times \frac{3}{12}\right) = 412$$

$$F = 10{,}000 \times \left(1 + 0.12 \times \frac{6}{12}\right) - 412 = 10{,}188\text{원}$$

2. 차익거래

보유비용모형으로 도출된 선물균형가격과 선물시장가격이 동일하면 선물시장은 균형상태이므로 차익거래의 기회가 없다. 가격이다. 그러나 선물균형가격과 선물시장가격이 서로 차이가 있을 때에는 이러한 불균형을 이용해서 다음과 같은 차익거래를 한다.

(1) 매수차익거래(현물보유전략)

선물시장가격이 선물균형가격 보다 큰 경우 선물시장가격이 고평가되었기 때문에 다음과 같은 매수차익거래(cash and carry arbitrage)를 한다. 현재시점에서는 선물을 매도하고 차입금을 조달하여 현물을 매입하고 이를 만기까지 보유한다. 만기에서는 보유한 현물로 선물계약에의 이행으로 현물을 인도하고, 차입금에 대한 원리금을 상환하여 차익을 얻는다.

매수차익거래를 정리하면 다음과 같다.

① 현물매입(+S) ② 선물매도(−f) ③ 차입(채권매도)

(2) 매도차익거래(역 현물보유전략)

선물시장가격이 선물균형가격 보다 작은 경우 선물시장가격이 저평가되었기 때문에 다음과 같은 매도차익거래(reverse cash and carry arbitrage)를 한다. 현재시점에서는 선물을 매수하고 현물을 공매하며 공매로 조달된 자금은 만기까지 무위험이자율로 대출(예금)한다. 만기에서는 선물계약에서 현물을 인수받아 이를 현물공매에 대해 상환을 하며, 대출에 대한 원리금을 회수하여 차익을 얻는다.

매도차익거래를 정리하면 다음과 같다.

① 현물공매(−S) ② 선물매수(+f) ③ 대출(채권매입)

〈표 18-1〉 차익거래유인과 차익거래유형

차익거래유인	차익거래유형
선물시장가격 > 선물균형가격	매수차익거래
선물시장가격 < 선물균형가격	매도차익거래

값을 TF라고 할 때 매수차익거래의 만기가치는 다음과 같다.

$$-S^L \times (1+R_f^B)^t - TF + F^S$$

매수차익거래의 현재 투자비용이 0이므로 차익거래가 존재하기 않기 위해서는 만기가치는 0이하가 되어야 하므로 이를 정리하면 다음과 같다.

$$F^S \le S^L \times (1+R_f^B)^t + TF \tag{18.8}$$

② 선물가격의 하한

매도차익거래로 차익을 얻을 수 없는 선물가격의 범위가 선물가격의 하한이다. 현물공매가격을 S^S, 선물매수가격을 F^L, 대출이자율을 R_f^L, 거래수수료를 선물만기시점으로 계산된 값을 TF라고 할 때 매도차익거래의 만기가치는 다음과 같다.

$$+S^S \times (1+R_f^L)^t - TF - F^L$$

매도차익거래의 현재 투자비용이 0이므로 차익거래가 존재하기 않기 위해서는 만기가치는 0이하가 되어야 하므로 이를 정리하면 다음과 같다.

$$F^L \ge S^S \times (1+R_f^L)^t - TF \tag{18.9}$$

③ 공매대금의 제약이 있는 경우

공매에 제약이 있는 경우에는 매도차익거래에만 영향을 주게 선물상한은 영향을 주지 않으며 선물하한에 영향을 준다. 공매대금의 일정한 비율(a)만이 사용가능하고 나머지 비율$(1-a)$은 증거금으로 예치해 놓아야 하는 경우 선물가격하한은 다음과 같다.

$$F^L \ge S^S \times (1+a \times R_f^L)^t - TF \tag{18.10}$$

예제 18-5

L전자의 현재 주가는 10,000원이다. 이 주식을 기초자산으로 하여 만기가 1년인 선물계약이 선물시장에서 거래되고 있다. L전자는 앞으로 1년 동안 배당을 지급하지 않는다. 시장의 이자율과 거래수수료는 다음과 같다.

- 차입이자율 : 14%
- 대출이자율 : 10%
- 선물 매도, 매입할 때 거래비용 : 200원
- 선물 청산할 때 거래비용 : 200원
- 현물을 공매하거나 매입할 때 거래비용: 300원
- 현물 청산할 때 거래비용 : 300원

시장의 불완전요인을 고려한 경우 선물의 차익거래가 존재하지 않는 비차익구간을 추정하시오.

풀이

(1) 매수차익거래로 선물균형가격의 상한을 구한다.

매수차익거래 : ① 현물매입(+S) ② 선물매도(−f) ③ 차입

매수차익거래	현재시점 현금흐름	만기시점 현금흐름
선물매도(−f)	0−200	$F-S_t-200$
현물매입(+S)	−10,000−300	S_t-300
차입	+10,500	−10,500×1.14
계	0	$F-12,470$

매수차익거래의 만기시점 차익이 0보다 작으면 선물가격은 균형상태이다.

➠ $F-12,470 \leq 0$ ➠ $F \leq 12,470$

(2) 매도차익거래로 선물균형가격의 하한을 구한다.

매도차익거래 : ① 현물공매(−S) ② 선물매수(+f) ③ 대출

매도차익거래	현재시점 현금흐름	만기시점 현금흐름
선물매수(+f)	0−200	$S_t-F-200$
현물공매(−S)	+10,000−300	$-S_t-300$
대출	−9,500	+9,500×1.10

계	0	$9,950-F$

매도차익거래의 만기시점 차익이 0보다 작으면 선물가격은 균형상태이다.
➠ $9,950-F \le 0$ ➠ $F \le 9,950$

∴ 차익거래가 불가능한 선물가격의 범위는 $9,950 \le F \le 12,470$ 이다.

제3절 헤지거래

1. 헤지의 종류

선물 헤지거래는 미래시점의 현금흐름을 현재시점에서 고정시키는 계약으로 기초자산의 가격변동위험을 제거하는 가장 유용한 헤지수단이다.

(1) 매입헤지

매입헤지(long hedge)는 현물시장에서 매도포지션(short position)을 취하고 있는 투자자가 선물시장에서 매입포지션(long position)을 취하는 전략으로, 현물가격의 상승위험을 제거할 수 있다.

현물매도 + 선물매입 ➠ 현물 가격상승위험 제거

다음의 상황에서 매입헤지는 유효하다.

- 원유 구입예정인 기업이 원유 가격상승위험을 방지
- 주식 공매도자가 주가상승위험을 방지
- 주식 구입예정자가 주가상승위험을 방지
- 수입기업이 환율 상승위험을 방지
- 채무자가 채권 가격상승위험(이자율 하락위험)을 방지
- 채권 매입예정인 기업이 채권 가격상승위험(이자율 하락위험)을 방지

(2) 매도헤지

매도헤지(short hedge)는 현물시장에서 매수포지션(long position)을 취하고 있는 투자자가 선물시장에서 매도포지션(short position)을 취하는 전략으로, 현물가격의 하락위험을 제거할 수 있다.

현물매수 + 선물매도 ➠ 현물 가격하락위험 제거

다음의 상황에서 매도헤지는 유효하다.

- 원유 판매예정인 기업이 원유 가격하락위험을 방지
- 주식 보유자가 주가하락위험을 방지
- 수출기업이 환율 하락위험을 방지
- 채권보유자가 채권 가격하락위험(이자율 상승위험)을 방지
- 채권발행 예정인 기업이 가격하락위험(이자율 상승위험)을 방지

(3) 직접헤지와 교차헤지

직접헤지(direct hedge)는 위험회피대상과 선물계약의 기초자산이 동일한 경우의 헤지이며, 교차헤지(cross hedge)는 위험회피대상과 선물계약의 기초자산이 상이한 경우의 헤지이다. 교차헤지는 위험회피대상과 선물계약의 기초자산의 가격움직임이 유사하여야 효과가 크다.

(4) 정적헤지와 동적헤지

정적헤지(static hedge)란 위험회피대상과 선물이 동일한 현금흐름을 가지고 있기 때문에 지속적인 재조정(rebalancing)과정이 필요 없는 헤지이며, 동적헤지(dynamic hedge)란 위험회피대상과 선물이 상이한 현금흐름을 가지고 있기 때문에 지속적인 재조정(rebalancing)과정이 필요한 헤지이다. 직접헤지는 정적헤지 또는 동적헤지가 모두 가능하며, 교차헤지는 동적헤지이다.

(5) 완전헤지와 불완전헤지

완전헤지(perfect hedge)란 선물을 이용하여 현물가격의 변동위험을 완전하게 제거한 헤지이며, 불완전헤지(imperfect hedge)란 선물을 이용하여 현물가격의 변동위험을 완전하게 제거하지 못한 헤지이다.

완전헤지는 위험회피대상의 목표시점과 선물의 만기가 일치하는 직접헤지인 경우에만 가능하다. 현물가격과 선물가격의 차인 베이시스(basis)는 시간이 경과함에 따라 변동하게 되는데 이를 베이시스 위험(basis rsk)라고 한다. 직접헤지라 하더라고 위험회피대상의 목표시점과 선물의 만기가 상이한 경우 현재시점의 베이시스와 목표시점의 베이시스가 달라져 목표시점에 가격위험이 완전히 없어지지 않을 수 있다.

따라서 베이시스위험이 존재하거나 교차헤지인 경우 불완전헤지가 된다.

2. 헤지비율

(1) 헤지비율

헤지비율(HR : hedge ratio)이란 위험회피대상 1단위의 가격변동위험을 제거하기 위하여 필요한 선물의 단위를 말한다. 예를 들어 금선물의 헤지비율(HR)이 −0.8이라는 것은, 금 1온스 매입포지션의 가격변동위험을 제거하기 위하여 금선물 0.8온스 매도포지션이 필요하다는 것이다. 헤지비율은 HR 또는 m으로 표시한다.

(2) 헤지계약수

헤지계약수(N)는 위험회피대상 전체의 가격변동위험을 제거하기 위하여 필요한 선물의 계약수를 말한다. 헤지계약수와 헤지비율의 관계는 다음과 같다.

$$N = HR \times \frac{Q_S}{Q_f} \qquad (18.11)$$

Q_s : 위험회피대상의 수량

Q_f : 선물 1계약의 수량

예를 들어 금선물의 헤지비율(HR)이 −0.8이며, 금선물 1계약 단위가 20온스일 때, 금 1,000온스의 가격변동위험을 제거하기 위한 선물계약수는 다음과 같다.

$$N = -0.8 \times \frac{1,000}{20} = -40 \text{ 계약}$$

즉, 금 1,000온스 매입포지션의 가격변동위험을 제거하기 위하여 금선물 40계약 매도포지션이 필요하다.

3. 정적헤지전략

지속적인 재조정(rebalancing)과정이 필요 없는 선물 정적헤지의 헤지비율 절대값은 1이다. 따라서 정적헤지포트폴리오는 다음과 같다.

$$\text{매입헤지} : H_p = -S + f$$

현물시장에서 매도포지션 1단위를 취한 투자자는 선물시장에서 매입포지션 1단위를 취한다.

$$\text{매도헤지} : H_p = +S - f$$

현물시장에서 매수포지션 1단위를 취한 투자자는 선물시장에서 매도포지션 1단위를 취한다.

정적헤지전략은 완전헤지의 조건을 만족하는 경우 유효하다. (베이시스위험이 없는 직접헤지)

4. 동적헤지전략

선물의 델타($\triangle_f$)는 옵션의 델타와 마찬가지로 기초자산 가격이 1원 변할 때 선물가격의 변동을 말하며, 현물-선물 패리티 기본모형을 이용하면 선물의 델타는 다음과 같이 구할 수 있다.

$$F = S \times (1 + R_f)^t \;\Rightarrow\; \triangle_f = \frac{\partial F}{\partial S} = (1 + R_f)^t$$

무위험이자율이 0보다 큰 경우 $\triangle_f \geq 1$이며 무위험이자율이 일정한 경우 시간이 경과하면 선물델타는 감소한다.

지속적인 재조정(rebalancing)과정이 필요한 동적헤지는 재조정하여야 할 헤지비율을 산출하기 위하여 선물델타를 이용한다. 현물시장에서 매수포지션 1단위를 취한 투자자가 선물시장에서 m단위를 포지션을 취한 동적헤지포트폴리오는 다음과 같다.

$$H = S + m \times f$$

동적헤지폴리오를 기초자산에 대해서 편미분하면 0이 되어야 하므로 헤지비율은 다음과 같이 선물델타의 역수가 된다.

$$\frac{\partial H}{\partial S}=1+m\times\Delta_f=0 \Rightarrow m=HR=-\frac{1}{\Delta_f} \qquad (18.12)$$

예를 들어 현재시점에서 선물델타가 1.2인 경우 $HR=-\frac{1}{1.2}=-0.8$이 되므로 위험회피대상 1단위에 대하여 선물 0.8단위를 매도하여야 한다. 1년이 경과한 후에 선물델타가 1.1이 된 경우 $HR=-\frac{1}{1.1}=-0.91$이 되므로 위험회피대상 1단위에 대하여 선물 0.91단위를 매도하여야 한다. 따라서 1년이 경과하면 선물 0.11단위를 추가로 매도하여 헤지비율을 재조정한다.

예제 18-6

A기업은 S전자 주식을 50주 보유하여 있으며 현재 주가는 10,000원이다. A기업은 S전자 1주를 기초자산으로 하는 만기 2년 선물을 이용하여 헤지하고자 한다. 단, 무위험이자율은 8%이다. 선물델타를 이용한 동적헤지전략을 하려면 현재 시점과 1년 후 시점 각각 선물 몇 계약을 매도하여야 하는가?

풀이

(1) 현재시점의 전략

선물델타 : $\Delta_f=(1+R_f)^t=(1.08)^2=1.1664$

헤지비율 : $HR=-\frac{1}{\Delta_f}=-\frac{1}{1.1664}=-0.8573$

헤지계약수 : $N=-0.8573\times 50=-42.9$ 계약 매도

(2) 1년 후 시점의 전략

선물델타 : $\Delta_f=(1+R_f)^t=(1.08)^1=1.08$

헤지비율 : $HR=-\frac{1}{\Delta_f}=-\frac{1}{1.08}=-0.9259$

헤지계약수 : $N=-0.9259\times 50=-46.3$ 계약 매도

∴ 1년 후 시점에서 3.4계약(=46.3−42.9)을 추가로 매도한다.

5. 최소분산헤지비율

베이시스위험이 존재하거나 교차헤지의 경우 완전헤지의 조건이 충족되지 않아 위험이 완전히 제거되지 않기 때문에 투자자는 위험을 최소화하여야 한다. 일반적으로 헤지효율성은 헤지포트폴리오의 분산감소로 평가한다. 최소분산헤지비율(minimum variance hedge ratio)은 분산으로 측정되는 헤지포트폴리오의 위험을 최소화하기 위한 헤지비율이다. 최소분산헤지비율은 Johnson(1960)에 의해 처음 고안되었다. Johnson은 헤지포트폴리오 수익률의 분산을 포트폴리오 위험으로 정의하고, 분산을 최소화하는 방식을 제시하였다.

(1) 가격변동량 모형

가격변동량 모형은 다음과 같이 현물가격과 선물가격의 변동크기를 회귀분석하는 단순회귀모형이다.

$$\Delta S = a + b \times \Delta F + e$$

S : 1단위당 현물가격(위험회피대상)
F : 1단위당 선물가격
ΔS : 현물가격의 변동액 (위험회피대상)
ΔF : 선물가격의 변동액

최소분산헤지비율(HR)은 위험회피대상 1원의 가격변동위험의 분산을 최소화하기 위하여 필요한 선물의 비율이므로 최소자승법을 만족하는 가격변동량 회귀선의 기울기가 된다.

$$b = \frac{Cov(\Delta S, \Delta F)}{Var(\Delta F)}$$

$$HR = -b = -\frac{Cov(\Delta S, \Delta F)}{Var(\Delta F)} \quad (18.13)$$

식 (18.13)에서 (−)부호는 현물과 선물의 포지션이 반대가 되어야 헤지가 됨을 나타낸다. 가격변동량 모형은 가격변동이 안정적인 상품에 대한 상품선물에 적합하다.

(2) 가격변동률 모형

가격변동률 모형은 다음과 같이 현물가격변동률과 선물가격변동률을 회귀분석하는 단순 회귀모형이다.

$$\Delta R_s = a + b \times \Delta R_F + e$$

$\Delta R_S = \dfrac{\Delta S}{S}$: 현물가격 변동률 (위험회피대상)

$\Delta R_F = \dfrac{\Delta F}{F}$: 선물가격 변동률

선물가격변동률에 대한 현물가격변동률의 민감도인 베타는 최소자승법을 만족하는 가격변동률 회귀선의 기울기이다.

$$\beta_{SF} = \frac{Cov(R_s, R_F)}{Var(R_F)} \qquad (18.14)$$

가격변동률모형에서 추정된 베타와 가격변동량모형에서 추정된 헤지비율의 관계는 다음과 같다.

$$\beta_{SF} = \frac{Cov(R_S, R_F)}{Var(R_F)} = \frac{Cov\left(\frac{\Delta S}{S}, \frac{\Delta F}{F}\right)}{Var\left(\frac{\Delta F}{F}\right)} = \frac{F}{S}\frac{Cov(\Delta S, \Delta F)}{Var(\Delta F)} = \frac{F}{S}\cdot b$$

$$\beta_{SF} = \frac{F}{S}\cdot b \Rightarrow b = \beta_{SF}\cdot\frac{S}{F} \Rightarrow HR = -\beta_{SF}\cdot\frac{S}{F} \qquad (18.15)$$

식 (18.15)에서 (−)부호는 위험회피대상과 선물의 포지션이 반대가 되어야 함을 나타낸다. 가격변동률 모형은 가격변동이 심한 금융선물에 적합하다.

(3) 헤지계약수

식 (18.15)의 헤지비율을 식 (18.11)에 대입하면 헤지계약수는 다음과 같다.

$$N = HR \times \frac{Q_S}{Q_f} = -\beta_{SF}\cdot\frac{S}{F}\times\frac{Q_S}{Q_F} = -\beta_{SF}\times\frac{V_S}{V_F} \qquad (18.16)$$

교차헤지의 경우 식 (18.16)은 다음과 같이 표현하기도 한다. CPA시험문제에서는 아래의 공식을 많이 사용한다.

$$N = -\beta_{SF} \cdot \frac{S}{F} \tag{18.17}$$

S : 위험회피대상의 총금액 또는 총수량

F : 선물 1계약의 금액 또는 수량

(4) 헤지유효성

헤지 유효성(HE : hedge effectiveness)이란 선물이 위험회피대상의 가격위험을 효과적으로 헤지 하는지를 나타낸다. 헤지유효성은 포트폴리오 전체 분산 중에서 헤지에 의하여 감소되는 분산이 차지하는 비율로 가격변동량 모형 또는 가격변동률 모형의 결정계수로 측정한다. 즉, 선물가격과 현물가격의 상관관계가 클수록 결정계수가 커지므로 헤지유효성은 증가한다.

$$HE = \rho_{SF}^2 \tag{18.18}$$

예제 18-7

현재는 9월 30일이다. 한 달 후 A항공은 항공기 연료로 사용되는 100만 배럴의 제트유가 필요하며, 12월에 만기가 도래하는 난방유 선물을 이용하여 가격변동위험을 헤지하기로 하였다. 분산으로 측정되는 헤지포지션의 위험을 최소화하기 위해 과거 24개월 동안의 역사적 자료를 이용하여 최소분산헤지비율을 구하였다. 최소분산헤지비율을 계산하기 위해 월별 현물가격의 변화를 월별 선물가격의 변화에 대해 회귀분석한 결과의 일부를 다음의 표에 제시하였다. 난방유선물 1계약 단위가 42,000 배럴일 때, A항공이 취해야 할 전략에 대해서 설명하시오.

	분산	표준편차	공분산	상관계수
선물가격변화율	0.00148	0.03841	0.00105	0.69458
현물가격변화율	0.00155	0.03936		

풀이

위험회피대상 : 제트유

선물계약의 기초자산 : 난방유

위험회피대상과 기초자산이 불일치하므로 선물을 이용한 교차헤지를 한다.

위험회피대상의 베타 : $\beta_S = \dfrac{\sigma_{SF}}{\sigma_F^2} = \dfrac{0.00105}{0.00148} = 0.71$

최소분산헤지 선물계약수 : $N = -\dfrac{S}{F} \times \beta_S = -\dfrac{-1,000,000}{42,000} \times 0.71 = +16.9$ 계약

∴ 난방유 선물 17계약을 매입한다.

☞ 헤지유효성 = $\rho_{SF}^2 = 0.69458^2 = 0.482$

난방유선물을 매입하면 제트유의 가격변화율 위험의 48.2%는 제거하지만 51.8%는 제거되지 않는다.

예제 18-8

달러당 원화의 현물환율은 현재 $1=1,200원이다. 한국의 이자율은 연 10%, 미국의 이자율은 연6%이다. 달러를 기초자산으로 하는 통화선물계약이 선물시장에서 거래되고 있다. 단, 한국과 미국의 수익률곡선은 수평을 가정한다.

(1) 만기가 2년 남아있는 통화선물의 이론가격은 얼마인가?

(2) 만기가 3개월 남아있는 통화선물의 이론가격 및 선물환 할증률은 얼마인가?

풀이

(1) 만기가 1년 이상인 경우 통화선물의 균형가격은 다음과 같다.

$$F_t = S \times \left[\frac{1+R_K}{1+R_A}\right]^t \Rightarrow F = 1,200 \times \left[\frac{1.10}{1.06}\right]^2 = 1,292.27\text{원}$$

(2) 만기가 1년 미만인 경우 통화선물의 균형가격은 다음과 같다.

$$F_t = S \times \left[\frac{1+R_K \times \frac{t}{12}}{1+R_A \times \frac{t}{12}}\right] \Rightarrow F = 1,200 \times \left[\frac{1+0.10 \times \frac{3}{12}}{1+0.06 \times \frac{3}{12}}\right] = 1,211.82\text{원}$$

$$\text{선물환 할증률} = \frac{F-S}{S} \times \frac{12}{t} = \frac{1,211.82-1,200}{1,200} \times \frac{12}{3} = 0.27\%$$

2. 통화선물 차익거래

통화선물균형가격과 통화선물시장가격이 동일하면 선물시장은 균형상태이므로 차익거래의 기회가 없다. 가격이다. 그러나 통화선물균형가격과 통화선물시장가격이 서로 차이가 있을 때에는 이러한 불균형을 이용해서 다음과 같은 차익거래를 한다.

(1) 매수차익거래

통화선물시장가격이 통화선물균형가격 보다 큰 경우 선물시장가격이 고평가되었기 때문에 다음과 같은 매수차익거래(cash and carry arbitrage)를 한다. 현재시점에서는 통화선물을 매도하고 원화 차입금을 조달하여 달러현물환을 매입하고 이를 달러화로 대출한다. 만기에서는 달러 대출에 대한 원리금을 회수하여 통화선물계약에의 이행으로 달러현물을 인도하고, 원화차입금에 대한 원리금을 상환하여 차익을 얻는다.

매수차익거래를 정리하면 다음과 같다.

선물매도, 현물매입(원화를 달러로 환전), 원화차입, 달러대출

(2) 매도차익거래

통화선물시장가격이 통화선물균형가격 보다 작은 경우 선물시장가격이 저평가되었기 때문에 다음과 같은 매도차익거래(reverse cash and carry arbitrage)를 한다. 현재시점에서는 통화선물을 매수하고 달러화 차입금을 조달하여 달러 현물을 매도하며 매도로 조달된 자금은 만기까지 원화로 대출(예금)한다. 만기에서는 선물계약에서 현물을 인수받아 달러화 차입금에 대한 원리금 상환에 사용하며, 원화 대출에 대한 원리금을 회수하여 차익을 얻는다.

매도차익거래를 정리하면 다음과 같다.

선물매수, 현물매도(달러를 원화로 환전), 원화대출, 달러차입

예제 18-9

미국 달러화에 대한 원화의 현재 환율은 1,200원/\$이고, 한국과 미국의 명목이자율은 각각 연 10%와 연 6%이다. 물음에 답하시오.

(1) 차익거래 기회가 존재하지 않기 위해서는 미국 달러화에 대한 원화의 1년 만기 선물환율은 얼마로 정해져야 하는가?

(2) 미국 달러화에 대한 1년 만기 선물환율이 1,300원/\$인 경우 차익거래과정을 설명하고, 차익거래이익을 구하시오. 단, 한국에서 1200만원을 차입할 수 있다고 가정한다.

풀이

(1) 통화선물 균형가격

$$F = S \times \frac{1+R_K}{1+R_A} = 1{,}200 \times \frac{1.10}{1.06} = 1{,}245.28\text{원}$$

(2) 차익거래

선물시장가격(1,300원)이 균형가격(1,245.28원)보다 크기 때문에 매수차익거래를 한다.

① 현물매입(+S) ② 선물매도(−f) ③ 달러 대출 ④ 원화 차입

매수차익거래를 구체적으로 살펴보면 다음과 같다.

1) 원화차입 : 12,000,000원

2) 현물환 매입 : 12,000,000/1,200 = $10,000

3) 달러대출 : $10,000

4) 선물매도 : $10,000 × 1.06 = $10,600

	현재시점 현금흐름	1년 후 현금흐름
원화차입	+12,000,000원	−12,000,000원 × 1.10
현물환매입	+$10,000 −12,000,000원	N/A
달러대출	−$10,000	+10,000 × 1.06 × S_t
선물매도	0	10,600 × (1,300원 − S_t)
계	0	+580,000원

➠ 매수차익거래의 만기시점 차익은 580,000원이다.

3. 통화선물 헤지거래

(1) 매도헤지

외화채권을 보유하고 있는 경우 채권 결제일을 만기일로 하는 통화선물 매도계약을 체결하여 환위험을 헤지할 수 있다. 따라서 외화채권의 결제에 적용할 환율을 현재시점에서 선물환율로 고정시킬 수 있다.

외화채권을 보유하고 있는 경우 ➠ 통화선물 매도 (−f)

	환율상승	환율하락
외화채권	환차익	환차손
통화선물매도	환차손	환차익

(2) 매입헤지

외화채무를 보유하고 있는 경우 채무 결제일을 만기일로 하는 통화선물 매수계약을 체결하여 환위험을 헤지할 수 있다. 따라서 외화채무의 결제에 적용할 환율을 현재시점에서 선물환율로 고정시킬 수 있다.

외화채무를 부담하고 있는 경우 ➠ 통화선물 매수 (+f)

	환율상승	환율하락
외화채권	환차손	환차익
통화선물매수	환차익	환차손

(3) 직접헤지

통화선물 헤지거래는 위험회피대상인 외화와 통화선물계약의 기초자산의 통화가 동일하므로 대부분 직접헤지(direct hedge)거래이다.

예제 18-10

지금까지 국내수요에만 의존하던 주식회사 K통신은 올해 처음으로 미국에 통신장비를 수출하고 수출대금 $10,000를 3개월 후에 달러화로 수취하기로 하였다. 환율이 하락하여 3개월 후에 받을 수출대금의 원화가치가 하락하는 위험을 방지하기 위해서 K통신은 위의 달러 수취 포지션 전체에 대해서 헤징을 하기로 하였다. 가격 변수들은 다음과 같이 주어졌다.

- 달러화 현물(spot)환율 : 1.200원/$
- 달러화 3개월 선물환(forward) 환율 : 1.230원/$

(1) 환위험을 제거하기 위한 선물거래전략은 무엇인가?
(2) 3개월 후 현물환율이 1.150원/$이 된 경우 K통신이 확보하게 되는 원화표시금액은 얼마인가?
(3) 3개월 후 현물환율이 1.250원/$이 된 경우 K통신이 확보하게 되는 원화표시금액은 얼마인가?

(3) 선물시장가격이 94,500원인 경우 차익거래과정을 설명하라.

(4) 선물시장가격이 96,000원인 경우 차익거래과정을 설명하라.

풀이

(1) 금리선물매도자는 1년 후에 무이표채를 선물가격에 매도하며, 매도 후 1년 경과시점에 무이표채의 액면금액원 100,000원을 지급하게 되므로 현금흐름은 다음과 같다.

	현재시점($t=0$)	선물만기시점($t=1$)	채권만기시점($t=2$)
금리선물매도($-f$)	0	$+F$	$-100,000$

현재시점에서 A채권을 0.9468개 매입하고 B채권을 1개 공매하면 선물매도 포지션과 동일한 효과를 갖는다.

	현재시점($t=0$)	$t=1$	$t=2$
A채권 매입	$-94,000\times0.9468$	$+100,000\times0.9468$	
B채권 공매	$+89,000$		$-100,000$
계	0	$+94.680$	$-100,000$

* 현재시점의 순현금흐름이 0이 되기 위한 A채권의 수량 = 89,000/94,000 = 0.9468

(2) 금리선물의 균형가격을 구하는 방법은 다음과 같이 2가지 방법이 있다.

<방법1>

(1)에서 금리선물과 금리선물의 복제포트폴리오는 일물일가의 법칙에 의하여 1년 후의 현금흐름이 동일하여야 하므로 선물의 균형가격은 94,680원이다.

<방법2>

선도이자율을 이용하여 금리선물의 균형가격을 산출한다.

$94,000=\dfrac{100,000}{(1+{}_0R_1)}$에서 ${}_0R_1=6.38\%$

$89,000=\dfrac{100,000}{(1+{}_0R_2)^2}$에서 ${}_0R_2=6\%$

${}_1f_2=\dfrac{(1+0.06)^2}{(1+0.0638)}-1=5.62\%$

금리선물의 균형가격 : $F=\dfrac{100,000}{(1+0.0562)}=$ 94,679원

(3) 선물시장가격(94,500원)이 균형가격(94,680원)보다 작기 때문에 매도차익거래를 한다.

매도차익거래 : ① 선물매수($+f$) ② 채권A 매입 ③ 채권B 매도

	현재시점($t=0$)	$t=1$	$t=2$
선물매수(+f)	0	−94,500	+100,000
A채권 매입	−94,000 × 0.9468	+100,000 × 0.9468	
B채권 매도	+89,000		−100,000
계	0	+180	0

➡ 매도차익거래의 선물만기시점 차익은 180원이다.

(4) 선물시장가격(96,000원)이 균형가격(94,680원)보다 크기 때문에 매수차익거래를 한다.
매수차익거래 : ① 선물매도(−f) ② 채권A 매도 ③ 채권B 매수

	현재시점($t=0$)	$t=1$	$t=2$
선물매도(−f)	0	+96,000	−100,000
A채권 매도	+94,000 × 0.9468	−100,000 × 0.9468	
B채권 매수	−89,000		+100,000
계	0	+1,320	0

➡ 매수차익거래의 선물만기시점 차익은 1,320원이다.

3. 금리선물의 헤지거래

금리선물을 이용하여 향후 금리변동에 따른 불확실성을 금리선물 매도/매수 거래로 줄일 수 있다. 즉, 채권 현물시장에서 발생하는 손익이 금리선물시장에서의 손익으로 상쇄되어 금리변동에 따른 위험을 제거할 수 있게 된다.

채권을 발행한 기업이나 채권 매입예정인 투자자는 금리선물을 매입하는 매입헤지(long hedge)를 이용하여 채권 가격상승위험(이자율 하락위험)을 방지한다. 채권을 보유한 투자자나 채권을 발행할 예정인 기업은 금리선물을 매도하는 매도헤지(short hedge)를 이용하여 채권 가격하락위험(이자율 상승위험)을 방지한다.

연기금, 보험회사 등 현물채권 보유규모가 큰 시장참가자들은 향후 금리 상승으로 인한 채권가격 하락시 입게 될 손실을 줄이기 위하여 선물매도(short hedge) 거래를 함으로써 금리선물 만기시점 기준 보유 채권가격을 현재의 금리선물가격으로 고정한다. 이와는 반대로 미래의 일정시점에 채권을 매입하고자 할 경우에는 금리 하락에 대비하여 금리선물을 매수

(long hedge)할 수도 있다.

한편 금리선물을 이용하여 채권 포트폴리오의 듀레이션(duration)을 조정할 수 있다. 향후 금리 하락(채권가격 상승)이 예상될 경우 금리선물을 매수함으로써 포트폴리오의 듀레이션을 늘릴 수 있다. 반면 금리 상승(채권가격 하락)이 예상될 경우, 금리선물을 매도함으로써 채권 포트폴리오의 듀레이션을 줄일 수 있다.

제6절 주가지수선물

1. 기초개념

주가지수선물시장은 주가지수를 대상으로 선물거래가 이루어지는 시장이다. 주가지수선물시장은 주가변동에 대한 헤지수단 등을 제공하기 위하여 1982년 미국 상품거래소에 최초로 개설되었다. 우리나라의 경우 1996년 KOSP200선물지수를 거래대상으로 하는 코스피200선물시장이 개설되었으며, 2008년에는 개별 주식을 기초자산으로 하는 주식선물시장도 개설되었다. KOSP200 지수는 한국을 대표하는 주식 200개 종목의 시가총액을 시가총액가중방법으로 지수화한 것이다.

주가지수선물시장은 기초상품이 실물형태가 아닌 주가지수라는 점에서 결제수단과 결제방식이 일반 선물시장과 다르다. 결제수단은 실물의 양수도가 불가능하므로 거래시 약정한 주가지수와 만기일의 실제 주가지수간의 차이를 현금으로 결제하게 된다. 그러므로 만기시 실제 주가지수가 거래시 약정한 주가지수를 상회할 경우에는 선물매수자가 이익을 수취하고 반대의 경우에는 선물매도자가 이익을 수취한다.

거래에 참가하기 위해서는 약정금액의 일부분을 증거금으로 납부해야 하며, 적은 투자자금으로 큰 규모의 거래가 가능한 선물거래의 특성상 결제불이행 위험을 방지하기 위해 일일정산방식(mark to market)이 적용되고 있다.

코스피200선물시장은 결제월인 3월, 6월, 9월 및 12월의 두 번째 목요일을 최종거래일로 하는 결제월물을 거래대상으로 한다. 거래는 계약단위로 하는데 최소 거래단위는 1계약이고 1계약의 거래금액은 선물가격에 거래단위승수 25만원을 곱한 금액이다.

2. 주가지수선물의 균형가격

주가지수선물의 균형가격은 현금수입(배당금)이 있을 때의 현물-선물 등가식을 이용하여 구한다. 주가지수에 대한 현금수입(배당금)은 주가지수에 포함된 개별주식들의 연평균배당수익률(d)로 측정한다.

선물의 만기가 1년 이상인 경우 주가지수선물 균형식은 다음과 같다.

$$F = S \times (1 + R_f - d)^t \tag{18.25}$$

선물의 만기가 1년 미만인 경우 주가지수선물 균형식은 다음과 같다.

$$F = S \times \left[1 + (R_f - d) \times \frac{t}{12}\right] \tag{18.26}$$

단, F: 만기t의 주가지수 선물가격
S: 주가지수 현재가격
d: 주가지수의 연평균배당수익률

예를 들어 KOSPI200지수는 250포인트이고, 배당수익률과 무위험이자율이 각각 2%와 4%일 때 만기가 3개월 남은 KOSPI200 선물가격은 다음과 같다.

$$F = S \times \left[1 + (R - d) \times \frac{t}{12}\right] = 250 \times \left[1 + (0.04 - 0.02) \times \frac{3}{12}\right] = 251.25\text{포인트}$$

3. 주가지수선물의 차익거래

(1) 매수차익거래(현물보유전략)

주가지수 선물시장가격이 주가지수 선물균형가격 보다 큰 경우 선물시장가격이 고평가되었기 때문에 다음과 같은 매수차익거래(cash and carry arbitrage)를 한다. 현재시점에서는 주가지수선물을 매도하고 차입금을 조달하여 주가지수를 매입하고 이를 만기까지 보유한다. 만기에서는 보유한 주가지수로 선물계약에의 이행으로 주가지수를 인도하고, 차입금에 대한 원리금을 상환하여 차익을 얻는다.

매수차익거래를 정리하면 다음과 같다.

① 현물매입(+S) ② 선물매도(−f) ③ 차입(채권매도)

(2) 매도차익거래(역 현물보유전략)

주가지수 선물시장가격이 주가지수 선물균형가격 보다 작은 경우 선물시장가격이 저평가되었기 때문에 다음과 같은 매도차익거래(reverse cash and carry arbitrage)를 한다. 현재시점에서는 주가지수 선물을 매수하고 주가지수를 공매하며 공매로 조달된 자금은 만기까지 무위험이자율로 대출(예금)한다. 만기에서는 선물계약에서 주가지수를 인수받아 이를 주가지수 공매에 대해 상환을 하며, 대출에 대한 원리금을 회수하여 차익을 얻는다.

매도차익거래를 정리하면 다음과 같다.

① 현물공매(−S) ② 선물매수(+f) ③ 대출(채권매입)

예제 18-13

현재 KOSPI200지수는 300포인트이고 3개월 후에 만기가 도래하는 KOSPI200 주가지수 선물가격은 305포인트로 거래되고 있다. 무위험이자율은 연 6%, 배당수익률은 연 4%라고 한다. 주가지수 선물계약의 균형가격을 구하고 어떤 형태의 차익거래가 가능한지 설명하시오. 단, 주가지수선물의 거래승수는 25만원이라고 가정한다.

풀이

(1) 주가지수선물균형가격

$$F = S \times \left[1 + (R - d) \times \frac{t}{12}\right] = 300 \times \left[1 + (0.06 - 0.04) \times \frac{3}{12}\right] = 301.5$$

(2) 차익거래

선물시장가격(305)이 균형가격(301.5)보다 크기 때문에 매수차익거래를 한다.

매수차익거래 : ① 현물매입(+S) ② 선물매도(−f) ③ 차입

매수차익거래	현재시점 현금흐름	만기시점 현금흐름
선물매도(−f)	0	$305 - S_t$
현물매입(+S)	−300	$S_t + 100,000 \times 0.04 \times 3/12$
차입	+300	$-300 \times (1 + 0.06 \times 3/12)$
계	0	+3.5

➠ 매수차익거래의 만기시점 차익은 3.5포인트이며, 875,000원(=3.5×25만원)이다.

4. 주가지수선물의 헤지거래

(1) 헤지거래

주식을 보유하고 있는 투자자는 주가지수선물을 매도하는 매도헤지(short hedge)로 주가 하락위험을 방지할 수 있다. 미래에 주식을 매입하고자 하거나 주식을 공매도한 투자자는 주가지수선물을 매수하는 매입헤지(long hedge)로 주가상승위험을 방지할 수 있다.

(2) 단순헤지

단순헤지(naive hedge)는 위험회피대상과 주가지수선물의 거래규모만 고려하여 산출된 계약수만큼 위험회피대상과 반대가 되는 포지션을 취하는 방법이다. 단순헤지에서 필요한 주가지수선물의 계약수(N)는 다음과 같다.

$$N = -\frac{S}{F} \tag{18.27}$$

F: 주가지수선물 1계약의 가치 (=선물지수×거래승수)
S: 위험회피대상의 총가치

☞ 균형가격모형에서 사용하는 기호 S, F의 의미와 헤지거래에서 사용하는 기호 S, F의 의미가 서로 상이하므로 주의하기 바람.

(3) 최소분산헤지

최소분산헤지(minimum variance hedge)는 위험회피대상과 주가지수선물로 구성된 헤지 포트폴리오의 수익률 변동위험을 최소화하는 헤지거래이다. 최소분산헤지에서 필요한 주가지수선물의 계약수(N)는 다음과 같다.

$$N = -\beta_{SF} \times \frac{S}{F} \tag{18.28}$$

β_{SF}: 주가지수선물에 대한 위험회피대상의 베타

예제 18-14

자산운용사 K는 다음과 같은 포트폴리오를 구성하고 있다.

주식 종류	시장가치	보유 주식	분산	상관계수
A	20,000원	10,000주	0.36	0.4
B	40,000원	20,000주	0.49	0.8

시장포트폴리오 수익률 분산은 0.04이며, KOSPI 200 주가지수선물의 현재가격은 250 포인트이다. 단, 주가지수선물의 거래승수는 25만원이라고 가정한다.

(1) K가 운용하고 있는 포트폴리오의 베타를 구하시오.
(2) 주가지수선물로 단순헤지를 하는 경우 매도 또는 매수할 선물계약수는?
(3) 주가지수선물로 최소분산헤지를 하는 경우 매도 또는 매수할 선물계약수는?

풀이

(1) 포트폴리오의 베타

1) 포트폴리오의 시장가치

A = 20,000원 × 1,000주 = 200,000,000원
B = 40,000원 × 2,000주 = 800,000,000원
1,000,000,000원

2) 마코위츠 공분산모형을 이용하여 개별주식의 베타를 구한다.

$$\beta_i = \rho_{im} \times \frac{\sigma_i}{\sigma_m}$$

$$\beta_A = 0.4 \times \frac{\sqrt{36}}{\sqrt{4}} = 1.2 \ , \qquad \beta_B = 0.8 \times \frac{\sqrt{49}}{\sqrt{4}} = 2.8$$

3) 베타 가산의 원리를 이용하여 포트폴리오 베타를 구한다.

$$\beta_p = \sum_{i=1}^{n} w_i \times \beta_i = (0.2 \times 1.2) + (0.8 \times 2.8) = 2.48$$

(2) 단순헤지 계약수

$$N = -\frac{S}{F} = \frac{1,00,000,000}{250 \times 250,000} = -16 \text{ 계약매도}$$

∴ 주가지수선물 16계약을 매도한다.

(3) 최소분산헤지계약수

$$N = -\frac{S}{F} \times \beta_S = \frac{1,00,000,000}{250 \times 250,000} \times 2.48 = -39.68 \text{ 계약매도}$$

∴ 주가지수선물 40계약을 매도한다.

(4) 위험관리

주가지수선물은 주식포트폴리오의 체계적 위험을 관리하는 데에도 유용하다. 주가가 상승할 것으로 예상되면 주가지수선물을 매입하여 포트폴리오의 베타를 높이고, 주가가 하락할 것으로 예상되면 주가지수선물을 매도하여 포트폴리오의 베타를 낮춘다. 이러한 위험관리방법은 직접 주식현물을 매입 또는 매도하는 것보다 거래비용을 절감한다. 위험관리를 위하여 필요한 주가지수선물의 계약수(N)는 다음과 같다.

$$N = (\beta_T - \beta_{SF}) \times \frac{S}{F} \tag{18.29}$$

β_T : 포트폴리오의 목표베타 베타

예제 18-15

투자자 A와 투자자 B의 베타조정전략이 다음과 같을 때 각 투자자가 거래할 KOSPI200 선물계약수는 얼마인지 설명하시오. KOSPI200 주가지수선물의 현재가격은 200포인트이다. 단, 주가지수선물의 거래승수는 25만원이라고 가정한다.

<투자자 A>
주식포트폴리오의 현재가치와 베타는 각각 200억원과 0.8이고, 베타를 1.3으로 증가시키고자 한다.
<투자자 B>
주식포트폴리오의 현재가치와 베타는 각각 100억원과 1.3이고, 베타를 1로 감소시키고자 한다.

풀이

(1) 투자자 A

$$N = \frac{S}{F} \times (\beta_T - \beta_S) = \frac{200\text{억원}}{25\text{만원} \times 200} \times (1.3 - 0.8) = +200$$

∴ 주가지수선물 200계약 매수한다.

(2) 투자자 B

$$N = \frac{S}{F} \times (\beta_T - \beta_S) = \frac{100\text{억원}}{25\text{만원} \times 200} \times (1.0 - 1.3) = -60$$

∴ 주가지수선물 60계약 매도한다.

제7절 선물과 옵션의 결합

이제까지는 선물과 옵션에 대해서 개별적으로 살펴보았다. 그러나 이 두 가지 파생상품은 여러 분야에서 연결고리를 갖고 있기 때문에 어떤 때에는 대체적인 관계에 있기도 하고 어떤 때에는 보완적인 관계에 있기도 하다. 뿐만 아니라 옵션 중에는 기초자산이 선물인 선물옵션도 있다. 따라서 이번에는 선물과 옵션의 이러한 관계를 중심으로 이들의 결합에 대해서 살펴본다.

1. 풋-콜-선물 패리티

균형상태에서 옵션가격과 현물가격의 관계인 풋-콜 패리티와 선물가격과 현물가격의 관계인 현물-선물 패리티를 이용하면 다음과 같이 만기가 동일한 옵션가격과 선물가격의 관계를 도출할 수 있다. 아래의 식을 풋-콜-선물 패리티(put-call-futures parity)라고 한다.

풋-콜 패리티 : $S-C+P=PV(X) \Rightarrow S=C-P+\dfrac{X}{(1+R)^t}$

현물-선물 패리티 : $F=S\times(1+R_f)^t \Rightarrow S=\dfrac{F}{(1+R_f)^t}$

$$C-P+\frac{X}{(1+R)^t}=\frac{F}{(1+R_f)^t} \Rightarrow C-P=\frac{F-X}{(1+R)^t} \qquad (18.30)$$

다음과 같이 헤지포트폴리오를 구성하면 위의 식을 도출할 수 있다. 행사가격(X)이 동일한 콜옵션을 1개 매입하고, 풋옵션을 1개 매도하며, 옵션과 만기가 같은 선물을 1개 매도하는 포트폴리오는 만기시점에 확실한 금액($F-X$)를 얻을 수 있는 헤지포트폴리오가 된다.

투자전략	현재시점의 현금흐름	만기시점의 현금흐름	
		$S_t \leq X$	$S_t > X$
콜옵션 1개 매입	$-C$	0	$S_t - X$
풋옵션 1개 매도	$+P$	$-(X-S_t)$	0
선물 1개 매도	0	$F-S_t$	$F-S_t$
합　계	$-C+P$	$F-X$	$F-X$

차익거래가 발생하지 않는 균형상태에서 포트폴리오의 투자비용은 확실한 금액을 무위험 이자율로 할인한 현재가치가 된다.

$$C-P=\frac{F-X}{(1+R)^t} \tag{18.30}$$

콜옵션 매입 + 풋옵션 매도 + 선물매도 = 채권매입(액면금액= $F-X$)

2. 합성포지션

(1) 합성선물

합성선물(Synthetic Futures)이란 동일한 행사 가격을 가진 콜 옵션과 풋 옵션을 이용하여 선물과 같은 손익 구조를 가지도록 구성한 옵션 포트폴리오. 즉, 같은 행사 가격의 콜 옵션을 매수하고 풋 옵션을 매도하면 선물을 매수하는 것과 동일한 손익 구조를 가진다. 선물을 거래하는 것보다 거래비용이 적게 들거나, 콜옵션 및 풋옵션의 가격에 의해 더 큰 추가수익이 기대될 때 선물 대신 옵션을 결합한 합성선물을 거래할 수 있다.

앞서 설명한 풋-콜-선물 패리티로부터 합성선물은 도출된다. 우선 선물매입의 합성선물은 다음과 같다.

콜옵션 매입 + 풋옵션 매도 + 선물매도 = 채권매입(액면금액= $F-X$)

➠ 선물매입 = 콜옵션 매입 + 풋옵션 매도 + 채권매도

선물매도의 합성선물은 다음과 같다.

콜옵션 매입 + 풋옵션 매도 + 선물매도 = 채권매입(액면금액= $F-X$)

➠ 선물매도 = 콜옵션 매도 + 풋옵션 매입 + 채권매입

(2) 합성옵션

합성옵션(synthetic option)이란 옵션과 선물을 결합하여 또 다른 옵션을 만드는 전략이다. 유동성 또는 규제상의 문제 때문에 옵션을 매수하기 곤란한 경우에 이 방법을 이용할 수 있다.

합성콜옵션은 다음과 같다.

콜옵션 매입 + 풋옵션 매도 + 선물매도 = 채권매입(액면금액= $F-X$)

➠ 콜옵션 매입 = 선물매입 + 풋옵션 매입 + 채권매입

합성풋옵션은 다음과 같다.

콜옵션 매입 + 풋옵션 매도 + 선물매도 = 채권매입(액면금액= $F-X$)

➠ 풋옵션 매입 = 선물매도 + 콜옵션 매입 + 채권매도

(3) 차익거래

시장이 불균형상태라면 풋-콜-선물 패리티가 성립하지 않기 때문에 옵션과 선물을 이용한 차익거래를 이용하여 차익을 얻을 수 있다.

① 컨버전(conversion)

컨버전은 상대적으로 선물가격이 저평가되어 있을 때 선물을 매수하고 합성선물을 매도(콜옵션매도+풋옵션매수)하는 전략이다.

$$C-P > \frac{F-X}{(1+R)^t}$$

콜옵션 매입 + 풋옵션 매도 + 선물매도 > 채권매입(액면금액= $F-X$)

위의 상황에서 차익거래는 다음과 같다.

콜옵션 매도 + 풋옵션 매입 + 채권매입 + 선물매입

➠ 합성선물 매도 + 선물매입

컨버전의 현금흐름과 차익은 다음과 같다.

투자전략	현재시점의 현금흐름	만기시점의 현금흐름	
		$S_t \le X$	$S_t > X$
콜옵션 매도	$+C$	0	$-(S_t - X)$
풋옵션 매입	$-P$	$X - S_t$	0
선물 매입	0	$S_t - F$	$S_t - F$
채권 매입	$-\frac{F-X}{(1+R)^t}$	$F - X$	$F - X$
합　계	$C-P-\frac{F-X}{(1+R)^t}$	0	0

➠ 컨버전의 현재시점의 차익은 $C-P-\frac{F-X}{(1+R)^t}>0$이다.

② **리버설**(reverse conversion)

리버설은 선물가격이 고평가되어 있을 때 선물을 매도하고 합성선물을 매수(콜옵션매수+풋옵션매도)하는 전략을 말한다.

$$C-P<\frac{F-X}{(1+R)^t}$$

콜옵션 매입 + 풋옵션 매도 + 선물매도 < 채권매입(액면금액$=F-X$)

위의 상황에서 차익거래는 다음과 같다.

콜옵션 매입 + 풋옵션 매도 + 채권매도 + 선물매도
➠ 합성선물 매입 + 선물매도

리버설의 현금흐름과 차익은 다음과 같다.

투자전략	현재시점의 현금흐름	만기시점의 현금흐름	
		$S_t \le X$	$S_t > X$
콜옵션 매입	$-C$	0	$S_t - X$
풋옵션 매도	$+P$	$-(X - S_t)$	0
선물 매도	0	$F - S_t$	$F - S_t$
채권 매도(차입)	$+\frac{F-X}{(1+R)^t}$	$-(F - X)$	$-(F - X)$
합　계	$\frac{F-X}{(1+R)^t}-C+P$	0	0

➠ 리버설의 현재시점의 차익은 $\frac{F-X}{(1+R)^t}-C+P>0$이다.

예제 18-16

㈜한반도의 무배당 주식을 기초자산으로 하는 잔존만기 3개월의 유럽형 콜옵션과 풋옵션의 시장가격을 정리하면 다음과 같다.

- 행사가격이 25,000원인 콜옵션의 가격이 1,000원이다.
- 행사가격이 25,000원인 풋옵션의 가격이 522원이다.

또한 동일한 만기의 주식선물의 가격은 25,500원이다. 무위험이자율은 연 8%일 때 다음 물음에 답하시오.

(1) 행사가격이 25,000원인 콜옵션 1개를 매입하면서 동일 행사가격의 풋옵션을 1개 매도하는 합성포지션에 대한 만기손익이 이익이 되는 만기주가의 범위를 구하시오.
(2) 만기 3개월 액면금액이 500원인 채권을 매입하고, 만기 3개월 주식선물을 매입하는 포트폴리오의 만기손익이 이익이 되는 만기주가의 범위를 구하시오.
(3) 시장에 차익거래가 기회가 존재하는지 설명하시오. 존재한다면 어떤 형태의 차익거래가 가능한가?

풀이

(1) 합성선물매수

1) 합성선물매수의 만기가치는 다음과 같다.

투자전략	현재시점 현금흐름	만기시점의 현금흐름	
		$S_t \le 25,000$	$S_t > 25,000$
콜옵션 매수	−1,000	0	$S_t - 25,000$
풋옵션 매도	+522	$-(25,000 - S_t)$	0
합 계	−478	$S_t - 25,000$	$S_t - 25,000$

2) 화폐의 시간가치를 고려한 옵션프리미엄 = 478 × (1 + 0.08 × 3/12) = 488

3) 합성선물 만기손익 = 1) − 2) = $S_t - 25,488$

4) 이익발생 주가범위 : $S_t > 25,488$

(2) 선물-채권 포트폴리오

1) 선물-채권 포트폴리오의 만기가치는 다음과 같다.

투자전략	현재시점 현금흐름	만기시점의 현금흐름	
		$S_t \le 25,000$	$S_t > 25,000$
선물 매수	0	$S_t - 25,500$	$S_t - 25,500$

채권 매수	-490	$+500$	$+500$
합 계	-490	$S_t-25,000$	$S_t-25,000$

* 채권의 현재가격 $= \dfrac{500}{1+0.08\times\dfrac{3}{12}} = 490$

2) 화폐의 시간가치를 고려한 투자비용 = 490 × (1 + 0.08 × 3/12) = 500

3) 합성선물 만기손익 = 1) − 2) = $S_t-25,500$

4) 이익발생 주가범위 : $S_t > 25,500$

(3) 차익거래

풋-콜-선물 패리티가 성립하지 않으므로 차익거래가 존재한다.

$C-P=PV(F-X)$

$1,000-522 < \dfrac{25,500-25,000}{1.02}$ ➠ 478 < 490 ➠ 차익 = 490 − 478 = 12

따라서 다음과 같이 차익거래를 한다.

합성선물매수, 선물-채권포트폴리오 매도

➠ 콜옵션 매수, 풋옵션 매도, 선물매도, 채권매도(차입)

투자전략	현재시점 현금흐름	만기시점의 현금흐름	
		$S_t \le 25,000$	$S_t > 25,000$
콜옵션 매수	$-1,000$	0	$S_t-25,000$
풋옵션 매도	$+522$	$-(25,000-S_t)$	0
선물 매도	0	$25,500-S_t$	$25,500-S_t$
채권 매도	$+490$	-500	-500
합 계	$+12$	0	0

➠ 차익은 현재시점에 12원이다.

연습문제 18-1

현재 미국의 $1에 대해서 현물환율은 1,000원이고 1년 만기 선물환율은 1,020원이다. 무위험이자율은 한국에서 연 5%이고 미국에서는 연 2%이다. 무위험이자율로 차입과 대출이 가능하고 거래비용이 없을 때, 차익거래의 방법으로 가장 적절한 것은?

① 선물 매수, 달러 차입, 원화로 환전, 원화 대출
② 선물 매수, 원화 차입, 달러로 환전, 달러 대출
③ 선물 매도, 달러 차입, 원화로 환전, 원화 대출
④ 선물 매도, 원화 차입, 달러로 환전, 달러 대출
⑤ 선물 매도, 원화 차입, 달러로 환전, 원화 대출

해설

선물 균형가격 $F = S \times \dfrac{1+R_k}{1+R_A} = 1{,}000 \times \dfrac{1.05}{1.02} = 1{,}029$원

선물시장가격(1,020원)이 균형가격(1,029)보다 작기 때문에 매도차익거래를 한다.
① 현물매도(−S) ② 선물매수(+f) ③ 달러 차입 ④ 원화 대출

정답: ①

연습문제 18-2

외환시장에서 1년 후 유로화의 현물환율이 1유로당 1,900원으로 상승하거나 1,500원으로 하락하는 두 가지 경우만 존재한다고 가정하자. 잔존만기가 1년인 유로선물환율은 현재 1유로당 1,800원에 거래되고 있다. 다음 각 물음에 답하시오.

단, 유로옵션은 유럽형이고 잔존만기가 1년이며, 시장은 완전하고 차익거래의 기회가 없다고 가정한다.

(1) 국내시장의 무위험이자율이 EU시장의 무위험이자율보다 커야 하는가? 작아야 하는가?

(2) 유로화의 현물환율이 1년 후 1,900원으로 상승할 위험중립확률은 얼마인가?

(3) 국내시장의 무위험이자율이 10%일 때, 행사가격이 1,570원인 유로콜의 1기간 이항모형가격은 얼마인가?

(4) 국내시장의 무위험이자율이 10%일 때, 행사가격이 1,800원인 유로풋의 1기간 이항모형가격은 얼마인가?

해설

(1) $F = S_0 \times \frac{1+R_k}{1+R_E}$

$1,500 \le S_0 \le 1,900$이며 $F = 1,800$이므로 $R_k < R_E$, $R_k = R_E$, $R_k > R_E$ 모두 가능하다.

(2) $F = S_u \times p + S_d \times (1-p)$

$1,800 = 1,900 \times p + 1,500 \times (1-p) \rightarrow p = 0.75$

(3) 행사가격=1,570 콜옵션 현재가격$= \frac{330 \times 0.75 + 0 \times 0.25}{1.10^1} = 225$원

(4) 행사가격=1,800 풋옵션 현재가격$= \frac{0 \times 0.75 + 300 \times 0.25}{1.10^1} = 68$원

연습문제 18-3

20×1년 1월 1일 현재 시장에는 다음과 같은 채권이 있다고 할 때 다음 물음에 답하라.

채권 A : 액면금액이 10만원인 1년 만기 순수할인채, 현재가격 9만원
채권 B : 액면금액이 10만원인 2년 만기 순수할인채, 현재가격 8만원

(1) 1년에서 2년 사이의 임묵적 선도이자율을 구하시오.

(2) 20×2년 초에 은행에서 1,000만원을 10%의 이자율로 1년 동안 차입이 가능할 때 차익거래 전략을 구성하고 그 이익을 구하시오. 단, 1년 후 및 2년 후 시점에서 순현금흐름이 0이 되도록 차익거래전략을 구성하시오.

해설

(1) 현물이자율의 기간구조를 이용하여 선도이자율을 산출한다.

$$90{,}000 = \frac{100{,}000}{(1+{}_0R_1)} \text{에서 } {}_0R_1 = 11.11\%$$

$$80{,}000 = \frac{100{,}000}{(1+{}_0R_2)^2} \text{에서 } {}_0R_2 = 11.80\%$$

$${}_1f_2 = \frac{(1+0.1180)^2}{(1+0.1111)} - 1 = 12.49\%$$

(2) 1년 후 차입의 현금흐름은 금리선물매도의 현금흐름과 같다.
차입이자율(10%)가 선도이자율(12.49%)보다 작기 때문에 다음과 같은 차익거래를 한다.
① 차입 ② 채권A 매도 ③ 채권B 매수

차익포트폴리오를 구체적으로 살펴보면 다음과 같다.
1) 1년 후 차입금액 = 1,000만원 ➠ 현재시섬에서는 차입약정
2) 채권A의 매도수량 = 1,000만원 ÷ 10만원 = 100개
3) 채권B의 매도수량 = 1,000만원 × 1.10 ÷ 10만원 = 110개

	현재시점($t=0$)	$t=1$	$t=2$
차입약정	0	+10,000,000	−10,000,000 × 1.10
A채권 매도	+90,000 × 100	−100,000 × 100	
B채권 매수	−80,000 × 110		+100,000 × 110
계	+2,000	0	0

➠ 차익거래의 현재시점의 차익은 2,000원이다.

연습문제 18-4

KOSPI200 주가지수를 기초자산으로 하는 주가지수선물에 관한 다음 설명에 대하여 '옳다' 또는 '옳지 않다'라고 답하시오.

(1) 다른 조건이 일정할 경우, 무위험이자율이 클수록 선물가격은 높게 형성된다.
(2) 다른 조건이 일정할 경우, 배당수익률이 클수록 선물가격은 높게 형성된다.
(3) 다른 조건이 일정할 경우, 주가지수의 변동성이 커지면 선물가격은 상승한다.
(4) 다른 조건이 일정할 경우, 잔존만기가 길수록 선물가격은 높게 형성된다.
(5) 다른 조건이 일정할 경우, 주가지수가 높을수록 선물가격은 높게 형성된다.

해설

주가지수선물균형가격 : $F = S \times \left[1 + (R - d) \times \frac{t}{12}\right]$

(1) 옳다
무위험이자율이 클수록 현물의 보유비용이 커지므로 선물가격은 높게 형성된다.

(2) 옳지 않다
배당수익률이 클수록 현물의 보유수익이 커지므로 선물가격은 낮게 형성된다.

(3) 옳지 않다
선물가격은 위험중립을 가정하기 때문에 기초자산의 변동성은 선물가격에 영향을 주지 않는다.

(4) 옳지 않다
$R_f > d$: 잔존만기가 길수록 선물가격은 높게 형성된다.
$R_f = d$: 잔존만기는 선물가격에 영향을 주지 않는다.
$R_f < d$: 잔존만기가 길수록 선물가격은 낮게 형성된다.

(5) 옳다
기초자산의 가격이 클수록 현물의 보유비용이 커지므로 선물가격은 높게 형성된다.

연습문제 18-5

달러를 기초자산으로 하는 통화선물에 관한 다음 설명에 대하여 '옳다' 또는 '옳지 않다' 라고 답하시오.

(1) 다른 조건이 일정할 경우, 한국의 무위험이자율이 클수록 선물환율은 높게 형성된다.
(2) 다른 조건이 일정할 경우, 미국의 무위험이자율이 클수록 선물환율은 높게 형성된다.
(3) 다른 조건이 일정할 경우, 달러의 변동성이 커지면 선물환율은 상승한다.
(4) 다른 조건이 일정할 경우, 잔존만기가 길수록 선물환율은 높게 형성된다.
(5) 다른 조건이 일정할 경우, 현물환율이 높을수록 선물환율은 높게 형성된다.

해설

통화선물의 균형가격 : $F_t = S \times \left[\frac{1+R_K}{1+R_A}\right]^t$

(1) 옳다
한국의 무위험이자율이 클수록 달러현물의 보유비용이 커지므로 선물가격은 높게 형성된다.

(2) 옳지 않다
미국의 무위험이자율이 클수록 달러현물의 보유수익이 커지므로 선물가격은 낮게 형성된다.

(3) 옳지 않다
선물가격은 위험중립을 가정하기 때문에 기초자산의 변동성은 선물가격에 영향을 주지 않는다.

(4) 옳지 않다
$R_K > R_A$: 잔존만기가 길수록 선물가격은 높게 형성된다.
$R_K = R_A$: 잔존만기는 선물가격에 영향을 주지 않는다.
$R_K < R_A$: 잔존만기가 길수록 선물가격은 낮게 형성된다.

(5) 옳다
기초자산의 가격이 클수록 현물의 보유비용이 커지므로 선물가격은 높게 형성된다.

연습문제 18-6

현재 KOSPI 200 지수는 75.00포인트이고, 만기 3개월물 KOSPI 200 선물지수는 76.00포인트에 거래되고 있다. KOSPI 200 지수를 구성하는 주식들의 평균배당수익률은 연 4%이고, 무위험이자율은 8%이다. 이런 시장 상황에서 지수차익거래가 가능한가? 가능하다면 차익거래의 결과 어떠한 변화가 예상되는가? (차익거래와 관련된 모든 거래비용은 무시하기로 한다.)

① 차익거래가 불가능하다.
② 차익거래에 의해 KOSPI 200 지수와 3개월물 KOSPI 200 선물가격이 상승한다.
③ 차익거래에 의해 KOSPI 200 지수가 상승하고, 3개월물 KOSPI 200 선물가격이 하락한다.
④ 차익거래에 의해 KOSPI 200 지수와 3개월물 KOSPI 200 선물가격이 하락한다.
⑤ 차익거래에 의해 KOSPI 200 지수가 하락하고, 3개월물 KOSPI 200 선물가격이 상승한다.

해설

주가지수선물균형가격 : $F=S\times\left[1+(R-d)\times\dfrac{t}{12}\right]=75\times[1+(0.08-0.04)\times3/12]=75.75$

선물시장가격(76)이 균형가격(75.75)보다 크기 때문에 매수차익거래를 한다.
　매수차익거래 : ① 현물매입(+S)　② 선물매도(−f)　③ 차입

따라서 향후 현물가격은 상승, 선물가격은 하락

정답: ③

연습문제 18-7

200개의 종목으로 구성된 KOSPI 200의 지수현물이 300이며, 무위험이자율은 12%이고 배당은 없으며 이자율은$(1+R\times\frac{t}{360})$으로 계산한다. 다음의 조건을 가정할 때 물음에 답하라.

- 차입이자율은 14%, 대출이자율은 10%이다.
- 선물을 매도, 매입할 때 거래비용은 0.3이고 청산할 때도 0.3이다.
- 현물을 공매하거나 매입할 때 거래비용은 1.5이고 청산할 때도 1.5이다.
- 만기는 80일이며, 1년은 360일로 계산한다.

(1) 거래비용이 없는 완전자본시장을 가정할 때, 80일 만기 선물의 이론적인 가격은 얼마인가?

(2) 거래비용이 존재할 때, 주어진 차입이자율과 대출이자율을 이용하여 차익거래가 존재하지 않을 선물거래의 최대상한가격과 최소하한가격을 구하라.

(3) 현재 KOSPI200 선물지수가 320에 시장에서 거래된다고 할 때, (2)와 관련하여 선물가격상한을 초과한다고 생각하고 차익거래과정을 보이고 차익거래이익을 구하라.

해설

(1) 주가지수선물균형가격

$$F=S\times\left[1+(R-d)\times\frac{t}{360}\right]=300\times\left[1+(0.12-0)\times\frac{80}{360}\right]=308$$

(2) 1) 매수차익거래로 선물균형가격의 상한을 구한다.

매수차이거래 : ① 현물매입(+S) ② 선물매도(−f) ③ 차입

매수차익거래	현재시점 현금흐름	만기시점 현금흐름
선물매도(−f)	0−0.3	$F-S_t-0.3$
현물매입(+S)	−300−1.5	$S_t-1.5$
차입	+301.8	$-301.8\times(1+0.14\times80/360)$
계	0	$F-312.99$

매수차익거래의 만기시점 차익이 0보다 작으면 선물가격은 균형상태이다.

➡ $F-312.99 \le 0$ ➡ $F \le 312.99$

2) 매도차익거래로 선물균형가격의 하한을 구한다.

매도차익거래 : ① 현물공매(−S) ② 선물매수(+f) ③ 대출

매수차익거래	현재시점 현금흐름	만기시점 현금흐름
선물매수(+f)	0－0.3	$S_t-F-0.3$
현물공매(－S)	+300－1.5	$-S_t-1.5$
대출	－298.2	+298.2×(1+0.10×80/360)
계	0	$303.03-F$

매도차익거래의 만기시점 차익이 0보다 작으면 선물가격은 균형상태이다.

➡ $303.03-F \leq 0$ ➡ F ≥ 303.03

3) 차익거래가 불가능한 선물가격의 범위는 303.03 ≤F ≤ 312.99 이다.

(3) 차익거래

선물시장가격이 선물가격상한을 초과하였기 때문에 매수차익거래를 한다.

매수차익거래 : ① 현물매입(+S) ② 선물매도(－f) ③ 차입

매수차익거래	현재시점 현금흐름	만기시점 현금흐름
선물매도(－f)	0－0.3	$320-S_t-0.3$
현물매입(+S)	－300－1.5	$S_t-1.5$
대출	+301.8	－301.8×(1+0.14×80/360)
계	0	+7.01

∴ 차익거래의 만기시점 차익은 7.01포인트이다.

연습문제 18-8

㈜백두는 1만달러에 대해 만기 1년, 행사가격 1,000원의 유럽형 콜옵션을 보유하고 있고, 한라은행은 동일 기초자산, 동일 만기, 동일 행사가격의 유럽형 풋옵션을 보유하고 있다. 본 옵션계약에서 ㈜백두와 한라은행은 서로 거래상대방이다. 또한 달러에 대한 만기 1년의 선물가격(futures price)은 970원/$이고 국내의 무위험이자율은 연 3%이다. 시장에 차익거래의 기회가 없다고 가정하여 다음 물음에 답하시오.

(1) ㈜백두 입장에서 본 계약의 현재가치를 계산하시오.

(2) 만약 만기가 1년이고 행사가격이 1,000원인 콜옵션의 가격이 50원일 경우, 풋옵션의 가격은 얼마인지 계산하시오.

해설

(1) 합성선물: $C_0 - P_0 = \dfrac{F-X}{1+R_f}$

$$C_0 - P_0 = \frac{970-1000}{1.03} \times 10{,}000 = -291{,}262\text{원}$$

(2) 합성선물

$$50 - P_0 = \frac{970-1000}{1.03} \rightarrow P_0 = 79.13\text{원}$$

연습문제 18-9

KOSPI200 현물지수는 100이고, 선물은 단위 포인트(point)당 50만원, 옵션은 단위 포인트당 10만원에 각각 거래되고 있다. KOSPI200의 6월 만기 선물의 가격은 101.5이고, 5월 1일 현재부터 만기까지의 기간은 40일이다. KOSPI200의 6월 만기 옵션의 행사가격별 가격은 다음과 같다.

옵션	행사가격	가격
Call	97.5	3.0
Call	100	2.5
Put	100	2.5
Put	102.5	3.0

무위험이자율은 연 8%이고, 배당수익률은 4%이며, 1년은 360일이라고 가정한다.

(1) 만기 6월인 선물의 균형가격을 구하라.

(2) 만기 6월인 선물의 매입과 같은 손익효과를 나타내는 옵션전략을 구하라.

(3) 만기 6월인 선물의 한 단위 매도로 인한 차익거래이익을 구하라.

해설

(1) 주가지수선물균형가격

$$F = S \times \left[1 + (R - d) \times \frac{t}{360}\right] = 100 \times \left(1 + (0.08 - 0.04 \times \frac{40}{360}\right) = 100.44$$

(2) 합성선물매수

콜옵션 매수 + 풋옵션 매도 = 선물매수 + 채권매수

➠ 선물매수 = 콜옵션 매수 + 풋옵션 매도 − 채권매도(차입)

➠ 행사가격이 100포인트인 콜옵션 1개를 매입하면서 동일 행사가격의 풋옵션을 1개 매도하면 선물의 매입과 같은 손익효과를 가져온다.

☞ 콜옵션의 가격과 풋옵션의 가격이 동일하기 때문에 차입금액은 0이다.

(3) 풋-콜-선물 패리티가 성립하지 않으므로 차익거래가 존재한다.

$C - P = PV(F - X)$

$$2.5 - 2.5 < \frac{101.5 - 100}{1 + 0.08 \times \frac{40}{360}} \quad ➠ \quad 0 < 1.487$$

따라서 다음과 같이 차익거래를 한다.

합성선물매수, 선물-채권포트폴리오 매도

➠ 콜옵션 매수, 풋옵션 매도, 선물매도, 채권매도(차입)

연습문제 18-10

선물을 이용한 다음의 헤지거래 중 가장 잘못된 것은?

① 1개월 후에 자금을 차입하려고 하는 기업이 금리선물을 매입하였다.
② 인덱스펀드(index fund)를 보유한 투자자가 주가지수선물을 매도하였다.
③ 2개월 후에 상대국통화로 수출대금을 수취하게 되는 수출업자가 상대국통화선물을 매도하였다.
④ 3개월 후에 채권을 매입하려고 하는 투자자가 금리선물을 매입하였다.
⑤ 보유현물과 동일하지 않으나 정(+)의 상관계수가 큰 선물을 매도하였다.

해설

자금을 차입하려고 하는 투자자는 채권매수와 동일한 손익이 발생하므로 금리선물을 매도하여야 한다. 반대로 채권을 매입하려고 하는 투자자가 채권매도와 동일한 손익이 발생하므로 금리선물을 매입하여야 한다.

정답: ①

(1) 매입헤지(long hedge)

선물계약을 매수하여 위험을 제거하는 것으로 다음 상황에 유효하다.
1) 원유 구입예정인 기업이 원유 가격상승위험을 방지
2) 현재 채무자가 채권 가격상승위험(이자율 하락위험)을 방지
3) 수입기업이 환율 상승위험을 방지
4) 대출 예정인 기업이 이자율 하락위험을 방지

(2) 매도헤지(short hedge)

선물계약을 매도하여 위험을 제거하는 것으로 다음 상황에 유효하다.
1) 원유 판매예정인 기업이 원유 가격하락위험을 방지
2) 현재 채권보유자가 채권 가격하락위험(이자율 상승위험)을 방지
3) 수출기업이 환율 하락위험을 방지
4) 차입 예정인 기업이 이자율 상승위험을 방지

연습문제 18-11

선물거래와 선도거래에 대한 설명에 대하여 '옳다' 또는 '옳지 않다'라고 답하시오.

(1) 선물거래는 계약불이행위험이 존재한다.
(2) 선물거래의 만기일은 거래 당사자 간 협의에 의하여 정한다.
(3) 선물거래는 만기일 이전이라도 언제든지 반대매매를 통해 계약을 종결할 수 있다.
(4) 매입해지는 현물가격의 하락위험에 대비한 것이다.
(5) Basis는 선물가격에서 현물가격을 차감한 값이다.
(6) 주가지수선물에서 배당수익률이 증가할수록 basis는 증가한다.

해설

(1) 옳지 않다
선물거래는 청산기관이 계약이행일 보증하기 때문에 계약불이행위험이 없다. 하지만 선도거래는 계약불이행 위험이 존재한다.

(2) 옳지 않다
선물거래의 만기일은 거래소자 정하며, 선도거래의 만기는 거래 당사자 간 협의에 의하여 정한다.

(3) 옳다

(4) 옳지 않다
매입해지는 현물가격의 상승위험에 대비한 것이며, 매도해지는 현물가격의 하락위험에 대비한 것이다.

(5) 옳다
basis = 선물가격 − 현물가격

(6) 옳지 않다
주가지수선물에서 무위험이자율이 증가할수록, 배당수익률이 감소할수록 basis는 증가한다.

연습문제 18-12

투자자 갑은 다음과 같은 주식 포트폴리오를 보유하고 있다.

주식	주당 주식가격	보유주식수	베타계수
A	20,000원	2,000주	1.5
B	40,000원	1,000주	1.2
C	10,000원	2,000주	0.8

이 포트폴리오를 현재 선물가격이 200포인트인 KOSPI200 주가지수선물을 이용하여 헤지하고자 한다. 단순헤지비율을 이용해 100% 헤지하기 위한 선물계약수와 최소분산헤지비율을 이용하여 헤지하기 위한 선물계약수를 계산하였다. 이때 최소분산헤지비율에 의한 선물계약수는 단순헤지비율에 의한 선물계약수의 몇 배인가? 가장 가까운 것을 선택하라. (단, 단순헤지비율은 현물과 선물을 1:1 비율로 헤지하는 것으로 주식포트폴리오의 시가총액을 주가지수선물 가치로 나눈 것이고, KOSPI200 주가지수선물의 거래승수는 1포인트당 50만원이다.)

① 0.8배 ② 0.9배 ③ 1.0배 ④ 1.2배 ⑤ 1.5배

해설

(1) 개별주식의 시장가치

A＝4,000만원, B＝4,000만원, C＝2,000만원

(2) 포트폴리오의 베타

$$\beta_p = 1.5 \times 0.4 + 1.2 \times 0.4 + 0.8 \times 0.2 = 1.24$$

(3) 단순헤지계약수$= -\dfrac{10{,}000\text{만원}}{200 \times 50\text{만원}} = -1$

(4) 최소분산헤지계약수$= -\dfrac{10{,}000\text{만원}}{200 \times 50\text{만원}} \times 1.24 = -1.24$

정답: ④

연습문제 18-13

㈜대한투자는 다음과 같은 portfolio를 구성하고 있다.

주식 종류	시장가치	보유 주식	분산	상관계수
A	20,000원	1,000주	0.36	0.4
B	40,000원	1,000	0.49	0.8
C	10,000원	1,000	0.25	0.4
D	10,000원	3,000	0.64	0.7

시장포트폴리오 수익률 분산은 0.04이며, KOSPI 200 주가지수선물의 현재가격은 230 포인트이다. 단, 주가지수선물의 거래승수는 25만원이라고 가정한다.

(1) 위 portfolio의 β를 구하시오.

(2) 재무담당자인 박모씨는 위험을 헤지하려 한다. 이를 위해 최소분산 portfolio를 구성하려고 할 때 선물 계약 수 및 헤지 결과를 보이시오. 단, 1년 후 선물지수는 218포인트이다. 그리고 1년 후의 주가는 A=18,000원, B=37,000원, C=5,000원, D=9,000원이다.

(3) 재무담당 박모씨는 portfolio β를 3.4가 되게 하려 한다. 이때의 선물계약수를 구하시오.

해설

(1) 포트폴리오의 베타

1) 포트폴리오의 시장가치

A = 20,000원 × 1,000주 = 20,000,000원
B = 40,000원 × 1,000주 = 40,000,000원
C = 10,000원 × 1,000주 = 10,000,000원
D = 10,000원 × 3,000주 = 30,000,000원

100,000,000원

2) 마코위츠 공분산모형을 이용하여 개별주식의 베타를 구한다.

$$\beta_i = \rho_{im} \times \frac{\sigma_i}{\sigma_m}$$

$$\beta_A = 0.4 \times \frac{\sqrt{36}}{\sqrt{4}} = 1.2 \qquad \beta_B = 0.8 \times \frac{\sqrt{49}}{\sqrt{4}} = 2.8$$

$$\beta_C = 0.4 \times \frac{\sqrt{25}}{\sqrt{4}} = 1.0 \qquad \beta_D = 0.7 \times \frac{\sqrt{64}}{\sqrt{4}} = 2.8$$

3) 베타 가산의 원리를 이용하여 포트폴리오 베타를 구한다.

$$\beta_p = \sum_{i=1}^{n} w_i \times \beta_i = (0.2 \times 1.2) + (0.4 \times 2.8) + (0.1 \times 1) + (0.3 \times 2.8) = 2.3$$

(2) 헤지효과

1) 최소분산헤지 계약수

$$N = -\frac{S}{F} \times \beta_S = \frac{100,000,000}{230 \times 250,000} \times 2.3 = -4 \text{ 계약매도}$$

∴ 주가지수선물 4계약을 매도한다.

2) 1년 후 포트폴리오의 손익

1년 후 포트폴리오의 가치

= (18,000원 × 1,000주) + (37,000원 × 1,000주) + (5,000원 × 1,000주)

+ (9,000원 × 3,000주) = 87,000,000

➠ 87,000,000 − 100,000,000 = −13,000,000

3) 1년 후 선물의 손익

= (230 − 218) × 25만원 × 4 = +12,000,000

4) 전체손익 = 3) + 4) = −1,000,000

∴ 포트폴리오에서 13,000,000원 손실이 발생하고 선물계약에서 12,000,000원 이익을 얻어서 ㈜대한투자는 1,000,000의 손실이 발생한다.

☞ 계약청산시점에서의 베이시스가 계약체결시점에서의 베이시스와 다르게 되는 베이시스 위험의 결과를 초래하게 되어 헤지결과에 100만원 영향을 주게 되었다.

(3) 목표베타를 달성하기 위한 선물계약수

$$N = \frac{S}{F} \times (\beta_T - \beta_S) = \frac{1\text{억원}}{25\text{만원} \times 230} \times (3.4 - 2.3) = +1.91$$

∴ 주가지수선물 2계약을 매입한다.

연습문제 18-14

만기가 1년인 금선물계약을 고려하자. 금의 현물가격은 온스당 400달러이고 무위험이자율은 연 10%이다. 보관비용은 연간 온스당 2달러이며 만기에 지불된다. 금선물 1계약은 금 100온스 기준이다. 선물거래에 대해서는 만기에 가서 현물을 인수 또는 인도함으로써 계약을 이행한다고 가정하자.

(1) 금선물의 균형가격을 계산하시오.

(2) 선물가격이 500인 경우 차익거래(arbitrage)를 통한 차익(payoff)을 계산하시오. 계산결과는 아래의 표를 이용하여 시점별 현금흐름의 관점에서 표기하시오. (단, 선물계약 1단위 기준으로 작성한다.)

거래내용	$t=0$	$t=1$
⋮	⋮	⋮
차익(payoff)		

(3) 선물가격이 420인 경우 차익거래(arbitrage)를 통한 차익(payoff)을 계산하시오. 계산결과는 (2)와 동일하게 표를 이용하여 시점별 현금흐름의 관점에서 표기하시오. (단, 선물계약 1단위 기준으로 작성한다.)

(4) 위 질문과 무관하게, 거래금액의 90%에 한해서 공매도가 허용되며 예치금에 대해서는 3%의 이용료가 지급된다. 차입이자율(borrowing rate)과 대출이자율(lending rate)이 각각 12%, 8%일 때 금선물의 차익거래(arbitrage)가 발생하지 않는 비차익 구간(no-arbitrage bounds)을 추정하시오. 계산결과는 (2)와 동일하게 표를 이용하여 시점별 현금흐름의 관점에서 표기하시오. (단, 선물계약 1단위 기준으로 작성한다.)

해설

(1) 금 선물의 균형가격

$F = S \times (1+R_f)^t + \text{보유비용} = \$400 \times 1.10 + \$2 = \$442$

(2) 매수차익거래

선물시장가격($500)이 균형가격($442)보다 크기 때문에 매수차익거래를 한다.

매수차익거래 : ① 현물매입(+S)　② 선물매도(−f)　③ 차입

구체적으로는 선물 1계약을 매도하고, 금 현물을 100온스 매입하며 매입에 필요한 $40,000은 무위험이자율로 차입하면 1년 후 차익거래이익 $5,800을 얻는다.

	$t=0$	$t=1$
선물 매도(−f)	0	100온스 × ($500 − S_t)
현물 매수(+S)	−$400 × 100온스	100온스 × (S_t − $2)
차 입	+$40,000	−$40,000 × 1.10
합 계	0	+$5,800

➠ 매수차익거래의 만기시점 차익은 3.5포인트이며, 875,000원(=3.5×25만원)이다.

(3) 매도차익거래

선물시장가격($420)이 균형가격($442)보다 작기 때문에 매도차익거래를 한다.

매도차익거래 : ① 현물공매(−S) ② 선물매수(+f) ③ 대출

구체적으로는 선물 1계약을 매입하고, 금 현물을 100온스 매도하며 매도에서 발생한 $40,000은 무위험이자율로 대출하면 1년 후 차익거래이익 $2,200을 얻는다.

	$t=0$	$t=1$
선물 매수(+f)	0	100온스 × (S_t − $420)
현물 매도(−S)	+$400 × 100온스	100온스 × ($2 − S_t)
대 출	−$40,000	+$40,000 × 1.10
합 계	0	+$2,200

(4) 불완전시장에서 선물가격의 범위

1) 매수차익거래로 선물균형가격의 상한을 구한다.

매수차익거래 : ① 현물매입(+S) ② 선물매도(−f) ③ 차입

선물계약 1단위를 기준으로 차익거래는 다음과 같다.

선물 1계약 매도, 금 현물 100온스 매입, $40,000 무위험이자율 차입

	$t=0$	$t=1$
선물 매도(−f)	0	100온스 × (F − S_t)
현물 매수(+S)	−$400 × 100온스	100온스 × (S_t − $2)
차 입	+$40,000	−$40,000 × 1.12
합 계	0	100 × F − $45,000

매수차익거래의 만기시점 차익이 0보다 작으면 선물가격은 균형상태이다.

➠ $100 \times F - \$45{,}000 \leq 0$ ➠ $F \leq \$450$

2) 매도차익거래로 선물균형가격의 하한을 구한다.

매도차익거래 : ① 현물공매(−S) ② 선물매수(+f) ③ 대출

선물계약 1단위를 기준으로 차익거래는 다음과 같다.

선물 1계약 매입, 금 현물 100온스 매도, $4,000 증거금 예치, $36,000 대출

	$t=0$	$t=1$
선물 매수(+f)	0	100온스 × (S_t − F)
현물 매도(−S)	+$400 × 100온스	100온스 × ($2 − S_t)
증거금 예치	−$4,000*	+$4,000 × 1.03
대 출	−$36,000	+$36,000 × 1.08
합 계	0	$43,200 − 100 × F

* 현물 공매의 증거금 = $40,000 × (1 − 0.9) = $4,000

매도차익거래의 만기시점 차익이 0보다 작으면 선물가격은 균형상태이다.

➡ $43,200 − 100 × F ≤ 0 ➡ $432 ≤ F

3) 차익거래가 불가능한 선물가격의 범위는 온스당 기준으로 $432 ≤ F ≤ $450이다.

연습문제 18-15

현재 자본시장에서는 무위험자산이 존재하고, 유가증권가격은 자본자산 가격결정모형(CAPM)에 의해 결정되며, 선물가격은 현물-선물 패리티(parity)에 따라 결정된다. 배당지급이 없는 유가증권의 선물가격과 기대 현물가격과의 관계에 대한 다음 설명 중 타당한 것은?

① (+)의 체계적 위험을 지닌 유가증권의 경우 선물가격은 기대현물가격보다 높다
② (+)의 체계적 위험을 지닌 유가증권의 경우 선물가격은 기대현물가격과 같다.
③ (+)의 체계적 위험을 지닌 유가증권의 경우 선물가격은 기대현물가격보다 낮다
④ (-)의 체계적 위험을 지닌 유가증권의 경우 선물가격은 기대현물가격과 같다.
⑤ (-)의 체계적 위험을 지닌 유가증권의 경우 선물가격은 기대현물가격보다 낮다.

해설

배당지급이 없는 주식의 선물가격 : $F = S \times (1+R_f)^t$

자본자산 가격결정모형(CAPM) : $k_e = R_f + (E(R_m) - R_f) \times \beta_i$

현물가격 : $S = \dfrac{E(S_t)}{(1+k_e)^t} = \dfrac{F}{(1+R_f)^t}$

$\beta > 0$: $k_e > R_f \rightarrow E(S_t) > F$

$\beta = 0$: $k_e = R_f \rightarrow E(S_t) = F$

$\beta < 0$: $k_e < R_f \rightarrow E(S_t) < F$

[정답] ③

연습문제 18-16 (22년 기출)

선물에 관한 설명으로 가장 적절하지 않은 것은?

① 선물가격과 현물가격의 차이를 베이시스(basis)라고 하는데 만기일이 가까워지면 베이시스는 점점 작아지고 만기일에는 선물가격과 현물가격이 같게 된다.

② 현물-선물 등가식(spot-future parity)이 성립하는 경우 효율적인 시장에서는 차익거래의 기회가 존재하지 않는다.

③ 선물가격은 보유비용(cost of carry)만큼 현물가격과 차이가 발생하는데 이때의 보유비용에는 현물구입자금에 대한 기회비용인 이자비용뿐만 아니라 현물의 보관비용도 포함된다.

④ 선물의 가격이 미래의 기대현물가격보다 높게 형성되었다가 만기일에 접근하면서 기대현물가격에 일치해간다는 가설은 정상적 백워데이션(normal backwardation) 가설이다.

⑤ 명목이자율이 국내보다 높은 외화의 경우 균형상태에서 원/외화 선물환율이 현물환율보다 낮다.

해설

베이시스 수렴의 법칙:
만기에 가까워지면 베이시스는 점점 작아지고 만기일에는 선물가격과 현물가격이 같아짐

정답 : ④

연습문제 18-17 (23년 기출)

주식 A는 현재 주가가 30,000원이고 주식 A를 기초자산으로 하는 만기 2년인 선물 계약이 37,000원에 거래되고 있다. 주식 A는 배당금을 지급하지 않으며, 현물 및 선물의 거래에 따른 거래비용 또는 보유비용이 없다. 무위험이자율 10%로 대출과 차입을 할 수 있을 때 (a) 차익거래 전략과 (b) 차익거래 이익에 가장 가까운 것은?

	(a) 차익거래 전략	(b) 차익거래 이익
①	주식매입 + 선물매도 + 차입	700원
②	주식매입 + 선물매도 + 대출	4,000원
③	주식매입 + 선물매도 + 차입	4,000원
④	주식매입 + 선물매도 + 대출	700원
⑤	주식공매 + 선물매입 + 대출	4,000원

해설

무배당 주식의 선물가격

$F = S \times (1 + R_f)^t = 30,000 \times 1.10^2$ = 36,300원

선물시장가격 과대평가 → 선물매도, 주식매입, 차입 → 차익 = 700원

정답 : ①

제19장 스 왑

제 1 절 스왑

1. 스왑의 기초

스왑(swap)이란 용어는 교환한다(exchange)는 의미를 가지고 있어 스왑거래는 두 당사자가 각기 지니고 있는 미래의 서로 다른 자금흐름(cash flow)을 일정기간 동안 서로 교환하기로 계약하는 거래이다. 스왑은 두 당사자 간의 직접 계약을 하는 장외거래이기 때문에 스왑은 일종의 선도계약이라고 할 수 있다. 이 때 두 개의 서로 다른 현금흐름은 계약자들이 얼마든지 자유롭게 정할 수 있는 여지가 있으므로 스왑의 거래자들은 자신이 당면한 위험구조에 따라 자유롭게 새로운 현금흐름 구조를 창출해 낼 수 있다. 즉, 각자가 가지고 있는 이자금액이나 원금에 대한 현금흐름을 자신이 원하는 구조로 전환함으로써 위험관리 등 여러 목적으로의 활용을 가능하게 해 준다

스왑은 두 거래 당사자 간의 합의에 따르기 때문에 계약이 자유롭고 유연성이 높아 경우에 따라서는 선물이다 옵션보다 더욱 다양하게 이용될 수 있지만 거래 당사자가 계약을 이행하지 못할 채무불이행위험이 존재한다.

1980년대 초반부터 거래되어 온 스왑은 크게 금리스왑(interest rate swap)과 통화스왑(currency swap)으로 구분된다. 예를 들어 만기가 2년이고 결제기간이 6개월인 스왑에서 현금흐름은 모두 4번 교환된다. 금리스왑은 원금의 교환 없이 동일 통화의 이자지급만을 교환하고, 통화스왑은 이종 통화의 원금과 이자지급을 모두 교환한다.

선물이나 옵션과 마찬가지로 스왑은 다음과 같은 목적으로 이용될 수 있다.

- 차익거래목적
- 헤지목적
- 투기목적

스왑거래가 생성되게 된 이유는 지역 간에 또는 동일지역 내 여러 금융시장, 예를 들어 외환시장 · 단기금융시장 · 장기자본 시장 간의 차입비용 또는 투자수익 차이가 존재하면서 특정기업 또는 금융기관이 차입상의 비교우위(comparative advantage)에 놓이기 때문이다.

예를 들어 유럽기업인 A기업은 미국자본시장보다 유럽자본시장에서 신용도가 높게 평가되기 때문에 유럽시장에서 유럽 통화로 자금을 차입하여야 하나 달러자금이 필요한 경우, 상

반된 입장에 있는 상대방을 찾아서 유럽시장에서 차입된 부채를 스왑하는 길을 모색할 수 있다. 만약 미국은행인 B은행이 미국자본시장에서 비교적 유리한 조건으로 달러화를 차입할 수 있다면 B은행은 A기업을 위해 미국시장에서 달러화를 차입하고서 달러원리금 상환채무를 A와 교환할 수 있다. A기업은 미국에 신규로 공장건설을 위해 달러자금이 필요했었는데, 지명도가 낮은 미국에서 차입을 강행하는 것보다 비교우위가 있는 유럽시장에서 차입을 하고서 원리금을 달러로 지급하는 스왑거래를 B은행과 체결함으로써 결국 차입비용을 절감할 수 있게 된다. 또한 A기업은 미국 공장건설이 완료되어 현지 달러판매수익으로 원리금 지급에 충당함으로써 환율변동위험을 커버할 수 있다.

금융시장에서 동일한 차입자에 대해 지역 간·시장 간에 차입비용이 달라지는 현상을 시장 비효율성(market inefficiency)이라 하는데, 바로 이 시장 비효율성으로 말미암아 비교우위를 창출하게 되고 스왑거래가 가능하게 된다.

2. 금리스왑

(1) 금리스왑의 의의

금리스왑(IRS; Interest Rate Swaps)은 차입금에 대한 금리변동 위험의 헤지(hedge)나 차입비용의 절감을 위하여 두 차입자가 각자의 채무에 대한 이자지급의무를 상호간에 교환하는 계약이다. 금리스왑거래는 통화, 원금 및 만기가 같은 부채구조를 가지고 있는 두 당사자간의 거래가 대부분으로 통화스왑거래와는 달리 계약당사자간에 이자지급 의무만 있고 원금상환 의무가 없다. 금리스왑은 원래 금리위험을 관리하는 상품으로 도입되었지만 최근에는 차입비용을 감소시키기 위한 수단으로 널리 이용된다.

① 금리변동위험 헤지를 위한 거래

금리스왑시장의 가장 중요한 기능 중의 하나는 금리변동 위험을 헤지할 수 있는 수단을 제공해 주는 것이다. 즉 고정금리부 자산과 부채의 듀레이션 불일치로 인하여 발생하는 금리변동 위험을 헤지하기 위해 금리스왑거래가 이용된다. 예를 들어 고정금리부 자산이 부채보다 많은(적은) 경우 금리스왑거래에서는 채권매도(매수)와 같은 효과를 갖는 고정금리 지급부(수취부) 거래를 실시하면 금리변동 위험이 감소된다.

② 차입비용의 절감(차익거래)을 위한 거래

채권 현물과 금리스왑시장 간의 가격 차이를 이용한 거래를 통해 이익을 획득할 수 도 있다. 즉 저평가된 채권의 현물을 매입함과 동시에 고정금리지급부 금리스왑을 거래하거나 고평가된 채권의 현물을 매도함과 동시에 고정금리수취부 금리스왑을 거래함으로써 거래차익을 획득할 수 있다.

③ 금리전망에 따른 투기적 거래

향후 금리전망을 바탕으로 금리스왑을 할 경우 투기적인 이익을 실현할 수 있다. 금리 상승이 예상되는 경우에는 고정금리지급 스왑포지션을, 반대로 금리 하락이 예상되는 경우에는 고정금리수취 스왑포지션을 취하는 것이 이익을 얻을 수 있는 방법이다. 다만 금리전망이 틀릴 경우에는 손실을 감수하여야 한다.

(2) 차입비용의 절감(차익거래)

금리스왑이 이루어지는 기본적인 이유는 스왑 당사자가 모두 이익을 얻을 수 있기 때문이다. 서로 다른 시장에서의 비교우위(comparative advantage)를 활용하여 자금조달비용을 절감시킬 수 있다.

금리 스프레드(spread)는 서로 다른 두 채권의 금리 격차를 말한다. 금융시장에서는 신용도가 낮은 기업에게는 높은 차입이자율이 적용되기 때문에 신용도가 높은 기업을 A, 신용도가 낮은 기업을 B라고 할 때 금리스프레드는 다음과 같이 계산한다.

$$\text{금리스프레드} = B\text{의 차입금리} - A\text{의 차입금리}$$

고정금리시장에서 두 기업의 금리스프레드와 변동금리시장에서 두 기업의 금리스프레드가 다른 경우 두 기업의 비교우위가 나타나며 두 당사자는 금리스왑계약을 통해 당사자가 모두 이익을 얻을 수 있다. 두 당사자는 서로 비교우위를 가지고 있는 금융시장에서 차입을 한 후 이자지급을 교환하기로 하는 금리스왑거래를 통해 상호 차입비용을 줄 일 수 있다. 절감되는 총비용은 양 통화시장의 이자율스프레드의 차이이며, 이 절감되는 비용을 스왑 당사자 간의 합의에 따라 분배비율이 결정된다.

금리스왑계약의 과정에 중개기관(intermediary)이 개재하지 않고 당사자 간에 금리스왑이 이루어지는 경우를 단일금리스왑(single interest rate swap)이라고 하고 당사자 간에 중개기관이 개재되는 경우를 중복금리스왑(double interest rate swap)이라고 한다. 단일금리 스왑은 <예제 19-1>, 중복금리스왑은 <예제 19-2>를 통해서 자세히 살펴본다.

예제 19-1

기업 A, B는 금융시장에서 각각 다음과 같은 조건으로 자금을 차입할 수 있다.

	고정금리	변동금리
A	8%	LIBOR+1%
B	9%	LIBOR+3%

두 기업은 비교우위를 통하여 직접 이자율스왑을 체결하고자 하며, 두 기업은 이익을 동일하게 분배하고자 한다.

(1) 기업 B가 기업 A에게 LIBOR + 1%의 이자율을 지급하는 금리스왑계약인 경우 기업 B가 수취하는 고정금리 이자율은 얼마인가?

(2) 기업 B가 기업 A에게 LIBOR의 이자율을 지급하는 금리스왑계약인 경우 기업 B가 수취하는 고정금리 이자율은 얼마인가?

풀이

(1) A, B의 변동금리시장에서의 차입금리 차이는 2%이고 고정금리시장에서의 차입금리 차이는 1%이므로 A가 B보다 두 금융시장에서 절대적으로 유리한 조건으로 차입이 가능하나 금융시장에 신용도가 다르게 반영되어 A는 변동금리시장에서, B는 고정금리시장에서 차입하는 것이 각각 비교우위가 있다.

금리스왑의 총이익 = 변동금리스프레드 − 고정금리스프레드

= 2% − 1% = 1%

각 기업의 금리스왑의 이익 = 1% × 1/2 = 0.5%

A가 B에게 지급하는 고정금리 이자율을 a라고 할 때 두 회사의 차입 및 스왑거래는 다음과 같다.

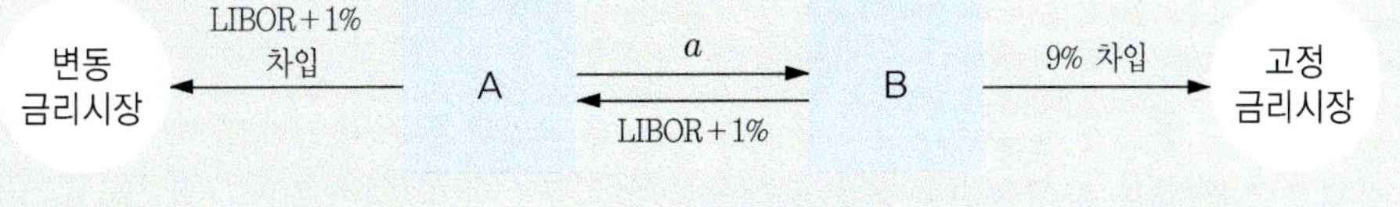

<A기업>

A는 자신이 비교우위에 있는 변동금리시장에서 LIBOR + 1%로 차입한 후 금리정산일에 B에게 7.5%의 이자율을 지급하고 LIBOR + 1%의 이자율을 수취하는 스왑거래를 통해 0.5% 이익을 실현할 수 있다.

이자비용 : LIBOR + 1% + a

이자수익 : LIBOR + 1%

순이자비용 = 이자비용 − 이자수익 = a

고정금리직접차입비용 = 8%

스왑이익 = 8% − a = 0.5% ➠ a = 7.5%

<B기업>

B는 자신이 비교우위에 있는 고정금리시장에서 9%로 차입한 후 금리정산일에 A에게 LIBOR + 1%의 이자율을 지급하고 7.5%의 이자율을 수취하는 스왑거래를 통해 0.5% 이익을 실현할 수 있다.

이자비용 : 9% + LIBOR + 1%

이자수익 : a

순이자비용 = 이자비용 − 이자수익 = LIBOR + 10% − a

변동금리직접차입비용 = LIBOR + 3%

스왑이익 = LIBOR + 3% − (LIBOR + 10% − a) = 0.5% ➠ a = 7.5%

(2) A가 B에게 지급하는 고정금리 이자율을 a라고 할 때 두 회사의 차입 및 스왑거래는 다음과 같다.

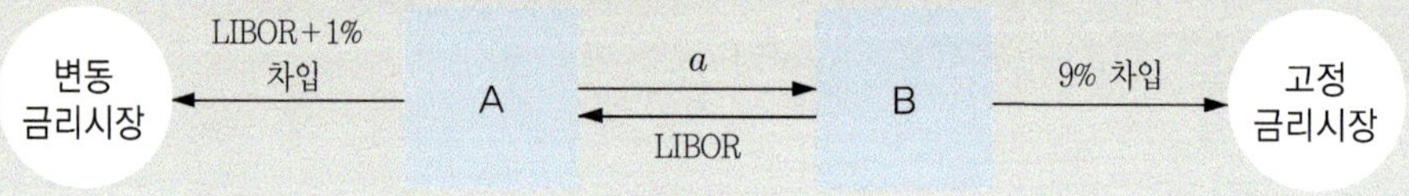

<A기업>

A는 자신이 비교우위에 있는 변동금리시장에서 LIBOR + 1%로 차입한 후 금리정산일에 B에게 6.5%의 이자율을 지급하고 LIBOR의 이자율을 수취하는 스왑거래를 통해 0.5% 이익을 실현할 수 있다.

A가 B에게 지급하여야 하는 이자비용을 a라고 할 때

이자비용 : LIBOR + 1% + a

이자수익 : LIBOR

순이자비용 = 이자비용 − 이자수익 = 1% + a

고정금리직접차입비용 = 8%

스왑이익 = 8% − (1% + a) = 0.5% ➠ a = 6.5%

<B기업>

B는 자신이 비교우위에 있는 고정금리시장에서 9%로 차입한 후 금리정산일에 A에게 LIBOR의 이자율을 지급하고 6.5%의 이자율을 수취하는 스왑거래를 통해 0.5% 이익을 실현할 수 있다.

B가 A에게 수취하여야 하는 이자수익을 a라고 할 때

이자비용 : 9% + LIBOR%

이자수익 : a

순이자비용 = 이자비용 − 이자수익 = LIBOR + 9% − a

변동금리직접차입비용 = LIBOR + 3%

스왑이익 = LIBOR + 3% − (LIBOR + 9% − a) = 0.5% ➡ a = 6.5%

예제 19-2

기업 A, B는 금융시장에서 각각 다음과 같은 조건으로 자금을 차입할 수 있다.

	고정금리	변동금리
A	8%	LIBOR+1%
B	9%	LIBOR+3%

은행이 기업 A와 B 사이에서 스왑계약을 중계하고자 한다. 은행이 기업 A에게 변동금리를 지급하고 고정금리를 수취하는 스왑계약을 체결하며, 기업 B와는 그 반대의 스왑계약을 체결한다. 본 스왑으로 인한 은행의 총마진은 0.2%이며, 스왑이득은 두 기업에게 동일하다.

(1) 은행이 기업 A에게 LIBOR + 1%의 이자율을 지급하는 금리스왑계약인 경우 기업 A가 지급하는 고정금리 이자율은 얼마인가? 또한 은행이 기업 B로부터 LIBOR + 1%의 이자율을 수취하는 금리스왑계약인 경우 기업 B가 수취하는 고정금리 이자율은 얼마인가?

(2) 은행이 기업 A에게 LIBOR의 이자율을 지급하는 금리스왑계약인 경우 기업 A가 지급하는 고정금리 이자율은 얼마인가? 또한 은행이 기업 B로부터 LIBOR의 이자율을 수취하는 금리스왑계약인 경우 기업 B가 수취하는 고정금리 이자율은 얼마인가?

풀이

(1) 금리스왑의 총이익 = 변동금리스프레드 − 고정금리스프레드

= 2% − 1% = 1%

은행의 이익 = 0.2%

각 기업의 금리스왑의 이익 = (1% − 0.2%) × 1/2 = 0.4%

<A기업>

A는 자신이 비교우위에 있는 변동금리시장에서 LIBOR + 1%로 차입한 후 금리정산일에 은행에게 7.6%의 이자율을 지급하고 LIBOR + 1%의 이자율을 수취하는 스왑거래를 통해 0.4% 이익을 실현할 수 있다.

A가 은행에게 지급하여야 하는 이자비용을 a라고 할 때

이자비용 : LIBOR + 1% + a

이자수익 : LIBOR + 1%

순이자비용 = 이자비용 − 이자수익 = a

고정금리직접차입비용 = 8%

스왑이익 = 8% − a = 0.4% ➠ a = 7.6%

<B기업>

B는 자신이 비교우위에 있는 고정금리시장에서 9%로 차입한 후 금리정산일에 은행에게 LIBOR+1%의 이자율을 지급하고 7.4%의 이자율을 수취하는 스왑거래를 통해 0.4% 이익을 실현할 수 있다.

은행이 B에게 지급하여야 하는 이자비용을 b라고 할 때

이자비용 : 9% + LIBOR + 1%

이자수익 : b

순이자비용 = 이자비용 − 이자수익 = LIBOR + 10% − b

변동금리직접차입비용 = LIBOR + 3%

스왑이익 = LIBOR + 3% − (LIBOR + 10% − b) = 0.4% ➠ b = 7.4%

<은행>

은행은 기업 A에게 LIBOR + 1%의 이자율을 지급하고 7.6%의 이자율을 수취하는 스왑계약을 체결하며, 기업 B와는 7.4%의 이자율을 지급하고 LIBOR + 1%의 이자율을 수취하는 스왑계약을 체결하면 스왑거래를 통해 0.2% 이익을 실현할 수 있다.

이자비용 : LIBOR + 1%(A) + 7.4%(B)

이자수익 : 7.6%(A) + LIBOR + 1%(B)

스왑이익 = 이자수익 − 이자비용

= 7.6% + LIBOR + 1% − [LIBOR + 1% + 7.4%] = +0.2%

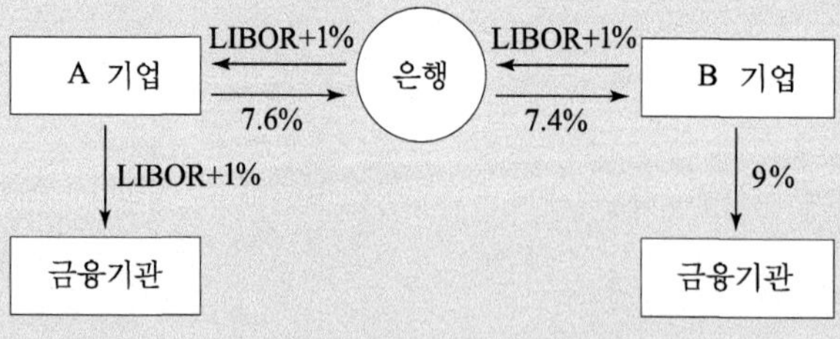

(2) **<A기업>**

A는 자신이 비교우위에 있는 변동금리시장에서 LIBOR + 1%로 차입한 후 금리정산일에 은행에게 6.6%의 이자율을 지급하고 LIBOR의 이자율을 수취하는 스왑거래를 통해 0.4% 이익을 실현할 수 있다.

A가 은행에게 지급하여야 하는 이자비용을 a라고 할 때

이자비용 : LIBOR + 1% + a

이자수익 : LIBOR

순이자비용 = 이자비용 − 이자수익 = 1% + a

고정금리직접차입비용 = 8%

스왑이익 = 8% − (1% + a) = 0.4% ➡ a = 6.6%

<B기업>

B는 자신이 비교우위에 있는 고정금리시장에서 9%로 차입한 후 금리정산일에 은행에게 LIBOR의 이자율을 지급하고 6.4%의 이자율을 수취하는 스왑거래를 통해 0.4% 이익을 실현할 수 있다. 은행이 B에게 지급하여야 하는 이자비용을 b라고 할 때

이자비용 : 9% + LIBOR

이자수익 : b

순이자비용 = 이자비용 − 이자수익 = LIBOR + 9% − b

변동금리직접차입비용 = LIBOR + 3%

스왑이익 = LIBOR + 3% − (LIBOR + 9% − b) = 0.4% ➡ b = 6.4%

<은행>

은행은 기업 A에게 LIBOR의 이자율을 지급하고 6.6%의 이자율을 수취하는 스왑계약을 체결하며, 기업 B와는 6.4%의 이자율을 지급하고 LIBOR의 이자율을 수취하는 스왑계약을 체결하면 스왑거래를 통해 0.2% 이익을 실현할 수 있다.

이자비용 : LIBOR(A) + 6.4%(B)

이자수익 : 6.6%(A) + LIBOR(B)

스왑이익 = 이자수익 − 이자비용 = +0.2%

(3) 금리스왑의 평가

금리스왑의 가치는 금리스왑 계약에 따른 미래 현금흐름의 현재가치이다. 미래 현금흐름을 결정하는 방법에 따라 금리스왑의 가치평가 방법은 순현금흐름의 현재가치를 구하는 방법과 변동금리채권가격과 고정금리채권가격의 차이를 구하는 2가지 방법이 있다.

① 순현금흐름의 현재가치

금리스왑의 가치를 구하는 첫 번째 방법은 금리스왑 계약에 따른 고정금리현금흐름과 변동금리현금흐름의 차이인 매기말의 순현금흐름을 현물이자율로 할인한 현재가치로 계산하는 방법이다.

이이며, 이 절감되는 비용을 스왑 당사자 간의 합의에 따라 분배비율이 결정된다. 이에 대한 자세한 내용은 <예제 19-4>를 통해 살펴본다.

예제 19-4

한국의 K기업은 미국시장에서 필요한 자금을 달러화로 차입하기를 원하고 있으며, 미국의 A기업은 한국시장에서 필요한 자금을 원화로 차입하기를 원하고 있다. 두 기업의 고정금리 차입조건은 다음과 같다.

	원화 차입금리	달러화 차입금리
K	6%	3%
A	7%	5%

두 기업은 비교우위를 통하여 직접 통화스왑계약을 체결하고자 하며, 두 기업은 이익을 동일하게 분배하고자 한다.

(1) 만약 기업 K가 기업 A에게 원화로 5.4%의 이자율을 지급하는 조건의 통화스왑계약인 경우 기업 K가 수취하는 달러이자율은 얼마인가?

(2) 스왑계약으로 인한 이익조정문제로 두 기업의 계약체결이 지연되자, 두 기업과 동시에 거래하고 있던 W은행이 거래중재에 나섰다. 은행은 20bp의 이익을 얻고 나머지 이익은 두 기업에게 균등하게 배분되도록 하되, 원화 이자율은 모두 5.4%로 하자고 제안하였다. 은행중개를 통한 통화스왑계약이 체결될 경우, 해당 계약을 통해 은행이 두 기업에게 지급하고 지급받는 달러금리를 각각 구하시오.

풀이

(1) 중개은행이 개입하지 않는 통화스왑

원화 차입금리 스프레드 = 7% − 6% = 1%

달러화 차입금리 스프레드 = 5% − 3% = 2%

스왑의 총 이익 = 2% − 1% = 1%

K기업의 스왑이익 = 1% × 0.5 = 0.5%

A기업의 스왑이익 = 1% × 0.5 = 0.5%

기업 A가 기업 K에게 지급하는 달러이자율을 a라고 할 때 두 회사의 차입 및 통화스왑거래는 다음과 같다.

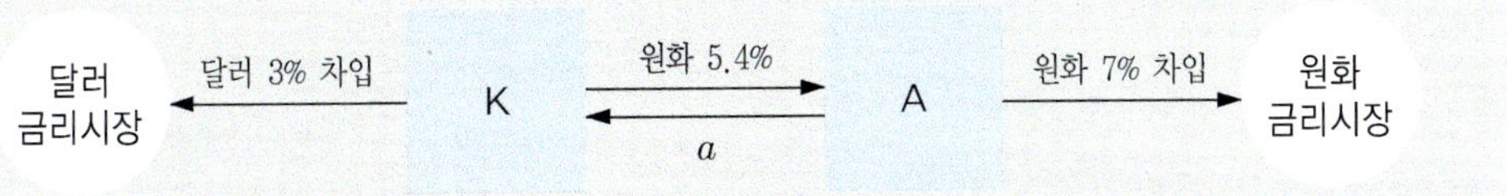

<K기업>

K기업은 자신이 비교우위에 있는 달러화 금리시장에서 3%로 차입한 후 정산일에 A기업에게 원화로 5.4%의 이자율을 지급하고 달러로 2.9%의 이자율을 수취하는 통화스왑거래를 통해 0.5% 이익을 실현할 수 있다.

K기업이 수취하는 달러금리를 a라고 할 때

이자비용 : 3%(달러) + 5.4%(원화)

이자수익 : a

순이자비용 = 8.4% − a

원화금리직접차입비용 = 6%

스왑이익 = 6% − (8.4% − a) = 0.5% ➠ a = 2.9%

<A기업>

A기업은 자신이 비교우위에 있는 원화 금리시장에서 7%로 차입한 후 정산일에 K기업에게 달러로 2.9%의 이자율을 지급하고 원화로 5.4%의 이자율을 수취하는 통화스왑거래를 통해 0.5% 이익을 실현할 수 있다.

A기업이 지급하는 달러금리를 a라고 할 때

이자비용 : 7%(원화) + a(달러)

이자수익 : 5.4%

순이자비용 = 이자비용 − 이자수익 = 1.6% + a

달러금리직접차입비용 = 5%

스왑이익 = 5% − (1.6% + a) = 0.5% ➠ a = 2.9%

(2) 중개은행이 개입하는 통화스왑

BP(basis point)는 금리를 나타내는 데 사용하는 기본단위로 100분의 1%를 뜻한다.

1bp = 0.01% ➠ 1% = 100bp

W은행의 스왑이익 = 20bp = 0.2%

K기업의 스왑이익 = (1% − 0.2%) × 0.5 = 0.4%

A기업의 스왑이익 = (1% − 0.2%) × 0.5 = 0.4%

<K기업>

K기업은 자신이 비교우위에 있는 달러화 금리시장에서 3%로 차입한 후 정산일에 W은행에게 원화로 5.4%의 이자율을 지급하고 달러로 2.8%의 이자율을 수취하는 통화스왑거래를 통해 0.4% 이익을 실현할 수 있다.

K기업이 수취하는 달러금리를 a라고 할 때

이자비용 : 3%(달러) + 5.4%(원화)

이자수익 : a

순이자비용 = 8.4% − a

원화금리직접차입비용 = 6%

스왑이익 = 6% − (8.4% − a) = 0.4% ➡ a = 2.8%

<A기업>

A기업은 자신이 비교우위에 있는 원화 금리시장에서 7%로 차입한 후 정산일에 W은행에게 달러로 3%의 이자율을 지급하고 원화로 5.4%의 이자율을 수취하는 통화스왑거래를 통해 0.4% 이익을 실현할 수 있다.

A기업이 지급하는 달러금리를 a라고 할 때

이자비용 : 7%(원화) + a(달러)

이자수익 : 5.4%

순이자비용 = 이자비용 − 이자수익 = 1.6% + a

달러금리직접차입비용 = 5%

스왑이익 = 5% − (1.6% + a) = 0.4% ➡ a = 3%

<W은행>

W은행은 K기업에게 달러로 2.8%의 이자율을 지급하고 원화로 5.4%의 이자율을 수취하는 통화스왑계약을 K기업과 체결하며, W은행은 A기업에게 원화로 5.4%의 이자율을 지급하고 달러로 3%의 이자율을 수취하는 통화스왑계약을 A기업과 체결한다.

이자비용 : 2.8%(달러) + 5.4%(원화)

이자수익 : 5.4%(원화) + 3%(달러)

스왑이익 = 이자수익 − 이자비용 = +0.2%(달러)

(3) 통화스왑의 평가

통화스왑의 가치는 원금의 교환 및 환율의 조정을 제외하고는 금리스왑의 가치평가와 동일한 방법으로 계산한다. 즉, 통화스왑의 가치평가 방법은 순현금흐름의 현재가치를 구하는 방법과 서로 다른 통화의 채권가격의 차이를 구하는 2가지 방법이 있다.

① 순현금흐름의 현재가치

통화스왑의 가치를 구하는 첫 번째 방법은 통화스왑 계약에 따른 매기말의 순현금흐름을 현물이자율로 할인한 현재가치로 계산하는 방법이다. 매기말의 순현금흐름을 계산할 때 사용하는 환율은 제18장에서 설명한 통화선물 균형가격을 적용한다. 스왑계약의 첫 번째 현금흐름과 두 번째 현금흐름에 적용할 선물환율은 다음과 같다.

$$F_1 = S \times [\frac{1 + {}_0R_1^K}{1 + {}_0R_1^A}]^1$$ ➡ 첫 번째 현금흐름에 적용할 선물환율

$$F_2 = S \times [\frac{1 + {}_0R_2^K}{1 + {}_0R_2^A}]^2$$ ➡ 두 번째 현금흐름에 적용할 선물환율

${}_0R_1^K$: 만기 1년 현물이자율(한국), ${}_0R_1^A$: 만기 1년 현물이자율(미국)

${}_0R_2^K$: 만기 2년 현물이자율(한국), ${}_0R_2^A$: 만기 2년 현물이자율(미국)

통화스왑에서 미국 달러지급자는 달러금리를 지급하고 원화금리를 수취하므로 스왑의 가치는 다음과 같이 계산한다.

한국 당사자입장에서 원화로 표시된 스왑의 가치

$$= \sum_{t=1}^{n} \frac{\text{원화이자} - \text{달러이자} \times F_t}{(1 + {}_0R_t^K)^t} + \frac{\text{원화원금} - \text{달러원금} \times F_n}{(1 + {}_0R_n^K)^n} \tag{19.4}$$

미국 당사자입장에서 달러로 표시된 스왑의 가치

$$= \sum_{t=1}^{n} \frac{\text{원화이자} \div F_t - \text{달러이자}}{(1 + {}_0R_t^A)^t} + \frac{\text{원화원금} \div F_n - \text{달러원금}}{(1 + {}_0R_n^A)^n} \tag{19.5}$$

통화스왑에서 원화지급자는 원화금리를 지급하고 달러금리를 수취하므로 스왑의 가치는 식 (19.4)와 식 (19.5)에서 결정된 금액의 zero-sum 금액이 된다.

② 원화채권가격과 달러채권가격의 차이

통화스왑의 가치를 구하는 두 번째 방법은 통화스왑 계약에 따른 원화현금흐름의 현재가치(원화채권의 가격)와 달러현금흐름의 현재가치(달러채권의 가격)의 차이를 계산하는 방법이다.

한국 당사자입장에서 달러채권의 가격은 원화로 표시하여야 하므로 선물환율을 적용하여 원화로 환산하면 다음과 같다.

$$\text{원화로 표시한 달러채권의 가격} = \sum_{t=1}^{n} \frac{\text{달러이자} \times F_t}{(1 + {}_0R_t^K)^t} + \frac{\text{달러원금} \times F_n}{(1 + {}_0R_n^K)^n} \tag{19.6}$$

미국 당사자입장에서 원화채권의 가격은 달러로 표시하여야 하므로 선물환율을 적용하여

달러로 환산하면 다음과 같다.

$$\text{달러로 표시한 원화채권의 가격} = \sum_{t=1}^{n} \frac{\text{원화이자} \div F_t}{(1+{}_0R_t^A)^t} + \frac{\text{원화원금} \div F_n}{(1+{}_0R_n^A)^n} \qquad (19.7)$$

통화스왑에서 미국 달러지급자는 달러금리를 지급하고 원화금리를 수취하므로 스왑의 가치는 다음과 같이 계산한다.

$$\text{통화스왑의 가치} = \text{원화채권가격} - \text{달러채권가격}$$

통화스왑에서 원화지급자는 원화금리를 지급하고 달러금리를 수취하므로 스왑의 가치는 다음과 같이 계산한다.

$$\text{통화스왑의 가치} = \text{달러채권가격} - \text{원화채권가격}$$

예제 19-5

A기업(미국기업)과 K기업(한국기업)은 통화스왑을 체결하였다. 통화스왑계약의 조건은 A기업은 2년 동안 매년 110억 원에 대하여 연 5%의 이자를 지급하고, 원금 1000만 달러에 대하여 연 6%의 이자를 받기로 하였다. 그리고 만기에는 A기업은 1000만 달러를 수령하고 110억을 지급하는 원금교환을 한다. 현재의 환율은 1$=1,100원이며, 미국의 현물이자율은 9%, 한국의 현물이자율은 7%이며, 수익률곡선은 수평을 가정한다.

풀이

현물이자율에서 선물환율을 구하면 다음과 같다.

1년 후의 선물환율

$$F_1 = S \times \left[\frac{1+{}_0R_1^K}{1+{}_0R_1^A}\right]^1 = 1{,}100 \times \left(\frac{1.07}{1.09}\right)^1 = 1{,}079.8\text{원}$$

2년 후의 선물환율

$$F_2 = S \times \left[\frac{1+{}_0R_2^K}{1+{}_0R_2^A}\right]^2 = 1{,}100 \times \left(\frac{1.07}{1.09}\right)^2 = 1{,}060\text{원}$$

☞ 수익률곡선은 수평이므로 1년 현물이자율과 2년 현물이자율은 같다.

<A기업의 통화스왑의 가치>

매년 말 수취하는 이자수익 = 1000만 달러 × 6% = 60만 달러

매년 말 지급하는 이자비용 = 110억 원 × 5% = 5.5억 원

통화스왑의 가치

$$= \left(\$600{,}000 - \frac{5.5억원}{1{,}079.8}\right) \times \frac{1}{1.09^1} + \left(\$600{,}000 - \frac{5.5억원}{1{,}060}\right) \times \frac{1}{1.09^2}$$

$$+ \left(\$10{,}000{,}000 - \frac{110억원}{1{,}060}\right) \times \frac{1}{1.09^2} = (-)166{,}166달러$$

<K기업의 통화스왑의 가치>

매년 말 수취하는 이자수익 = 110억 원 × 5% = 5.5억 원

매년 말 지급하는 이자비용 = 1000만 달러 × 6% = 60만 달러

통화스왑의 가치

$$= (5.5억원 - \$600{,}000 \times 1{,}079.8) \times \frac{1}{1.07^1} + (5.5억원 - \$600{,}000 \times 1{,}060) \times \frac{1}{1.07^2}$$

$$+ (110억원 - \$10{,}000{,}000 \times 1{,}060) \times \frac{1}{1.07^2} = +182{,}783{,}125원$$

제 2 절 신용파생상품

1. 신용파생상품의 개요

신용파생상품(credit derivatives)이란 차입자 또는 발행자의 신용에 따라 가치가 변동하는 기초자산(underlying asset)의 신용위험(credit risk)을 분리하여 이를 다른 거래상대방에게 이전하고 그 대가로 프리미엄(수수료)을 지급하는 금융상품을 말한다.

일반적으로 금융자산은 금리, 환율 등 가격변수의 변동에 따라 그 가치가 변화하는 시장위험(market risk)과 차입자의 부도, 신용등급 하락 등에 따라 자산가치가 변화하는 신용위험(credit risk)을 가지고 있는데 시장위험은 선물(futures), 스왑(swaps), 옵션(options)등을 통하여 대처할 수 있으며 신용위험은 신용파생상품을 통해 헤지할 수 있다.

① 시장위험 (market risk)

- 위험내용
  금리, 환율 등 가격변수의 변동에 따른 자산가치 하락 위험
- 헤지수단
  파생금융상품(derivatives) : 선물(futures), 스왑(swaps), 옵션(options) 등

② 신용위험 (credit risk)

- 위험내용
  차입자 또는 발행자의 부도, 신용등급 하락 등에 따른 자산가치 하락 위험
- 헤지수단
  신용파생상품(credit derivatives) : 신용파산스왑(CDS), 신용연계증권(CLN), 총수익스왑(TRS) 등

2. 신용파산스왑

신용파산스왑(CDS; Credit Default Swaps)은 모든 신용파생상품의 근간을 이루는 상품으로 그 성격은 지급보증과 유사하다. 신용파산스왑거래에서 보장매입자는 보장매도자에게

[그림 19-2] 신용파산스왑(CDS) 거래구조

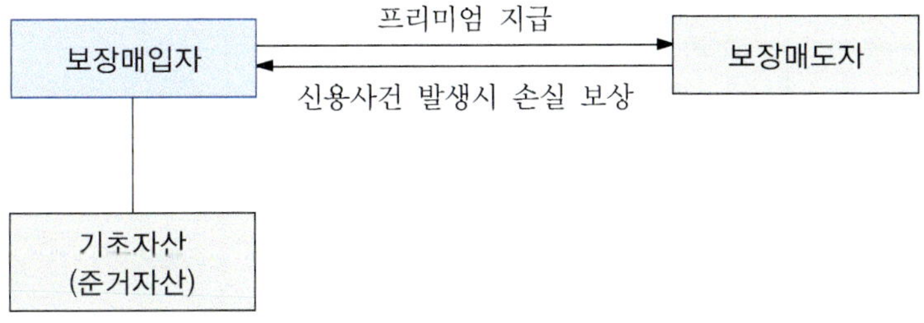

정기적으로 일정한 프리미엄을 지급하고 그 대신 계약기간 동안 기초자산에 신용사건이 발생할 경우 보장매도자로부터 손실액 또는 사전에 합의한 일정금액을 보상받거나 문제가 된 채권을 넘기고 채권원금을 받기도 한다. 만약 기초자산에 신용사건이 발행하지 않으면 보장매입자는 프리미엄만 지급하게 된다.

신용파산스왑거래에서 프리미엄은 거래의 만기가 길어질수록, 기초자산의 신용등급이 낮을수록 높아지게 된다. 또한 보장매도자의 신용등급이 높을수록 프리미엄이 높아지게 된다.

예제 19-6

신용파산스왑(CDS)에 대한 다음 설명 중 가장 잘못된 것은?

① 기초자산인 준거기업에 대한 신용위험을 보장매입자가 보장매도자에게 일정한 프리미엄을 지불하고 이전하는 계약이다.
② 신용파생상품 중 가장 기본적인 형태의 거래이다.
③ 만기 이전에 신용사건이 발생할 경우 보장매입자는 손실금을 보장매도자에게 지급한다.
④ 보장매입자는 준거기업에 대한 신용위험을 이전하는 대신 보장매도자의 신용위험을 인수하게 된다.
⑤ 보장매도자는 투자자로서 자금부담 없이 신용위험을 이전받는 대가로 수수료 수입을 얻을 수 있다.

풀이

만기 이전에 신용사건이 발생할 경우 보장매도자는 손실금을 보장매입자에게 지급한다.

정답 : ③

[그림 19-3] 총수익스왑(TRS) 거래구조

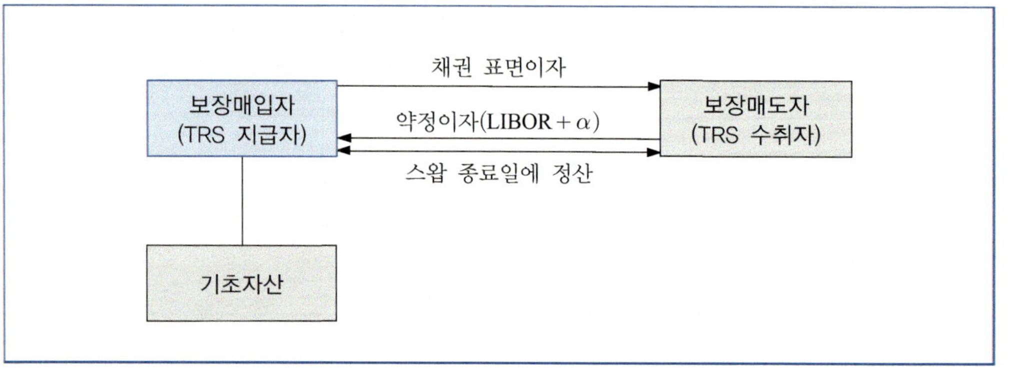

3. 총수익스왑

총수익스왑(TRS; Total Return Swaps)은 기초자산에서 발생하는 총수익과 일정한 약정이자를 일정시점마다 교환하는 계약이다. 이때 총수익에는 채권 이표뿐 아니라 스왑 종료시점의 자본이득 또는 자본손실 등이 포함된다.

이표 지급일에 보장매입자(TRS 지급자)는 채권 표면이자(coupon rate)를 지급하고, 보장매도자(TRS 수취자)는 LIBOR + α의 이자를 지급한다. 이후 스왑계약이 종료되는 시점에서는 이자교환뿐 아니라 채권가치의 변동에 따른 자본이득 또는 손실을 스왑계약 당사자간 정산하여 교환하게 된다.

예를 들어 액면가가 100억원인 채권을 기초자산으로 한 스왑의 계약기간 동안 채권가격이 10% 상승하였다면 총수익스왑 지급자는 10억원을 지급하여야 한다. 반대로 채권가격이 10% 하락하였다면 총수익스왑 수취자가 10억원을 지급하게 된다. 스왑기간중 기초자산에서 채무불이행이 발생하면 일반적으로 계약의 명목원금에서 기초자산의 시장가격을 차감한 만큼을 보장매도자가 부담한다.

총수익스왑이 신용파산스왑(CDS)과 다른 점은 기초자산의 신용위험뿐만 아니라 금리, 환율 변동에 따른 시장위험도 거래상대방에 이전할 수 있다는 것이다.

예제 19-7

총수익스왑(TRS)에 대한 다음 설명 중 가장 잘못된 것은?

① 보장매입자가 기초자산에서 발생하는 이자, 자본손익 등 모든 현금흐름을 보장매도자에게 지급한다.
② 보장매도자는 보장매입자에게 약정한 수익을 지급한다.
③ 신용위험뿐만 아니라 시장위험까지도 동시에 이전한다.
④ 신용사건이 발생하는 경우에만 현금흐름이 발생한다.
⑤ 보장매도자는 자기자금의 부담없이 수익을 획득하는 효과를 가진다.

풀이

신용사건이 발생하지 않는 경우에도 기초자산의 시장흐름을 반영한 현금흐름이 발생한다.

정답 : ④

4. 신용연계증권

신용연계증권(CLN; Credit Linked Notes)은 신용파산스왑(CDS)을 증권화한 형태이다. 신용연계증권의 보장매입자는 기초자산의 신용상태와 연계된 증권을 발행하고 약정된 방식으로 이자를 지급하며, 보장매도자는 약정이자를 받는 대신 신용사건이 발생하는 경우 기초자산의 손실을 부담하게 된다.

신용연계증권 거래의 특징은 보장매도자(CLN 매수자)가 지급하는 신용연계증권 매수대금이 신용사건 발생 시 보장매도자가 부담하게 되는 손실의 담보 역할을 한다는 점이다. 보장매입자(CLN 매도자)는 신용연계증권 매도대금을 받아 저위험자산(국채 등)을 매입하며 이후 기초자산에 신용사건이 발생하는 경우 보장매입자는 신용연계증권 매수대금에서 기초자산의 손실분을 차감하여 보장매도자에게 돌려주거나, 기초자산을 보장매도자에게 인도한다. 이와 같이 신용연계증권은 신용파산스왑(CDS)과는 달리 신용연계증권 대금이 담보 역할을 하고 있어 보장매도자의 신용도는 문제가 되지 않는다.

[그림 19-4] 신용연계증권(CLN) 거래구조

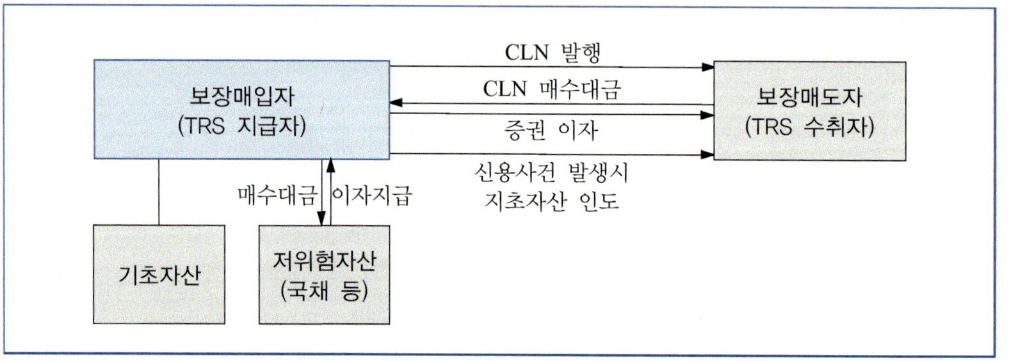

예제 19-8

신용연계증권(CLN)에 대한 다음 설명 중 가장 잘못된 것은?

① 일반적으로 고정금리채권에 CDS가 내재된 신용구조화상품이다.
② CLN 발행자는 보장매입자가 된다.
③ CLN 투자자가 준거기업의 신용사건 발생시 손실을 부담하므로 보장매도자가 된다.
④ 특수목적회사를 통해 CLN을 발행하면 투자자 입장에서 발행자의 신용위험을 감수해야 한다.
⑤ CLN은 CLN 대금이 담보 역할을 하고 있어 보장매도자의 신용도는 문제가 되지 않는다.

풀이

특수목적회사를 통해 CLN을 발행하면 투자자 입장에서 CLN 발행자의 신용위험을 제거할 수 있다.

정답 : ④

연습문제 19-1

기업 A, B는 금융시장에서 각각 다음과 같은 조건으로 자금을 차입할 수 있다.

	고정금리	변동금리
A	8.5%	LIBOR + 120bp
B	6.8%	LIBOR + 40bp

A기업은 고정금리차입을 원하고 B기업은 변동금리차입을 원한다. 두 기업이 비교우위를 이용하여 중개은행을 통한 이자율스왑을 체결할 경우 A기업과 B기업이 절감할 수 있는 조달비용은 얼마인가? 단, 은행의 이익은 10bp로 가정하며, A기업과 B기업은 이익을 6:4로 분배한다.

해설

BP(basis point)는 금리를 나타내는 데 사용하는 기본단위로 100분의 1%를 뜻한다.
1bp = 0.01% ➠ 1% = 100bp

고정금리스프레드 = 1.7%(170bp)
변동금리스프레드 = 0.8%(80bp)
A, B의 변동금리시장에서의 차입금리 차이는 0.8%이고 고정금리시장에서의 차입금리 차이는 1.7%이므로 B가 A보다 두 금융시장에서 절대적으로 유리한 조건으로 차입이 가능하나 금융시장에 신용도가 다르게 반영되어 A는 변동금리시장에서, B는 고정금리시장에서 차입하는 것이 각각 비교우위가 있다.

금리스왑의 총이익 = 고정금리스프레드 − 변동금리스프레드
= 170bp − 80bp = 90bp

A기업의 스왑이득 = (90bp − 10bp) × 0.6 = 48bp(0.48%)
B기업의 스왑이득 = (90bp − 10bp) × 0.4 = 32bp(0.32%)

연습문제 19-2

㈜소수는 20×1년 1월 1일 100억원을 5년 만기, 고정금리 13.5%라는 조건으로 KM은행으로부터 차입하였다. 20×3년 1월 1일 현재 ㈜소수의 재무담당자는 CH은행으로부터 변동금리로 이 채무를 스왑 해 주겠다는 제의를 받았다. 1년 만기 현물이자율은 10%, 2년 만기 현물이자율은 12%, 3년 만기 현물이자율은 13%이다. 단, 이자는 매년 말에 1회 지급하고, 이자율 기간구조의 순수기대이론이 성립하며 시장참가자들은 위험 중립적이라고 가정한다.

(1) ㈜소수의 입장에서 스왑거래에 따른 매년의 순현금 흐름을 계산하라.

(2) 스왑거래의 대가로 CH은행은 2억원의 수수료를 요구하고 있다. 이 제의를 받아들일 것인가를 평가하라.

해설

(1) 현물이자율에서 선도이자율을 구하면 다음과 같다.

$$(1+{}_0R_2)^2=(1+{}_0R_1)^1\times(1+{}_1f_2)^1$$

$$(1+0.12)^2=(1+0.10)^1\times(1+{}_1f_2)^1 \Rightarrow {}_1f_2=14.04\%$$

$$(1+{}_0R_3)^3=(1+{}_0R_2)^2\times(1+{}_2f_3)^1$$

$$(1+0.13)^3=(1+0.12)^2\times(1+{}_2f_3)^1 \Rightarrow {}_2f_3=15.03\%$$

㈜소수는 변동금리를 지급하고 고정금리를 수취하는 변동금리 지급자이다. 따라서 ㈜소수의 입장에서 스왑의 가치는 매기 말 13.5억(=100억×13.5%)에서 선도이자율로 계산한 이자를 차감한 순현금흐름의 현재가치이다. 매년의 순현금 흐름은 다음과 같다.

20×3년말 : 13.5 − 100 × 10% = +3.5억

20×4년말 : 13.5 − 100 × 14.04% = −0.54억

20×5년말 : 13.5 − 100 × 15.03% = −1.53억

(2) 스왑의 가치는 다음과 같다.

$$\text{금리스왑의 가치}=\sum_{t=1}^{n}\frac{(\text{고정금리}-{}_{t-1}f_t)\times\text{액면금액}}{(1+{}_0R_t)^t}$$

$$=\frac{3.5\text{억}}{(1+0.1)}+\frac{-0.54\text{억}}{(1+0.12)^2}+\frac{-1.53\text{억}}{(1+0.13)^3}=+1.69\text{억}$$

스왑의 가치가 수수료 2억원보다 작기 때문에 스왑거래 제의를 받아들이지 않는다.

연습문제 19-3

건설업종의 중견기업 ㈜다비드는 100억원 규모의 3년 만기 부채조달을 고려하고 있다. 채권시장에서 다비드기업의 부채조달조건은 고정금리 10% 혹은 LIBOR+2.3%이다. 유통업종의 대기업 ㈜골리앗도 3년 만기로 100억원의 부채조달을 고려하고 있는데, 조달조건은 고정금리 8% 혹은 LIBOR+1.5%로 알려져 있다.

(1) 우연한 기회에 두 회사의 자금담당임원들이 만나 부채조달에 대한 의견을 나누던 중 서로의 조달조건을 확인하고 금리스왑계약을 체결하기로 하였다. 다만, 골리앗기업은 자신의 유리한 조달조건 등을 내세워 스왑계약으로 인한 이익의 6할을 차지하고 나머지는 다비드기업 몫으로 하되, 동 스왑의 변동금리는 LIBOR금리로 하자고 제안하였다. 다비드기업이 제안을 받아들여 스왑계약이 체결될 경우, 해당 계약으로 인한 현금흐름을 그림으로 나타내시오.

(2) 스왑계약으로 인한 이익조정문제로 두 기업의 계약체결이 지연되자, 두 기업과 동시에 거래하고 있던 방코은행이 거래중재에 나섰다. 은행은 20bp의 이익을 얻고 나머지 이익은 두 기업에게 균등하게 배분되도록 하되, 변동금리는 모두 LIBOR금리로 하자고 제안하였다. 은행중개를 통한 스왑계약이 체결될 경우, 해당 계약을 통해 은행이 두 기업에게 지급하고 지급받는 고정금리를 각각 구하시오.

(3) 다비드기업의 입장에서 (2)에서 제시된 스왑계약의 가치를 평가하시오. 스왑계약은 매년 말에 한 번씩 이자지급액의 차액만을 주고받으며, 현재 LIBOR금리의 기간구조는 다음과 같고 순수기대이론을 가정한다.

만기(년)	1	2	3
이자율(%)	5.5	6.0	6.5

해설

(1) 중개은행이 개입하지 않는 스왑

고정금리 스프레드 = 10% − 8% = 2%

변동금리 스프레드 = LIBOR + 2.3% − (LIBOR + 1.5%) = 0.8%

스왑의 총 이익 = 2% − 0.8% = 1.2%

골리앗의 스왑이익 = 1.2% × 0.6 = 0.72%

다비드의 스왑이익 = 1.2% × 0.4 = 0.48%

<골리앗>

골리앗은 자신이 비교우위에 있는 고정금리시장에서 8%로 차입한 후 금리정산일에 다비드에게 LIBOR

의 이자율을 지급하고 7.22%의 이자율을 수취하는 스왑거래를 통해 0.72% 이익을 실현할 수 있다.
골리앗이 다비드에게 수취하는 이자수익을 a라고 할 때

이자비용 : 8% + LIBOR

이자수익 : a

순이자비용 = 이자비용 − 이자수익 = 8% + LIBOR − a

변동금리직접차입비용 = LIBOR + 1.5%

스왑이익 = LIBOR + 1.5% − (8% + LIBOR − a) = 0.72% ➠ a = 7.22%

<다비드>

다비드 자신이 비교우위에 있는 변동금리시장에서 LIBOR + 2.3%로 차입한 후 금리정산일에 골리앗에게 7.22%의 이자율을 지급하고 LIBOR의 이자율을 수취하는 스왑거래를 통해 0.48% 이익을 실현할 수 있다.
다비드가 골리앗에게 지급하는 이자비용을 a라고 할 때

이자비용 : LIBOR + 2.3% + a

이자수익 : LIBOR

순이자비용 = 이자비용 − 이자수익 = a + 2.3%

고정금리직접차입비용 = 10%

스왑이익 = 10% − (a + 2.3%) = 0.48% ➠ a = 7.22%

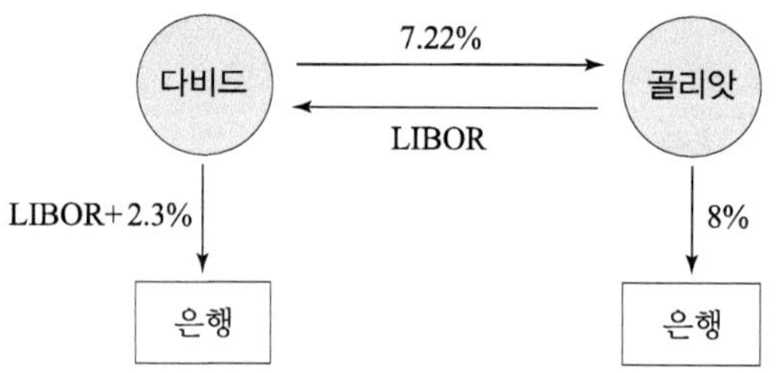

(2) 중개은행이 개입하는 스왑

은행의 이익 = 0.2%

골리앗의 이익 = (1.2% − 0.2%) × 0.5 = 0.5%

다비드의 이익 = (1.2% − 0.2%) × 0.5 = 0.5%

<골리앗>

골리앗은 자신이 비교우위에 있는 고정금리시장에서 8%로 차입한 후 금리정산일에 은행에게 LIBOR의 이자율을 지급하고 7%의 이자율을 수취하는 스왑거래를 통해 0.5% 이익을 실현할 수 있다.
골리앗이 은행에게 수취하는 이자수익을 a라고 할 때

스왑이익 = LIBOR + 1.5% − (8% + LIBOR − a) = 0.5% ➠ a = 7%

<다비드>

다비드 자신이 비교우위에 있는 변동금리시장에서 LIBOR + 2.3%로 차입한 후 금리정산일에 은행에게 7.2%의 이자율을 지급하고 LIBOR의 이자율을 수취하는 스왑거래를 통해 0.5% 이익을 실현할 수 있

다.

다비드가 은행에게 지급하는 이자비용을 a라고 할 때

스왑이익 = 10% − (a + 2.3%) = 0.5% ➠ a = 7.2%

(3) 스왑의 가치평가

현물이자율에서 선도이자율을 구하면 다음과 같다.

$$(1+{}_0R_2)^2=(1+{}_0R_1)^1\times(1+{}_1f_2)^1$$

$$(1+0.06)^2=(1+0.055)^1\times(1+{}_1f_2)^1 \Rightarrow {}_1f_2=6.5024\%$$

$$(1+{}_0R_3)^3=(1+{}_0R_2)^2\times(1+{}_2f_3)^1$$

$$(1+0.065)^3=(1+0.06)^2\times(1+{}_2f_3)^1 \Rightarrow {}_2f_3=7.5071\%$$

다비드는 고정금리를 지급하고 변동금리를 수취하는 고정금리 지급자이다. 따라서 다비드의 입장에서 스왑의 가치는 매기 말 선도이자율로 계산한 이자수익에서 7.2억(=100억×7.25%)을 차감한 순현금흐름의 현재가치이다. 매년의 순현금 흐름은 다음과 같다.

1년 후 : 100 × 5.5% − 7.2 = −1.7억

2년 후 : 100 × 6.5024% − 7.2 = −0.6976억

3년 후 : 100 × 7.5071% − 7.2 = +0.3071억

스왑의 가치는 다음과 같다.

$$\text{금리스왑의 가치} = \sum_{t=1}^{n}\frac{({}_{t-1}f_t-\text{고정금리})\times\text{액면금액}}{(1+{}_0R_t)^t}$$

$$=\frac{-1.7}{1.055}+\frac{-0.6976}{1.06^2}+\frac{0.3071}{1.065^3}= -1.978\text{억}$$

연습문제 19-4

스왑에 대한 다음 설명 중 가장 잘못된 것은?

① 스왑은 두 거래 당사자간 미래 현금흐름을 교환하는 계약으로 일련의 선도거래 또는 선물계약을 한 번에 체결하는 것과 유사한 효과를 갖는다.
② 스왑은 표준화된 상품인 선물, 옵션과 같이 거래소에서 거래되지 않고, 스왑딜러 및 브로커의 도움을 얻어 주로 장외에서 거래가 이루어진다.
③ 금리스왑은 미래 일정기간동안 거래당사자간 명목원금에 대한 변동금리 이자와 고정금리 이자 금액만을 교환하는 거래로서 원금 교환은 이루어지지 않는다.
④ 통화스왑은 미래 일정기간동안 거래당사자간 서로 다른 통화표시 채무 원금에 대한 이자 금액만을 교환하는 거래로서 원금 교환은 이루어지지 않는다.
⑤ 스왑은 두 거래 당사자간 필요에 따라 다양하게 설계될 수 있는 장점이 있어 금리 또는 환위험관리를 위해 적절하게 사용될 수 있다.

해설

통화스왑은 미래 일정기간동안 거래당사자간 서로 다른 통화표시 채무 원금에 대한 이자 금액 및 원금을 교환하는 거래이다.

정답 : ④

연습문제 19-5

오랜 거래관계를 유지해온 한국의 기업K와 중국의 기업C는 각각 상대국에서 신규사업을 위해 중국 금융시장에서 위안화로 한국 금융시장에서 원화로 1년 만기 동일규모의 자금을 차입하고자 한다. 원화/위안화 환율은 고정환율로서 변동되지 않는다고 가정한다. 기업K와 기업C가 각국 금융시장에서 차입할 때의 시장이자율은 다음 표에서 요약된 바와 같다.

	한국 금융시장에서 원화 차입	중국 금융시장에서 위안화 차입
기업C	6.60%	4.20%
기업K	5.60%	3.83%

통화스왑 계약에서 거래비용은 존재하지 않으며 금융기관의 중개를 통하지 않고 기업K와 기업C의 양자계약의 형태를 갖는다고 가정한다. 기업K와 기업C가 1년 만기 통화스왑을 고려할 때 다음 중 옳지 않은 항목만으로 구성된 것은?

a. 기업K는 기업C에 비하여 원화 및 위안화 차입에서 모두 낮은 이자율을 지급하므로 통화스왑을 맺을 경제적 유인을 갖지 않는다.
b. 기업K는 원화 차입, 기업C는 위안화 차입 후에 통화스왑을 통해 부채비용을 절감할 수 있다.
c. 기업K와 기업C가 통화스왑을 통해 절감할 수 있는 부채비용의 최대폭은 63 베이시스 포인트(basis point)이며 통화스왑 당사자들은 이를 균등하게 분할해야 한다.
d. 통화스왑의 경우 이자율스왑과는 상이하게 차입원금이 교환되며 계약상 약정된 환율에 의하여 상환되는 것이 일반적이다.
e. 본 통화스왑에서 신용위험은 존재하지 않으며, 이자율 및 환율의 변동에 따라서 스왑이자율의 조정 및 계약의 갱신 여부 등이 결정될 수 있다.

① a, c, e ② a, d, e ③ b, c, d ④ b, d, e ⑤ c, d, e

해설

	한국 금융시장에서 원화 차입	중국 금융시장에서 위안화 차입
기업C	6.60%	4.20%
기업K	5.60%	3.83%
Spread	1.00%	0.37%

스왑의 이익 = 1.00% − 0.37% = 0.63% = 63bp

스왑은 선도계약이므로 신용위험은 존재한다.

정답: ①

연습문제 19-6

기업 A, B는 국제금융시장에서 각각 다음과 같은 조건으로 자금을 차입할 수 있다. 은행이 기업 A와 B 사이에서 스왑을 중계하고자 한다. 은행이 기업 A에게 변동금리를 지급하고 고정금리를 수취하는 스왑계약을 체결하며, 기업 B와는 그 반대의 스왑계약을 체결한다. 본 스왑으로 인한 은행의 총마진은 0.2%이며, 스왑이득은 두 기업에게 동일하다. 만약 은행이 기업 A에게 LIBOR + 1%를 지급한다면 기업 A는 은행에게 얼마의 고정금리를 지급해야 하는가?

	유로본드 시장	유로달러 시장
기업 A	8%	LIBOR + 1%
기업 B	9%	LIBOR + 3%

① 8% ② 7.8% ③ 7.6% ④ 7.4% ⑤ 7.2%

해설

고정금리스프레드 = 1%

변동금리스프레드 = 2%

스왑거래의 총이익 = 2% − 1% = 1%

은행의 이익 = 0.2%

A기업의 이익 = (1% − 02%) × 0.5 = 0.4%

B기업의 이익 = (1% − 02%) × 0.5 = 0.4%

<A기업>

A기업은 비교우위가 있는 유로달러시장에서 차입하여 금리스왑계약을 체결한다. A기업은 변동금리 지급자이므로 수취하는 고정금리를 a라고 하면

이자비용 = LIBOR + 1% + a

이자수익 = LIBOR + 1%

순이자비용 = 이자비용 − 이자수익 = a

직접차입 고정금리 = 8%

스왑이익 = 8% − a = 0.4% ➠ a = 7.6%

정답: ③

연습문제 19-7

기업 D는 명목원금(notional principal) 1억원, 1년 만기 변동금리를 지급하고 8% 고정금리를 수취하는 5년 만기의 이자율 스왑계약을 3년 6개월 전에 체결하였다. 현재 동 스왑의 잔존만기는 1년 6개월이다. 현재가치 계산을 위해 활용되는 6개월과 1년 6개월 만기 현물이자율은 각각 연 10%와 연 11%이다. 직전 현금흐름 교환 시점의 1년 만기 변동금리는 연 10.5%였다. 기업 D의 관점에서 이 이자율 스왑계약의 현재가치는 얼마인가?

단, 현금흐름은 기말에 연 1회 교환되고 이자율기간구조의 불편기대이론이 성립한다고 가정하며, $\frac{1}{1.10^{0.5}}=0.9535$, $\frac{1}{1.11^{1.5}}=0.8551$이다.

해설

6개월 후 1년 만기 변동금리 $= \frac{0.9535}{0.8551} - 1 = 11.5074\%$

변동금리 지급자인 기업D는 변동금리를 지급하고 고정금리를 수취하므로 스왑의 가치는 다음과 같이 계산한다.

$$\text{금리스왑의 가치} = \sum_{t=1}^{n} \frac{(\text{고정금리} - {}_{t-1}f_t) \times \text{액면금액}}{(1+{}_0R_t)^t}$$
$$= 100{,}000{,}000 \times [(8\% - 10.5\%) \times 0.9535 + (8\% - 11.5074\%) \times 0.8551]$$
$$= -5{,}382{,}928$$

소숫점을 절사하지 않고 정확하게 계산하면 다음과 같다.

$$\text{금리스왑의 가치} = 100{,}000{,}000 \times [(8\% - 10.5\%) \times 0.9535 + (8\% - (0.9535/0.8551 - 1)) \times 0.8551]$$
$$= -5{,}382{,}950$$

연습문제 19-8

아래의 표와 같은 고정금리 차입조건 하에서 한국의 ㈜대한은 1,000만엔, ㈜민국은 10만달러를 차입하려고 한다. ㈜대한은 비교우위를 갖고 있는 달러화시장에서 10만달러, ㈜민국은 엔화시장에서 1,000만엔을 차입한 후, ㈜대한은 1,000만엔에 대한 연 5.5%의 이자를 ㈜민국에게 직접 지급하고 ㈜민국은 10만달러에 대한 연 3%의 이자를 ㈜대한에게 직접 지급하는 통화스왑계약을 체결하려고 한다. 이 통화스왑에서 정기적인 이자지급 외에도 ㈜대한은 계약시점에서 1,000만엔을 받고 10만달러를 주고, 만기시점에서는 10만달러를 돌려받고 1,000만엔을 돌려주어야 한다. 현재 환율이 100엔/달러일 때, 통화스왑으로 인해 발생하는 결과로 가장 적절한 것은?

	달러화 차입금리	엔화 차입금리
㈜대한	3%	6%
㈜민국	5%	7%

① ㈜대한은 달러화 환위험에 노출된다.
② ㈜민국은 달러화와 엔화 환위험에 노출된다.
③ ㈜대한은 달러화차입비용을 0.5%p 줄일 수 있게 된다.
④ ㈜민국은 달러화차입비용을 0.5%p 줄일 수 있게 된다.
⑤ ㈜민국은 엔화차입비용을 0.5%p 줄일 수 있게 된다.

해설

㈜대한의 순이자비용 = 5.5%(엔화)
→ 엔화 이자비용 0.5% 절감
㈜민국의 순이자비용 = 1.5%(엔화) + 3%(달러)
→ 달러 이자비용 2% 감소, 엔화 이자비용 1.5% 증가
㈜대한은 달러화 환위험은 없으며, 엔화 환위험에 노출
㈜민국은 달러와 엔화 모두 환위험에 노출

정답: ②

>>> Financial Management

제20장 국제재무관리

제1절 환 율

1. 환율의 기초

(1) 환율의 개념

환율(exchange rate)은 외국통화 한 단위와 교환되는 자국통화의 양으로 정의된다. 예를 들어 원-달러 환율이 1,200원이라고 하면 미화 1달러가 1,200원과 교환됨을 의미한다.

환율상승은 외국통화 한 단위와 교환되는 자국통화의 양이 많아지기 때문에 외국통화의 가격이 상승하는 것을 의미하며, 자국통화가 평가절하 되는 것을 의미한다. 반면에 환율하락은 외국통화 한 단위와 교환되는 자국통화의 양이 적어지기 때문에 외국통화의 가격이 하락하는 것을 의미하며, 자국통화가 평가절상 되는 것을 의미한다.

(2) 환율의 표시방법

① 직접표시환율(자국통화표시환율)

외국통화를 기준으로 하여 외국통화 1단위와 교환되는 자국통화의 단위수로 표시한 환율이다. 예를 들면 우리나라에서 US$ 1 = ₩1,200과 같이 표시하는 것을 이른다.

② 간접표시환율(외국통화표시환율)

자국통화 1단위당 외국통화의 교환대가로 표시하는 환율이다. 예를 들면 1₩ = 0.000833US$ 과 같이 표시하는 것을 이른다.

③ 매입률과 매도율

외환시장에서 외환딜러는 자기 입장에서 매입환율과 매도환율 두 가지 환율을 동시에 고시한다. 따라서 매입환율은 외환딜러가 고객으로부터 외환을 매입할 때 적용하는 환율이고, 매도환율은 외환딜러가 고객에게 외환을 매도할 때 적용하는 환율이다. 따라서 고객의 입장에서는 외환딜러의 매입환율로 외환을 팔게 되고, 매도환율로 외환을 매입하게 된다. 매입환율과 매도환율의 차이를 호가스프레드(bid-asked spread)라고 한다.

(3) 차익거래와 재정환율

① 장소적 차익거래

외환시장은 지역적으로 떨어져 있어도 외환거래자의 차익거래에 의하여 외환시장간 환율이 같아지게 된다. 예를 들어 국내외환시장에서 환율이 1$ = 1,250₩이고 뉴욕외환시장에서 환율이 1₩ = 0.00077$인 경우 달러의 표시가격이 뉴욕시장이 더 크다.

1₩ = 0.00077$ ➠ 1$ = 1,299₩

외환거래자는 한국시장에서 1달러를 1,250₩에 매입하여 뉴욕시장에 1달러를 1,299₩에 매각함으로써 차익을 얻을 수 있다. 이러한 차익거래가 계속되면 국내외환시장과 뉴욕외환시장의 환율은 같아진다.

② 삼각 차익거래

3개국 통화 간 환율은 삼각 차익거래(triangular arbitrage)에 의해 균형상태를 유지한다. 예컨대, 원화에 대한 미 달러화의 환율과 엔화에 대한 미 달러화의 환율이 실제 시장에서 거래되고 있는 원화와 엔화 사이의 환율과 다를 때 매매 차익실현을 위한 3개국 통화 간에 차익거래가 발생하게 된다.

- 기준환율(basic rate) : 원-달러 환율
- 교차환율(cross rate) : 제3국 화폐에 대한 달러화 환율
- 재정환율(arbitrage rate) : 삼각재정거래에 의한 제3국 화폐의 균형환율

[그림 20-1] 삼각 차익거래

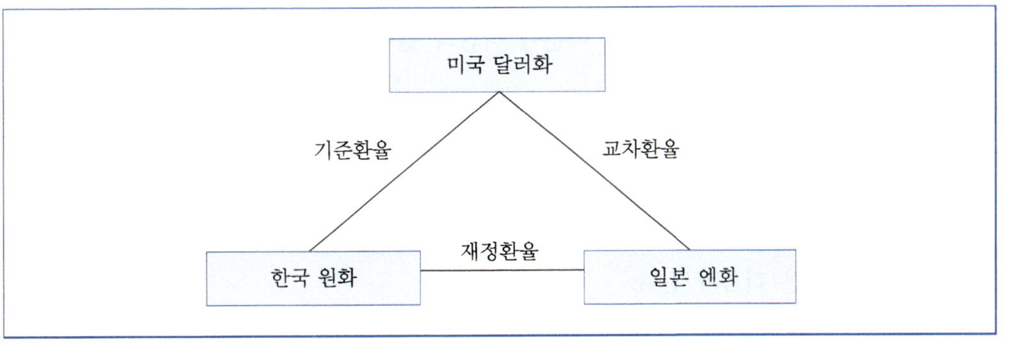

제 2 절 환율결정이론

1. 환율결정이론

상품 및 금융시장이 국가 간 상품이나 금융자산의 이동을 저해하는 요인인 세금, 운송비 등 거래비용이 없으며, 동질적 재화 및 완전한 예측을 전제하면 각국의 상품시장, 금융시장, 외환시장간 차익거래에 의해 물가, 금리, 환율간 일정한 등가관계가 성립한다. 환율결정이론을 설명하기 위하여 다음과 같이 용어를 정의한다.

· S : 현재시점의 미국 1달러의 현물환율
· S_1 : 1기 후 시점의 미국 1달러의 기대현물환율
· F_1 : 1기 후 인도되는 통화선물계약의 선물환율
· i_K : 1기간 동안의 한국의 기대물가상승률
· i_A : 1기간 동안의 미국의 기대물가상승률
· R_K : 1기간 동안의 한국의 명목이자율
· R_A : 1기간 동안의 미국의 명목이자율
· r_K : 1기간 동안의 한국의 실질이자율
· r_A : 1기간 동안의 미국의 실질이자율

[그림 20-2]는 환율결정이론의 균형관계를 나타낸다.

2. 구매력평가설

구매력평가설(purchase power parity theory)은 한 나라의 화폐는 모든 나라에서 동일한 수량의 재화를 구입할 수 있어야 한다는 환율 결정 이론이다. 구매력평가설은 일물일가의 법칙(law of one price)에 입각한 것이다. 일물일가의 법칙이란 어떤 물건의 가격이 어디에서나 같아야 한다는 법칙이다. 지역에 따라 가격이 다르면 누군가 이윤을 차지할 기회가 생기기 때문이다. 예컨대 맥도날드 빅맥 1개의 가격이 한국에서 3,600원이고 미국에서 3달러라

[그림 20-2] 환율결정이론 균형관계

환율결정이론	식	근사식
구매력평가설	$\frac{S_1}{S}=\frac{1+i_K}{1+i_A}$	$\frac{S_1-S}{S}=i_K-i_A$
피셔효과	$\frac{1+R_K}{1+R_A}=\frac{1+i_K}{1+i_A}$	$R_K-R_A=i_K-i_A$
국제피셔효과	$\frac{S_1}{S}=\frac{1+R_K}{1+R_A}$	$\frac{S_1-S}{S}=R_K-R_A$
이자율평가설 (금리평가설)	$\frac{F_1}{S}=\frac{1+R_K}{1+R_A}$	$\frac{F_1-S}{S}=R_K-R_A$
효율적 시장가설	$S_1=F_1$	$S_1=F_1$

국제피셔효과 = 구매력평가설 + 피셔효과
효율적 시장가설 = 국제피셔효과 + 이자율평가설

면 명목환율은 1달러에 1,200원(3,600원/3달러=1,200원/달러)이 되어야 한다. 그렇지 않으면 두 나라에서 달러의 구매력이 같지 않기 때문이다.

동일한 상품이 미국에서 현재가격이 $1이며, 한국에서 현재가격이 S인 경우 1기간 후의 양국에서의 가격은 다음과 같다.

1기간 후 미국에서의 예상가격 = $\$1\times(1+i_A)$
이를 원화표시가격으로 환산하면 $S_1\times(1+i_A)$
1기간 후 한국에서의 예상가격 = $S\times(1+i_K)$

일물일가의 법칙에 의하여 1기간 후 예상가격은 동일하여야 하므로 다음의 식이 성립한다.

$$S_1\times(1+i_A) = S\times(1+i_K) \Rightarrow \frac{S_1}{S}=\frac{1+i_K}{1+i_A} \tag{20.1}$$

즉, 상품시장이 균형인 상태에서 현재 현물환율과 1기 후 기대현물환율의 비율은 두 국가의 기대인플레이션의 비율과 같다.

식 (20.1)의 양변에서 1을 차감하면 다음과 같이 정리된다.

$$\frac{S_1-S}{S}=\frac{i_K-i_A}{1+i_A}$$

여기서 미국의 기대인플레이션율이 크지 않다면 다음과 같은 근사식을 도출할 수 있다.

$$\frac{S_1 - S}{S} = i_K - i_A \tag{20.2}$$

즉, 상품시장이 균형인 상태에서 1기간 동안 현물환율의 변동률은 양국의 1기간 동안 기대인플레이션율의 차이와 같다.

예제 20-1

미국 달러화에 대한 원화의 환율이 1달러에 1,200원이고, 미국과 한국의 예상물가상승률은 각각 연 3%와 연 5%이다.

구매력평가설에 의하면 1년 후에 기대되는 현물환율은 얼마인가?

풀이

(1) 구매력평가설

$i_K = 5\%,\ i_A = 3\%,\ S = 1,200$

$\frac{S_1}{S} = \frac{1+i_K}{1+i_A}$ ➡ $\frac{S_1}{1,200} = \frac{1.05}{1.03}$ ➡ $S_1 = 1,223.3$

3. 국제피셔효과

(1) 피셔효과

피셔효과(Fisher effect)는 미국의 경제학자 어빙 피셔에 의해 주장된 것으로 인플레이션율이 변하면 명목이자율도 같은 폭으로 변하는 현상을 말한다. 명목이자율과 실질이자율, 그리고 물가상승률의 관계는 다음과 같다.

$$1 + R = (1 + r) \times (1 + i)$$

피셔효과가 성립하면 한국 명목이자율과 미국 명목이자율의 비율은 다음과 같다.

$$\frac{1+R_K}{1+R_A}=\frac{(1+r_K)(1+i_K)}{(1+r_A)(1+i_A)}$$

국제금융시장이 균형상태에 있다면 모든 국가의 실질이자율은 같아지게 된다. 따라서 $r_K = r_A$가 되므로 위의 식은 다음과 같이 바꿀 수 있다.

$$\frac{1+R_K}{1+R_A}=\frac{1+i_K}{1+i_A} \tag{20.3}$$

즉, 금융시장이 균형인 상태에서 두 국가의 명목이자율의 비율은 두 국가의 기대인플레이션의 비율과 같다.

식 (20.3)의 양변에서 1을 차감하면 다음과 같이 정리된다.

$$\frac{R_K-R_A}{1+R_A}-\frac{i_K-i_A}{1+i_A}$$

여기서 미국의 실질이자율과 기대인플레이션율이 크지 않다면 다음과 같은 근사식을 도출할 수 있다.

$$R_K-R_A=i_K-i_A \tag{20.4}$$

즉, 금융시장이 균형인 상태에서 두 국가의 명목이자율의 차이는 두 국가의 기대인플레이션의 차이와 같다.

(2) 국제피셔효과

국제피셔효과(International Fisher effect)는 양국 간 환율과 금리의 관계를 나타낸 것으로 환율의 예상변동률은 양국간 명목금리격차와 관계를 이룬다는 것이다. 구매력평가설과 피셔효과가 성립하면 이를 결합하여 국제피셔효과 균형식이 도출된다. 즉, 식 (20.1)과 (20.3)을 결합하면 다음과 같은 국제피셔효과 균형식이 성립한다.

$$\frac{S_1}{S}=\frac{1+i_K}{1+i_A} \quad \text{and} \quad \frac{1+R_K}{1+R_A}=\frac{1+i_K}{1+i_A}$$

$$\Rightarrow \frac{S_1}{S}=\frac{1+R_K}{1+R_A} \tag{20.5}$$

즉, 상품시장과 금융시장이 균형인 상태에서 현재 현물환율과 1기 후 기대현물환율의 비율은 두 국가의 명목이자율의 비율과 같다.

식 (20.2)과 (20.4)를 결합하면 다음과 같은 국제피셔효과 근사식이 성립한다.

$$\frac{S_1 - S}{S} = i_K - i_A \quad \text{and} \quad R_K - R_A = i_K - i_A$$

$$\Rightarrow \frac{S_1 - S}{S} = R_K - R_A \tag{20.6}$$

즉, 상품시장과 금융시장이 균형인 상태에서 1기간 동안 현물환율의 변동률은 양국의 1기간 동안 명목이자율의 차이와 같다.

예제 20-2

미국 달러화에 대한 원화의 환율이 1달러에 1,200원이고, 미국과 한국의 명목이자율은 각각 연 6%와 연 8%이다.

(1) 국제피셔효과에 의하면 1년 후 현물환율은 얼마인가?

(2) 국제피셔효과 근사식에 의하면 1년 후 현물환율은 얼마인가?

풀이

(1) 국제피셔효과

$R_K = 8\%,\ R_A = 6\%,\ S = 1{,}200$

$$\frac{S_1}{S} = \frac{1+R_K}{1+R_A} \Rightarrow \frac{S_1}{1{,}200} = \frac{1.08}{1.06} \Rightarrow S_1 = 1{,}222.6$$

(2) 국제피셔효과 근사식

$$\frac{S_1 - S}{S} = R_K - R_A \Rightarrow \frac{S_1 - 1{,}200}{1{,}200} = 0.08 - 0.06 \Rightarrow S_1 = 1{,}224$$

4. 이자율평가설(금리평가설)

(1) 이자율평가설

이자율평가설(IPP : interest parity theory)은 금융시장이 완전한 경우 선물환 할증률(또는 할인율)은 양국간 명목이자율 차이와 평가관계를 가진다는 것이다. 이자율평가설 균형식은 제18장에서 설명한 통화선물의 균형식과 동일하다.

$$\frac{F_1}{S} = \frac{1+R_K}{1+R_A} \tag{20.7}$$

즉, 금융시장이 균형인 상태에서 1기 후 선물환율과 현재 현물환율의 비율은 두 국가의 명목이자율의 비율과 같다.

식 (20.7)의 양변에서 1을 차감하면 다음과 같이 정리된다.

$$\frac{F_1 - S}{S} = \frac{R_K - R_A}{1+R_A}$$

여기서 미국의 명목이자율이 크지 않다면 다음과 같은 근사식을 도출할 수 있다.

$$\frac{F_1 - S_0}{S_0} = R_K - R_A \tag{20.8}$$

즉, 금융시장이 균형인 상태에서 1기간 동안의 선물환율의 할증율(또는 할인율)은 두 국가의 명목이자율의 차이와 같다.

예제 20-3

미국 달러화에 대한 원화의 환율이 1달러에 1,200원이고, 미국과 한국의 명목이자율은 각각 연 6%와 연 8%이다.

(1) 이자율평가설에 의하면 차익거래 기회가 존재하지 않기 위해서는 1년 만기의 균형선물환율이 얼마로 정해져야 하는가?
(2) 이자율평가설 근사식에 의하면 차익거래 기회가 존재하지 않기 위해서는 1년 만기의 균형선물환율이 얼마로 정해져야 하는가?

할인율)은 현물환율의 예상변동률과 평가관계를 이룬다는 것을 말한다. 국제피셔효과와 이자율평가설이 성립하면 이를 결합하여 효율적 시장가설의 균형식이 도출된다. 즉, 식 (20.5)와 (20.7)을 결합하면 다음과 같은 효율적 시장가설 균형식이 성립한다.

$$\frac{S_1}{S}=\frac{1+R_K}{1+R_A} \quad \text{and} \quad \frac{F_1}{S}=\frac{1+R_K}{1+R_A}$$

$$\Rightarrow S_1 = F_1 \tag{20.9}$$

즉, 금융시장이 균형인 상태에서 선물환율은 기대되는 현물환율의 불편추정 값이 된다.

6. t기간 환율결정이론

t기 후에 예상되는 기대현물이자율 S_t와 만기가 t기 인 선물환율 F_t는 다음의 식을 이용한다. 단, 이때 적용하는 명목이자율은 해당 국가의 만기가 t기 인 현물이자율을 사용한다.

① 구매력 평가설

$$\frac{S_t}{S}=\left[\frac{1+i_K}{1+i_A}\right]^t \tag{20.10}$$

② 국제피셔효과

$$\frac{S_t}{S}=\left[\frac{1+{}_0R_t^K}{1+{}_0R_t^A}\right]^t \tag{20.11}$$

③ 이자율평가설

$$\frac{F_t}{S}=\left[\frac{1+{}_0R_t^K}{1+{}_0R_t^A}\right]^t \tag{20.12}$$

제3절 환위험의 관리

1. 환위험과 환노출

(1) 환위험의 개념

환위험(exchange risk)은 환율의 변동에 의하여 발생하는 위험을 말한다. 즉 장래의 예상하지 못한 환율변동으로 인한 경제적 주체의 가치변동 가능성을 의미한다. 환위험은 '환율변동성'과 '환노출'의 두 가지 요인에 의해 결정된다.

$$\text{환위험} = \text{환율변동성} \times \text{환노출}$$

환노출(foreign exchange exposure)은 다음과 같이 순노출(net exposure)에 의해 측정된다.

$$\text{순노출} = \text{외화표시자산(또는 현금유입)} - \text{외화표시부채(또는 현금유출)}$$

(2) 환노출의 유형

환노출은 위험에 노출되는 성격에 따라 환산노출(translation exposure), 거래노출(transaction exposure) 및 경제적 노출(economic exposure)로 구분된다.

① 환산노출(translation exposure)

환산노출은 외화로 표시된 재무제표를 자국통화로 환산할 때 발생하는 회계상 가치변동을 말한다. 재무제표의 항목 중 어느 항목을 노출항목으로 보느냐에 따라 다음과 같은 방법으로 구분된다.

- 유동성/비유동성법
  유동성 항목은 현행환율, 비유동성항목은 역사적 환율 적용
- 화폐성/비화폐성법
  화폐성 항목은 현행환율, 비화폐성 항목은 역사적 환율 적용

- 시제법

  시장가치 산정항목은 현행환율, 취득원가 산정항목은 역사적 환율 적용

- 현행환율법

  모든 자산 및 부채는 현행환율, 자본항목은 역사적 환율 적용

② 거래노출(transaction exposure)

거래노출은 수출입거래에서 계약시점과 결제시점 또는 외화자금거래에서 차입시점과 상환시점 간에 환율변동으로 발생하는 환차손익을 말한다. 재무관리에서 환위험관리의 중요한 대상이 거래노출이다.

③ 경제적 노출(economic exposure)

경제적 노출은 환율변동으로 인해 미래 현금흐름의 현재가치인 기업가치의 변동가능성을 말한다.

2. 환위험의 관리

환위험관리란 환위험을 예측하거나 사후적으로 인식하고 이를 다양한 기법으로 이용하여 체계적으로 관리하는 것을 말한다. 환위험 관리기법은 환노출의 유형 및 관리방법에 따라 다음과 같이 분류된다.

	대외적 관리기법	대내적 관리기법
환산 및 거래노출	금융시장거래 통화선물거래 통화옵션거래 통화스왑거래	자산부채관리 매칭 상계 리딩과 래깅 결제통화의 조정
경제적 노출	장기재무관리 장기스왑금융 장기선물환계약	장기전략 마케팅관리 생산관리 인사관리 재무관리

(1) 대내적 관리기법

① 자산부채관리(ALM)

기업의 자산과 부채 포지션을 조정하는 환위험을 관리하는 기법으로 소극적 전략과 적극적 전략으로 구분한다.

소극적 관리전략은 환노출 자산과 부채를 일치시켜 순노출 = 0이 되도록 하여 환위험을 최소화 하는 전략이다.

적극적 관리전략은 환차익을 극대화하는 전략으로 외화의 강세가 예상될 때 자산포지션을 늘리고 부채포지션을 줄여서 순노출 > 0이 되도록 하고, 외화의 약세가 예상될 때 부채포지션을 늘리고 자산포지션을 줄여서 순노출 < 0이 되도록 하는 전략이다.

② 매칭(matching)

자금의 유입과 유출을 통화별 · 만기별로 일치(matching)시킴으로써 자금흐름의 불일치에서 발생할 수 있는 환위험을 줄이는 기법이다.

③ 상계(netting)

다국적기업의 본지점간 또는 자회사 상호간에 발생하는 채권 · 채무관계를 개별적으로 결제하지 아니하고 일정 기간 경과 후에 이들을 상계한 후 그 차액만을 정기적으로 결제하여 환위험을 줄이는 기법이다.

④ 리딩과 래깅(leading and lagging)

외화 자금의 결제시기를 의도적으로 앞당기거나(leading) 또는 지연시키는(lagging) 방법으로 단기적인 환위험관리기법이다.

⑤ 결제통화의 조정

수출입거래를 외화가 아닌 자국통화로 결제함으로써 환위험을 회피할 수 있다.

(2) 금융시장거래

① 외화채권을 보유하고 있는 경우 ➠ 외화차입, 국내대출

외화채권을 보유하고 있는 경우 해외금융시장에서 외화채권금액의 현재가치만큼 외화를 차입한 후 이를 국내통화로 환전하여 국내 금융시장에 투자하면 환위험을 헤지할 수 있다.

만기시점에는 외화채권 회수액으로 외화차입금을 상환한다.

	환율상승	환율하락
외화채권	환차익	환차손
외화차입	환차손	환차익
국내투자	환위험 없음	

② 외화채무를 부담하고 있는 경우 ➠ 외화대출, 국내차입

외화채무를 보유하고 있는 경우 국내금융시장에서 외화채무금액의 현재가치만큼 원화를 차입한 후 이를 외화로 환전하여 해외 금융시장에 투자하면 환위험을 헤지할 수 있다. 만기시점에는 해외 금융시장의 투자한 회수액으로 외화채무를 상환한다.

	환율상승	환율하락
외화채무	환차손	환차익
외화대출	환차익	환차손
국내차입	환위험 없음	

(3) 통화선물거래

① 외화채권을 보유하고 있는 경우 ➠ 통화선물 매도 (−f)

외화채권을 보유하고 있는 경우 채권 결제일을 만기일로 하는 통화선물 매도계약을 체결하여 환위험을 헤지할 수 있다. 따라서 외화채권의 결제에 적용할 환율을 현재시점에서 선물환율로 고정시킬 수 있다.

	환율상승	환율하락
외화채권	환차익	환차손
통화선물매도	환차손	환차익

② 외화채무를 부담하고 있는 경우 ➠ 통화선물 매수 (+f)

외화채무를 보유하고 있는 경우 채무 결제일을 만기일로 하는 통화선물 매수계약을 체결하여 환위험을 헤지할 수 있다. 따라서 외화채무의 결제에 적용할 환율을 현재시점에서 선물환율로 고정시킬 수 있다.

	환율상승	환율하락
외화채권	환차손	환차익
통화선물매수	환차익	환차손

(4) 통화옵션거래

① 외화채권을 보유하고 있는 경우 ➠ 풋옵션 매수(+P), 콜옵션 매도(−C)

외화채권을 보유하고 있는 경우 채권 결제일을 만기일로 하고 해당 통화를 기초자산으로 하는 풋옵션을 매입하여 환위험을 헤지할 수 있다. 이 경우 채권의 결제시점에서 최소한 풋옵션의 행사가격만큼을 확보할 수 있다.

외화채권을 보유하고 있는 경우 채권 결제일을 만기일로 하고 해당 통화를 기초자산으로 하는 동일한 행사가격의 풋옵션을 매입하고 동시에 콜옵션을 매도하여 환위험을 헤지할 수 있다. 이 경우 외화채권의 결제에 적용할 환율을 옵션의 행사가격으로 고정시킬 수 있다.

	환율상승	환율하락
외화채권	환차익	환차손
풋옵션 매수	환차손	환차익
콜옵션 매도	환차손	환차익

② 외화채무를 부담하고 있는 경우 ➠ 콜옵션 매수(+C), 풋옵션 매도(−P)

외화채무를 보유하고 있는 경우 채권 결제일을 만기일로 하고 해당 통화를 기초자산으로 하는 콜옵션을 매입하여 환위험을 헤지할 수 있다. 이 경우 채무의 결제시점에서 콜옵션의 행사가격을 초과하여 지불하지 않을 수 있다.

외화채무를 보유하고 있는 경우 채권 결제일을 만기일로 하고 해당 통화를 기초자산으로 하는 동일한 행사가격의 콜옵션을 매입하고 동시에 풋옵션을 매도하여 환위험을 헤지할 수 있다. 이 경우 외화채무의 결제에 적용할 환율을 옵션의 행사가격으로 고정시킬 수 있다.

	환율상승	환율하락
외화채무	환차손	환차익
콜옵션 매수	환차익	환차손
풋옵션 매도	환차익	환차손

(5) 통화스왑거래

① 외화채권을 보유하고 있는 경우 ➠ 외화지급 통화스왑

외화채권을 보유하고 있는 경우 채권금액에 해당되는 금액의 외화를 채권의 만기일에 지급하고 국내통화를 수취하는 통화스왑계약을 체결하여 환위험을 헤지할 수 있다. 이 경우 외화채권의 결제에 적용할 환율을 현재시점에서 통화스왑계약의 환율로 고정시킬 수 있다.

	환율상승	환율하락
외화채권	환차익	환차손
외화지급	환차손	환차익
국내통화수취	환위험 없음	

② 외화채무를 부담하고 있는 경우 ➠ 외화수취 통화스왑

외화채무를 보유하고 있는 경우 채권금액에 해당되는 금액의 외화를 채권의 만기일에 수취하고 국내통화를 지급하는 통화스왑계약을 체결하여 환위험을 헤지할 수 있다. 이 경우 외화채무의 결제에 적용할 환율을 현재시점에서 통화스왑계약의 환율로 고정시킬 수 있다.

	환율상승	환율하락
외화채권	환차손	환차익
외화수취	환차익	환차손
국내통화지급	환위험 없음	

예제 20-5

한국의 ㈜산일은 20×8년 6월 1일 현재 미국의 ㈜포토맥으로부터 목재를 수입하고, 1년 후에 3,000만 달러의 수입대금을 지급하기로 하였다. 20×8년 6월 1일 현재 현물환율, 선물환율, 한국과 미국의 단기금융시장에서의 이자율은 다음과 같다. 예대금리차이는 없는 것으로 가정한다. 단기금융시장에서의 차입 및 투자에 세금, 거래비용, 신용위험은 없다고 가정한다.

- 현물환율 : ₩1,000/US$
- 1년물 선물환율 : ₩1,100/US$
- 한국 단기금융시장의 연이자율 : 6%
- 미국 단기금융시장의 연이자율 : 4%

㈜산일은 미래 환율변동에 따른 위험을 헤지하기 위하여 1년 만기 달러선물환율을 이용하거나 한국과 미국의 단기금융시장을 이용하는 두 가지 헤징방법을 고려하고 있다.

(1) 두 가지 헤징방법 각각에 대해 1년 후인 20×9년 6월 1일의 원화표시 수입대금 지급액을 계산하고 두 가지 헤징방법 중 최적 헤징방법을 선택하시오.

(2) 한국과 미국의 금융시장이 균형 하에 있다고 가정한다. 위의 두 가지 헤징방법이 무차별한 1년 만기 균형 선물환율을 계산하시오.

풀이

(1) 최적 헤징방법

1) 달러 선물매수

1년 만기 달러 선물을 이용한 20×9년 6월 1일의 원화표시 수입대금 지급액

= $3,000만 × 1,100원/$ = 330억원

2) 단기금융시장

단기금융시장을 이용한 20×9년 6월 1일의 원화표시 수입대금 지급액

① $\$\text{대출(예금)금액} = \dfrac{\$3{,}000\text{만}}{1.04^1}$

② $\text{원화차입금액} = \dfrac{\$3{,}000\text{만} \times 1{,}000\text{원}}{1.04^1}$

③ $\text{원화차입 상환금액} = \dfrac{\$3{,}000\text{만} \times 1{,}000\text{원}}{1.04} \times 1.06 = 305.77\text{억원}$

∴ 단기금융시장의 지급금액이 선물지급금액보다 작으므로 단기금융시장을 이용한 헤징방법 최적이다.

(2) 통화선물 균형가격

$$F = S \times \frac{1+R_K}{1+R_A} = 1000 \times \frac{1.06}{1.04} = 1{,}019.23/\$$$

제 4 절 국제자본예산

1. 해외직접투자

국가 간의 자본이동인 해외투자는 그 목적에 따라서 해외직접투자와 해외간접투자로 구분된다.

해외간접투자(foreign portfolio investment)는 포트폴리오투자를 해외시장에도 적용시켜 외국시장에 대한 분산투자를 통하여 위험을 극소화시키는 것이다. 이러한 해외간접투자는 단순한 자본투자를 통한 시세차익이나 배당수익만을 추구하며, 기업경영에 직접참가는 하지 않는다.

해외직접투자(foreign direct investment)는 단순히 해외에서 포트폴리오를 운용하는 것이 아니라 경영참가 및 기술제휴를 목적으로 한 해외투자를 말한다. 해외직접투자의 주요 유형은 해외 현지법인 설립, 기존 외국법인에의 자본 참가, 부동산 취득 및 지점 설치 등이다. 따라서 해외직접투자는 기업재무의 자본예산의 대상이 된다.

2. 국제자본예산

해외직접투자의 의사결정은 기업의 투자의사결정과정인 자본예산의 논리를 그대로 적용한다. 단, 해외투자안을 자국통화가치로 평가하기 위해서는 외화환산 과정이 추가로 필요하다. 자국통화 기준 해외투자안의 NPV를 구하는 절차는 다음과 같다.

① 현지통화로 투자안의 미래의 현금흐름을 추정한다.

② 자국통화 기준 현금흐름 = 현지통화 기준 현금흐름 × 기대현물환율

③ 자국통화 기준의 자본비용으로 자국통화 기준 현금흐름을 할인하여 NPV를 산출한다.

예제 20-6

외환시장에서 현재 거래되는 원/달러 현물환율은 ₩1,100/$이다. 또한 한국 및 미국의 만기별 채권수익률은 다음과 같다.

만기		1년	2년	3년
만기별 채권수익률	한국	4.0%	3.5%	3.0%
	미국	3.0%	4.0%	4.5%

한국의 K자동차는 미국의 소비자들에게 보다 원활한 서비스를 제공하기 위해 부품공장을 건설할 계획이다. 이 투자에는 초기 6,000만 달러가 소요되며 이후 3년간 매년 3,000만 달러의 현금유입이 예상된다. 3년 후 발생하는 현금흐름은 무시한다. 이 투자안에 적용되는 할인율은 여러 가지 요소를 고려하여 자국통화 기준으로 20%로 결정하였다.

(1) 자국통화 기준 해외투자안의 NPV를 산출하라.
(2) 미국통화 기준 해외투자안의 NPV를 산출하라.

풀이

(1) 자국통화 기준 해외투자안의 NPV

1) 국제피셔효과를 이용하여 미래 기대환율을 산출한다.

국제피셔효과 : $\frac{S_t}{S}=[\frac{1+{}_0R_t^K}{1+{}_0R_t^A}]^t$

1년 후 현물환율 : $S_1=1{,}100\times\frac{1.04}{1.03}\ =\ 1{,}110.68$

2년 후 현물환율 : $S_2=1{,}100\times(\frac{1.035}{1.04})^2\ =\ 1{,}089.45$

3년 후 현물환율 : $S_3=1{,}100\times(\frac{1.03}{1.045})^3\ =\ 1{,}053.31$

2) 원화기준 NPV

$$NPV=-\$6{,}000\text{만}\times1{,}100+\frac{\$3{,}000\text{만}\times1{,}110.68}{1.20^1}+\frac{\$3{,}000\text{만}\times1{,}089.45}{1.20^2}+\frac{\$3{,}000\text{만}\times1{,}053.31}{1.20^3}\ =\ 275{,}051\text{만원}$$

(2) 미국통화 기준 해외투자안의 NPV

$$NPV=-\$6{,}000\text{만}+\frac{\$3{,}000\text{만}}{(1.20\times\frac{1.03}{1.04})^1}+\frac{\$3{,}000\text{만}}{(1.20\times\frac{1.04}{1.035})^2}+\frac{\$3{,}000\text{만}}{(1.20\times\frac{1.045}{1.03})^3}=\$250\text{만}$$

연습문제 20-1

㈜대한은 3,300만원의 투자자금을 보유하고 있다. 현재 현물환율은 KRW1,100/ US$1이다. 미국금리는 연 10%이고 국내금리는 연 5%이다. 외환시장에서 선물환율이 금리평가이론에 의하여 결정되고 현시점에서 1년 만기 선물환계약과 함께 미국의 단기금융시장에 총 3,300만원을 투자할 경우 1년 만기 선물환율과 투자회수총액은 각각 얼마인가?

해설

(1) 1년 만기 선물환율

$$F = S \times \frac{1+R_K}{1+R_A} = 1100 \times \frac{1.05}{1.10} = 1{,}050 \ \text{KRW/\$}$$

(2) 1년 후 투자 회수액

미국의 단기금융시장 투자금액 = 3,300만원 ÷ 1,100원 = $30,000

1년 후 회수금액 = $30,000 × 1.10 × 1,050원 = 3,465만원

연습문제 20-2

(1) 미국 달러화에 대한 원화의 환율이 1달러에 1,240원이고, 미국과 한국의 명목이자율은 각각 연 6%와 연 8%이다. 차익거래 기회가 존재하지 않기 위해서는 1년 만기의 균형 선물환율이 얼마로 정해져야 하는가? (소수점 이하는 반올림 할 것)

(2) 원화표시와 달러화 표시의 1년 만기 무위험할인 채권의 가격이 각각 액면의 80%, 90%라 하자. 외환시장에서 현재 달러 당 원화의 환율이 1,500원이라면, 달러화에 대한 원화의 만기 1년의 선물환율은 얼마인가?

해설

(1) 1년 만기 선물환율

$$F = S \times \frac{1+R_K}{1+R_A} = 1,240 \times \frac{1.08}{1.06} = 1,264\text{원/\$}$$

(2) 1년 만기 선물환율

$$F = S \times \frac{1+R_K}{1+R_A} = 1,500 \times \frac{\frac{100}{80}}{\frac{100}{90}} = 1,688\text{원/\$}$$

연습문제 20-3

(1) 미국에서 5%의 이자율로 $40을 차입하였는데, 환율이 1,100원/$에서 1년 후 1,210원/$으로 증가하였다. 회사가 차입금을 상환할 때 부담하게 되는 지급이자율은 얼마인가?

(2) 재경㈜에서는 90일에 대금을 지불받기로 하고 미화 100만달러 상당의 기계장비를 중국의 한 회사에 수출하였다. 계약금액은 미화로 표시되었는데 현재의 현물환율은 미화 1$당 1,200원이고, 90일 선물환율은 1,185원 이라고 한다. 이러한 환위험을 회피하기 위하여 재경㈜는 선물환 계약체결을 통해서 수출대금 100만 달러를 처분하였다. 이 경우 선물환시장을 이용하여 환위험을 회피하는데 드는 비용이 년으로 환산할 때 몇 %인가?

해설

(1) 국제피셔효과를 이용하여 한국의 이자율을 산출한다.

$R_K = ?,\ R_A = 5\%,\ S = 1{,}100,\ E(S_1) = 1{,}210$

$$\frac{E(S_1)}{S} = \frac{1+R_K}{1+R_A} \Rightarrow \frac{1{,}210}{1{,}100} = \frac{1+R_K}{1.05} \Rightarrow R_K = 15.5\%$$

(2) 선물환 연단위 환산비용

$$\text{선물환할증률} = \frac{F-S}{S} \times \frac{12}{t} = \frac{1{,}185-1{,}200}{1{,}200} \times \frac{12}{3} = -5\%$$

선물환율이 현물환율보다 작기 때문에 선물할인상태이다. 수출업체 입장에서는 선물할인상태에서는 비용이 발생한다. 선물만기가 90일(3개월)이므로 연단위로 환산하면 5%의 비용을 부담한다.

연습문제 20-4

K상사는 20×1년 7월 1일 일본으로부터 기계를 수입하고 연말에 1백만 엔을 지불하기로 하였다. 환율 및 이자율에 관련된 정보는 다음과 같다.

· 20×1년 7월 1일 환율: 100엔당 1,060원

· 20×X1년 12월 31일 환율: 100엔당 1,090원

· 20×1년 12월 31일 선물환율(6개월): 100엔당 1,080원

한국의 이자율은 연 12%이고 일본의 이자율 연 5%이다.

(1) 현물시장을 이용하면 K상사가 연말에 지불해야 하는 금액의 실제 부담액은 얼마인가?

(2) K상사가 일본에서 1백만 엔을 차입하여 국내금융기관에 예치한 후, 연말에 지불한다면 실제 부담액은 얼마인가?

(3) K상사가 선물환계약을 체결할 경우 연말에 실제로 부담하게 되는 금액은 얼마인가?

(4) 환위험을 관리할 수 있는 기법 5가지 이상 설명하시오.

해설

(1) 현물시장을 이용한 실제부담액

¥1,000,000 × ₩10.90 = ₩10,900,000

(2) 단기금융시장을 이용한 실제부담액

① 엔화차입금의 원리금 상환

$$¥1{,}000{,}000 \times \left(1+\frac{0.05}{2}\right) \times ₩10.90 = ₩11{,}172{,}500$$

② 원화내출금의 원리금 회수

$$¥1{,}000{,}000 \times ₩10.60 \times \left(1+\frac{0.12}{2}\right) = ₩11{,}236{,}000$$

③ 실제부담액(지급액)

₩11,172,500 − ₩11,236,000 + ₩10,900,000 = ₩10,836,500

(3) 선물환계약을 이용한 실제부담액

¥1,000,000 × ₩10.80 = ₩10,800,000

➡ 균형선물환율 $= 10.60 \times \dfrac{1+\dfrac{0.12}{2}}{1+\dfrac{0.05}{2}} = 10.96$

현재 선물환율이 균형선물환율보다 작기 때문에 선물환을 이용하는 것이 단기금융시장을 이용하는 것

보다 유리하다.

(4) 환위험을 관리하는 기법

① 자산부채관리전략

② 선물환시장을 이용하는 방법

③ 단기금융시장을 이용하는 방법

④ 통화옵션을 이용하는 방법

⑤ 통화스왑을 이용하는 방법

연습문제 20-5

K펀드는 투자자금 2억원을 운용하려고 한다. 환율 및 이자율에 관련된 정보는 다음과 같다.

	일 본	미 국
현재 환율	10.8₩/￥	1,100₩/$
1년 후 기대환율	10.6₩/￥	1,180₩/$

각 국가의 이자율은 한국 12%, 일본 8%, 미국 5%이다.

(1) K펀드는 미래의 기대수익률을 기준으로 투자하고 있다. K펀드는 어느 국가에 투자하였겠는가? 그리고 그에 대해 문제점을 설명하시오.

(2) K펀드가 이미 외국에 투자하고 있으며 환위험을 회피하기 위한 헤지를 한 경우 각각의 경우에 대해 최저 얼마의 투자수익을 얻을 수 있는가?

(3) 미국, 일본의 이자율은 변동이 없으며 한국의 실질이자율만 2% 하락하였으나 명목이자율에는 변동이 없다고 가정하면 각국의 1년 후 기대현물환율은 얼마인가?

해설

(1) ① 한국에 투자할 경우 투자수익률

1년 후 현금유입 : $200{,}000{,}000 \times (1.12) = ₩224{,}000{,}000$

$$투자수익률 = \frac{224{,}000{,}000}{200{,}000{,}000} - 1 = 12\%$$

② 일본에 투자할 경우 투자수익률

$$1년\ 후\ 현금유입 : \frac{200{,}000{,}000}{10.8} \times 1.08 \times 10.6 = ₩212{,}000{,}000$$

$$투자수익률 = \frac{212{,}000{,}000}{200{,}000{,}000} - 1 = 6\%$$

③ 미국에 투자할 경우 투자수익률

$$1년\ 후\ 현금유입 : \frac{200{,}000{,}000}{1{,}100} \times 1.05 \times 1{,}180 = ₩225{,}272{,}727$$

$$투자수익률 = \frac{225{,}272{,}727}{200{,}000{,}000} - 1 = 12.6\%$$

∴ 미국의 투자수익률이 가장 높기 때문에 미국에 투자한다. 그러나 이러한 투자의사결정의 문제점은 1년 후 기대환율이 예상과 다르게 되는 경우 투자수익률이 달라지는 환위험에 노출이 되어 있다.

(2) ① 일본에 투자할 경우 투자수익률

환위험을 제거하기 위하여 추가로 엔화 차입, 한국 대출

엔화차입금액 $= \dfrac{200,000,000}{10.8} =$ ¥18,518,519

1년 후 엔화차입금 원리금 상환 : ¥18,518,519 × 1.08 = ¥20,000,000(−)

1년 후 원화대출금 원리금 회수 : 200,000,000 × 1.12 = ₩224,000,000(+)

1년 후 일본투자 현금유입 : ¥18,518,519 × 1.08 = ¥20,000,000(+)

1년 후 순현금흐름 = ₩224,000,000

∴ 환율변동과 관계없이 국내투자수익률 12%를 얻을 수 있다.

② 미국에 투자할 경우 투자수익률

환위험을 제거하기 위하여 추가로 달러 차입, 한국 대출

달러차입금액 $= \dfrac{200,000,000}{1,100} =$ $181,818

1년 후 달러차입금 원리금 상환 : $181,818 × 1.05 = $190,909(−)

1년 후 원화대출금 원리금 회수 : 200,000,000 × 1.12 = ₩224,000,000(+)

1년 후 미국투자 현금유입 : $181,818 × 1.05 = $190,909(+)

1년 후 순현금흐름 = ₩224,000,000

∴ 환율변동과 관계없이 국내투자수익률 12%를 얻을 수 있다.

(3) 인플레이션에 대한 자료가 없기 때문에 피셔효과와 국제피셔효과 근사식으로 계산한다.

피셔효과 근사식 : $R = r + inf$

한국의 실질이자율이 2% 하락 ➠ 명목이자율도 12%에서 10%로 하락

국제피셔효과 근사식 : $\dfrac{E(S_1) - S}{S} = R_K - R_A$

1년 후 엔화환율 : $\dfrac{E(S_1) - 10.8}{10.8} = 10\% - 8\%$ ∴ $E(S_1) = 11.016$₩/¥

1년 후 달러환율 : $\dfrac{E(S_1) - 1,100}{1,100} = 10\% - 5\%$ ∴ $E(S_1) = 1,155$₩/$

연습문제 20-6

금리평가이론, 피셔이론, 구매력평가이론, 금리기간구조에 관한 순수기대이론, 불편선물환이론이 모두 성립하는 국제금융시장을 가정한다. 현재 한국의 원화채권수익률이 1년, 2년, 3년 만기별로 각각 연 10%, 12%, 16%이고, 미국의 달러화채권수익률은 1년, 2년, 3년 만기별로 각각 연 6%, 5%, 4%라고 알려져 있다. 현재 외환시장에서 거래되는 원/달러 현물환율은 US$1 = ₩1,000이다.

(1) 한국과 미국채권의 수익률곡선(Yield Curve)을 같은 좌표평면 위에 나타내고 곡선의 모양이 금리 및 환율에 대해 갖는 의미를 간략하게 설명하라.

(2) 각국 채권의 수익률 기간구조에 반영되어 있는 내년과 내후년에 예상되는 1년 만기 내재선도금리(implied forward interest rate)를 계산하고 순수기대이론에 입각하여 한국과 미국의 미래 단기금리의 방향을 예측하라.

(3) 금리평가이론과 불편선물환이론을 적용하여 내년의 예상현물환율과 내후년의 예상현물환율을 구하라.

(4) 한국에 본사를 두고 있는 K기업은 이러한 예상환율을 기초로 미국에 지점을 설치하여 2년간 운영하는 투자안의 경제적 타당성을 검토하고 있다. 이 투자안의 초기투자비용은 4,000만 달러이고 향후 2년간 매년 2,200만 달러의 현금유입이 예상된다. 이 투자안을 평가하기 위한 할인율이 15%이다. 또한 현금흐름은 발생된 시점의 환율을 사용하여 원화로 환산하되 이에 따른 추가비용은 없다고 가정한다. 투자안의 순현재가치를 산출하고, 그 결과에 근거하여 투자안의 채택여부를 결정하라.

해설

(1) 한국의 수익률곡선 : 우상향 ➡ 향후 금리상승 예상
미국의 수익률곡선 : 우하향 ➡ 향후 금리하락 예상

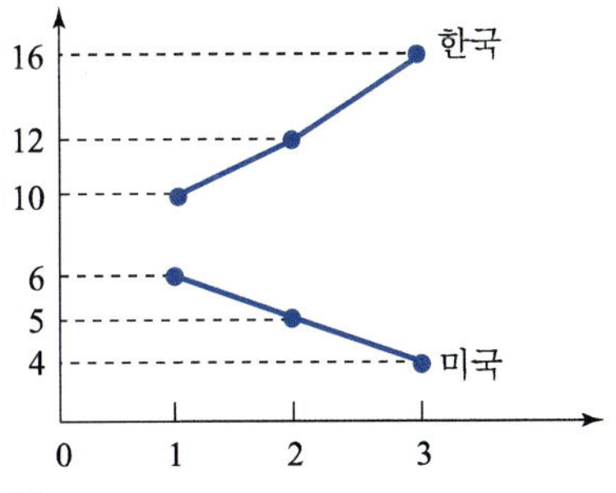

(2) 각국의 선도이자율

1) 한국의 선도이자율

$$(1+{}_0R_1)\times(1+{}_1f_2)=(1+{}_0R_2)^2 \Rightarrow (1.10)\times(1+{}_1f_2)=(1.12)^2 \Rightarrow {}_1f_2=14\%$$

$$(1+{}_0R_2)^2\times(1+{}_2f_3)=(1+{}_0R_3)^3 \Rightarrow (1.12)^2\times(1+{}_2f_3)=(1.16)^3 \Rightarrow {}_2f_3=24\%$$

한국의 만기 1년 현물이자율은 현재 10%, 1년 후 14%, 2년 후 24%로 상승이 예상된다.

2) 미국의 선도이자율

$$(1+{}_0R_1)\times(1+{}_1f_2)=(1+{}_0R_2)^2 \Rightarrow (1.06)\times(1+{}_1f_2)=(1.05)^2 \Rightarrow {}_1f_2=4\%$$

$$(1+{}_0R_2)^2\times(1+{}_2f_3)=(1+{}_0R_3)^3 \Rightarrow (1.05)^2\times(1+{}_2f_3)=(1.04)^3 \Rightarrow {}_2f_3=2\%$$

미국의 만기 1년 현물이자율은 현재 6%, 1년 후 4%, 2년 후 2%로 하락이 예상된다.

(3) 금리평가이론과 불편 선물환이론을 적용하면 t시점의 예상현물환율은 다음과 같다.

$$E(S_t)=S\times\left(\frac{1+{}_0R_t^K}{1+{}_0R_t^A}\right)^t$$

내년의 예상현물환율 : $E(S_1)=1{,}000\text{원}\times\left(\frac{1.1}{1.06}\right)^1 \Rightarrow E(S_1)=1{,}037\text{원}/\$$

내후년 예상현물환율 : $E(S_2)=1{,}000\text{원}\times\left(\frac{1.12}{1.05}\right)^2 \Rightarrow E(S_2)=1{,}137\text{원}/\$$

(4) 자국통화 기준 해외투자안의 NPV

$$NPV=-\$4{,}000\text{만}\times1{,}000+\frac{\$2{,}200\text{만}\times1{,}037}{1.15^1}+\frac{\$2{,}200\text{만}\times1{,}137}{1.15^2}$$

$$=(-)12.47\text{억원}$$

∴ NVP < 0이므로 투자안을 기각한다.

연습문제 20-7

㈜한국의 외화자금 수급에 대한 예측에 의하면 1년 후인 2006년 3월에 5억엔 상당의 엔화 수입자금에 대한 결제와 500만불 상당의 달러화 수출자금에 대한 결제가 동시에 이루어진다. 다음과 같은 정보가 주어져 있을 때 ㈜한국이 환위험을 헤지하기 위하여 택할 수 있는 방법으로 가장 적절한 것은? (단, 수수료는 무시하라)

• 달러화 이자율	: 연 3%
• 엔화 이자율	: 연 1%
• 엔/달러 현물환율	: ￥101.98/$
• 1년 엔/달러 선물환율	: ￥100/$
• 1년 만기 행사가격 ￥100/$의 달러화 풋옵션	: ￥9.86
• 1년 만기 행사가격 ￥100/$의 달러화 콜옵션	: ￥9.84

① 엔/달러 선물시장에서 500만불 상당의 달러 선물환을 매입한다.
② 달러 자금 시장에서 1년 후 500만불을 상환하기로 하고 달러를 차입하여 엔/달러현물 시장에서 엔화로 교환한 후 엔화 자금 시장에 1년간 예치한다.
③ 엔/달러 현물시장에서 500만불 상당의 달러 현물환을 매입한다.
④ 달러화 풋옵션과 달러화 콜옵션을 동시에 매입한다.
⑤ 달러화 풋옵션을 매도한다.

해설

달러화 수출자금의 환헤지전략
→ 달러화 선물환 매도, 달러화 차입, 달러화 콜옵션 매도, 달러화 풋옵션 매수

엔화 수입자금의 환헤지전략
→ 엔화 선물환 매수, 엔화 예금, 엔화 콜옵션 매수, 엔화 풋옵션 매도

정답: ②

연습문제 20-8

외환시장에서 현재 거래되는 원/달러 현물환율은 ₩1,100/$이고 원/엔 현물환율은 ₩1,100/100¥이다. 또한 한국, 미국 및 일본의 만기별 채권수익률은 다음과 같다.

만기		1년	2년	3년
만기별 채권수익률	한국	4.0%	3.5%	3.0%
	미국	3.0%	4.0%	4.5%
	일본	0.5%	0.5%	0.5%

향후 원/달러(₩/$)와 원/엔(₩/100¥) 환율은 어떻게 변할 것으로 기대되는가? 구매 력평가이론과 피셔이론이 성립한다고 가정한다.

해설

(1) 원/달러(₩/$)

1년 후: $S_1 = 1,100 \times \left(\frac{1.04}{1.03}\right)^1 = 1,100.68$

2년 후: $S_2 = 1,100 \times \left(\frac{1.035}{1.04}\right)^2 = 1,089.45$

3년 후: $S_3 = 1,100 \times \left(\frac{1.03}{1.045}\right)^3 = 1,153.31$

(2) 원/엔(₩/100¥) 환율

1년 후: $S_1 = 1,100 \times \left(\frac{1.04}{1.005}\right)^1 = 1,138.31$

2년 후: $S_2 = 1,100 \times \left(\frac{1.035}{1.005}\right)^2 = 1,166.65$

3년 후: $S_3 = 1,100 \times \left(\frac{1.03}{1.005}\right)^3 = 1,184.15$

연습문제 20-9

(1) 미국에 물품을 수출하고 6개월 후에 대금 1백만 달러를 받기로 한 무역업자가 있다. 이 무역업자가 사용하기에 가장 적절한 환위험 헤지 방법은?

① 6개월 만기의 달러 콜옵션을 매수한다.
② 6개월 만기의 달러 풋옵션을 매도한다.
③ 6개월 만기의 선물환 계약에서 달러 매수포지션을 취한다.
④ 동일한 행사가격의 만기 6개월짜리 달러 콜옵션과 달러 풋옵션을 동시에 매수한다.
⑤ 6개월 만기 달러 대출을 받아 달러를 외환시장에서 매각한다.

(2) K기업은 3개월 후에 미국기업에 대한 수입대금 1백만 달러를 지급해야 한다. 다음 중 환위험을 헤지하기 위해 환위험관리전략으로 가장 적절한 것은?

① 동일한 행사가격의 3개월 만기의 달러 콜옵션과 풋옵션을 동시에 매도한다.
② 스왑딜러를 통해 원화 수입이 주된 소득원인 미국 현시의 A기업과 달러를 지급하고 원화를 수취하는 원-달러 통화스왑계약을 체결한다.
③ 3개월 만기의 달러 콜옵션을 매입한다.
④ 국내 유로은행에서 달러를 차입하여 이를 외환시장에 매도한다.
⑤ 3개월 만기의 달러화 선물환 매도계약을 체결한다.

해설

(1) 수출대금이 달러이므로 달러 자산(+S)의 환위험 헤지전략을 한다.
1) 콜옵션 매도(−C)
2) 풋옵션 매수(+P)
3) 선물 매도(−f)
4) 달러를 지급하고 원화를 수취하는 통화스왑
5) 달러 차입(−S)

정답: ⑤

(2) 수입결제대금이 달러이므로 달러 부채(−S)의 환위험 헤지전략을 한다.
1) 콜옵션 매수(+C)
2) 풋옵션 매도(−P)
3) 선물 매수(+f)
4) 달러를 수취하고 원화를 지급하는 통화스왑
5) 달러 예금(+S)

정답: ③

연습문제 20-10

동일한 수익구조를 만들어내는 복제포트폴리오의 구성방법 중 옳은 항목만을 모두 모은 것은?

a. 미 달러화 선물환 매도 = 원화채권 매입 + 현물환 매도 + 미 달러채권 매도
b. 채권 매입 = 선물 매도 + 기초자산 매입
c. 주식 공매 = 채권 매도 + 콜옵션 매도 + 풋옵션 매입

① a, b, c　　② b, c　　③ a, c　　④ c　　⑤ a, b

해설

(a) 통화선물 복제포트폴리오

선물 매수(+f) = 달러 매수(+S) + 원화채권매도(차입) + 달러채권매수(대출)

➡ 선물 매도(−f) = 달러 매도(−S) + 원화채권매수(대출) + 달러채권매도(차입)

(b) 주식선물 복제포트폴리오

선물 매수(+f) = 주식매수(+S) + 채권매도(차입)(−B)

➡ 채권매입(대출)(+B) = 주식매수(+S) + 선물 매도(−f)

(c) 풋-콜 패리티 복제포트폴리오

S − C + P = PV(X)

➡ −S = −C + P − PV(X)

기초자산 매도(−S) = 콜옵션 매도(−C) + 풋옵션 매수(+P) + 채권 매도(−B)

정답 : ①

연습문제 20-11

갑기업의 현재 엔화로 표시된 1년 만기 일본국채 3000만엔과 달러표시 1년 만기 미국국채 100만 달러를 매입하였다. 현재 현물환율은 1엔당 10원 1달러당 1200원이다. 현재 미국의 1년 이자율은 5%이고, 일본의 1년 이자율은 3%이다. 갑기업의 사장은 투자원금에 대해 환율변동으로 인한 손실을 헤지하기 위해 고심하고 있다. 엔화에 대한 1년 후 현물환율이 1엔당 12원일 때 투자수익률 10%를 획득하기 위한 원/달러 환율을 구하라.

해설

(1) 원화투자금액 = (3,000만¥ × 10원/¥) + (100만$ × 1,200원/$) = 150,000만원

(2) 일본국채의 1년 후 만기금액 = 3,000만¥ × 12원/¥ × 1.03 = 37,080만원

(3) 미국국채의 1년 후 만기금액 = 100만$ × $E(S_1)$ × 1.05 = 105만$ × $E(S_1)$

(4) 투자수익률 10%를 획득하기 위한 1년 후 만기금액

(1) × 1.10 = (2) + (3)

150,000만원 × 1.10 = 37,080만원 + 105만 × $E(S_1)$

⇒ $E(S_1)$ = 1,218.29원/$

연습문제 20-12

한국과 미국의 무위험이자율은 각각 연간 6%와 4%이다. 한국의 금융시장에서 달러화의 현물환율은 1달러당 1,250원이다. 잔존만기가 1년이고 행사가격이 1,000원인 유럽형 콜옵션이 300원에 거래되고 있다. 국내 및 미국의 금융시장에는 어떠한 차익거래의 기회도 존재하지 않는다고 가정하시오.

(1) 미화 1달러에 대한 1년 만기 선물의 적정가격을 구하시오.
(2) 한국의 대미 수출기업인 ㈜한텍은 환리스크를 헤지하고자 한국의 금융시장에서 달러화를 기초자산으로 하고 행사가격이 1,000원이며, 만기가 1년인 유럽형 풋옵션을 매입하고자 한다. 이 풋옵션의 적정 프리미엄은 얼마인가?

해설

(1) 환율선물 균형가격

$$F = S \times \frac{1+R_K}{1+R_A} = 1{,}250 \times \frac{1.06}{1.04} = 1{,}274.04\text{원/\$}$$

(2) 풋옵션 균형가격

환율 풋-콜 패리티 : $\dfrac{S}{1+R_A} - C + P = \dfrac{X}{1+R_K}$

$\dfrac{1{,}250}{1.04} - 300 + P = \dfrac{1{,}000}{1.06}$ ➠ $P = 41.47$원

연습문제 20-13

지금까지 국내수요에만 의존하던 주식회사 엑손통신은 올해 처음으로 미국에 통신장비를 수출하고 수출대금 $10,000,000를 3개월 후에 달러화로 수취하기로 하였다. 환율이 하락하여 3개월 후에 받을 수출대금의 원화가치가 하락하는 위험을 방지하기 위해서 엑손통신은 위의 달러 수취 포지션 전체에 대해서 헤징을 하기로 하였다. 가격 변수들은 다음과 같이 주어졌다. (아래에서 매입환율이란 엑손통신이 달러화를 매입할 때 적용되는 환율이다.)

- 달러화 현물(spot) 매입환율 : 1.245원/$
- 달러화 현물(spot) 매도환율 : 1.235원/$
- 달러화 3개월 선물환(forward) 매입환율 : 1.242원/$
- 달러화 3개월 선물환(forward) 매도환율 : 1.230원/$
- 원화 예금이자율 : 연 5.6%
- 원화 차입이자율 : 연 6.4%
- 달러화 예금이자율 : 연 7.6%
- 달러화 차입이자율 : 연 8.4%

이자 계산에 있어서, 이자율이 예를 들어 연5.6%라고 하면 현재시점에서 100의 3개월 후의 미래가치는 $100\times(1+0.056\times\frac{3}{12})=101.4$와 같은 방식으로 계산하시오.

(1) 달러 선물환 매도를 통한 헤징과, 단기 금융시장(money market)을 이용한 헤징 중 어떤 것이 엑손통신에게 더 유리한지 3개월 후에 확보되는 원화 금액을 비교하시오. 단기 금융시장을 이용한다는 것은 단기간에 걸쳐 달러화와 원화로 대출이나 예금을 실행하는 것을 의미한다. 기술함에 있어서 3개월 후에 확보하게 되는 원화표시금액을 포함하여, 관련된 금액들도 모두 명확히 표시하시오. 계산은 반올림하여 달러화는 1의 자리까지, 원화는 1,000의 자리까지 나타내시오.

(2) 위의 (1)에서 어느 한 쪽이 유리하다면 차익거래(arbitrage)의 가능성을 생각해 볼 수도 있을 것이다. 앞에서의 헤징과 별도로, 엑손통신의 외환시장과 단기 금융시장의 불균형을 이용한 차익거래를 만들어 낼 수 있는지 여부를 구체적으로 계산을 통해서 답하시오.

해설

(1) 수출기업의 환헤지전략

1) 선물환 매도를 통한 헤징

선물환 매도를 이용한 3개월 후에 확보하게 되는 원화표시금액

= $10,000,000 × 1,230원/$ = 12,300,000,000원

2) 단기금융시장을 이용한 헤징

단기금융시장을 이용한 3개월 후에 확보하게 되는 원화표시금액

① 달러차입금액 $= \dfrac{\$10,000,000}{1+0.084\times\dfrac{3}{12}} = 9,794,319\$$

② 원화 대출금액 = 9,794,319$ × 1.235원 = 12,095,984,000원

③ 3개월 후 원화대출 회수금액 $= 12,095,984,000원 \times (1+0.056\times\dfrac{3}{12})$

$= 12,265,328,000원$

∴ 선물환 매도를 이용한 3개월 후에 확보하게 되는 원화표시금액이 단기금융시장을 이용한 3개월 후에 확보하게 되는 원화표시금액보다 더 크기 때문에 선물환 매도를 이용한 헤징방법 최적이다.

(2) 불완전시장의 선물균형가격

1) 매도차익포트폴리오

현물환 매도(−S), 선물환 매수(+f), 원화채권매입(대출), 달러채권매도(차입)

현재시점과 3개월 후 현금흐름은 다음과 같다.

	현재 시점	3개월후
달러채권매도(차입)	+$9,794,319*	(−)$10,000,000
현물환 매도(−S)	−$9,794,319 +12,095,984,000원**	N/A
원화채권매입(대출)	(−)12,095,984,000원	+12,265,328,000원***
선물환 매수(+f)	0	10,000,000×(1$−1,242원)
총계	0	(−)154,672,000원

* $\dfrac{\$10,000,000}{(1+0.084\times\dfrac{3}{12})} = \$9,794,319$

** $9,794,319×1,235원 = 12,095,984,000원

*** $12,095,984,000원\times(1+0.056\times\dfrac{3}{12}) = 12,265,328,000원$

∴ 차익거래결과 손실이 발생하기 때문에 차익거래는 발생하지 않는다.

➠ 차익포트폴리오의 차익이 없는 상황은 균형상태이다.

2) 매수차익포트폴리오

현물환 매입(+S), 선물환 매도(−f), 원화채권매도(차입), 달러채권매입(대출)

현재시점과 3개월 후 현금흐름은 다음과 같다.

	현재 시점	3개월후
달러채권매입(대출)	−$9,813,543*	$10,000,000
현물환 매입(+S)	+$9,813,543 (−)12,217,861,000원**	0
원화채권매도(차입)	+12,217,861,000원	−12,413,347,000원***
선물환 매도(−f)	0	10,000,000×(1,230원−1$)
총계	0	(−)113,347,000원

* $\dfrac{\$10,000,000}{(1+0.076\times\frac{3}{12})}=\$9,813,543$

** $9,813,543×1,245원=12,217,861,000원

***12,217,861,000원$\times(1+0.064\times\frac{3}{12})=$12,413,347,000원

∴ 차익거래결과 손실이 발생하기 때문에 차익거래는 발생하지 않는다.

➡ 차익포트폴리오의 차익이 없는 상황은 균형상태이다.

〈부록 1〉 미래가치계수(CVIF)

$CVIF = (1+R)^n$

	이 자 율								
기간	1%	2%	3%	4%	5%	6%	7%	8%	9%
1	1.0100	1.0200	1.0300	1.0400	1.0500	1.0600	1.0700	1.0800	1.0900
2	1.0201	1.0404	1.0609	1.0816	1.1025	1.1236	1.1449	1.1664	1.1881
3	1.0303	1.0612	1.0927	1.1249	1.1576	1.1910	1.2250	1.2597	1.2950
4	1.0406	1.0824	1.1255	1.1699	1.2155	1.2625	1.3108	1.3605	1.4116
5	1.0510	1.1041	1.1593	1.2167	1.2763	1.3382	1.4026	1.4693	1.5386
6	1.0615	1.1262	1.1941	1.2653	1.3401	1.4185	1.5007	1.5869	1.6771
7	1.0721	1.1487	1.2299	1.3159	1.4071	1.5036	1.6058	1.7138	1.8280
8	1.0829	1.1717	1.2668	1.3686	1.4775	1.5938	1.7182	1.8509	1.9926
9	1.0937	1.1951	1.3048	1.4233	1.5513	1.6895	1.8385	1.9990	2.1719
10	1.1046	1.2190	1.3439	1.4802	1.6289	1.7908	1.9672	2.1589	2.3674
11	1.1157	1.2434	1.3842	1.5395	1.7103	1.8983	2.1049	2.3316	2.5804
12	1.1268	1.2682	1.4258	1.6010	1.7959	2.0122	2.2522	2.5182	2.8127
13	1.1381	1.2936	1.4685	1.6651	1.8856	2.1329	2.4098	2.7196	3.0658
14	1.1495	1.3195	1.5126	1.7317	1.9799	2.2609	2.5785	2.9372	3.3417
15	1.1610	1.3459	1.5580	1.8009	2.0789	2.3966	2.7590	3.1722	3.6425
16	1.1726	1.3728	1.6047	1.8730	2.1829	2.5404	2.9522	3.4259	3.9703
17	1.1843	1.4002	1.6528	1.9479	2.2920	2.6928	3.1588	3.7000	4.3276
18	1.1961	1.4282	1.7024	2.0258	2.4066	2.8543	3.3799	3.9960	4.7171
19	1.2081	1.4568	1.7535	2.1068	2.5270	3.0256	3.6165	4.3157	5.1417
20	1.2202	1.4859	1.8061	2.1911	2.6533	3.2071	3.8697	4.6610	5.6044
21	1.2324	1.5157	1.8603	2.2788	2.7860	3.3996	4.1406	5.0338	6.1088
22	1.2447	1.5460	1.9161	2.3699	2.9253	3.6035	4.4304	5.4365	6.6586
23	1.2572	1.5769	1.9736	2.4647	3.0715	3.8197	4.7405	5.8715	7.2579
24	1.2697	1.6084	2.0328	2.5633	3.2251	4.0489	5.0724	6.3412	7.9111
25	1.2824	1.6406	2.0938	2.6658	3.3864	4.2919	5.4274	6.8485	8.6231
30	1.3478	1.8114	2.4273	3.2434	4.3219	5.7435	7.6123	10.063	13.268
40	1.4889	2.2080	3.2620	4.8010	7.0400	10.286	14.974	21.725	31.409
50	1.6446	2.6916	4.3839	7.1067	11.467	18.420	29.457	46.902	74.358
60	1.8167	3.2810	5.8916	10.520	18.679	32.988	57.946	101.26	176.03

$CVIF > 99,999$

〈부록 1〉 계속

이 자 율										
10%	12%	14%	15%	16%	18%	20%	24%	28%	32%	36%
1.1000	1.1200	1.1400	1.1500	1.1600	1.1800	1.2000	1.2400	1.2800	1.3200	1.3600
1.2100	1.2544	1.2996	1.3225	1.3456	1.3924	1.4400	1.5376	1.6384	1.7424	1.8496
1.3310	1.4049	1.4815	1.5209	1.5609	1.6430	1.7280	1.9066	2.0972	2.3000	2.5155
1.4641	1.5735	1.6890	1.7490	1.8106	1.9388	2.0736	2.3642	2.6844	3.0360	3.4210
1.6105	1.7623	1.9254	2.0114	2.1003	2.2878	2.4883	2.9316	3.4360	4.0075	4.6526
1.7716	1.9738	2.1950	2.3131	2.4364	2.6996	2.9860	3.6352	4.3980	5.2899	6.3275
1.9487	2.2107	2.5023	2.6600	2.8262	3.1855	3.5832	4.5077	5.6295	6.9826	8.6054
2.1436	2.4760	2.8526	3.0590	3.2784	3.7589	4.2998	5.5895	7.2058	9.2170	11.703
2.3579	2.7731	3.2519	3.5179	3.8030	4.4355	5.1598	6.9310	9.2234	12.166	15.917
2.5937	3.1058	3.7072	4.0456	4.4114	5.2338	6.1917	8.5944	11.806	16.060	21.647
2.8531	3.4785	4.2262	4.6524	5.1173	6.1759	7.4301	10.657	15.112	21.199	29.439
3.1384	3.8960	4.8179	5.3503	5.9360	7.2876	8.9161	13.215	19.343	27.983	40.037
3.4523	4.3635	5.4924	6.1528	6.8858	8.5994	10.699	16.386	24.759	36.937	54.451
3.7975	4.8871	6.2613	7.0757	7.9875	10.147	12.839	20.319	31.691	48.757	74.053
4.1772	5.4736	7.1379	8.1371	9.2655	11.974	15.407	25.196	40.565	64.359	100.71
4.5950	6.1304	8.1372	9.3576	10.748	14.129	18.488	31.243	51.923	84.954	136.97
5.0545	6.8660	9.2765	10.761	12.468	16.672	22.186	38.741	66.461	112.14	186.28
5.5599	7.6900	10.575	12.375	14.463	19.673	26.623	48.039	86.071	148.02	253.34
6.1159	8.6128	12.056	14.232	16.777	23.214	31.948	59.568	108.89	195.39	344.54
6.7275	9.6463	13.743	16.367	19.461	27.393	38.338	73.864	139.38	257.92	468.57
7.4002	10.804	15.668	18.822	22.574	32.324	46.005	91.592	178.41	340.45	637.26
8.1403	12.100	17.861	21.645	26.186	38.142	55.206	113.57	228.36	449.39	866.67
8.9543	13.552	20.362	24.891	30.376	45.008	66.247	140.83	292.30	593.20	1178.7
9.8497	15.179	23.212	28.625	35.236	53.109	79.497	174.63	374.14	783.02	1603.0
10.835	17.000	26.462	32.919	40.874	62.669	95.396	216.54	478.90	1033.6	2180.1
17.449	29.960	50.950	66.212	85.850	143.37	237.38	634.82	1645.5	4142.1	10143.
45.259	93.051	188.88	267.86	378.72	750.38	1469.8	5455.9	19427.	66521.	*
117.39	289.00	700.23	1083.7	1670.7	3927.4	9100.4	46890.	*	*	*
304.48	897.60	2595.9	4384.0	7370.2	20555.	56348.	*	*	*	*

〈부록 2〉 연금의 미래가치계수(CVIFA)

$$CVIFA = \frac{(1+R)^n - 1}{R}$$

	이 자 율								
기간	1%	2%	3%	4%	5%	6%	7%	8%	9%
1	1.0000	1.0000	1.0000	1.0000	1.0000	1.0000	1.0000	1.0000	1.0000
2	2.0100	2.0200	2.0300	2.0400	2.0500	2.0600	2.0700	2.0800	2.0900
3	3.0301	3.0604	3.0909	3.1216	3.1525	3.1836	3.2149	3.2464	3.2781
4	4.0604	4.1216	4.1836	4.2465	4.3101	4.3746	4.4399	4.5061	4.5731
5	5.1010	5.2040	5.3091	5.4163	5.5256	5.6371	5.7507	5.8666	5.9847
6	6.1520	6.3081	6.4684	6.6330	6.8019	6.9753	7.1533	7.3359	7.5233
7	7.2135	7.4343	7.6625	7.8983	8.1420	8.3938	8.6540	8.9228	9.2004
8	8.2857	8.5830	8.8932	9.2142	9.5491	9.8975	10.260	10.637	11.028
9	9.3685	9.7546	10.159	10.583	11.027	11.491	11.978	12.488	13.021
10	10.462	10.950	11.464	12.006	12.578	13.181	13.816	14.487	15.193
11	11.567	12.169	12.808	13.486	14.207	14.972	15.784	16.645	17.560
12	12.683	13.412	14.192	15.026	15.917	16.870	17.888	18.977	20.141
13	13.809	14.680	15.618	16.627	17.713	18.882	20.141	21.495	22.953
14	14.947	15.974	17.086	18.292	19.599	21.015	22.550	24.215	26.019
15	16.097	17.293	18.599	20.024	21.579	23.276	25.129	27.152	29.361
16	17.258	18.639	20.157	21.825	23.657	25.673	27.888	30.324	33.003
17	18.430	20.012	21.762	23.698	25.840	28.213	30.840	33.750	36.974
18	19.615	21.412	23.414	25.645	28.132	30.906	33.999	37.450	41.301
19	20.811	22.841	25.117	27.671	30.539	33.760	37.379	41.446	46.018
20	22.019	24.297	26.870	29.778	33.066	36.786	40.995	45.762	51.160
21	23.239	25.783	28.676	31.969	35.719	39.993	44.865	50.423	56.765
22	24.472	27.299	30.537	34.248	38.505	43.392	49.006	55.457	62.873
23	25.716	28.845	32.453	36.618	41.430	46.996	53.436	60.893	69.532
24	26.973	30.422	34.426	39.083	44.502	50.816	58.177	66.765	76.790
25	28.243	32.030	36.459	41.646	47.727	54.865	63.249	73.106	84.701
30	34.785	40.568	47.575	56.085	66.439	79.058	94.461	113.28	136.31
40	48.886	60.402	75.401	95.026	120.80	154.76	199.64	259.06	337.88
50	64.463	84.579	112.80	152.67	209.35	290.34	406.53	573.77	815.08
60	81.670	114.05	163.05	237.99	353.58	533.13	813.52	1253.2	1944.8

$CVIFA > 99{,}999$

〈부록 2〉 계속

이 자 율										
10%	**12%**	**14%**	**15%**	**16%**	**18%**	**20%**	**24%**	**28%**	**32%**	**36%**
1.0000	1.0000	1.0000	1.0000	1.0000	1.0000	1.0000	1.0000	1.0000	1.0000	1.0000
2.1000	2.1200	2.1400	2.1500	2.1600	2.1800	2.2000	2.2400	2.2800	2.3200	2.3600
3.3100	3.3744	3.4396	3.4725	3.5056	3.5724	3.6400	3.7776	3.9184	4.0624	4.2096
4.6410	4.7793	4.9211	4.9934	5.0665	5.2154	5.3680	5.6842	6.0156	6.3624	6.7251
6.1051	6.3528	6.6101	6.7424	6.8771	7.1542	7.4416	8.0484	8.6999	9.3983	10.146
7.7156	8.1152	8.5355	8.7537	8.9775	9.4420	9.9299	10.980	12.136	13.406	14.799
9.4872	10.089	10.730	11.067	11.414	12.142	12.916	14.615	16.534	18.696	21.126
11.436	12.300	13.233	13.727	14.240	15.327	16.499	19.123	22.163	25.678	29.732
13.579	14.776	16.085	16.786	17.519	19.086	20.799	24.712	29.369	34.895	41.435
15.937	17.549	19.337	20.304	21.321	23.521	25.959	31.643	38.593	47.062	57.352
18.531	20.655	23.045	24.349	25.733	28.755	32.150	40.238	50.398	63.122	78.998
21.384	24.133	27.271	29.002	30.850	34.931	39.581	50.895	65.510	84.320	108.44
24.523	28.029	32.089	34.352	36.786	42.219	48.497	64.110	84.853	112.30	148.47
27.975	32.393	37.581	40.505	43.672	50.818	59.196	80.496	109.61	149.24	202.93
31.772	37.280	43.842	47.580	51.660	60.965	72.035	100.82	141.30	198.00	276.98
35.950	42.753	50.980	55.717	60.925	72.939	87.442	126.01	181.87	262.36	377.69
40.545	48.884	59.118	65.075	71.673	87.068	105.93	157.25	233.79	347.31	514.66
45.599	55.750	68.394	75.836	84.141	103.74	128.12	195.99	300.25	459.45	700.94
51.159	64.440	78.969	88.212	98.603	123.41	154.74	244.03	385.32	607.47	954.28
57.275	72.052	91.025	102.44	115.38	146.63	186.69	303.60	494.21	802.86	1298.8
64.002	81.699	104.77	118.81	134.84	174.02	225.03	377.46	633.59	1060.8	1767.4
71.403	92.503	120.44	137.63	157.41	206.34	271.03	469.06	812.00	1401.2	2404.7
79.543	104.60	138.30	159.28	183.60	244.49	326.24	582.63	1040.4	1850.6	3271.3
88.497	118.16	158.66	184.17	213.98	289.49	392.48	723.46	1332.7	2443.8	4450.0
98.347	133.33	181.87	212.79	249.21	342.60	471.98	898.09	1706.8	3226.8	6053.0
164.49	241.33	359.79	434.75	530.31	790.95	1181.9	2640.9	5873.2	12941.	28172.3
442.59	767.09	1342.0	1779.1	2360.8	4163.2	7343.9	22729.	69377.	*	*
1163.9	2400.0	4994.5	7217.7	10436.	21813.	45497.	*	*	*	*
3034.8	7471.6	18535.	29220.	46058.	*	*	*	*	*	*

〈부록 3〉 연속복리 미래가치계수($e^{R \cdot t}$)

	연속복리 이자율									
기간	1%	2%	3%	4%	5%	6%	7%	8%	9%	10%
1	1.0101	1.0202	1.0305	1.0408	1.0513	1.0618	1.0725	1.0833	1.0942	1.1052
2	1.0202	1.0408	1.0618	1.0833	1.1052	1.1275	1.1503	1.1735	1.1972	1.2214
3	1.0305	1.0618	1.0942	1.1275	1.1618	1.1972	1.2337	1.2712	1.3100	1.3499
4	1.0408	1.0833	1.1275	1.1735	1.2214	1.2712	1.3231	1.3771	1.4333	1.4918
5	1.0513	1.1052	1.1618	1.2214	1.2840	1.3499	1.4191	1.4918	1.5683	1.6487
6	1.0618	1.1275	1.1972	1.2712	1.3499	1.4333	1.5220	1.6161	1.7160	1.8221
7	1.0725	1.1503	1.2337	1.3231	1.4191	1.5220	1.6323	1.7507	1.8776	2.0138
8	1.0833	1.1735	1.2712	1.3771	1.4918	1.6161	1.7507	1.8965	2.0544	2.2255
9	1.0942	1.1972	1.3100	1.4333	1.5683	1.7160	1.8776	2.0544	2.2479	2.4596
10	1.1052	1.2214	1.3499	1.4918	1.6487	1.8221	2.0138	2.2255	2.4596	2.7183
11	1.1163	1.2461	1.3910	1.5527	1.7333	1.9348	2.1598	2.4109	2.6912	3.0042
12	1.1275	1.2712	1.4333	1.6161	1.8221	2.0544	2.3164	2.6117	2.9447	3.3201
13	1.1388	1.2969	1.4770	1.6820	1.9155	2.1815	2.4843	2.8292	3.2220	3.6693
14	1.1503	1.3231	1.5220	1.7507	2.0138	2.3164	2.6645	3.0649	3.5254	4.0552
15	1.1618	1.3499	1.5683	1.8221	2.1170	2.4596	2.8577	3.3201	3.8574	4.4817
16	1.1735	1.3771	1.6161	1.8965	2.2255	2.6117	3.0649	3.5966	4.2207	4.9530
17	1.1853	1.4049	1.6653	1.9739	2.3396	2.7732	3.2871	3.8962	4.6182	5.4739
18	1.1972	1.4333	1.7160	2.0544	2.4596	2.9447	3.5254	4.2207	5.0531	6.0496
19	1.2092	1.4623	1.7683	2.1383	2.5857	3.1268	3.7810	4.5722	5.5290	6.6859
20	1.2214	1.4918	1.8221	2.2255	2.7183	3.3201	4.0552	4.9530	6.0496	7.3891
21	1.2337	1.5220	1.8776	2.3164	2.8577	3.5254	4.3492	5.3656	6.6194	8.1662
22	1.2461	1.5527	1.9348	2.4109	3.0042	3.7434	4.6646	5.8124	7.2427	9.0250
23	1.2586	1.5841	1.9937	2.5093	3.1582	3.9749	5.0028	6.2965	7.9248	9.9742
24	1.2712	1.6161	2.0544	2.6117	3.3201	4.2207	5.3656	6.8210	8.6711	11.0232
25	1.2840	1.6487	2.1170	2.7183	3.4903	4.4817	5.7546	7.3891	9.4877	12.1825
30	1.3499	1.8221	2.4596	3.3204	4.4817	6.0496	8.1662	11.0232	14.8797	20.0855
35	1.4191	2.0138	2.8577	4.0552	5.7546	8.1662	11.5883	16.4446	23.3361	33.1155
40	1.4918	2.2255	3.3201	4.9530	7.3891	11.0232	16.4446	24.5235	36.5982	54.5982
45	1.5683	2.4596	3.8574	6.0496	9.4877	14.8797	23.3361	36.5982	57.3975	90.0171
50	1.6487	2.7183	4.4817	7.3891	12.1825	20.0855	33.1155	54.5982	90.0171	148.4132
55	1.7333	3.0042	5.2070	9.0250	15.6426	27.1126	46.9931	81.4509	141.1750	244.6919
60	1.8221	3.3201	6.0496	11.0232	20.0855	36.5982	66.6863	121.5104	221.4064	403.4288

〈부록 3〉 계속

연속복리 이자율										
11%	12%	13%	15%	16%	18%	20%	22%	24%	26%	28%
1.1163	1.1275	1.1388	1.1618	1.1735	1.1972	1.2214	1.2461	1.2712	1.2969	1.3231
1.2461	1.2712	1.2969	1.3499	1.3771	1.4333	1.4918	1.5527	1.6161	1.6820	1.7507
1.3910	1.4333	1.4770	1.5683	1.6161	1.7160	1.8221	1.9348	2.0544	2.1815	2.3164
1.5527	1.6161	1.6820	1.8221	1.8965	2.0544	2.2255	2.4109	2.6117	2.8292	3.0649
1.7333	1.8221	1.9155	2.1170	2.2255	2.4596	2.7183	3.0042	3.3201	3.6693	4.0522
1.9348	2.0544	2.1815	2.4596	2.6117	2.9447	3.3201	3.7434	4.2207	4.7588	5.3656
2.1598	2.3164	2.4843	2.8577	3.0649	3.5254	4.0552	4.6646	5.3656	6.1719	7.0993
2.4109	2.6117	2.8292	3.3201	3.5966	4.2207	4.9530	5.8124	6.8210	8.0045	9.3933
2.6912	2.9447	3.2220	3.8574	4.2207	5.0531	6.0496	7.2427	8.6711	10.3812	12.4286
3.0042	3.3201	3.6693	4.4817	4.9530	6.0496	7.3891	9.0250	11.0232	13.4637	16.4446
3.3535	3.7434	4.1787	5.2070	5.8124	7.2427	9.0250	11.2459	14.0132	17.4615	21.7584
3.7434	4.2207	4.7588	6.0496	6.8210	8.6711	11.0232	14.0132	17.8143	22.6464	28.7892
4.1787	4.7588	5.4195	7.0287	8.0045	10.3812	13.4637	17.4615	22.6464	29.3708	38.0918
4.6646	5.3656	6.1719	8.1662	9.3933	12.4286	16.4446	21.7584	28.7892	38.0918	50.4004
5.2070	6.0496	7.0287	9.4877	11.0232	14.8797	20.0855	27.1126	36.5982	49.4024	66.6863
5.8124	6.8210	8.0045	11.0232	12.9358	17.8143	24.5325	33.7844	46.5255	64.0715	88.2347
6.4883	7.6906	9.1157	12.8071	15.1803	21.3276	29.9641	42.0980	59.1455	83.0963	116.7459
7.2427	8.6711	10.3812	14.8797	17.8143	25.5337	36.5982	52.4573	75.1886	107.7701	154.4700
8.0849	9.7767	11.8224	17.2878	20.9052	30.5694	44.7012	65.3659	95.5835	139.7702	204.3839
9.0250	11.0232	13.4637	20.0855	24.5325	36.5982	54.5982	81.4509	121.5104	181.2722	270.4264
10.0744	12.4286	15.3329	23.3361	28.7892	43.8160	66.6863	101.4940	154.4700	235.0974	357.8092
11.2459	14.0132	17.4615	27.1126	33.7844	52.4573	81.4509	126.4694	196.3699	304.9049	473.4281
12.5535	15.7998	19.8857	31.5004	39.6464	62.8028	99.4843	157.5905	249.6350	395.4404	626.4068
14.0132	17.8143	22.6464	36.5982	46.5255	75.1886	121.5104	196.3699	317.3483	512.8585	828.8175
15.6426	20.0855	25.7903	42.5211	54.5982	90.0171	148.4132	244.6916	403.4288	665.1416	1096.633
27.1126	36.5982	49.4024	90.0171	121.5104	221.4064	403.4288	735.0952	1339.431	2440.602	4447.067
46.9931	66.6863	94.6324	190.5663	270.4264	544.5719	1096.633	2208.348	4447.067	8955.293	18033.74
81.4509	121.5104	181.2722	403.4288	601.8450	1339.431	2980.958	6634.244	14764.78	32859.63	73130.44
141.1750	221.4064	347.2344	854.0588	1339.431	3294.468	8103.084	19930.37	49020.80	120571.7	296558.6
244.6919	403.4288	665.1416	1808.042	2980.958	8103.084	22026.47	59874.14	162754.8	442413.4	1202604
424.1130	735.0952	1274.106	3827.626	6634.244	19930.37	59874.14	179871.9	540364.9	1623346	4876801
735.0952	1339.431	2440.602	8103.084	14764.78	49020.80	162754.8	540364.9	1794075	5956538	19776403

〈부록 4〉 현재가치계수(PVIF)

$$PVIF = \frac{1}{(1+R)^n}$$

	이 자 율								
기간	1%	2%	3%	4%	5%	6%	7%	8%	9%
1	0.9901	0.9804	0.9709	0.9615	0.9524	0.9434	0.9346	0.9259	0.9174
2	0.9803	0.9612	0.9426	0.9246	0.9070	0.8900	0.8734	0.8573	0.8417
3	0.9706	0.9423	0.9151	0.8890	0.8638	0.8396	0.8163	0.7938	0.7722
4	0.9610	0.9238	0.8885	0.8548	0.8227	0.7921	0.7629	0.7350	0.7084
5	0.9515	0.9057	0.8626	0.8219	0.7835	0.7473	0.7130	0.6806	0.6499
6	0.9420	0.8880	0.8375	0.7903	0.7462	0.7050	0.6663	0.6302	0.5963
7	0.9327	0.8706	0.8131	0.7599	0.7107	0.6651	0.6227	0.5835	0.5470
8	0.9235	0.8535	0.7894	0.7307	0.6768	0.6274	0.5820	0.5403	0.5019
9	0.9143	0.8368	0.7664	0.7026	0.6446	0.5919	0.5439	0.5002	0.4604
10	0.9053	0.8203	0.7441	0.6756	0.6139	0.5584	0.5083	0.4632	0.4224
11	0.8963	0.8043	0.7224	0.6496	0.5847	0.5268	0.4751	0.4289	0.3875
12	0.8874	0.7885	0.7014	0.6246	0.5568	0.4970	0.4440	0.3971	0.3555
13	0.8787	0.7730	0.6810	0.6006	0.5303	0.4688	0.4150	0.3677	0.3262
14	0.8700	0.7579	0.6611	0.5775	0.5051	0.4423	0.3878	0.3405	0.2992
15	0.8613	0.7430	0.6419	0.5553	0.4810	0.4173	0.3624	0.3152	0.2745
16	0.8528	0.7284	0.6232	0.5339	0.4581	0.3936	0.3387	0.2919	0.2519
17	0.8444	0.7142	0.6050	0.5134	0.4363	0.3714	0.3166	0.2703	0.2311
18	0.8360	0.7002	0.5874	0.4936	0.4155	0.3503	0.2959	0.2502	0.2120
19	0.8277	0.6864	0.5703	0.4746	0.3957	0.3305	0.2765	0.2317	0.1945
20	0.8195	0.6730	0.5537	0.4564	0.3769	0.3118	0.2584	0.2145	0.1784
21	0.8114	0.6598	0.5375	0.4388	0.3589	0.2942	0.2415	0.1987	0.1637
22	0.8034	0.6468	0.5219	0.4220	0.3418	0.2775	0.2257	0.1839	0.1502
23	0.7954	0.6342	0.5067	0.4057	0.3256	0.2618	0.2109	0.1703	0.1378
24	0.7876	0.6217	0.4919	0.3901	0.3101	0.2470	0.1971	0.1577	0.1264
25	0.7798	0.6095	0.4776	0.3751	0.2953	0.2330	0.1842	0.1460	0.1160
30	0.7419	0.5521	0.4120	0.3083	0.2314	0.1741	0.1314	0.0994	0.0754
40	0.6717	0.4529	0.3066	0.2083	0.1420	0.0972	0.0668	0.0460	0.0318
50	0.6080	0.3715	0.2281	0.1407	0.0872	0.0543	0.0339	0.0213	0.0134

*The factor is zero to four decimal places.

〈부록 4〉 계속

이 자 율										
10%	**12%**	**14%**	**15%**	**16%**	**18%**	**20%**	**24%**	**28%**	**32%**	**36%**
0.9091	0.8929	0.8772	0.8696	0.8621	0.8475	0.8333	0.8065	0.7813	0.7576	0.7353
0.8264	0.7972	0.7695	0.7561	0.7432	0.7182	0.6944	0.6504	0.6104	0.5739	0.5407
0.7513	0.7118	0.6750	0.6575	0.6407	0.6086	0.5787	0.5245	0.4768	0.4348	0.3975
0.6830	0.6355	0.5921	0.5718	0.5523	0.5158	0.4823	0.4230	0.3725	0.3294	0.2923
0.6209	0.5674	0.5194	0.4972	0.4761	0.4371	0.4019	0.3411	0.2910	0.2495	0.2149
0.5645	0.5066	0.4556	0.4323	0.4104	0.3704	0.3349	0.2751	0.2274	0.1890	0.1580
0.5132	0.4523	0.3996	0.3759	0.3538	0.3139	0.2791	0.2218	0.1776	0.1432	0.1162
0.4665	0.4039	0.3506	0.3269	0.3050	0.2660	0.2326	0.1789	0.1388	0.1085	0.0854
0.4241	0.3606	0.3075	0.2843	0.2630	0.2255	0.1938	0.1443	0.1084	0.0822	0.0628
0.3855	0.3220	0.2697	0.2472	0.2267	0.1911	0.1615	0.1164	0.0847	0.0623	0.0462
0.3505	0.2875	0.2366	0.2149	0.1954	0.1619	0.1346	0.0938	0.0662	0.0472	0.0340
0.3186	0.2567	0.2076	0.1869	0.1685	0.1372	0.1122	0.0757	0.0517	0.0357	0.0250
0.2897	0.2292	0.1821	0.1625	0.1452	0.1163	0.0935	0.0610	0.0404	0.0271	0.0184
0.2633	0.2046	0.1597	0.1413	0.1252	0.0985	0.0779	0.0492	0.0316	0.0205	0.0135
0.2394	0.1827	0.1401	0.1229	0.1079	0.0835	0.0649	0.0397	0.0247	0.0155	0.0099
0.2176	0.1631	0.1229	0.1069	0.0930	0.0708	0.0541	0.0320	0.0193	0.0118	0.0073
0.1978	0.1456	0.1078	0.0929	0.0802	0.0600	0.0451	0.0258	0.0150	0.0089	0.0054
0.1799	0.1300	0.0946	0.0808	0.0691	0.0508	0.0376	0.0208	0.0118	0.0068	0.0039
0.1635	0.1161	0.0829	0.0703	0.0596	0.0431	0.0313	0.0168	0.0092	0.0051	0.0029
0.1486	0.1037	0.0728	0.0611	0.0514	0.0365	0.0261	0.0135	0.0072	0.0039	0.0021
0.1351	0.0926	0.0638	0.0531	0.0443	0.0309	0.0217	0.0109	0.0056	0.0029	0.0016
0.1228	0.0826	0.0560	0.0462	0.0382	0.0262	0.0181	0.0088	0.0044	0.0022	0.0012
0.1117	0.0738	0.0491	0.0402	0.0329	0.0222	0.0151	0.0071	0.0034	0.0017	0.0008
0.1015	0.0659	0.0431	0.0349	0.0284	0.0188	0.0126	0.0057	0.0027	0.0013	0.0006
0.0923	0.0588	0.0378	0.0304	0.0245	0.0160	0.0105	0.0046	0.0021	0.0010	0.0005
0.0573	0.0334	0.0196	0.0151	0.0116	0.0070	0.0042	0.0016	0.0006	0.0002	0.0001
0.0221	0.0107	0.0053	0.0037	0.0026	0.0013	0.0007	0.0002	0.0001	*	*
0.0085	0.0035	0.0014	0.0009	0.0006	0.0003	0.0001	*	*	*	*

〈부록 5〉 연금의 현재가치계수(PVIFA)

$$PVIFA = \left[\frac{1}{R} - \frac{1}{R(1+R)^n} \right]$$

	이 자 율								
기간	1%	2%	3%	4%	5%	6%	7%	8%	9%
1	0.9901	0.9804	0.9709	0.9615	0.9524	0.9434	0.9346	0.9259	0.9174
2	1.9704	1.9416	1.9135	1.8861	1.8594	1.8334	1.8080	1.7833	1.7591
3	2.9410	2.8839	2.8286	2.7751	2.7232	2.6730	2.6243	2.5771	2.5313
4	3.9020	3.8077	3.7171	3.6299	3.5460	3.4651	3.3872	3.3121	3.2397
5	4.8534	4.7135	4.5797	4.4518	4.3295	4.2124	4.1002	3.9927	3.8897
6	5.7955	5.6014	5.4172	5.2421	5.0757	4.9173	4.7665	4.6229	4.4859
7	6.7282	6.4720	6.2303	6.0021	5.7864	5.5824	5.3893	5.2064	5.0330
8	7.6517	7.3255	7.0197	6.7327	6.4632	6.2098	5.9713	5.7466	5.5348
9	8.5660	8.1622	7.7861	7.4353	7.1078	6.8017	6.5152	6.2469	5.9952
10	9.4713	8.9826	8.5302	8.1109	7.7217	7.3601	7.0236	6.7101	6.4177
11	10.3676	9.7868	9.2526	8.7605	8.3064	7.8869	7.4987	7.1390	6.8052
12	11.2551	10.5753	9.9540	9.3851	8.8633	8.3838	7.9427	7.5361	7.1607
13	12.1337	11.3484	10.6350	9.9856	9.3936	8.8527	8.3577	7.9038	7.4869
14	13.0037	12.1062	11.2961	10.5631	9.8986	9.2950	8.7455	8.2442	7.7862
15	13.8651	12.8493	11.9379	11.1184	10.3797	9.7122	9.1079	8.5595	8.0607
16	14.7179	13.5777	12.5611	11.6523	10.8378	10.1059	9.4466	8.8514	8.3126
17	15.5623	14.2919	13.1661	12.1657	11.2741	10.4773	9.7632	9.1216	8.5436
18	16.3983	14.9920	13.7535	12.6593	11.6896	10.8276	10.0591	9.3719	8.7556
19	17.2260	15.6785	14.3238	13.1339	12.0853	11.1581	10.3356	9.6036	8.9501
20	18.0456	16.3514	14.8775	13.5903	12.4622	11.4699	10.5940	9.8181	9.1285
21	18.8570	17.0112	15.4150	14.0292	12.8212	11.7641	10.8355	10.0168	9.2922
22	19.6604	17.6580	15.9369	14.4511	13.1630	12.0416	11.0612	10.2007	9.4424
23	20.4558	18.2922	16.4436	14.8568	13.4886	12.3034	11.2722	10.3741	9.5802
24	21.2434	18.9139	16.9355	15.2470	13.7986	12.5504	11.4693	10.5288	9.7066
25	22.0232	19.5235	17.4131	15.6221	14.0939	12.7834	11.6536	10.6748	9.8226
30	25.8077	22.3965	19.6004	17.2920	15.3725	13.7648	12.4090	11.2578	10.2737
40	32.8347	27.3555	23.1148	19.7928	17.1591	15.0463	13.3317	11.9246	10.7574
50	39.1961	31.4236	25.7298	21.4822	18.2559	15.7619	13.8007	12.2335	10.9617

〈부록 5〉 계속

이 자 율									
10%	**12%**	**14%**	**15%**	**16%**	**18%**	**20%**	**24%**	**28%**	**32%**
0.9091	0.8929	0.8772	0.8696	0.8621	0.8475	0.8333	0.8065	0.7813	0.7576
1.7355	1.6901	1.6467	1.6257	1.6052	1.5656	1.5278	1.4568	1.3916	1.3315
2.4869	2.4018	2.3216	2.2832	2.2459	2.1743	2.1065	1.9813	1.8684	1.7663
3.1699	3.0373	2.9137	2.8550	2.7982	2.6901	2.5887	2.4043	2.2410	2.0957
3.7908	3.6048	3.4331	3.3522	3.2743	3.1272	2.9906	2.7454	2.5320	2.3452
4.3553	4.1114	3.8887	3.7845	3.6847	3.4976	3.3255	3.0205	2.7594	2.5342
4.8684	4.5638	4.2883	4.1604	4.0386	3.8115	3.6046	3.2423	2.9370	2.6775
5.3349	4.9676	4.6389	4.4873	4.3436	4.0776	3.8372	3.4212	3.0758	2.7860
5.7590	5.3282	4.9464	4.7716	4.6065	4.3030	4.0310	3.5655	3.1842	2.8681
6.1446	5.6502	5.2161	5.0188	4.8332	4.4941	4.1925	3.6819	3.2689	2.9304
6.4951	5.9377	5.4527	5.2337	5.0286	4.6560	4.3271	3.7757	3.3351	2.9776
6.8137	6.1944	5.6603	5.4206	5.1971	4.7932	4.4392	3.8514	3.3868	3.0133
7.1034	6.4235	5.8424	5.5831	5.3423	4.9095	4.5327	3.9124	3.4272	3.0404
7.3667	6.6282	6.0021	5.7245	5.4675	5.0081	4.6106	3.9616	3.4587	3.0609
7.6061	6.8109	6.1422	5.8474	5.5755	5.0916	4.6755	4.0013	3.4834	3.0764
7.8237	6.9740	6.2651	5.9542	5.6685	5.1624	4.7296	4.0333	3.5026	3.0882
8.0216	7.1196	6.3729	6.0472	5.7487	5.2223	4.7746	4.0591	3.5177	3.0971
8.2014	7.2497	6.4674	6.1280	5.8178	5.2732	4.8122	4.0799	3.5294	3.1039
8.3649	7.3658	6.5504	6.1982	5.8775	5.3162	4.8435	4.0967	3.5386	3.1090
8.5136	7.4694	6.6231	6.2593	5.9288	5.3527	4.8696	4.1103	3.5458	3.1129
8.6487	7.5620	6.6870	6.3125	5.9731	5.3837	4.8913	4.1212	3.5514	3.1158
8.7715	7.6446	6.7429	6.3587	6.0113	5.4099	4.9094	4.1300	3.5558	3.1180
8.8832	7.7184	6.7921	6.3988	6.0442	5.4321	4.9245	4.1371	3.5592	3.1197
8.9847	7.7843	6.8351	6.4338	6.0726	5.4509	4.9371	4.1428	3.5619	3.1210
9.0770	7.8431	6.8729	6.4641	6.0971	5.4669	4.9476	4.1474	3.5640	3.1220
9.4269	8.0552	7.0027	6.5660	6.1772	5.5168	4.9789	4.1601	3.5693	3.1242
9.7791	8.2438	7.1050	6.6418	6.2235	5.5482	4.9966	4.1659	3.5712	3.1250
9.9148	8.3045	7.1327	6.6605	6.2463	5.5541	4.9995	4.1666	3.5714	3.1250

〈부록 6〉 연속복리 현재가치계수($e^{-R.t}$)

	연속복리 이자율									
기간	1%	2%	3%	4%	5%	6%	7%	8%	9%	10%
1	0.9900	0.9802	0.9704	0.9608	0.9512	0.9418	0.9324	0.9231	0.9139	0.9048
2	0.9802	0.9608	0.9418	0.9231	0.9048	0.8869	0.8694	0.8521	0.8353	0.8187
3	0.9704	0.9418	0.9139	0.8869	0.8607	0.8353	0.8106	0.7866	0.7634	0.7408
4	0.9608	0.9231	0.8869	0.8521	0.8187	0.7866	0.7558	0.7261	0.6977	0.6703
5	0.9512	0.9048	0.8607	0.8187	0.7788	0.7408	0.7047	0.6703	0.6376	0.6065
6	0.9418	0.8869	0.8353	0.7866	0.7408	0.6977	0.6570	0.6188	0.5827	0.5488
7	0.9324	0.8694	0.8106	0.7558	0.7047	0.6570	0.6126	0.5712	0.5326	0.4966
8	0.9231	0.8521	0.7866	0.7261	0.6703	0.6188	0.5712	0.5273	0.4868	0.4493
9	0.9139	0.8353	0.7634	0.6977	0.6376	0.5827	0.5326	0.4868	0.4449	0.4066
10	0.9048	0.8187	0.7408	0.6703	0.6065	0.5488	0.4966	0.4493	0.4066	0.3679
11	0.8958	0.8025	0.7189	0.6440	0.5769	0.5169	0.4630	0.4148	0.3716	0.3329
12	0.8869	0.7866	0.6977	0.6188	0.5488	0.4868	0.4317	0.3829	0.3396	0.3012
13	0.8781	0.7711	0.6771	0.5945	0.5220	0.4584	0.4025	0.3535	0.3104	0.2725
14	0.8694	0.7558	0.6570	0.5712	0.4966	0.4317	0.3753	0.3263	0.2837	0.2466
15	0.8607	0.7408	0.6376	0.5488	0.4724	0.4066	0.3499	0.3012	0.2592	0.2231
16	0.8521	0.7261	0.6188	0.5273	0.4493	0.3829	0.3263	0.2780	0.2369	0.2019
17	0.8437	0.7118	0.6005	0.5066	0.4274	0.3606	0.3042	0.2567	0.2165	0.1827
18	0.8353	0.6977	0.5827	0.4868	0.4066	0.3396	0.2837	0.2369	0.1979	0.1653
19	0.8270	0.6839	0.5655	0.4677	0.3867	0.3198	0.2645	0.2187	0.1809	0.1496
20	0.8187	0.6703	0.5488	0.4493	0.3679	0.3012	0.2466	0.2019	0.1653	0.1353
21	0.8106	0.6570	0.5326	0.4317	0.3499	0.2837	0.2299	0.1864	0.1511	0.1225
22	0.8025	0.6440	0.5169	0.4148	0.3329	0.2671	0.2144	0.1720	0.1381	0.1108
23	0.7945	0.6313	0.5016	0.3985	0.3166	0.2516	0.1999	0.1588	0.1262	0.1003
24	0.7866	0.6188	0.4868	0.3829	0.3012	0.2369	0.1864	0.1466	0.1153	0.0907
25	0.7788	0.6065	0.4724	0.3679	0.2865	0.2231	0.1738	0.1353	0.1054	0.0821
30	0.7408	0.5488	0.4066	0.3012	0.2231	0.1653	0.1225	0.0907	0.0672	0.0498
35	0.7047	0.4966	0.3499	0.2466	0.1738	0.1225	0.0863	0.0608	0.0429	0.0302
40	0.6703	0.4493	0.3012	0.2019	0.1353	0.0907	0.0608	0.0408	0.0273	0.0183
45	0.6376	0.4066	0.2592	0.1653	0.1054	0.0672	0.0429	0.0273	0.0174	0.0111
50	0.6065	0.3679	0.2231	0.1353	0.0821	0.0498	0.0302	0.0183	0.0111	0.0067
55	0.5769	0.3329	0.1920	0.1108	0.0639	0.0369	0.0213	0.0123	0.0071	0.0041
60	0.5488	0.3012	0.1653	0.0907	0.0498	0.0273	0.0150	0.0082	0.0045	0.0025

〈부록 6〉 계속

연속복리 이자율									
11%	12%	13%	14%	15%	17%	20%	23%	25%	30%
0.8958	0.8869	0.8781	0.8694	0.8607	0.8437	0.8187	0.7945	0.7788	0.7408
0.8025	0.7866	0.7711	0.7558	0.7408	0.7118	0.6703	0.6313	0.6065	0.5488
0.7189	0.6977	0.6771	0.6570	0.6376	0.6005	0.5488	0.5016	0.4724	0.4066
0.6440	0.6188	0.5945	0.5712	0.5488	0.5066	0.4493	0.3985	0.3679	0.3012
0.5769	0.5488	0.5220	0.4966	0.4724	0.4274	0.3679	0.3166	0.2865	0.2231
0.5169	0.4868	0.4584	0.4317	0.4066	0.3606	0.3012	0.2516	0.2231	0.1653
0.4630	0.4317	0.4025	0.3753	0.3499	0.3042	0.2466	0.1999	0.1738	0.1225
0.4148	0.3829	0.3535	0.3263	0.3012	0.2576	0.2019	0.1588	0.1353	0.0907
0.3716	0.3396	0.3104	0.2837	0.2592	0.2165	0.1653	0.1262	0.1054	0.0672
0.3329	0.3012	0.2725	0.2466	0.2231	0.1827	0.1353	0.1003	0.0821	0.0498
0.2982	0.2671	0.2393	0.2144	0.1920	0.1541	0.1108	0.0797	0.0639	0.0369
0.2671	0.2369	0.2101	0.1864	0.1653	0.1300	0.0907	0.0633	0.0498	0.0273
0.2393	0.2101	0.1845	0.1620	0.1423	0.1097	0.0743	0.0503	0.0388	0.0202
0.2144	0.1864	0.1620	0.1409	0.1225	0.0926	0.0608	0.0400	0.0302	0.0150
0.1920	0.1653	0.1423	0.1225	0.1054	0.0781	0.0498	0.0317	0.0235	0.0111
0.1720	0.1466	0.1249	0.1065	0.0907	0.0659	0.0408	0.0252	0.0183	0.0082
0.1541	0.1300	0.1097	0.0926	0.0781	0.0556	0.0334	0.0200	0.0143	0.0061
0.1381	0.1153	0.0963	0.0805	0.0672	0.0469	0.0273	0.0159	0.0111	0.0045
0.1237	0.1023	0.0846	0.0699	0.0578	0.0396	0.0224	0.0127	0.0087	0.0033
0.1108	0.0907	0.0743	0.0608	0.0498	0.0334	0.0183	0.0101	0.0067	0.0025
0.0993	0.0805	0.0652	0.0529	0.0429	0.0282	0.0150	0.0080	0.0052	0.0018
0.0889	0.0714	0.0573	0.0460	0.0369	0.0238	0.0123	0.0063	0.0041	0.0014
0.0797	0.0633	0.0503	0.0400	0.0317	0.0200	0.0101	0.0050	0.0032	0.0010
0.0714	0.0561	0.0442	0.0347	0.0273	0.0169	0.0082	0.0040	0.0025	0.0007
0.0639	0.0498	0.0388	0.0302	0.0235	0.0143	0.0067	0.0032	0.0019	0.0006
0.0369	0.0273	0.0202	0.0150	0.0111	0.0061	0.0025	0.0010	0.0006	0.0001
0.0213	0.0150	0.0106	0.0074	0.0052	0.0026	0.0009	0.0003	0.0002	0.0000
0.0123	0.0082	0.0055	0.0037	0.0025	0.0011	0.0003	0.0001	0.0000	0.0000
0.0071	0.0045	0.0029	0.0018	0.0012	0.0005	0.0001	0.0000	0.0000	0.0000
0.0041	0.0025	0.0015	0.0009	0.0006	0.0002	0.0000	0.0000	0.0000	0.0000
0.0024	0.0014	0.0008	0.0005	0.0003	0.0001	0.0000	0.0000	0.0000	0.0000
0.0014	0.0007	0.0004	0.0002	0.0001	0.0000	0.0000	0.0000	0.0000	0.0000

〈부록 7〉 표준정규분포표

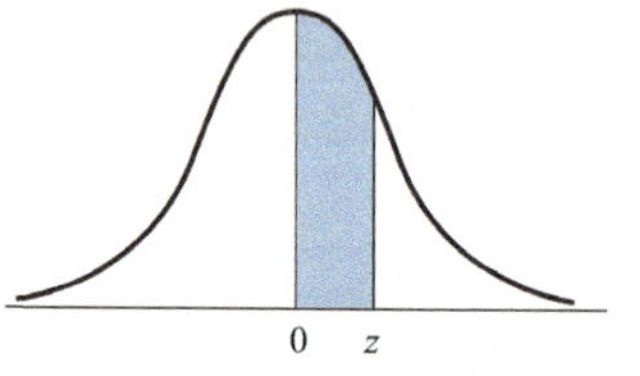

z	.00	.01	.02	.03	.04	.05	.06	.07	.08	.09
0.0	.0000	.0040	.0080	.0120	.0160	.0199	.0239	.0279	.0319	.0359
0.1	.0398	.0438	.0478	.0517	.0557	.0596	.0636	.0675	.0714	.0754
0.2	.0793	.0832	.0871	.0910	.0948	.0987	.1026	.1064	.1103	.1141
0.3	.1179	.1217	.1255	.1293	.1331	.1368	.1406	.1443	.1480	.1517
0.4	.1554	.1591	.1628	.1664	.1700	.1736	.1772	.1808	.1844	.1879
0.5	.1915	.1950	.1985	.2019	.2054	.2088	.2123	.2157	.2190	.2224
0.6	.2258	.2291	.2324	.2357	.2389	.2422	.2454	.2486	.2518	.2549
0.7	.2580	.2612	.2642	.2673	.2704	.2734	.2764	.2794	.2823	.2852
0.8	.2881	.2910	.2939	.2967	.2996	.3023	.3051	.3078	.3106	.3133
0.9	.3159	.3186	.3212	.3238	.3264	.3289	.3315	.3340	.3365	.3389
1.0	.3413	.3438	.3461	.3485	.3508	.3531	.3554	.3577	.3599	.3621
1.1	.3643	.3665	.3686	.3708	.3729	.3749	.3770	.3790	.3810	.3830
1.2	.3649	.3869	.3688	.3907	.3925	.3944	.3962	.3980	.3997	.4015
1.3	.4032	.4049	.4066	.4082	.4099	.4115	.4131	.4147	.4162	.4177
1.4	.4192	.4207	.4222	.4236	.4251	.4265	.4279	.4292	.4306	.4319
1.5	.4332	.4345	.4357	.4370	.4382	.4394	.4406	.4418	.4429	.4441
1.6	.4452	.4463	.4474	.4484	.4495	.4505	.4515	.4525	.4535	.4545
1.7	.4554	.4564	.4573	.4582	.4591	.4599	.4608	.4616	.4625	.4633
1.8	.4641	.4649	.4656	.4664	.4671	.4678	.4686	.4693	.4699	.4709
1.9	.4713	.4719	.4726	.4732	.4738	.4744	.4750	.4756	.4761	.4767
2.0	.4772	.4778	.4783	.4788	.4793	.4798	.4803	.4808	.4812	.4817
2.1	.4821	.4826	.4830	.4834	.4838	.4842	.4846	.4850	.4854	.4857
2.2	.4861	.4864	.4868	.4871	.4875	.4878	.4881	.4884	.4887	.4890
2.3	.4893	.4896	.4898	.4901	.4904	.4906	.4909	.4911	.4913	.4916
2.4	.4918	.4920	.4922	.4925	.4927	.4929	.4931	.4932	.4934	.4936
2.5	.4938	.4940	.4941	.4943	.4945	.4946	.4948	.4949	.4951	.4952
2.6	.4953	.4955	.4956	.4957	.4959	.4960	.4961	.4962	.4963	.4964
2.7	.4965	.4966	.4967	.4968	.4969	.4970	.4971	.4972	.4973	.4974
2.8	.4974	.4975	.4976	.4977	.4977	.4978	.4979	.4979	.4980	.4981
2.9	.4981	.4982	.4982	.4983	.4984	.4984	.4985	.4985	.4986	.4986
3.0	.4987	.4987	.4987	.4988	.4988	.4989	.4989	.4989	.4990	.4990
3.1	.4990	.4991	.4991	.4991	.4992	.4992	.4992	.4992	.4993	.4993
3.2	.4993	.4993	.4994	.4994	.4994	.4994	.4994	.4995	.4995	.4995
3.3	.4995	.4995	.4995	.4996	.4996	.4996	.4996	.4996	.4996	.4997
3.4	.4997	.4997	.4997	.4997	.4997	.4997	.4997	.4997	.4997	.4998
3.5	.4998	.4998	.4998	.4998	.4998	.4998	.4998	.4998	.4998	.4998
3.6	.4998	.4998	.4999	.4999	.4999	.4999	.4999	.4999	.4999	.4999
3.7	.4999	.4999	.4999	.4999	.4999	.4999	.4999	.4999	.4999	.4999
3.8	.4999	.4999	.4999	.4999	.4999	.4999	.4999	.4999	.4999	.4999
3.9	.5000	.5000	.5000	.5000	.5000	.5000	.5000	.5000	.5000	.5000

■ 저자 소개

김용석

<약력>

연세대학교 경영학과 졸업
공인회계사, 세무사, 미국공인회계사, 국제재무분석사(CFA)
전, 삼일회계법인, 서강대 겸임교수
현, 일신회계법인, 한국회계정책학회 부회장

<주요 저서>

SMART 재무관리 입문 (이러닝코리아)
SMART 객관식 재무관리 (이러닝코리아)
SMART 심화 재무관리 (이러닝코리아)
SMART 재무관리연습 (이러닝코리아)
CPA 정부회계 (상경사)
Financial Management for US exam (이러닝코리아)
Governmental Accounting for US exam (이러닝코리아)
Advanced Accounting for US exam (이러닝코리아)
Managerial Accounting for US exam (이러닝코리아)
만화로 보는 맨큐의 경제학 1권~7권 (이러닝코리아)

SMART 재무관리 (2)

2024년 7월 8일 초 판 1쇄 인쇄
2024년 7월 12일 초 판 1쇄 발행

저 자 김용석
발행자 한헌주
발행처 도서출판 경문사
서울특별시 서대문구 독립문로 21-9
전 화 738-7035 팩스 722-4678
이메일 kmsp@korea.com
홈페이지 http://www.kmsp.co.kr
등 록 1995년 11월 9일 제300-1995-138호

■ **정가 35,000원** ISBN 978-89-420-0035-7 93320